Rezepte und fachliche Mitarbeit Martina Solter (Dipl. oec. troph.)

Redaktion Kathrin Ullerich
Martina Solter

Umschlaggestaltung/Layout Georg Feigl

Satz/Grafiken Werner Kopp
Verena Fleischmann

Titelfoto Alexander Haselhoff
(sonstige Fotos siehe Bildnachweis)

Herstellung Karin Mayer
Peter Karg-Cordes

Lithografie inteca Media Service GmbH
Rosenheim

Druck und Bindung Stalling GmbH, Oldenburg

ISBN 3-89883-035-7

Besuchen Sie uns auch im Internet unter www.zsverlag.de

Dr. Petra Thorbrietz

KURSBUCH GESUNDE KINDER-ERNÄHRUNG

ZABERT SANDMANN

Gegen den Einheitsbrei:
Im Essen liegt die Zukunft

Es ist Zeit zu handeln: Kinder haben bereits zu hohe Cholesterinwerte mit acht, Bandscheibenvorfälle mit zwölf und Altersdiabetes mit 16 Jahren. Sie essen viel zu viel Fett, Zucker und Salz. Sie können sich in der Schule nicht mehr konzentrieren. Sie haben keine Geduld mehr. Die Zahl der Allergien steigt weiter. Die Essstörungen nehmen zu.

Sie finden, das ist übertrieben? Sehen Sie sich doch um: Fast jedes dritte Kind in Deutschland ist zu dick. Fettsucht, so warnen Experten, wird zu einer weltweiten Epidemie – und das nicht nur in den reichen Industriestaaten. Zum ersten Mal, warnt die Weltgesundheitsorganisation WHO, werden auf der Erde genauso viele Menschen an Überernährung sterben wie an Hunger. Aber es geht nicht nur um ein medizinisches Problem.

Kinder werden ruhig gestellt

In den Kinderzimmern machen sich Passivität und Überdruss breit. Denn anstatt sich ihre eigene Welt zu erobern, zu fühlen, zu greifen und auszuprobieren, werden die Kinder ruhig gestellt: mit Video- und Computerspielen, mit Fernsehen und Fast Food.

Dass Medienkonsum und Essverhalten eng zusammenhängen, zeigen mehrere Studien: Kinder, die viel fernsehen, sind fast alle übergewichtig und entwickeln beim Essen ein ähnliches Suchtverhalten wie vor dem Bildschirm: Gier, schnelle Befriedigung, bei Entzug Katzenjammer. Hinzu kommt die Einsamkeit: In den USA verzehrt jedes dritte Kind seine Hauptmahlzeit allein vor dem Bildschirm.

Industriekost macht aggressiv

Während die Kinder und Jugendlichen äußerlich immer ruhiger und bewegungsloser werden, fängt ihr Inneres an zu rumoren. Gewaltexzesse wie die Amokläufe von Schülern zeigen, dass die Befriedigung durch Ersatzwelten nicht ohne Folgen bleibt. Realität und Fiktion vermischen sich zusehends, bis sich die aufgestauten Gefühle entladen: gewaltsam, gegen andere oder gegen sich selbst.

Was hat das alles mit dem Essen zu tun? Sehr viel. Zum einen fördern Zusatzstoffe in der Industrienahrung, wie Forscher herausgefunden haben, nicht nur Hyperaktivität und Konzentrationsstörungen, sondern sie beeinflussen auch die Neigung zu aggressivem Verhalten. Und zum anderen ist das Essen keine Nebensache – auch wenn es inzwischen oft so gesehen wird. Es ist diejenige unserer Handlungen, die uns am unmittelbarsten mit der Umwelt verbindet. Indem wir essen, nehmen wir die Welt in uns auf.

Die meisten Kinder haben jedoch keine Vorstellung mehr davon, was Nahrung eigentlich bedeutet – wie sie entsteht, wer sie erzeugt, was sie bewirkt. Essen kommt für sie nicht vom Feld oder aus dem Stall, sondern aus den Regalen des Supermarkts: Es ist immer und überall vorhanden, kann in Sekundenschnelle in der Mikrowelle warm gemacht werden und schmeckt irgendwie ähnlich wie das, was es gestern gab.

Von fünf Geschmacksrichtungen können Kinder im Durchschnitt nur noch zwei erkennen – ein dramatischer Verlust von sinnlicher Erfahrung. Der Einheitsgeschmack der Fertigprodukte ist jedoch kein Zufall, sondern Programm. Die Lebensmittelbranche erzieht sich die Konsumenten der Zukunft: Wer von klein auf an Zucker und Salz gewöhnt ist, wem das aus Holzabfällen erzeugte Erdbeeraroma lieber ist als das Original, wer das Kauen verlernt hat, der schluckt auch alles, was die Industrie ihm später vorsetzt.

Eine gigantische Enteignung der Natur ist im Gang: Die chemische und pharmazeutische Industrie haben sich zu modernen »Life-Science«-Konzernen zusammengeschlossen, die mithilfe der Gentechnik jahrtausendelange Erfahrung und Kultur des Menschen privatisieren wollen: Vom Saatgut über die Spritzmittel bis hin zu den fertigen Waren werden Lebensmittel zum lizenzpflichtigen Produkt, mit dem einige wenige multinationale Unternehmen Kasse machen.

Essen ist Politik

In diesem Buch geht es deshalb nicht nur um Kalorientabellen und Nährstoffbedarf, sondern auch um die Frage, was die Ernährung unserer Kinder für die Zukunft bedeutet. Was können wir tun, damit sie sich nicht einfach nur abspeisen lassen, sondern ihr Schicksal selbst in die Hand nehmen? Wie können wir dazu beitragen, dass die natürlichen Lebensgrundlagen dieses Planeten bewahrt und nicht einem Experiment geopfert werden, das in dem Wunder der Natur vor allem einen genetischen Baukasten sieht?

Verlust der Natürlichkeit

Die Enteignung der Sinne und die Isolation des Einzelnen sind beunruhigende Entwicklungen unserer Gesellschaft. Die Veränderung der Essgewohnheiten und die Entwertung der Nahrung sind dabei nur Symptome eines tiefer liegenden Verlustes, der langsam in unser Bewusstsein dringt. Die BSE-Krise hat uns wie kein anderer Lebensmittelskandal gezeigt, dass Nahrung unter unmenschlichen und untierischen Bedingungen produziert wird. Der Kannibalismus unter Kühen hat Urinstinkte verletzt. Und uns ist deutlich geworden, dass wir Menschen am Ende der Nahrungskette für alles bezahlen müssen, was wir den Tieren zuvor angetan haben.

Aber es ist gar nicht so leicht, sich der riesigen Futter-Maschinerie, die unsere Gesellschaft umspannt, zu entziehen. Nur noch fünf Prozent unserer Lebensmittel kommen unverarbeitet auf den Markt. Vier von fünf Menschen essen hauptsächlich Fertigprodukte oder außer Haus. Jeder zweite Haushalt benützt eine Mikrowelle. Die Generation der jungen Eltern kocht immer seltener, weil sie keine Zeit hat – und weil sie es verlernt hat.

Zeit zu handeln

Deshalb finden Sie in diesem Buch nicht nur leicht nachvollziehbare Rezepte für kleine und große Kinder, sondern wissenschaftliche Hintergründe, medizinische Erklärungen, Verbraucher-Infos, Warenkunde und nicht zuletzt Erziehungstipps.

Wir wollen Ihnen beweisen, dass Sie die Dinge ändern können. Und dass es sich lohnt: Mit Ihrem Engagement für eine bessere Ernährung machen Sie Ihren Nachwuchs nicht nur zu gesunden Kindern. Sie geben ihm alles, was in Ihrer Macht steht, für ein langes Leben. Nicht nur die richtigen Nährstoffe, sondern auch die kritischen Einstellungen: Denn was Ihre Kinder jetzt lernen, wird sie ein Leben lang prägen.

Frühe Fehler, späte Schäden:

Was Kinder essen, ist nicht nur wichtig für ihre Entwicklung, sondern auch für ihre Zukunft. Ob sie auch als Erwachsene gesund und leistungsfähig bleiben, ob sie gefährliche Krankheiten bekommen oder ein aktives, hohes Alter erreichen, entscheidet sich bereits in den ersten Lebensjahren.

Das wächst sich nicht raus:
Dicke Kinder – kranke Erwachsene

Man sieht sie überall. »Wer mit wachen Augen durch die Welt geht, begegnet ihnen vor der Schule oder im Schwimmbad, im Kaufhaus und im Kino. Oft mit etwas zu essen in der Hand: Schokoriegel oder Döner, Gummibärchen oder Popcorn. Die Hose im Rapper-Look, da fällt es nicht so auf, die Mädchen in Schwarz, das streckt. Fast jedes dritte Kind in Deutschland ist deutlich zu dick.

»Das wächst sich schon raus«, denken die Eltern. Schließlich war es auch in ihrer Jugend so, dass der Babyspeck sich erst später verzog und die Jeans kniffen. Damals kamen Aerobic und der Diätwahn auf. Trotzdem kämpfen auch sie immer noch mit ihrem Gewicht.

Denn Essen tut nun mal gut. Nach einem stressigen Tag im Büro oder in der Schule hilft es gegen Frust und Langeweile, und es geht ja so schnell: hinein in die Mikrowelle und – pling – fertig! Für unterwegs gibt es Fast Food an jeder Ecke. Und im Supermarkt häufen sich neben Tiefkühlkost und Joghurts die Tüten mit Crispies und Crospies, Crunchies und Munchies im Einkaufswagen.

Kein Wunder, dass sich der Anteil der Dicken unter den zehn- bis dreizehnjährigen Jungen in Deutschland verdoppelt hat – zwischen 1985 und 2000 auf fast 26 Prozent, in nur 15 Jahren! Bei den Mädchen, so Forscher des Instituts für Humangenetik und Anthropologie in Jena, ist es noch schlimmer: Jedes dritte ist bereits zu schwer, das sind dreimal so viele wie im Vergleichsjahr.

In erschreckendem Tempo legen Kinder und Jugendliche an Größe und Gewicht zu: Ihre Füße, Beine und Arme wachsen, vor allem aber nimmt ihr Bauch an Umfang zu. Die siebenjährige Irena, das Kind der griechischen Nachbarn, hat einen Fettbusen, den sie am Strand in einem Bikini-Oberteil versteckt. Der neunjährige Mark passt in keine Kindergröße mehr. Und die 15-jährige Sonja hat der Arzt zum Abnehmen in ein Heim überwiesen.

Für immer rund

Glücklich sind sie alle nicht mit ihrem Gewicht. Aber die wenigsten von ihnen werden es jemals schaffen, eine normale Durchschnittsfigur zu erreichen. Drei von vier Kindern bleibt der Babyspeck für immer erhalten. Die Wahrscheinlichkeit, überflüssige Kilos abzunehmen, sinkt nach dem zehnten Lebensjahr rapide.

Bis dahin haben Pummelkinder die Chance, ihre Körperbreite beim nächsten Wachstumsschub in die Länge zu ziehen: Sechs von zehn Zehnjährigen verlieren so ihre überschüssigen Pfunde. Doch mit zunehmendem Alter wird das immer schwieriger: Von den schwergewichtigen 18-Jährigen bleiben bereits acht von zehn für immer dick. Und nur fünf Prozent schaffen es, auf Dauer abzuspecken.

Jedes dritte Kind ist zu schwer

Die Entwicklung ist deprimierend und alarmierend zugleich: Fast jedes dritte Kind leidet, so die Bundeszentrale für gesundheitliche

Risiko fürs Leben: Drei von vier Kindern bleibt der Babyspeck auch als Erwachsenen erhalten. Die Folge sind viele Krankheiten.

Aufklärung (BZgA), an Gewichtsproblemen. Im Alter von sechs bis zehn Jahren, so der jüngste deutsche Ernährungsbericht (2000), gelten zehn Prozent der Jungen sogar schon als »adipös« – das heißt krankhaft dick. Bei den Mädchen sind es etwas weniger, immerhin noch sieben Prozent.

Das Deutsche Institut für Ernährungsmedizin und Diätetik sieht die Neun- bis Zwölfjährigen besonders bedroht: Laut der jüngsten Erhebung sind 42 Prozent in dieser Altersgruppe übergewichtig. Tendenz steigend!

Dabei geht es nicht nur darum, dass die Menschen im Prinzip immer größer werden: Während die Körperlänge der Deutschen zwischen 1985 und 1995 um zwei Prozent zunahm, stieg ihr Gewicht im selben Zeitraum um sieben Prozent an. Die schwerwiegenden Folgen sind überall zu sehen.

Weltweite Epidemie

Wir seien auf dem besten Weg, die USA einzuholen, klagt Wieland Kiess, Leiter der Leipziger Kinderklinik. In den USA, der wohlhabendsten Industrienation, nehmen die Schwerleibigen rasant zu: 1991 waren noch 15 Prozent der Bevölkerung deutlich zu dick, acht Jahre später bereits 27. Die Zahl der übergewichtigen Kinder hat sich dort zwischen 1980 und 1995 verdoppelt.

England, das Land der fetten Chips und Kekse, ist ein weiterer Kandidat auf der Liste der Fetten: Dort ist der Anteil der übergewichtigen Drei- und Vierjährigen innerhalb

Bedrohliche Epidemie: Übergewicht ist schon bei Zehnjährigen weltweit verbreitet. Die Jungen holen die Mädchen bald ein!

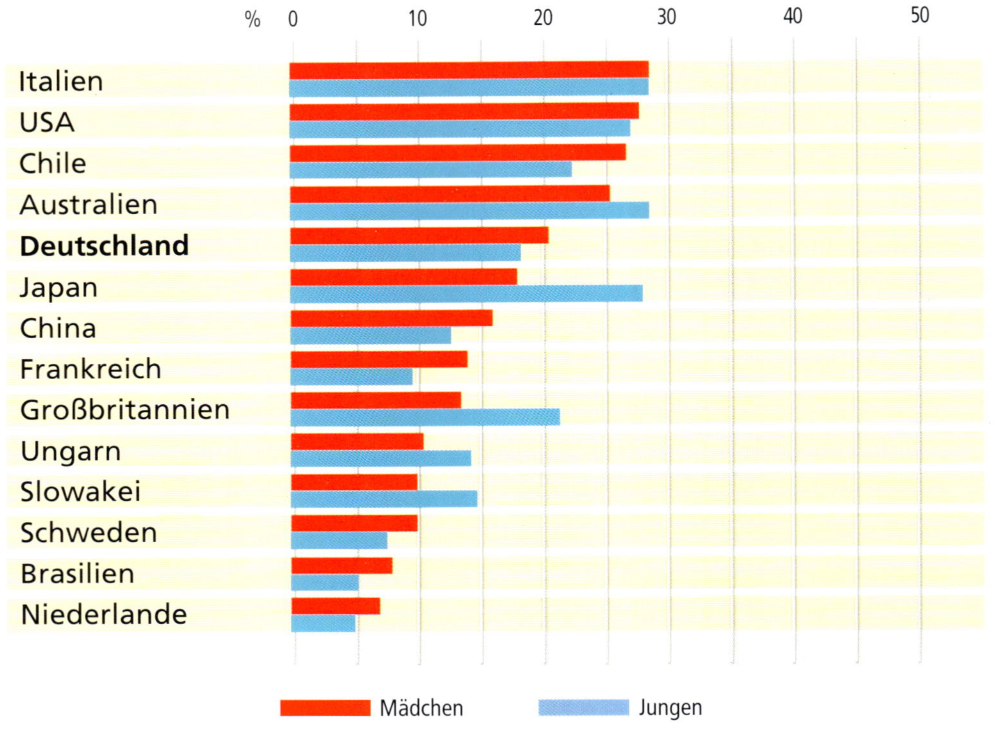

Quelle: International Obesity TaskForce

von neun Jahren (1989–1998) drastisch angestiegen: von 14,7 auf 23,6 Prozent. Die Marke der Fettsüchtigen ist dabei von 5,4 auf 9,2 Prozent geklettert. Die Rangliste der übergewichtigen Zehnjährigen führt Italien an, gefolgt von den USA und Australien. In Japan und Großbritannien bringen in erster Linie die Jungen zu viel auf die Waage (➔ Grafik oben).

Deutsche Dicke

In Deutschland verläuft die Entwicklung ganz ähnlich. Wissenschaftler vom Institut für Humanernährung und Lebensmittelkunde der Universität Kiel untersuchen jährlich 500 bis 1000 Kinder zwischen fünf und sieben Jahren – und beobachten diese dann bis zur Pubertät. Ihre Ergebnisse sind erschreckend: Zwischen 1978 und 1998 hat bei den Schulanfängern die Fettmasse um durchschnittlich 66 Prozent (!) zugenommen.

Der Anteil der stark übergewichtigen, adipösen Kinder verdoppelte sich innerhalb der vergangenen 15 Jahre. Der Leiter der Studie, Manfred Müller, hält das für eine Zeitbombe: »Aus 41 Prozent der siebenjährigen Dicken und aus 80 Prozent der zehn- bis dreizehnjährigen Schwergewichtigen werden später dicke Erwachsene!«

Der Leipziger Kinderarzt Wieland Kiess, der 2500 deutsche Kinder auf ihren Body Mass Index (BMI) hin untersuchte – ein internationales Gewichtskriterium, abhängig von Körpergröße, Gewicht und Lebensalter –, kommt zu ähnlichen Schlüssen: Auch in seiner Studie erwies sich jedes dritte Kind als zu pummelig, jedes sechste als stark übergewichtig. »Es geht um epidemische Ausmaße«, warnt er.

Hunger im Überfluss

Fettsucht, so prophezeien Experten, könne sowohl in den reichen wie auch in den armen Ländern der Welt zu einer gefährlichen Epidemie werden. Schon geringer Wohlstandszuwachs lasse nämlich die Menschen von einer Mangelernährung in die Fettsucht kippen, heißt es.

Denn mehr zu essen bedeutet in den seltensten Fällen, sich gesünder zu ernähren. Zum ersten Mal, warnt das unabhängige Worldwatch Institut in Washington, seien genauso viele Menschen auf der Welt von den tödlichen Folgen der Unterernährung wie des Überessens bedroht: je 1,2 Milliarden Menschen. Besonders bedrückend: 80 Prozent der hungernden Kinder leben in Ländern mit Lebensmittelüberschuss.

Viel von wenig

Doch auch wenn Kinder viel essen, sind sie oft mangelernährt. Das bestätigt der deutsche Ernährungsbericht. Denn die Dicken sind meist nicht besonders gut, sondern eher schlecht ernährt: zu viel Fett und Zucker, die falschen Kohlenhydrate, kaum Vitamine. Die zusätzlichen Pfunde sind deshalb längst nicht nur ein ästhetisches Problem: Die kommende Generation wird noch schneller als die ihrer Eltern von all den Krankheiten eingeholt werden, die der Wohlstand der Industrienationen mit sich bringt: Erst sind es Atemnot, schnelle Ermüdung und Gelenkbeschwerden. Dann folgen Kreislaufstörungen, Herzprobleme und Bluthochdruck.

Fehlernährung und Übergewicht äußern sich jetzt schon bei vielen Kindern in Haltungsschäden. Jedes achte Kind sei schon davon betroffen, so der Bundesverband der Betriebskrankenkassen (BKK). Er beruft sich dabei auf eine Umfrage unter 100 repräsentativ ausgewählten Kinderärzten im Jahr 2000.

Hochgerechnet auf die 13 Millionen in Deutschland lebenden Kinder unter 14 Jahren bedeutet das, dass bereits 19 Prozent der Kinder unter sechs Rückenschäden haben, von den bis neunjährigen 23 Prozent und von den bis 14-jährigen sogar 34 Prozent. Die tatsächliche Zahl dürfte noch höher liegen.

Häufigste Ursache für Rückenleiden ist nach Ansicht der befragten Ärzte zu wenig Bewegung. Kinder verbrächten zu viel Zeit vor dem Fernseher oder dem Computer.

US-Kinder: Fettsüchtig durch Fast Food und Softdrinks.

Entzündete Gefäße

Die holländische Epidemiologin Marjolein Visser von der Universität Amsterdam entdeckte schon bei ganz kleinen Dicken entzündliche Gefäßprozesse, die ihr Risiko für einen Infarkt selbst dann deutlich erhöhen, wenn sie in späteren Jahren wieder an Gewicht verlieren. Von den fast 16 000 Kindern, die sie untersuchte, hatten viele der Übergewichtigen auch mehr weiße Blutkörperchen im Serum, ebenfalls ein Zeichen für versteckte Entzündungen.

Schulärzte stellen bereits bei Zehnjährigen alarmierende Leberwerte und einen zu hohen Cholesterinspiegel fest. Bei jedem sechsten Schulanfänger müsse das Übergewicht eigentlich behandelt werden, betont Berthold Koletzko, Oberarzt am Haunerschen Kinderspital an der Uniklinik München und Vorsitzender der Ernährungskommission der Deutschen Gesellschaft für Kinderheilkunde und Jugendmedizin.

Dicke sind einsam

Übergewichtige Kinder haben besondere Probleme mit ihrem Selbstwertgefühl. In der Schule werden sie gehänselt, die Eltern machen ihnen Vorwürfe – ein Grund mehr, sich kaum nach draußen zu wagen, sondern sich ins Bett oder vor den Fernseher zu verziehen, mit einer Tafel Schokolade als Trostpflaster.

Karl Zwiauer, Leiter der Kinderabteilung des St. Pöltner Krankenhauses, betreut Feriencamps für übergewichtige Jugendliche. »Kin-

Was ist … das metabolische Syndrom?

Insulin ist ein **Bluthormon,** das dazu da ist, die Körperzellen für den Zucker im Blut »aufzuschließen«, damit er dort die notwendige **Energie** für den Stoffwechsel liefern kann. Wenn die Bauchspeicheldrüse – zum Beispiel durch falsche Ernährung – dazu gebracht wird, zu viel Insulin zu produzieren, versuchen die **Zellen,** sich zu schützen: Sie sprechen nicht mehr so leicht auf Insulin an. Dadurch steigt der **Blutzuckerspiegel.** Der Körper interpretiert das falsch und produziert noch mehr Insulin – was die Abwehrhaltung der Zellen weiter verstärkt. Die Mediziner nennen das **»Hyperinsulinämie«.** In den Industriestaaten hat jeder Dritte einen solchen erhöhten Insulinspiegel.

Gefährlich wird er meist erst nach einigen Jahren, wenn die **Bauchspeicheldrüse** irgendwann durch die ständige Überproduktion erschöpft ist und den hohen Insulinpegel nicht mehr halten kann. Nun wird der hohe Blutzuckerspiegel nicht mehr neutralisiert. Der Stoffwechsel entgleist: Weil der Zuckerhaushalt nicht mehr reguliert wird, nehmen die Patienten zu. Der **Blutdruck** steigt genauso wie das **Fett** im Blut. Der Zucker verändert die Gefäße, es kommt zu gefährlichen **Ablagerungen.** Zwei Drittel aller Diabetiker sterben vorzeitig an einem Herzinfarkt oder Schlaganfall.

Die meisten Patienten mit diesem Symptomenbild sind **genetisch vorbelastet.** Die Ernährung jedoch, so zeigen Vergleiche zwischen verschiedenen Kulturen, spielt eine wesentliche Rolle bei der Frage, ob der Stoffwechsel entgleist oder nicht. Jüngere Forschungsergebnisse legen deshalb nahe, den Anteil des **Zuckers** und der leicht verdaulichen **Kohlenhydrate** in der Ernährung zu verringern, um der Krankheit vorzubeugen. Vor allem sollte die Zahl der »kleinen« Zwischenmahlzeiten (so die Werbung für kalorienreiche Snacks) reduziert werden.

der mit 130 bis 150 Kilo waren früher äußerst selten«, sagt er. »Jetzt sehe ich wesentlich mehr als noch vor ein paar Jahren.« Sie leiden unter Gelenkschmerzen oder Schlafapnoe, der gefährlichen nächtlichen Schnappatmung. Und sie haben oft »Leberwerte im roten Bereich«, wie der Leiter der Fettstoffwechselambulanz im Wiener Allgemeinen Krankenhaus (AKH), Kurt Widhalm, bestätigt.

Altersdiabetes bei Kindern

Falsche Ernährung bringt den Stoffwechsel der Kinder und Jugendlichen aus dem Takt: Zucker und leicht verbrennbare Kohlenhydrate, die Hauptbestandteile der bei Kindern so beliebten Snacks und Softdrinks, setzen die Bauchspeicheldrüse unter Dauerstress. Das zieht eine ganze Kaskade von Krankheiten nach sich, die als »metabolisches Syndrom« (➔ Kasten links) beschrieben werden: Insulin-Unempfindlichkeit, steigende Cholesterinwerte, Bluthochdruck, Arteriosklerose. Und alle diese Symptome hängen auch mit Übergewicht zusammen.

Seit einigen Jahren erkranken nun auch Kinder an dieser »Typ 2« genannten Form der Diabetes, die früher nie unter einem Alter von 40 Jahren aufgetreten war. In der Berliner Charité, dem Krankenhaus der Humboldt-Universität, wurde bei jedem dritten der dort behandelten fettsüchtigen Kinder eine Vorstufe der Zuckerkrankheit diagnostiziert. Bei fünf von tausend Kindern liegt bereits Diabetes vor. Diese Zahlen sind beachtlich, die Dunkelziffern vermutlich auch. Denn viele Haus- und Kinderärzte sind sich der Gefahr noch nicht bewusst.

In den USA leiden bereits zwischen acht und 45 Prozent der jungen Zuckerkranken unter »Altersdiabetes«. In England, wo bereits drei von vier Kindern übergewichtig sind, sprechen die Ärzte von einer erschreckenden Langzeitprognose, was die zu erwartenden Krankheitsfälle und die daraus resultierenden Kosten für das Gesundheitswesen angeht. »Diabetes ist eine tickende Bombe«, sagt der dänische Kinderarzt Jorn Nerup, »und sie kann jeden Moment explodieren!«

Kinder als Hochrisikopatienten

Wer als dickes Kind aufwächst und seine Pfunde auch als Heranwachsender nicht verliert, wird als Erwachsener zum Hochrisikopatienten. Leberverfettung und Diabetes, Herzinfarkt und Schlaganfall, Venenleiden und Gallensteine, Gicht und Herzinsuffizienz: Die Grundlagen für viele dieser Krankheiten werden schon in der Jugend gelegt.

Auch Krebs hat eine lange Entstehungsgeschichte: Bereits in den ersten Lebensjahren, so die Experten eines internationalen Tumorkongresses Mitte der 90er Jahre in London, wirke sich die Ernährung auf das Risiko, später an Krebs zu erkranken, aus. Martina Pötschke-Langer, Ärztin am Deutschen Krebsforschungszentrum in Heidelberg: »In der Kindheit werden Lebensgewohnheiten wie

Dramatische Zunahme in nur fünf Jahren: dicke Schulkinder

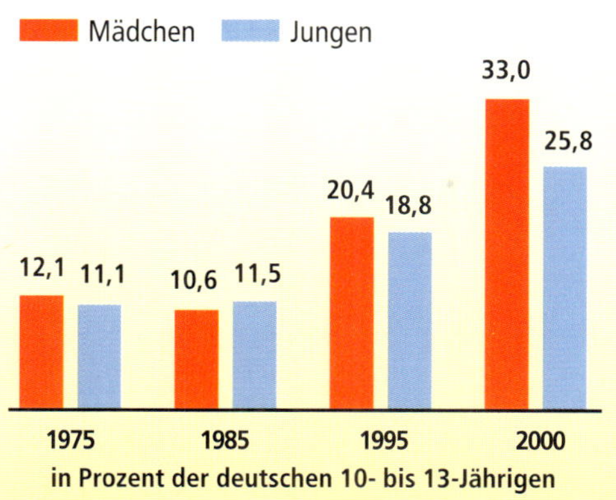

Quelle: Der Spiegel, 2000

Ess-, Trink-, Konsum-, Arbeits- und Freizeitverhalten geprägt, die sich gravierend für den Rest des Lebens auswirken.«

Neue Erkenntnisse

Immer neue Forschungsergebnisse zeigen, wie wichtig eine richtige Ernährung in der Kindheit ist. Nicht nur, dass Karies immer früher auftritt und knapp 46 Prozent aller Schulanfänger schadhafte Zähne haben. Auch die steigende Kurzsichtigkeit könnte, so eine neue Theorie, mit dem Essen zusammenhängen. Beinahe jeder dritte Europäer ist mittlerweile davon betroffen.

Loren Cordain, Evolutionsbiologin an der Colorado State Universität, und Jennie Brand Miller, australische Ernährungswissenschaftlerin, führen auch das auf die vielen rasch verwertbaren Kohlenhydrate der modernen Nahrung zurück. Die nämlich erhöhen den Insulinspiegel und das, so ihre These, strecke den Augapfel und verursache Kurzsichtigkeit. Tierversuche sollten die Theorie bestätigen.

Dass nicht nur künstliches Licht, Computernutzung und andere Arbeitsbedingungen die Sehschwäche hervorrufen, zeigt das Beispiel der Inuit am Polarkreis oder von Inselbewohnern im Pazifik: Ihre Augen verschlechterten sich erst, als sie neben dem westlichen Lebensstil auch Fertignahrung nach amerikanischem Vorbild annahmen. Und während vor 100 Jahren nur rund ein Prozent kurzsichtig war, sind es jetzt bis zu 50 Prozent.

Dick sein: Schicksal?

Fest steht, dass die »Veranlagung« nicht ausreicht, wenn es darum geht, die überflüssigen Pfunde zu rechtfertigen. Zwar ist die Natur ungerecht: Es gibt Menschen, die jede Nahrung einfach besser verwerten – und deshalb rascher zunehmen – und solche, die ohne Folgen mehr essen können. Wissenschaftler schätzen die Rolle der Gene beim Übergewicht zwischen 30 und 70 Prozent ein. Doch die Genetik erklärt nicht, warum die Zahl der Dicken in den vergangenen Jahren so sprunghaft angestiegen ist: »So schnell kann sich unser Gen-Pool nicht verändert haben«, betont der Leipziger Kinderarzt Wieland Kiess.

Was ist Hunger?

Essen hat mit Hunger nicht unbedingt etwas zu tun. Der Zusammenhang von Hunger und Sättigung, der uns so normal erscheint, ist unglaublich kompliziert. Mindestens ein Dutzend Faktoren spielen dabei eine Rolle: die Frage zum Beispiel, wie stark sich der Magen dehnen kann, oder die vielfältigen Botenstoffe, die im Fettgewebe oder auch im Magen-Darm-Trakt gebildet werden. Sie brauchen Andockstellen an ihren verschiedenen Ziel-Zellen, die gestört sein können, genauso wie die Transportmechanismen, die die chemischen Botenstoffe durch den Körper tragen. Deshalb ist bisher jeder Versuch, den zentralen Faktor für das Dickwerden zu finden – und vielleicht mit Medikamenten auszuschalten – gescheitert.

Fett-Faktor Leptin

Zum Beispiel entdeckte der amerikanische Forscher Jeffrey Friedman 1995 das Hormon Leptin, das von den Fettzellen im Körper gebildet wird. Es meldet dem Gehirn, wie voll oder leer diese sind und steigert oder drosselt so den Appetit. Ein bestimmter Anteil an Körperfett, der individuell sehr unterschiedlich sein kann (zwischen 18 und 28 Prozent, bei Dicken sogar 35 Prozent), hält den Körper genau im Gleichgewicht: Dann isst ein Mensch genauso viel wie er verbrennt und nimmt weder zu noch ab. Sinkt das Körperfett unter diesen individuellen Punkt, kommt der Hunger, und das macht das Abnehmen so schwer.

Kinder wachsen in Schüben. Ob sie zu dick sind, zeigen der Body Mass Index (BMI) und ein Blick auf die Gewichtstabelle:

❶ **Wiegen und Gewicht in Kilogramm notieren**	**z. B.**	**46 kg**
❷ **Körpergröße in Meter messen**	**z. B.**	**1,57 m**
❸ **Multiplizieren: Körpergröße x Körpergröße**	**1,57 m x 1,57 m =**	**2,4649 m²**
❹ **Dividieren: Gewicht durch das Ergebnis von ❸ teilen**	**46 : 2,4649 =**	**18,7 (BMI)**
❺ **BMI mit Geschlecht und Alter in der Tabelle vergleichen**		

	Alter	starkes Untergewicht	Untergewicht	Normalgewicht	Übergewicht	starkes Übergewicht
weiblich	7	12,2	13,2	15,4	18,8	23,1
	8	12,2	13,2	15,9	18,2	22,3
	9	13,0	13,7	16,4	19,8	23,4
	10	13,4	14,2	16,9	20,7	23,4
	11	13,8	14,6	17,7	20,8	22,9
	12	14,8	16,0	18,4	21,5	23,4
	13	15,2	15,6	18,9	22,1	24,4
	14	16,2	17,0	19,4	23,2	26,0
	15	16,9	17,6	20,2	23,2	27,6
	16	16,9	17,8	20,3	22,8	24,2
	17	17,1	17,8	20,5	23,4	25,7
	18	17,6	18,3	20,6	23,5	25,0
männlich	7	13,0	13,6	16,1	19,2	21,1
	8	12,5	14,2	16,4	19,3	22,6
	9	12,8	13,7	17,1	19,4	21,6
	10	13,9	14,6	17,1	21,4	25,0
	11	14,0	14,3	17,8	21,2	23,1
	12	14,6	14,8	18,4	22,0	24,8
	13	15,6	16,2	19,1	21,7	24,5
	14	16,1	16,7	19,8	22,6	25,7
	15	17,0	17,8	20,2	23,1	25,9
	16	17,8	18,5	21,0	23,7	26,0
	17	17,6	18,6	21,7	23,7	25,8
	18	17,6	18,6	21,8	24,0	26,8

Mäuse, die durch einen Gendefekt kein Leptin bilden können, fressen ununterbrochen und wiegen bis zu dreimal so viel wie gewöhnliche Mäuse. Spritzt man ihnen dann das Hormon, fressen sie normal und werden wieder schlank.

Doch die Hoffnungen, aus Leptin ein Medikament gegen das Dicksein entwickeln zu können, erwiesen sich als falsch. Die meisten dicken Menschen, stellte sich heraus, haben einen ähnlich hohen Leptinspiegel wie dünne. Aber ihr Gehirn reagiert nicht mehr auf den Botenstoff. Eine zu fettreiche Ernährung hat es abstumpfen lassen.

Verhalten und Umwelt

Nur die Neigung zu Übergewicht ist also erblich; nicht das Übergewicht selbst. Das Fettgleichgewicht ist nämlich nicht starr auf einen Punkt fixiert, es ist ein flexibles System, das auf Umwelteinflüsse reagiert. Leptin ist dabei lediglich der Startpunkt einer komplizierten Signalkette. Dazu gehört zum Beispiel das Enzym 11 Beta-HSD-1, das die Verteilung des Fettgewebes steuert und dafür sorgt, dass es sich »birnen-« oder »apfelförmig« um die Körpermitte verteilt. Oder der Rezeptor Melanocortin-4, der von einem Marburger Forscherteam bei 950 dicken Kindern und Jugendlichen untersucht wurde. Er fehlte bei vielen, aber eben längst nicht bei allen. Denn erst Verhalten und Umwelt bestimmen, ob man tatsächlich dick wird oder nicht. Ihr Zusammenspiel bestimmt, ob sich unser Fettgleichgewicht bei einer schlanken oder »gepolsterten« Figur einstellt.

> **Was sind Risikofaktoren für Übergewicht?**
>
> **Kinder neigen besonders dann zum Übergewicht, wenn**
>
> - sie bei der Geburt besonders schwer oder sehr leicht waren,
> - sie nur kurz oder überhaupt nicht gestillt wurden,
> - sie besonders viel Fett oder viele Kohlenhydrate essen,
> - ihre Eltern eher dick oder sogar fettsüchtig sind und keine gute Ausbildung hatten.

Essen muss man lernen

Neben dem evolutionären Erbe, das den Menschen lehrte, Süßes von Geburt an zu schätzen – weil es nichts Giftiges in der Natur gibt, was diesen Geschmack hat –, spielen vor allem auch die Erfahrungen mit Essen eine große Rolle. Jeder Mensch macht sie von Geburt an.

Der Mensch ist, was er isst – und umgekehrt: Schon die ersten Mahlzeiten, zum Beispiel Muttermilch oder Flaschenkost, prägen die komplizierte Körperchemie und verändern sie (→ Seite 120 ff.). Man gewöhnt sich an Aussehen, Textur und Geschmack der verschiedenen Nahrungsmittel und entwickelt Vorlieben und Aversionen. Von Anfang an sind dabei die Gefühle besonders wichtig: Essen wird mit Befriedigung, Entspannung, Geborgenheit, aber auch mit Zwang oder Frustration verbunden – und in späteren Situationen unbewusst immer wieder damit verknüpft.

Stress macht dick

Besonders wichtig ist die Rolle, die Stress dabei spielt: Eigentlich hemmt er alle mit dem Essen und der Verdauung verbundenen Prozesse – aber gleichzeitig blockiert er auch die antrainierten Mechanismen, die im Gehirn die Nahrungsaufnahme kontrollieren. In einer

Gesellschaft mit Nahrungsüberfluss reagieren deshalb viele Kinder auf Stress in der Schule oder in der Familie mit übermäßigem Essen: ein fataler Mechanismus.

Denn unsere genetische Ausstattung sorgt dafür, dass wir Körperfett nicht so einfach wieder loswerden: Um ein Überleben in Krisenzeiten zu sichern, räumt der Körper seine angesparten Depots nur ungern wieder leer. Hungert der Mensch, schaltet er auch seinen Energieverbrauch auf ein Minimum herunter. Die Folge: Wir nehmen anfangs nicht ab. Später dann, wenn wieder ausreichend Nahrung vorhanden ist, verwerten wir diese besonders gut – so dass wir gerade nach Diäten besonders rasch wieder zunehmen (man spricht dann vom »Jojo-Effekt«).

Wozu Fett?

Hinzu kommt, dass Fett keinesfalls nur nutzloser Ballast ist, sondern eine wichtige Substanz. Es schützt nämlich nicht nur vor Kälte und polstert die verletzlichen inneren Organe, sondern produziert auch wichtige Botenstoffe. Fett spielt so eine wichtige Rolle für unser Immunsystem. Da es eigenständig mit dem Gehirn kommunizieren kann, umgeht es unseren Willen – das macht es so schwer, gegen die überflüssigen Pfunde anzugehen.

Diäten sind gefährlich

Diäten mit sehr wenig Kalorien oder extremen Nährstoffrelationen bringen dieses komplizierte Wechselspiel durcheinander. Auch wenn sie für eine gewisse Zeit das Fettpolster schrumpfen lassen, erreichen sie langfristig das Gegenteil. Viele Diäten zu machen, betont der Ernährungsexperte Udo Pollmer, sei der sicherste Weg, um dick zu werden. Außerdem seien die Diäten »Einstiegsdrogen für Essstörungen«, so der Göttinger Ernährungspsychologe Volker Pudel.

Stillen ist gesund und verhindert Übergewicht

Wissenschaftler der Universität München untersuchten mithilfe der Stiftung Kindergesundheit bei über 9000 Kindern den Zusammenhang zwischen **Säuglingsernährung** und **Übergewicht** im Grundschulalter. Die 1999 im renommierten British Medical Journal veröffentlichten Ergebnisse zeigen, dass Kinder, die als Säuglinge **mindestens drei Monate** lang voll **gestillt** wurden, im Schulalter ein um 35 Prozent **geringeres Risiko** für Übergewicht hatten.

Kuren helfen selten

Dieser komplizierte Mix von Veranlagung, flexiblem Stoffwechsel, gelerntem Essverhalten und individuellen Lebensumständen lässt Patentrezepten zum Abnehmen kaum eine Chance. Deshalb nützen auch viele der Kuren nichts, die inzwischen jährlich bereits zwischen 7000 und 12 000 deutschen Kindern wegen massiven Übergewichts verordnet werden: Die meisten Kinder können ihr dort erzieltes neues Gewicht nicht halten.

Viele versuchen es immer wieder: Die zwölfjährige Christiane zum Beispiel, 1,50 Meter groß, 81 Kilo schwer. Ihre Mutter durchsucht ihr Zimmer regelmäßig nach versteckten Lebensmitteln. Oder der 16-jährige Stefan mit seinen 124 Kilo, den die eigene Familie am liebsten verstecken würde, damit seinen beiden älteren Schwestern die Freunde nicht davonlaufen.

Kuren scheinen nur auf den ersten Blick erfolgreich. 800 Kalorien am Tag, spielerische Bewegung und psychologische Betreuung zeigen zunächst Wirkung: Die Pfunde purzeln. Schließlich wollen die Krankenkassen bei Tagessätzen von 100 Euro Erfolge sehen. Aber auch hier schlägt der berüchtigte »Jojo-Effekt« zu. Deshalb setzen die meisten Kliniken (➔ Adressen Seite 310) inzwischen immer mehr auf psychologische Betreuung: Die Kinder sollen nicht nur verstehen, was an ihrer Art zu essen schlecht ist, sondern auch lernen, ihr Hungergefühl besser einzuschätzen. Das Ziel: nicht nur weniger, sondern »anders« essen.

Die Arbeitsgemeinschaft Adipositas im Kindes- und Jugendlichenalter stellt trotzdem fest, dass die Langzeitwirkungen fraglich seien. Verhaltensänderungen bräuchten mindestens zwei Jahre. Das aber würde bedeuten, dass die gesamte Familie ihr Leben ändern muss: eine schwere Aufgabe und – ohne Unterstützung von außen – im Alltag nur selten zu bewältigen.

Rettet die Kinder!

Der Brite Philip James, einer der führenden internationalen Fettsucht-Forscher, richtete deshalb im Jahr 2000 auf dem zehnten Congress on Obesity in Brüssel einen dramatischen Appell an die Öffentlichkeit: »Wenn wir nicht entschieden handeln, werden wir eine große Anzahl von Kindern in ganz Europa dazu verdammen, eine verlorene Generation zu werden. Sie werden früher als unsere Generation viele gewichtsbezogene Krankheiten bekommen und deshalb aller Wahrscheinlichkeit nach kürzer leben als wir.«

Sein Kollege Jaap Seidell fordert, die Regierungen müssten mehr Geld für die Vorsorge zur Verfügung stellen. Denn Fettsucht sei nicht nur ein individuelles, sondern vor allem auch ein gesellschaftliches Problem: Aus den USA wisse man, dass ein Mensch mit mittelschwerer Fettsucht bereits doppelt so hohe Aufwendungen verursache wie ein normalgewichtiger. Für Deutschland werden die Behandlungs- und Folgekosten von Adipositas derzeit auf annähernd 15 Milliarden Euro jährlich (!) geschätzt.

Auf allen Ebenen

Die Ernährungsmediziner fordern deshalb zum Handeln auf allen Ebenen auf: Die Kinder bräuchten täglich eine Stunde Sport in der Schule, und die Zahl aktiver Freizeitangebote für Jugendliche allein oder mit ihren Familien müsse deutlich erhöht werden. Die Qualität des Essens in Kindergärten und Schulen solle verbessert und der Body Mass Index jedes Jahr staatlich überwacht werden.

Nach Schätzungen des Ernährungspsychologen Volker Pudel von der Universität Göttingen müssten bereits jedes Jahr allein 80 000 Schulanfänger wegen ihres Übergewichts gezielt betreut werden – insgesamt mehr als eine Million Kinder und Jugendliche. Aber den steigenden Zahlen der übergewichtigen Kinder, so die Deutsche Gesellschaft für Ernährung, stehe »ein völlig unzureichendes Angebot an Behandlungsmöglichkeiten« gegenüber.

Und der Bielefelder Kinderarzt Uwe Büsching kritisiert: »Wir werden Milliarden für Hochdruckbehandlung und Bypass-Operationen ausgeben, aber wir haben keine finan-

Fernsehen macht dick, Abschalten macht dünn!

Wissenschaftler der Universität Stanford haben ein verblüffend **einfaches Rezept** gegen Übergewicht bei Kindern entwickelt: den **Fernsehkonsum** auf höchstens sieben Stunden wöchentlich **reduzieren!** Das, fanden sie heraus, ließ die Kids dünner werden, auch ohne zusätzliche Diät oder Bewegung.

Fernsehen macht dick: TV-Kids essen 50 Prozent mehr, als sie sollten, vor allem süße Snacks und fettes Fast Food.

ziellen Ressourcen zur Schaffung ausreichender Bewegungsangebote und -möglichkeiten oder für eine effiziente Ernährungsberatung.«

Die Rolle der Familie

Das familiäre Umfeld spielt eine große Rolle: Wenn zum Beispiel beide Elternteile besonders dick sind, werden es auch ihre Kinder mit 80-prozentiger Wahrscheinlichkeit, so Karl Zwiauer, Chefarzt der Kinderabteilung des Krankenhauses St. Pölten. Ein dicker Elternteil erhöhe das Risiko auf »nur« 40 Prozent, wobei Mütter das Essverhalten deutlich stärker prägten als die Väter.

Dicke Mütter haben oftmals eine geringere Schulbildung, ergaben die Studien des Instituts für Humanernährung und Lebensmittelkunde in Kiel. Neben der Information und dem Gesundheitsbewusstsein, die generell mit steigendem Einkommen zunehmen, macht es zum Beispiel auch einen Unterschied, ob Eltern die Zeit haben zu kochen, für ihr Kind einen Apfel zu schälen oder es sogar zum Sportunterricht zu begleiten.

Die Folgen des Wohlstands

Wie stark die Lebensgewohnheiten den Leibesumfang beeinflussen, zeigt auch das Beispiel der deutsch-deutschen Wiedervereinigung. Mitte der 80er Jahre zählten die DDR-Kinder zu den schlanksten der Welt. Doch zwischen 1975 und 1995 hat sich die Zahl der stark übergewichtigen Kinder im Osten Deutschlands verdoppelt. Am meisten legten die Jugendlichen zwischen 1985 und 1995 zu – nach der Wende. Der Grund: mehr

Stunden vor dem Fernseher oder Computer, mehr Autofahrten zum Kindergarten und zur Schule, mehr Süßigkeiten aus dem Paradiesgarten der neuen Supermärkte. An der Friedrich-Schiller-Universität Jena, wo seit 1880 kontinuierlich Schulkinder vermessen werden, hatte 1995 plötzlich jedes fünfte Mädchen Übergewicht, davon war jedes zweite sogar fettsüchtig.

Fernsehen macht dick

Deutsche Kinder sitzen im Schnitt 97 Minuten pro Tag vor dem Fernseher – einzelne jedoch bis zu 40 Stunden wöchentlich. In jedem vierten Kinderzimmer der 11- bis 15-Jährigen steht bereits ein eigenes TV-Gerät. Der Augsburger Medienpädagoge Werner Glogauer warnt davor, dass dieser Medienmissbrauch gesundheitliche Folgen haben werde.

Bewegungslosigkeit und Konsumhaltung vor dem Fernseher, laut Glogauer die »Epidemie des elektronischen Zeitalters«, schlage sich zum Beispiel direkt im Gewicht nieder: »Es gibt eine direkte Beziehung zwischen Fernsehkonsum und Übergewicht«, betont auch Karen Cullen vom Children's Nutrition Research Center (CNRC) in Houston. »Das Fernsehen schaltet den natürlichen Instinkt aus, der uns sagt, wann wir satt sind. Wir sind abgelenkt – und essen zu viel!«

Besonders anfällig sind Kinder, die ohnehin schon übergewichtig sind: Sie verschlingen, wie die Forscher feststellten, vor dem Fernseher mehr als die Hälfte von dem, was sie sollten. Außerdem sind die Vielseher unter den Kleinen willige Opfer der Werbespots – sie bevorzugen, so Forscher der Tufts Universität in Massachusetts, salzige Snacks und Softdrinks und essen nur selten Obst.

Eine Untersuchung der Columbia Universität und des New York Healthcare Institute warnt davor, schon Zweijährige vor die »Teletubbies« zu setzen. In den USA, wo bald jeder zweite der unter Fünfjährigen einen eigenen Fernsehapparat haben wird, sind diese TV-Kinder deutlich dicker – völlig unabhängig von Geschlecht, Einkommen der Eltern oder ihrem ethnischen Hintergrund.

Allein vor der Glotze

Doch es kommt noch schlimmer: In den USA isst jedes dritte Kind seine Hauptmahlzeit allein vor der Glotze. Die soziale Isolation solcher Medienkinder hat dramatische Folgen, die weit über das Übergewicht hinausgehen: Vielseher, ermittelte 2000 die Forschungsgruppe Psychophysiologie der Universität Freiburg, haben kaum soziale Kontakte, sprechen seltener und haben oft schlechte Laune. Ihr einziger Lebenspartner sind Computer oder Fernseher. Das elektronische Medium wird zur Sucht: Schule und Freunde sind rasch weniger spannend als die Kunstwelt des Schirms. Diese Jugendlichen stumpfen regelrecht ab gegenüber emotionalen Belastungen.

»Da wächst eine Generation heran, die geistig und körperlich nicht mehr belastbar ist«, prophezeit Medienpädagoge Werner Glogau-

> **Was ist ... der Grundumsatz?**
>
> Ein Mensch in Ruhe »verbrennt« zum Erhalt seiner Körperwärme und Körperfunktionen **Energie.** Man rechnet pro Stunde und Kilogramm Körpergewicht 1 **Kilokalorie;** dies ergibt bei einem Körpergewicht von 70 Kilogramm in 24 Stunden 1680 Kilokalorien (= Grundumsatz). Ein Mensch in körperlicher **Ruhe** nimmt bereits ab, wenn er weniger Kalorien pro Tag zu sich nimmt, als es seinem persönlichen Bedarf entspricht.

er. Von mehr als 500 zehn- bis siebzehnjährigen Schülern, die er untersuchte, waren rund 60 exzessive Computerspieler – sie verbrachten 50 und mehr Stunden wöchentlich vor dem Bildschirm und spielten manchmal tagelang Computerspiele, ohne zu schlafen. Kinderärzte berichten von Konzentrations- und Schlafstörungen durch Internet und Fernsehen. Es gibt sogar bereits Berechnungen, nach denen Schulabgänger alles in allem mehr Zeit vor dem Fernseher als in der Schule verbracht haben sollen.

Bewegungslos

Die Apathie des Medienzeitalters ist einer der Hauptgründe, warum wir uns nicht mehr genügend bewegen. Nicht ohne Grund rief die Weltgesundheitsorganisation WHO im Jahr 2002 das Motto »Bewegung für Gesundheit« aus. Nach ihren Schätzungen bewegen sich bis zu 80 Prozent der erwachsenen Menschen nicht ausreichend, rund zwei Millionen sterben, weil sie ihrem Körper zeit ihres Lebens keine ausreichende Bewegung gegönnt haben. Jeder dritte Krebsfall könnte durch eine gesunde Ernährung, normales Körpergewicht und ausreichende körperliche Aktivität verhindert werden.

Nach verschiedenen Befragungen und Schätzungen sind zwei von drei Erwachsenen in den USA und Mitteleuropa inaktiv. In Deutschland erreicht im Alter zwischen 18 und 55 Jahren nur jeder Dritte ein Aktivitätsniveau, das sich medizinisch positiv auswirken kann. Dabei ließe sich schon mit dreimal 30 Minuten Bewegung in der Woche (mit Puls 130) der Stoffwechsel erfolgreich ankurbeln. Das lässt nicht nur die Pfunde purzeln, dabei erhöht sich auch der Grundumsatz, und der Fettanteil am Körpergewicht sinkt. Das Risiko nicht nur für Herz-Kreislauf-Krankheiten sinkt deutlich bei sportlich aktiven Menschen, selbst wenn man schlanke Aktive mit schlanken Faulen vergleicht. Zum Beispiel sinken auch die Cholesterinwerte.

Beim schwergewichtigen Nachwuchs, zeigten Freiburger Gesundheitswissenschaftler, verbessern sich die Blutfettwerte nach acht Monaten Training ebenfalls deutlich. Doch die Realität ist meist anders: Nach einer

Sport hilft gegen Einsamkeit, Langeweile und Übergewicht.

Studie der Bertelsmann-Stiftung sind Kinder und Jugendliche nur noch rund 30 Minuten (!) am Tag wirklich aktiv, den Rest davon verbringen sie sitzend oder liegend! Und gerade einmal 15 Minuten täglich, so konstatieren Forscher der Universität Frankfurt, bewegt sich der Nachwuchs so lebhaft, dass er aus der Puste kommt.

Dabei schätzen Kinder ihre Beweglichkeit ganz anders ein: Amerikanische Elfjährige wurden einen Tag lang mit einem Bewegungsrecorder ausgestattet und 24 Stunden später befragt, wie viel sie sich »intensiv« bewegt hätten. Die meisten schätzten eine Stunde – tatsächlich waren es durchschnittlich nur zwei Minuten gewesen.

»Inaktivität bei gleichzeitigem reichlichem Essen verändert den Stoffwechsel. Er schaltet um auf Gewichtszunahme, wie in der Tiermast«, sagt der österreichische Kinderarzt Karl Zwiauer. Wer einmal dick ist, bewegt sich nicht mehr so gern – ein Teufelskreis entsteht.

Aus dem Gleichgewicht

Im Freien spielt höchstens noch ein Drittel aller Kinder, und das nur einmal wöchentlich oder noch seltener. Doch wer nicht mehr balancieren kann, verliert auch sein seelisches Gleichgewicht. Schon vor rund 60 Jahren erkannte der Schweizer Psychologe Jean Piaget, wie wichtig Bewegung für die Entwicklung von Gefühlen, Bindungen und Lernfähigkeit ist. Kinder, die nicht mehr laufen, klettern oder hüpfen, nehmen sich selbst und die Vielfalt der Welt nicht in Bewegung wahr. Ihre Tasterlebnisse sind spärlich, ihre Feinmotorik ist unterentwickelt. Ihr Blickwinkel wird durch das viele Fernsehen stark eingeschränkt. Die Konzentration nimmt ab.

Immer mehr Kinder zeigen Störungen derjenigen Fähigkeiten, die im Wechselspiel zwischen Bewegung und Gehirn gelernt werden. Sie können nicht mehr rückwärts oder gezielt im Kreis gehen, verlieren beim Balancieren rasch das Gleichgewicht und haben Probleme mit dem Radfahren. Nicht nur ihr Körper, auch ihr Gehirn wird unbeweglich.

Fett: Was steht auf dem Etikett?

Mediziner fordern die Änderung der **Fett-Kennzeichnung**, um den Verbrauchern zu ermöglichen, gezielt **gesunde Fette** auszuwählen. Die bis heute gültige Regelung ist eher unbefriedigend: Der **Oberbegriff »Fett«**, den der Gesetzgeber auf dem **Etikett** erlaubt, verrät nicht, welche Fette sich im Einzelnen dahinter verbergen. Zwar muss angegeben werden, ob es sich um **»pflanzliche«** oder **»tierische«** Fette handelt, das sagt aber nichts darüber aus, ob es sich um Olivenöl oder billiges Palmkernöl, um Schweineschmalz oder um Rindertalg handelt. Der **Prozentanteil** des Fettes am Produkt muss (mit Ausnahme von Milchprodukten) nicht angegeben werden. Auf die **ungesunden gehärteten Fette** muss gesondert hingewiesen werden.

Kinder ohne Körper

Sportpsychologen warnen vor einer zunehmend entkörperlichten und entsportlichten Welt der Kinder, die Aggression und Gewalt schürt und krank macht.

Sportwissenschaftler der Universität Karlsruhe sammeln seit Jahren Daten zur Fitness von Schulkindern und stellen einen dramatischen Rückgang fest: Zehnjährige Jungen legten Mitte der 70er Jahre bei einem Sechs-Minuten-Sprint noch rund 1150 Meter zurück. Zehn Jahre später waren es nur noch 990 Meter; inzwischen sind es weniger als 890. 1995 konnten Berliner Schülerinnen mit elf Jahren noch 3,10 Meter im Schnitt weit springen. Vier Jahre später waren es lediglich 2,78 Meter. Auch die Leistung der Jungen verringerte sich in dieser kurzen Zeit um etwa zehn Prozent. Der Schulsport – im Schnitt zwei Stunden wöchentlich – reicht nicht aus, um die Konditionsschwächen zu beheben.

Unser Tipp: Dicke Kinder loben statt strafen!

- Kaufen Sie mit Ihren Kindern gemeinsam ein und kochen Sie mit ihnen. So lernen sie den richtigen Umgang mit Lebensmitteln.
- Beteiligen Sie Ihre Kinder an der Planung der wöchentlichen Mahlzeiten.
- Essen Sie gemeinsam mit Ihrem Kind und nie, wenn der Fernseher läuft.
- Sprechen Sie keine pauschalen Verbote aus. Loben Sie bei Erfolgen.
- Halten Sie keine Vorräte an Süßigkeiten, Kuchen oder Knabbereien.
- Lassen Sie Ihr Kind selbst entscheiden, wie viel es essen möchte.
- Werden Sie gemeinsam mit Ihren Kindern sportlich aktiv.

In der Schule anfangen

Die Schule ist allerdings ein guter Ort, um mit einer umfassenden Ernährungserziehung Kinder und Eltern anzusprechen. In Singapur zum Beispiel hat ein solches Fitness-Programm die Zahl der dicken Kinder halbiert: Die Zahl der Sportstunden wurde deutlich erhöht, die Schulspeisung verändert und das Thema Ernährung zum Unterrichtsgegenstand gemacht. Im kalifornischen Berkeley haben die Schulmensen auf Vollwertkost umgestellt – mit Produkten, die zum Teil im eigenen Garten von den Schülern angebaut wurden. »Kinder lassen sich gerne für Ernährungsthemen gewinnen«, sagt die Pädagogin Ulrike Hohmut: »Sie essen gerne und besonders gerne das, was sie selbst zubereitet haben.« (Zum Dilemma der öffentlichen Küchen ➔ Seite 110 ff.)

Trainingsprogramm für die Familie

Um Strategien gegen das Übergewicht zu entwickeln, haben Experten vom Institut für Humanernährung und Lebensmittelkunde an der Christian-Albrechts-Universität Kiel eine Studie mit Schulanfängern durchgeführt. Zwischen 1996 und 2000 wurden in den Kieler Grundschulen 4140 Kinder erfasst und vier Jahre später erneut vermessen. Die Forscher stellten Eltern und Kindern viele Fragen: nach dem täglichen Essen, nach medizinischen Daten, den Lebensgewohnheiten, der sozialen Umgebung und auch nach dem Gewicht der Erwachsenen.

Aufbauend auf diesen Erkenntnissen entwickelten die Kieler Forscher ein Trainingsprogramm: Es spricht über die Schule sowohl Kinder als auch Eltern an und vermittelt beiden wichtige Informationen über die Rolle der Nahrung. Es gibt Tipps zur Fettvermeidung und versucht, die Betroffenen zu mindestens einer Stunde Sport am Tag zu bewegen. Unter anderem wird auch der Fernsehkonsum mithilfe der Eltern auf höchstens 60 Minuten täglich beschränkt. 90 Familien nahmen an einer Pilotstudie teil, 27 waren bereit, ihren Lebensstil zu ändern, 25 hielten ein Jahr lang durch.

Ihre Mühe hat sich gelohnt: Die Fettmasse der Kinder, die an diesem Programm teilnahmen, hat in den vier Jahren nicht zu-, sondern um 2,2 Prozent abgenommen. Bei denjenigen, die nicht mitmachen wollten, stieg sie stattdessen um 12,7 Prozent. Das Fazit der Deutschen Forschungsgemeinschaft, die diese Studie förderte: Es lohnt sich, frühzeitig gegen Übergewicht zu kämpfen.

Fit statt fett

Initiativen, das Übergewicht bei Kindern abzubauen, müssen langfristig angelegt sein und mehr Bewegung mit einer anderen Ernährung und verhaltenstherapeutischen Ansätzen kombinieren. Einige Beispiele:

- Die »Powerkids« sind ein zwölfwöchiges Trainingsprogramm für Kinder zwischen acht und zwölf Jahren, das von Kinderärzten, Psychologen, Ernährungswissenschaftlern und Sportmedizinern entwickelt wurde. Es kann von Lehrern und Erziehern, aber auch von Eltern eingesetzt werden. Ziel des Programms ist, Kindern spielerisch beizubringen, ihre Essgewohnheiten zu ändern, und sie auf keinen Fall zu strafen oder Schuldgefühle hervorzurufen. Stattdessen lernen die Kinder ein Punktesystem, mit dem die verschiedenen Lebensmittel nach ihrem Fettgehalt mit »Fetzies« und Freizeitaktivitäten nach ihrem Bewegungsanteil mit »Sporties« oder »Schlaffies« verrechnet werden.
- Gesünder essen, ohne zu hungern, ist das Ziel von »FITOC« (Freiburg Intervention Trial for Obese Children), das sich an übergewichtige Kinder zwischen acht bis elf Jahren wendet. Mit dem von einer Sportmedizinerin entwickelten Programm werden inzwischen in 15 Städten Deutschlands dicke Kinder und Jugendliche ambulant behandelt. Grundlage der Therapie sind Ernährungsumstellung, dreimal wöchentlich Sport, Gewichtskontrollen und therapeutische Gespräche. Die Kosten für eine Teilnahme werden entweder auf besonderen Antrag oder von einigen gesetzlichen Krankenkassen, mit denen dies ausgehandelt worden ist, regulär übernommen.
- In der Schweiz hat die Stiftung des Lebensmittelherstellers Migros ein Internetprogramm für Kinder und ihre Eltern entwickelt, das »Minuweb«. Ein Team von Ernährungsberatern, Sportpsychologen und Medizinern bietet Jugendlichen ein buntes, interaktives Programm zur Gesundheitsförderung und Vorsorge gegen Übergewicht.
- Im Übrigen fördert das Bundesgesundheitsministerium seit 2002 Sportkurse für Risikopatienten, zum Beispiel auch für Dicke. Die Kosten werden nach Abklärung mit dem Hausarzt in der Regel von den gesetzlichen Krankenkassen übernommen. (Ausgewählte Kontaktadressen und weitere Informationen zum Thema → Seite 310 f.)

Kinder brauchen Vorbilder

Leider sind Eltern vor allem oft dann unkritisch, wenn es um ihre eigenen Kinder geht: Forscher der Columbia University in New York befragten im Rahmen einer Studie 1400 Erziehungsberechtigte von dicken Kindern zwischen ein und fünf Jahren. Dabei erklärten 68 Prozent der Eltern trotz des deutlich sichtbaren Übergewichts, ihre Kinder seien »genau richtig«, acht Prozent sahen ihr Kind sogar als »zu dünn« an.

Wenn die Eltern kein Gesundheitsbewusstsein demonstrieren, können es die Kinder auch nicht haben: Nur jedes dritte von 4000 Kindern (im Alter von neun bis elf Jahren), die Forscher des Deutschen Krebsforschungszentrums in Heidelberg 1996 befragten, wusste, dass es gesund ist, täglich mehr als dreimal Obst oder Gemüse zu essen.

Doch warum sollten Kinder anders essen als die Erwachsenen, die in Deutschland immer noch ein Drittel mehr Fett täglich zu sich nehmen, als die von den Medizinern empfohlenen 30 Prozent, gemessen am gesamten Kalorienbedarf?

Drei Viertel des Fettkonsums stammen aus versteckten Quellen: Anfangs sind es vor allem Milchprodukte, später Fleisch und Süßes

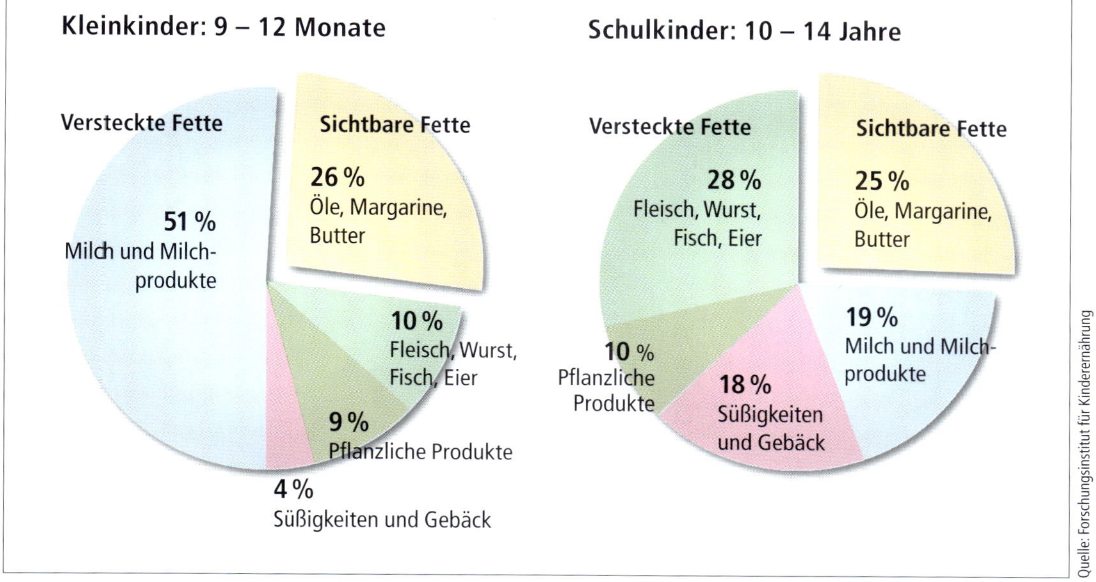

Krebs durch Fett

Fett ist ein wertvoller Nährstoff (➔ Seite 168), aber seine Wirkung kann sich ins Gegenteil verkehren, wenn wir zu viel davon essen. Denn Fett ist nicht nur ein Risikofaktor für Herz und Kreislauf, sondern spielt auch eine entscheidende Rolle bei der Entstehung von Dickdarm-, Brust- und Eierstockkrebs.

Besonders betroffen sind Frauen, bei denen hormonabhängige Tumoren durch Fett (das ähnliche Botenstoffe freisetzt) stimuliert werden. Das fängt schon damit an, dass eine unausgewogene Energiebilanz – zu viel Fett und zu wenig Bewegung – die Monatsblutung bei Mädchen früher einsetzen lässt. Je länger Frauen aber Östrogene bilden, desto gefährdeter sind sie für Brustkrebs. Jedes Jahr, das sie später zu menstruieren beginnen, senkt ihr Risiko um 20 Prozent.

Essen als Vorbeugung

Es lohnt sich deshalb, den Fettanteil im Essen früh zu reduzieren (noch nicht bei Säuglingen! ➔ Seite 123) und auch sonst auf ausgewogene Ernährung zu achten. Die Ernährungswissenschaftlerin Ingeborg Hanreich: »Wenn Eltern den Wünschen ihrer Sprösslinge nach fett- und zuckerhaltigen Speisen nichts entgegensetzen, sind die Weichen für eine grundlegend falsche Ernährung gelegt.«

Die Ernährung von Kindern und Jugendlichen rückt deshalb – als wichtige Prävention gegen spätere Krankheiten – immer mehr in den Brennpunkt der Gesundheitswissenschaften. Nur wer früh lernt, mit seinem Körper richtig umzugehen, betont auch der Berufsverband der Kinder- und Jugendärzte, der kann bis ins hohe Alter geistig und körperlich aktiv und gesund bleiben.

Weniger ist mehr

Der Fettverzehr ist in den vergangenen Jahren in den Industrieländern gesunken – der Leibesumfang jedoch nicht. Das liegt daran, dass es eben nicht ausreicht, auf »fettreduzierte« Lebensmittel zurückzugreifen, wenn sich der übrige Lebensstil nicht ändert.

In den USA, wo inzwischen mehr als 1000 Nahrungsmittel mit weniger Fettgehalt auf dem Markt sind, warnt die Amerikanische Herzgesellschaft (AHA) in Dallas inzwischen sogar vor dem Trugschluss, fettarm ungehindert schlemmen zu können. Ausschließlich kleinere Portionen helfen, sagen die Kardiologen. Besonders kritisiert wird der Fettersatzstoff »Olestra« (in Europa nur in Großbritannien zugelassen), der zwar den Darm passiert, ohne in Kalorien umgewandelt zu werden, aber dort auch die Aufnahme wichtiger Vitamine (A, D, E und K) hemmt.

Besonders wichtig ist es deshalb, auf versteckte Fette zu achten. Ein Großteil davon – und meist sind es minderwertige Fette (➔ Seite 258 f.) – steckt in Fertiglebensmitteln und Fast Food. Die Kieler Adipositas-Forscher fordern deshalb, die Kennzeichnung des Fettgehalts zu verbessern und die Werbung für kalorienreiche Softdrinks oder Fast Food einzuschränken. Die deutsche Arbeitsgemeinschaft Adipositas geht noch einen Schritt weiter: Sie schlägt sogar eine besondere Steuer auf Junkfood vor.

Achten Sie bei den Mahlzeiten auf den Fettgehalt: Die Fettränder von Wurst und Fleisch sollten Sie auf jeden Fall abschneiden. Schwieriger wird es bei den vielen versteckten Fetten: Die bei Kindern so beliebten Wiener Würstchen zum Beispiel enthalten fast 30 Prozent Fett, Käse im Schnitt 30 bis 40 und Milchschokolade 32 Prozent.

Unser Tipp: Beim Essen Fett reduzieren!

- ✔ Verwenden Sie fettarme Milch mit 1,5 Prozent Fett.
- ✔ Statt Butter schmeckt auch Senf als Brotaufstrich.
- ✔ Es muss nicht immer Wurst sein: Auch Gurkenscheiben oder Schnittlauch sind ein leckerer Brotbelag.
- ✔ Dosieren Sie richtig: Ein Teelöffel Öl am Tag ist bereits alles, was Ihr Kind zusätzlich zum versteckten Fett benötigt!
- ✔ Vermeiden Sie Fast Food und spezielle Kindermilchprodukte: Sie sind oftmals regelrechte Fett-Fallen!
- ✔ Achten Sie bei Wurst und Käse auf den Fettgehalt.
- ✔ Auch sonst hilft ein Blick aufs Etikett: Je weiter vorn das Fett steht, desto mehr ist drin.
- ✔ Gehärtete Fette sind schlecht.
- ✔ Braten oder dünsten Sie Fleisch und Gemüse in einer beschichteten Pfanne ohne Fett und fügen Sie erst am Schluss ein paar Tropfen hochwertiges Pflanzenöl hinzu.
- ✔ Frittiertes sollte selten auf dem Tisch stehen.

Nichts für zwischendurch: Das geliebte Wiener Würstchen besteht fast zu einem Drittel aus Fett!

Während man beim Kauf von Käse aufs Etikett oder Warenschild schauen kann, um den Fettgehalt zu erkennen, gilt bei der Wurst als Daumenregel: je streichfähiger, desto fetter. Besonders in sich haben es auch Salami und Gelbwurst.

Das richtige Maß

Fett zu sparen bedeutet nicht, dass Ihr Kind nur noch trockenes Brot essen darf. Mit ein paar Tricks können Sie seinen Fettverzehr deutlich reduzieren, zum Beispiel beim Frühstück: Statt fetter Wurst kommt geräucherte Putenbrust oder Hähnchensülzwurst aufs Brot. Das Croissant, das 13 Gramm Fett enthält, lässt sich durch ein Vollkornbrötchen (1 Gramm Fett) ersetzen. Und Erdbeerkonfitüre als Brotaufstrich (pro Portion 1 Gramm) ist besser als Nuss-Nugat-Creme (6 Gramm).

Auch Pommes frites sollten eher selten auf dem Speiseplan stehen: Während eine Portion der frittierten Kartoffelstäbchen stolze 13 Gramm Fett enthält, kommt man mit Kartoffelpüree oder Nudeln nur auf 2 Gramm. Und wenn es schon ein Snack sein soll, dann lieber Popcorn (8 Gramm) als Kartoffelchips (80 Gramm)!

Oder wussten Sie zum Beispiel, dass Haselnüsse zu 62 Prozent aus Fett bestehen? Deshalb sollten Nüsse auch nur wohl dosiert (zum Beispiel im Müsli) eingesetzt werden. So gesund sie wegen ihrer ungesättigten Fettsäuren sind, als Zwischenmahlzeit sind sie aufgrund ihres hohen Fettgehalts nicht geeignet.

Keine Zeit zum Essen: Der Verlust des Geschmacks

Asterix und Obelix staunten nicht schlecht, als sie (im Comic) in Britannien zu Gast waren: »Keine Zeit«, erklärten die britischen Soldaten mitten im Kampf den verblüfften römischen Angreifern. Sie ließen Schwert und Schild fallen und scharten sich stattdessen um einen heißen, dampfenden Wasserkessel: Fünf-Uhr-Tee!

Früher stand Großbritannien tatsächlich still, wenn jeden Nachmittag diese vierte Mahlzeit zelebriert wurde: starker schwarzer Tee mit kleinen leckeren Gurkensandwiches oder, je nach Gusto, auch süßen Keksen oder Teekuchen. Aber die Rhythmen von Produktion und Dienstleistung, die immer seltener von Ruhephasen unterbrochen werden, haben auch die Zeit für gemeinsame Mahlzeiten stark schrumpfen lassen. Wir leben und essen in einer »Non-Stop-Gesellschaft«, beschreibt das der Münchner Agrarexperte und Philosoph Manuel Schneider.

Essen als Nebensache

Mit der Industrialisierung der Arbeit wuchsen die Städte. Die Lebensmittel mussten von weit hergebracht und zur besseren Haltbarkeit konserviert werden. Die Frische ging verloren. Die Nahrungsmittel selbst wurden immer mehr zu industriellen Produkten. Und die Zeiten, in denen man sich gemeinsam an einen Tisch setzen konnte, immer seltener.

Im Süden wurde die Kultur des Essens am längsten gegen die Anfechtungen der Arbeit verteidigt: In Spanien stürzte in den 20er Jahren des vergangenen Jahrhunderts sogar Staatschef Primo de Rivera bei dem Versuch, das ausgedehnte traditionelle Mittagessen zu verkürzen, um die Wirtschaft anzukurbeln. Und in vielen Städten Italiens oder Frankreichs ist man immer noch der Ansicht, ein vernünftiges Mittagessen, zu dem viele noch nach Hause fahren, diene der Arbeit mehr als eine 25-minütige Snack-Pause. Aber auch solche Oasen werden immer rarer.

Verlust der Gemeinsamkeit

Mit der Industrialisierung des Essens ging mehr verloren als nur Zeit zur Nahrungsaufnahme: Schließlich hatten Beschaffung, Zubereitung und gemeinsamer Verzehr des Essens über Jahrtausende das Zusammenleben der Menschen geprägt. Sie waren die Basis für Kultur und Technik: die gemeinsame Jagd, die Entwicklung von Ackerbau und Viehzucht, der Transport des notwendigen Wassers, die Opferrituale der Priester.

Nicht immer wurde in den Familien gekocht. »Fast Food« ist keine neue Erfindung, betont der in England lebende Historiker Felipe Fernández-Armesto. Die Wohnungen in den Mietskasernen des antiken Roms verfügten nur selten über Küchen, die einfache Bevölkerung versorgte sich bei fliegenden Händlern wie auch später die Bewohner im mittelalterlichen London oder Paris.

Ohne Teller und Besteck: Kinder lieben Fast Food auch deshalb, weil sie es mit den Fingern essen dürfen.

»Aber was die Menschen früher zusammenbrachte«, so Fernández-Armesto, »trennt sie heute, denn die Bequemlichkeit ist ihnen wichtiger als Geschmack, Nährwert oder Vergnügen.« 1953 wurde US-Präsident Ike Eisenhower ein »Forschungs-Essen« präsentiert, das Standards für die Zukunft setzte: Orangensaft aus Pulverkonzentrat, vorfabrizierte Pommes frites, Gemüse aus dehydrierten und eingefrorenen Erbsen, mithilfe von Hormonen produziertes Fleisch und fettreduzierte Milch.

Halbe Emanzipation

Solche Fertigprodukte, die bald auch für ein Massenpublikum produziert wurden, erleichterten die Emanzipation der Frau. Sie ging nun auch arbeiten und bekam weniger Kinder, weil sie Erziehung und Haushalt nebenbei erledigen musste. Denn nur selten übernahmen Männer einen Teil derjenigen Aufgaben, der früher der »Hausfrau« vorbehalten war. Und eine Familienpolitik, die beiden Elternteilen genügend Zeit für ihren Nachwuchs eingeräumt hätte, gibt es in den meisten Ländern nicht, ebenso wenig wie ganztägige Betreuungseinrichtungen.

Also muss, was an sozialen Bindungen verloren ging, durch Technik ersetzt werden. Der amerikanische Schriftsteller Edward Bellamy beschrieb das 1887 als sozialistische Utopie: Statt zu kochen, bestellten die Bürger Fertigmenüs nach einem Speiseplan, der in den Tageszeitungen abgedruckt war, und aßen in gemeinsamen »Volkspalästen« – eine Vorform des Caterings.

Essen als Kulturrevolution

Doch zuerst kamen die Würstchenbuden und Hamburger-Stände, die sich in den vergangenen Jahrzehnten rasch zu weltumspannenden standardisierten »Food Outlets« entwickelten.

Ein Viertel der amerikanischen Bevölkerung besucht täglich (!) Schnell-Restaurants wie McDonald's, Burger King oder Kentucky Fried Chicken. So kommt der Durchschnittsamerikaner statistisch gesehen wöchentlich auf drei Hamburger und vier Portionen Pommes frites. Die Amerikaner geben inzwischen mehr Geld für Fast Food aus als für Hochschulen und Universitäten, mehr auch als für PCs, Software oder Autos. McDonald's betreibt in den USA die meisten privaten Spielplätze und ist einer der größten Vertreiber von Spielzeug. 96 Prozent aller Schulkinder in den USA kennen den Marken-Clown »Ronald McDonald« – nur der Weihnachtsmann (»Santa Claus«) erreicht einen noch höheren Bekanntheitsgrad.

Ohne Teller und Töpfe

Mit dem neuen Stil eines Schnellrestaurants für die ganze Familie schaffte es McDonald's-Mitbegründer Ray Kroc vor bald 50 Jahren, den bis dahin nicht sonderlich geschätzten Hamburger salonfähig zu machen. Das Franchising-System, das McDonald's zum Erfolg führte und seither auf der ganzen Welt tausendfach kopiert wurde, schätzen besonders Kinder und Jugendliche: Gerade die Uniformität der Produkte und Restaurant-Filialen, von Kritikern oft geschmäht, erleichtert ihnen die Orientierung und gibt ihnen ein Gefühl von Sicherheit – vor allem wenn die Eltern nicht dabei sind.

Fast-Food-Ketten wie McDonald's und Burger King haben Kinder und Jugendliche auf diese Weise erfolgreich vom Familientisch emanzipiert und ihr Essen zum individuellen »Fun« ohne weitere gesellschaftliche Konventionen gestylt. Teller und Besteck waren bei McDonald's schon 1948 verschwunden: eine Neuerung, die von den Kunden begeistert angenommen wurde.

»Eat and run«

15 Sekunden, wirbt McDonald's, dauert die Ausführung einer Bestellung an den chromglänzenden Theken nur. Zwischen zweieinhalb und vier Minuten verstreichen dann im Durchschnitt zwischen dem ersten und dem letzten Bissen in einen Hamburger. Und nach spätestens zehn Minuten hat man das Lokal im Schnitt wieder verlassen.

Dieses Prinzip des »Eat and run« (»esse und verschwinde«) eroberte nach und nach auch die Haushalte. Erst waren es nur die Suppen: Eintopf und Consommé aus der Dose, dann gefriergetrocknete Fertigsuppen aus der Tüte und die Fünf-Minuten-Terrine. Inzwischen bieten – die Mikrowelle macht es möglich – alle großen Lebensmittelkonzerne eine Vielzahl von Fertigmenüs an, die sich auch von ungeübten Singles oder Kindern in Minutenschnelle fertig stellen lassen: einfach aus dem Eisfach nehmen, Verpackung aufreißen, vier bis fünf Minuten in die Mikrowelle – fertig!

Schnell und angenehm

Auf diese Weise können die einzelnen Mitglieder einer Familie dann essen, wann sie wollen, und vor allem das, wonach ihnen gerade ist. Sie müssen sich nicht mehr abstimmen, nicht mehr miteinander reden oder sich um den gemeinsamen Esstisch versammeln. Die moderne Küche braucht nicht einmal Teller und Töpfe, um deren Abwasch es hinterher Streit geben könnte.

Die schnelle Küche hat in den vergangenen 30 Jahren alle Bereiche unseres Lebens erobert: Sie dominiert die Mehrzahl der Restaurants und Kantinen – auch wenn die dort verwendeten Halbfertigmenüs etwas vornehmer »Convenience« (»Bequemlichkeit«) heißen. Es gibt Fast Food in Einkaufszentren und an Tankstellen, im Zug, an Flughäfen und in Krankenhäusern, in Museen, Sportstadien, Schulen und Kindergärten. Frisch zubereitete, in handwerklicher Arbeit gekochte Speisen gibt es kaum mehr. Sie sind zu rarem Kunsthandwerk geworden.

Wie die Kühe

Weil das Essen jetzt jederzeit zur Verfügung steht, werden auch die damit verbundenen Rituale überflüssig – zum Beispiel feste Essenszeiten, gedeckte Tische, die Vorfreude auf ein Festmahl zu einer besonderen Gelegenheit.

»Grazing« (»grasen«) haben amerikanische Wissenschaftler das neue Essverhalten getauft, das so sehr an die Kühe auf der Weide

Geschmackstraining mit Spitzenköchen

Eurotoques ist ein Zusammenschluss europäischer **Spitzenköche,** die sich vorgenommen haben, den Geschmack der kommenden Generation zu retten. Die 1986 gegründete Organisation will nicht nur die **traditionell-handwerklichen Erzeuger** von Lebensmitteln unterstützen und den **ökologischen Landbau** fördern. Sie hat ein Programm entwickelt, mit dem ihre Kochkünstler **Schulen** besuchen und dort ein **Geschmackstraining** durchführen. Die Kinder testen mit verbundenen Augen die Grundgeschmacksarten süß, salzig, bitter, sauer (und scharf/aromatisch) und erfahren dann auf einem **»Geschmacks-Parcours«** die Unterschiede zwischen frischen Lebensmitteln, Tüten- und Konservennahrung. Sie lernen zum Beispiel den Unterschied zwischen einem gekauften und einem selbst gemachten Erdbeer-Joghurt kennen und bewerten (www.eurotoques.de).

erinnert: Auch sie sind immer in Bewegung und fressen das, was ihnen ins Maul sticht. »Ich esse eben, wenn ich Hunger habe, was, ist nicht so wichtig«, erklärt eine junge Studentin aus Freiburg auf einer Podiumsdiskussion zum Thema Ernährung. »So, wie man ein Auto auftankt«, wundert sich der deutsche Feinschmecker-Papst Wolfram Siebeck.

Laut dem Magazin »Spiegel« hat bereits jeder zweite Deutsche die bequeme Einstellung des »Grasens« übernommen: Statt fester Mahlzeiten wird Essen etwas für nebenher und zwischendurch.

Verlust der Sinne

Doch Kühe fressen immerhin noch frisches Gras und wissen genau, wo die duftenden Kräuter wachsen – das schnelle Essen dagegen führt zum Verlust der Sinne. Die Gourmet-Profis von Eurotoques, einer Vereinigung von europäischen Spitzenköchen, haben einen Geschmackstest für Kinder entwickelt und feststellen müssen, das die meisten nur noch zwei von vier bzw. fünf unterschiedlichen Geschmäckern herausfinden können (➔ Kasten Seite 33). Auffallend mehr schmecken die Kinder ausländischer Herkunft. In türkischen, griechischen oder kroatischen Großfamilien spielt sich eben noch viel mehr rund um den Esstisch ab: Es wird frisch gekocht, und die Gastfreundschaft hat noch einen hohen Stellenwert, genauso wie die traditionellen Festtage, die meist mit einem bestimmten Mahl gefeiert werden.

Fast Food enthält außerdem eine Vielzahl künstlicher Geschmacksstoffe, die unsere Sinne täuschen und verführen, aber nicht langfristig fesseln können. Typisch ist der Duft des frisch gebackenen Brotes der Schnell-Back-Ketten, dessen Geschmack sich beim Hineinbeißen oft als Sinnestäuschung erweist. »Erst wollen wir immer mehr von den tollen Kunst-Aromen, aber plötzlich haben wir sie über«, stellen die Kochbuch-Autoren Martina Meuth und Bernd Neuner-Duttenhofer fest. »Deshalb muss die Industrie auch ständig neue Produkte entwerfen, um diesen Ermüdungseffekt zu umgehen. Natürliche Aromen dagegen bleiben uns – mit unseren Vorlieben und Abneigungen – ein Leben lang erhalten.«

Künstliche Aromen

»Das schmeckt komisch«, kommentierte die fünfjährige Julia den ersten Pudding ihres Lebens, der mit echter Vanille gekocht worden war. Und ließ ihn stehen.

Warum lieben Kinder Erdbeerjoghurt mehr, wenn er mit Retorten-Aromen erzeugt wurde statt mit echten Erdbeeren? Der Ersatzgeschmack hat mit den Beeren nichts zu tun, er wird aus Holzrinde oder Kartoffeln erzeugt und ist viel ärmer als sein Vorbild: Während sich der Geschmack der Erdbeere aus rund 350 verschiedenen Aromastoffen zusammensetzt, basiert das Industrieprodukt

Was sind die Unterschiede bei Aromastoffen?

Künstliche Aromastoffe werden auf der Verpackung meist nur als »Aromen« deklariert. Sie werden durch chemische Synthese gewonnen, es gibt dafür in der Natur kein Vorbild (z.B. Ethylvanillin). **Naturidentische Aromastoffe** stammen aus anderen Quellen als ihr natürliches Vorbild, sind aber chemisch mit ihm identisch (z.B. Vanillin). **Natürliche Aromastoffe** müssen aus pflanzlichen oder tierischen Substanzen gewonnen werden, nicht aber unbedingt aus dem, wonach sie schmecken.

Nach: Stiftung Warentest, 2001

nur auf sechs bis zehn Komponenten. Trotzdem wird es von Kindern meist bevorzugt.

Legendär ist das Beispiel der Dosen-Ananas: Als die Industrie vor einigen Jahrzehnten technologisch endlich so weit war, die Dosen innen mit einem geschmacksneutralen Stoff zu beschichten, gingen die Umsätze völlig überraschend zurück. Der Grund: Die Verbraucher hatten sich an den metallenen Geschmack der gelben Scheiben gewöhnt und wollten nicht mehr darauf verzichten. Daraufhin wurden die Konserven zusätzlich mit »Dosen«-Aroma versetzt …

»Natürliche« Geschmacksstoffe sind aber nicht automatisch reiner oder gesünder als künstliche. Mandelaroma (Benzaldehyd), das aus Pfirsich- und Aprikosenkernen gewonnen wird, enthält Spuren von Zyanid, einer Substanz, die in größeren Mengen tödlich sein kann. Wenn Benzaldehyd anders fabriziert wird – Kleeöl und Bananenaroma werden vermischt –, entsteht das Gift nicht, obwohl es sonst chemisch gleich ist. Trotzdem erzielt es auf dem Markt einen geringeren Preis, weil die Verbraucher auf dem Etikett keine »künstlichen« Aromen sehen wollen.

Was steckt im … »Erdbeer«-Milch-Shake?

Ein in den USA verkaufter »Erdbeer«-Milch-Shake enthält zwar keine Erdbeeren, dafür aber folgende Aromen:
Amylacetat, Amylbutyrat, Amylvalerat, Anethol, Anisylformat, Benzylacetat, Benzylisobutyrat, Buttersäure, Cinnamyl-Isobutyrat, Cinnamyl-Valerat, Diacetyl, Dipropyl-Keton, Ethylacetat, Ethylamyl-Keton, Ethylbutyrat, Ethyl-Cinnamat, Ethyl-Heptanoat, Ethyl-Heptylat, Ethyllaktat, Ethyl-Methylphenylglycid, Ethylnitrat, Ethylproprion, Ethylvalerat, Heliotropin, Hydroxyphenyl-2-Butanon (in zehnprozentiger Alkohollösung), Alpha-Ionon, Isobutyl-Anthranilat, Isobutyl-Butyrat, Zitronenöl, Malz, 4-Methylacetophenon, Methol-Antranilat, Methyl-Benzoat, Methyl-Cinnamat, Methyl-Heptin-Carbonat, Methyl-Naphthyl-Keton, Methyl-Silicat, Minzöl, Bitterorangenöl, Nerolin, Neryl-Isobutyrat, Schwertlilienbutter, Phenethyl-Alkohol, Rosenauszüge, Rum-Äther, Vanillin und Lösemittel.

Quelle: Schlosser: Fast Food Gesellschaft, 2002

Was ist Geschmack?

Geschmäcker sind bekanntlich verschieden, aber warum? Kann jemand eine Auster, jene glibbrige und eher unappetitlich aussehende Delikatesse, die vorwiegend nach Meer und Tang schmeckt, spontan schmackhaft finden? Wieso lieben die einen das bittere Aroma von Artischocken und andere nicht? Was bringt Kinder dazu, plötzlich Rum-Plätzchen zu mögen, obwohl sie bis dahin alles, was auch nur annähernd nach Alkohol schmeckte, abgelehnt haben?

Ein Teil unserer Geschmacksvorlieben ist angeboren: Babys lieben, das zeigten Wissenschaftler, Süßes und verziehen bereits das Gesicht, wenn sie mit Bitterem konfrontiert werden. Dieser natürliche Instinkt machte in der Evolutionsgeschichte durchaus Sinn – er half den frühen Menschen beim Überleben in der Wildnis: Viele Pflanzen wehren sich nämlich mit giftigen Bitterstoffen gegen ihre Fress-Feinde (zum Beispiel Bitterlupinen), wohingegen Süßes meist ungefährlich ist. Auch die Muttermilch ist süßlich.

Kinder lernen essen

Dass Kinder vorsichtig sind und nur ungern Neues ausprobieren, ist also ein Ur-Instinkt. »Geschmackskonservatismus« nennen die Evolutionspsychologen diesen Reflex, der ent-

Das Aroma von frischen Beeren kennen nur noch wenige Kinder. Am besten schmecken sie direkt vom Strauch.

wicklungsgeschichtlich vielen unserer Vorfahren das Leben gerettet hat: Man aß nur das, was man kannte.

Auch heute noch akzeptieren wir unbewusst neue Geschmäcker nur dann, wenn sie uns irgendwie vertraut sind: Erinnert diese tropische Frucht nicht ein wenig an die Stachelbeere? Dann kaufen wir sie beim nächsten Mal auch wieder.

Erfahrung und Erinnerung spielen also beim Essen eine vielleicht größere Rolle als das eigentliche Aroma: Wenn Kinder in den ersten Lebensjahren »auf den Geschmack kommen«, bedeutet das, sie lernen. Das Vorbild der Eltern und Geschwister ist dabei ganz besonders wichtig: Sie haben großen Einfluss darauf, ob Ihr Nachwuchs auch als Erwachsener noch lieber scharf oder ungewürzt isst, Kräutertees oder Softdrinks trinkt, frisches Brot schätzt oder lieber zu Fast Food greift. Jedes frisch zubereitete, gesunde Essen, das Sie Ihrem Kind vorsetzen, hilft ihm nicht nur unmittelbar in seiner jetzigen Entwicklung, sondern ist langfristig eine Investition in die Zukunft. Es schult seinen Geschmack und schützt so seine Gesundheit auch noch als Erwachsener!

Kindheitsgenüsse

Unauslöschlich scheinen die Genüsse der Kindheit: Das Lieblingsessen, von der Mutter gekocht, oder die Johannisbeeren, in Großvaters Garten gepflückt, sind unvergesslich. Schon ein vorüberziehender Duft reicht aus, um die Gefühle der Sicherheit und Geborgenheit, die damit verbunden waren, wieder in Erinnerung zu rufen.

Heute werden solche Prägungen zunehmend abgelöst durch den Geschmack einer ganz bestimmten Eissorte, einer Ketchup-Marke oder einer Limonadensorte. Denn die Industrie arbeitet hart daran, die Kinder schon früh an Fertigprodukte zu gewöhnen – und sich damit nicht zuletzt auch ihre zukünftigen Käufer zu sichern.

Die Aroma-Branche

Wichtige Helfer dabei sind die Aromastoffe. »Die Geschmacksstoff-Branche hält sich gerne im Hintergrund«, schreibt der amerikanische Journalist Eric Schlosser. »Denn die Fast-Food-Ketten wollen natürlich, dass ihre Käufer denken, der Geschmack stamme aus ihren Küchen und nicht von irgendeiner entfernten Zuliefererfirma.«

Schlosser beschreibt in seinem Buch »Fast Food Generation«, wie er, zu Gast bei dem weltweit größten Aroma-Hersteller International Flavors & Fragrances (IFF), in einem Labor einen Dufttest machte: »Nachdem ich einen Testfilter in eine Lösung getaucht und dann meine Augen geschlossen hatte, roch ich plötzlich Hamburger. Das Aroma war perfekt, beinahe ein Wunder. Es roch genau so, als würde in dem Raum jemand knusprige Burger auf dem Grill wenden. Aber als ich die Augen wieder öffnete, gab es da nur diesen kleinen Papierstreifen und einen süffisant lächelnden Chemiker.«

Illusion für die Nase

IFF produziert nicht nur Hamburger-Geschmack, sondern auch duftende Ingredienzen für Parfüms von Lancôme bis Lauder, Deodorants, Badeschaum und Fußbodenwachs. Der Erfolg all dieser Produkte basiert auf demselben Prinzip: Flüchtige Chemikalien erregen unsere Sinne.

Während die Papillen auf unserer Zunge nur vier bzw. fünf Geschmäcker unterscheiden können, nimmt die Nase Tausende unterschiedlicher Aromen wahr. Wenn wir kauen, trinken oder atmen, wandern winzige Moleküle mit der Luft in unsere Nasen, wo ganz oben – dicht bei den Augen – in einer Hautschicht der Geruchssinn liegt. Seine Eindrücke werden an das Gehirn weitergemeldet und das entscheidet, gemeinsam mit den Augen und dem Tastsinn, ob uns etwas sympathisch ist oder nicht.

Obwohl künstliche Nasen für die Industrieforschung getestet werden, hat bisher noch keine Maschine die Perfektion der menschlichen Sinne erreicht. Eine Nase kann Aromen in winzigster Konzentration aufspüren, in einer Lösung reicht schon ein Anteil von 0,0000000000003 Prozent.

Kleine Menge – große Wirkung

Der Duft von gebratenem Fleisch oder geröstetem Kaffee zum Beispiel besteht aus einem Gemisch von rund 1000 verschiedenen Chemikalien. Ein einziger Tropfen davon würde ausreichen, um mehrere Schwimmbecken zu aromatisieren.

Mit kleinsten Mengen Chemikalien lassen sich deshalb in der Lebensmittelindustrie große Effekte erzielen – und noch dazu viel billiger, als wenn man die bei der Verarbeitung verloren gegangenen Aromen extra gewinnen und hinterher wieder zusetzen müsste.

Der Geschmack, über den sich Fertigprodukte verkaufen, kostet oft weniger als ihre Verpackung (das Aroma einer Dose Cola zum Beispiel etwa einen halben Cent). Auf der Zutatenliste jedoch tauchen die Aromen nur ganz am Ende auf, weil ihr Anteil am Gesamtprodukt mengenmäßig so gering ist.

Ersatzwelten

Wer sich einmal an die Illusion gewöhnt hat, tut sich schwer, das Wahre zu entdecken. Das gilt vor allem für Kinder: Nach frühen Erfahrungen mit Fertigprodukten, warnt die Stiftung Warentest, könnten sie mit Erdbeerquark aus der eigenen Küche, Naturjoghurt mit Konfitüre oder individuell gewürztem Gulasch oft nicht mehr viel anfangen.

Es mag übertrieben klingen, ist aber dennoch wahr: Wenn Kinder früh mit Fertigprodukten ernährt werden, verlieren sie ihren natürlichen Bezug zur Umwelt. Denn diese Produkte machen mit ihren künstlichen Aromastoffen nicht nur »die Zunge platt«, wie Eurotoques-Chef Ernst-Ulrich Schassberger kritisiert. Die Sinneswahrnehmungen von Kindern, die vor allem industriell erzeugte Nahrung essen, verändern sich allgemein. So verlieren sie auch ihre Wahrnehmung der Natur, die Wertschätzung für das, was sie uns schenkt. Denn es ist der Nahrungskreislauf, der uns mit der Erde verbindet.

Kinder brauchen Rituale

Doch wer hat noch die Zeit (oder will sie sich nehmen), frische Zutaten einzukaufen und daraus ein Mahl zu kochen – geschweige denn, dieses dann auch noch in Ruhe und Muße zu sich zu nehmen? 95 Prozent unserer Nahrungsmittel bereiten wir nicht mehr selbst zu, sondern beziehen sie aus industrieller Herstellung. Und wo man hinblickt, so der Philosoph Manuel Schneider, »ist eine Entrhythmisierung und Entritualisierung des Essens zu beobachten. Wir entwickeln uns zunehmend zu dem, was die Fachleute situative Einzelesser nennen.«

Die Überfülle der Supermärkte stehe dabei in »merkwürdigem Kontrast zu dem chronischen Mangel an Zeit, die wir für Kochen und Essen aufbrächten«. Denn alles, was dauert, dauere uns grundsätzlich zu lang.

Kinder jedoch brauchen Zeit und sie brauchen Rituale, die ihnen Sicherheit und Geborgenheit geben. Das gemeinsame Mahl und feste Essenszeiten sind vor allem für die Kleinsten wichtig, die sich noch ständig ablenken lassen und zur Ruhe kommen müssen. Nicht nur für sie ist das gemeinsame Essen mit der Familie ein Fixpunkt.

Kinder über den Sinn des Essens:

»Man muss essen, damit …	6- bis 8-Jährige Jungen	6- bis 8-Jährige Mädchen
… man groß wird«	89,9	89,8
… man stark wird«	90,6	86,1
… man nicht verhungert«	85,6	88,3
… der Hunger weggeht«	87,8	81,8
… man nicht krank wird«	74,8	77,4
… man nicht zappelig wird«	31,7	35,0

Quelle: Ernährungsbericht 2000

Keine Spielchen

Experten raten deshalb auch davon ab, Kinder mit kleinen Spielchen (der Löffel »fliegt« zum Beispiel als Flugzeug mit dem Gemüse in den Mund) zum Essen bewegen zu wollen. Wenn die »Darbietung« gelingt, steigen die Ansprüche des Nachwuchses auf ständige Unterhaltung bei Tisch. Auch Lesen oder Fernsehen sollten beim Essen unbedingt tabu sein (➔ Seite 41).

Trotz aller Regeln sollen Tischsitten die Laune bei Tisch nicht verderben, sondern im Gegenteil bessern: Wichtiger als die Frage, wie die Gabel gehalten werden soll, sind die Umgangsformen. Sie regeln zum Beispiel, dass nicht alle durcheinander sprechen, sondern einander zuhören, oder wer wo sitzen darf – damit keine Machtkämpfe unter den

Essen als Erlebnis: Am schönsten ist es für Kinder, wenn die ganze Familie am Tisch sitzt.

Kindern entstehen. Streiten Sie sich auch nicht beim Essen. Gemeinsame Mahlzeiten in angenehmer Atmosphäre, so glauben Psychologen, sind die beste Vorsorge gegen Essstörungen.

»Zusammen als Familie zu essen, kann Ihren Kindern helfen, ein Gefühl der Sicherheit und einen Sinn dafür zu entwickeln, wer sie und was ihre Wurzeln sind«, sagt Margaret Mackenzie, eine amerikanische Anthropologin, die sich auf die Essenskultur des Menschen spezialisiert hat. »Die Familienmahlzeit ist viel mehr als nur das Essen auf dem Tisch. Es werden warme, glückliche Erinnerungen geschaffen, deren Bedeutung Ihre Kinder ihr ganzes Leben lang behalten werden.«

Allein vor dem Teller

Noch ist es in Europa noch nicht so weit wie in den USA, wo mittlerweile jedes dritte Kind seine Hauptmahlzeit nicht nur allein, sondern auch noch vor dem Fernseher einnimmt (➔ Seite 22). Trotzdem sitzt in der Single-Gesellschaft Deutschland bereits jeder Vierte ohne Gesellschaft vor seinem Teller. 50 Prozent der Bevölkerung frühstücken allein. Der Fernseher läuft hierzulande morgens nur bei vier Prozent der Kinder »meistens«, bei mehr als der Hälfte jedoch nie.

Von den Zwölfjährigen müssen aber nur sechs Prozent wochentags allein frühstücken, bei den älteren Jugendlichen sind es 15 Prozent. Die meisten verbringen, so der jüngste bundesdeutsche Ernährungsbericht (2000), am Wochenende mindestens eine gemeinsame Mahlzeit mit den Eltern und freuen sich auch darauf.

Selbstbestimmt?

Die Eltern allerdings legen bei dieser Gelegenheit mehr Wert auf Tischzeiten und -sitten als auf das, was ihre Kinder essen: 50 bis 70 Prozent der Kinder im Grundschulalter dürfen bereits selbst entscheiden, was sie tagsüber essen wollen. Nur das Mittagessen bestimmt jede zweite Mutter.

Spiegelt diese Haltung die positive Absicht wider, die Kinder zu einem selbstbestimmten Umgang mit ihrem Körper zu erziehen? Oder ist sie eher Ausdruck der Resignation, der viele Eltern wegen der täglichen mühevollen Auseinandersetzung um das Essen irgendwann nachgeben?

Kinder wissen sehr gut, was gesund ist ...

»Was ist gesund?«	6- bis 8-Jährige	
	Jungen	Mädchen
Obst	97,1	99,4
Gemüse	89,9	90,1
Brot	84,8	88,3
Milch	81,0	91,8
Kartoffeln	84,3	81,6
Fleisch	67,7	65,2
Milchschnitte	38,0	45,0
Pommes	35,5	38,5
Cola/Limonade	26,8	15,3
Hamburger	18,4	20,4

Quelle: Ernährungsbericht 2000

... aber es interessiert sie nicht wirklich

»Ich achte auf gesundes Essen«	6- bis 11-Jährige		12- bis 16-Jährige	
	Jungen	Mädchen	Jungen	Mädchen
ja	22,5	21,3	17,8	20,5
eher ja	38,9	40,4	38,1	42,0
eher nein	26,1	27,5	30,1	29,6
nein	11,8	9,6	13,6	7,6
keine Angabe	0,7	1,0	0,6	0,3

Quelle: Ernährungsbericht 2000

Gesund ist out

Fest steht, dass Kinder und Jugendliche zwar theoretisch wissen, dass sie sich gesund ernähren sollten (→ Tabellen links), aber daraus noch weniger Konsequenzen ziehen, als das vielleicht ein Erwachsener täte. Ihr Zeithorizont ist ein anderer: Unter »ungesund« können sie sich nur etwas vorstellen, was unmittelbare Folgen hat: ein Sonnenbrand etwa oder eine Vergiftung. Dass sie vielleicht in 30 Jahren einen Herzinfarkt bekommen könnten oder Brustkrebs, hat noch keine Bedeutung für sie.

Von den über 1200 Kids, die der Göttinger Psychologe Volker Pudel für den Ernährungsbericht befragte, hatten die meisten die Empfehlungen, was gesundes Essen angeht, gut verstanden. Aber die wenigsten richteten sich danach. Und nur 20 Prozent gaben an, sich überhaupt dafür zu interessieren.

Dieses Dilemma könne man nur ändern, meint Pudel, wenn Kinder anders als bisher über die wichtige Rolle des Essens aufgeklärt würden: und zwar in einem Stil, der ihren eigenen Geschmack und Lebensstil berücksichtige. Und der auch den massiven Werbestrategien der Lebensmittelindustrie etwas entgegenzusetzen hätte.

Denn etwa ein Drittel der befragten Kinder stufte Lebensmittel aus der Werbung – unabhängig von deren tatsächlichem Gehalt – als

Unser Tipp: **Regeln für das gemeinsame Mahl**

- **Halten Sie feste Essenszeiten ein.**
- **Wenn Ihr Kind noch keinen Hunger hat, lassen Sie es vor dem Essen noch etwas spielen, das nimmt den (Schul-)Stress und macht Appetit.**
- **Essen Sie gemeinsam mit Ihrem Kind. Versuchen Sie, wenigstens einmal am Tag die ganze Familie um einen Tisch zu versammeln.**
- **Vermeiden Sie beim Essen Ablenkungen wie Fernsehen, Zeitung oder Spielzeug.**
- **Zwingen Sie Ihr Kind nicht, mehr zu essen, als es wirklich will. Es muss lernen, ein eigenes Gefühl für seinen Hunger zu bekommen.**
- **Lassen Sie Ihrem Kind Zeit, aber lassen Sie es nicht trödeln: 30 bis 40 Minuten für eine Mahlzeit sind genug.**
- **Wer danach noch Hunger hat, muss sich selbst ein Brot machen, Obst oder Joghurt essen.**

eher gesund ein. Und selbst kleine Kinder wussten zwar sehr wohl, dass Zucker ihren Zähnen schadet. Aber sie hielten den Zucker aus der allseits bekannten Kinderschokolade für weniger gefährlich.

Gier oder Genuss?

Zu den Verlockungen der Werbewelt gehört auch die Illusion, Essen sei – ohne Mühe und Anstrengung – jederzeit verfügbar. Diese »verbrauchsfertige Welt« erinnert den Philosophen Manuel Schneider an die Mutterbrust, »jenen Ort des schnellen und bequemen Essens, der einem die Ur-Erfahrung permanenter Verfügbarkeit und Unerschöpflichkeit beschert hat.«

Genuss dagegen braucht Zeit – die Zeit der Phantasie, der Auswahl, der Vorfreude, des Geschmacks. Nur wer wirklich genießen kann, weiß, worauf er Appetit hat, wie er diesen stillen kann und wann er befriedigt ist. Echte Genießer sind selten übergewichtig, weil sie wissen, dass zum Genuss auch der Verzicht gehört.

Training für die ganze Familie:
Mit allen Sinnen

Zum Genießen braucht man alle Sinne. Und sich darauf einzulassen, muss man lernen – das fällt den Kindern dieser »verbrauchsfertigen Welt« gar nicht leicht. Der Westdeutsche Rundfunk hat für Eltern, Lehrer und Kinder deshalb den Vorschlag für einen Minikurs der Sinne erarbeitet, der die Basis für dieses »Familien-Training« bildet:

1 Sehen

Der erste Blick ist entscheidend, auch beim Essen. Das leuchtende Rot einer Erdbeere, das knusprige Braun auf dem Toast, das sämige Gelb eines Vanillepuddings, Kuchenformen wie beim Sandspielen und der Streit darüber, ob das hartgekochte Ei so herum oder anders aufgeschlagen werden soll: Das Auge »isst mit«. Es freut sich an Farben und Formen. Deshalb sind auch Phantasie und Erinnerung so wichtig bei dem, was uns schmeckt.

Tipps:

- Keinen optischen »Einheitsbrei« erzeugen, sondern den Zutaten ihre Gestalt und ihre Farben lassen – zum Beispiel bei einem bunten Salat (knackige grüne Salatblätter, rote Tomaten, grüne oder schwarze Oliven, gelbe Paprika und orangefarbene Karotten)!
- Kinder sind besonders optisch orientiert. Deshalb auch im Alltag an bunte Servietten und Tischdecken denken!

2 Riechen

Die Nase fängt die einzelnen Düfte ein, die aus Bäckereien, Metzgereien, Cafés und Küchen lockend die Straßen entlangziehen. Sie signalisiert dem Gehirn: »Appetit« bzw. »Hunger«. Beim Verzehr des entsprechenden Lebensmittels werden durch das intensive Kauen Hunderte flüchtiger Aromastoffe frei und gelangen über die Mundhöhle in den Rachenraum an die Riechschleimhaut. Noch vor dem Schlucken also gelangen schon die ersten Informationen an das Gehirn: Bekannt oder unbekannt? Lecker oder gefährlich?

Die zweite Welle löst die Zunge aus, wenn sie den Nahrungsbrei zur Speisehöhle transportiert. Der Geruch ist also ein doppelter Schutz gegenüber ungenießbarer Ware. Und er aktiviert Speichel- und Magensaftfluss, das ist notwendig für die richtige Verdauung. Gerüche sind auch pure Emotionen: Düfte können tiefe Empfindungen wecken, plötzlich und unerwartet lange verschüttete Erinnerungen freilegen: das Parfüm der Mutter, das Aroma der frischen Brötchen am Wochenende, Großmutters Pfannkuchen.

Tipps:

- Ein frischer Hefezopf, gerösteter Toast, frisch aufgebrühter Früchtetee – dies sind alles kleine Nasenfreuden, die aus einem einfachen Frühstück einen gelungenen Start in einen genussvollen Tag machen.
- Frische Kräuter auf dem Fensterbrett wachsen lassen und täglich das Aroma einatmen und abspeichern!
- Auf dem Markt, im Park oder in der Stadt die Augen schließen und den Duft wahrnehmen, abspeichern und mit dem an anderen Orten vergleichen.

Tipps:

- Die Oberflächen von Gemüse- und Obstsorten ertasten und feststellen, wie unterschiedlich diese sind.
- Zum Spaß einmal ein Mittagessen ohne Besteck servieren. Stattdessen mit den Fingern essen und fühlen, wie die Konsistenz der Speisen ist.

3 Tasten

Über die Haut kann der Mensch viele unterschiedliche Wahrnehmungen aufnehmen. Zum einen kann er nach Gegenständen greifen, ihre Oberfläche und Beschaffenheit erspüren, zum anderen kann er Hitze, Kälte und Schmerz in unterschiedlichen Stärken empfinden. Im Alltag benützt er vor allem die Hände und die Finger für das Ertasten der Umwelt, so auch beim Einkauf von Obst und Gemüse. Beim Essen erweitert sich das Tasten auf die Zunge und die Mundschleimhaut. Es werden unterschiedliche Konsistenzen wie porös, rau, zart, schmelzend und flüssig erkannt.

4 Schmecken

Der Mensch kann mithilfe seiner Zunge vier Geschmacksqualitäten unterscheiden. Von Geburt an bevorzugen Babys süße Nahrung, da diese leicht verwertbare Energie in Form von Zucker besitzt. Die Vorliebe für Süßes gilt als angeboren, da sie in früheren Zeiten den Menschen zum Überleben verhalf. Evolutionsbiologisch gesehen lässt sich auf gleiche Weise die angeborene Abneigung für Bitteres erklären, denn oftmals verbergen sich hinter bitteren Stoffen Gifte oder andere Gefahren.

Die angeborene Abneigung kann im Laufe des Lebens in eine Vorliebe umgewandelt werden, denn wie ließe sich sonst die große Anzahl der Artischocken- oder Zartbitterschokoladenliebhaber erklären? Die Vorliebe für Salz entwickelt der Säugling bis zum vierten Lebensmonat und kann sie ab dann trainieren. Saure Lebensmittel werden von Säuglingen und vielen Kleinkindern abgelehnt, sie werden aber später im Erwachsenenalter angenommen. Japanische Forscher glauben eine weitere Geschmacksqualität

(Umami) entdeckt zu haben. Umami bedeutet Fleischgeschmack und wird durch Anwesenheit von Glutamat wahrgenommen.

Tipps:

- Verschiedene Lebensmittel lange kauen und feststellen, ob ihr Geschmack sich beim Kauprozess verändert (etwa Vollkornbrot).
- Den Unterschied zwischen einer gelben, einer roten und einer grünen Paprikaschote erschmecken.
- Den Unterschied zwischen gebratenem und gedünstetem, rohem und verarbeitetem Essen erfahren.

5 Hören

Beim ersten Biss in ein Brötchen stellt man sofort fest, ob es frisch oder altbacken ist. Ein frisches Brötchen zeichnet sich durch ein knuspriges, knackendes Geräusch aus, was beim altbackenen ausbleibt. Die Frische und die vorhandene Haltbarkeit eines Produkts können mit dem Ohr aufgenommen werden. So kann zum Beispiel der Reifegrad von Melonen oder Käselaiben durch Klopfen festgestellt und die Frische eines in einer Glasflasche verpackten Saftes beim Öffnen durch das »Plopp-Geräusch« bestätigt werden.

Tipps:

- Störenden Lärm, laute Musik und Streitereien beim Essen vermeiden, denn das Ohr wird dadurch zu sehr abgelenkt.
- Bei schönem Wetter draußen mit Vogelgezwitscher essen, bei schlechtem Wetter auf eine sanfte Hintergrundmusik zurückgreifen.

Essen als Entertainment:
Gezielte Werbung für Konsum-Kids

Kinder mögen es bunt. Was nutzen schon die elterlichen Vorbehalte gegenüber Zucker und Farbstoffen, wenn die Frühstücksflocken von einem Comic-Tiger angepriesen werden und der Kinderjoghurt ein Extrafach mit leuchtenden Liebesperlen enthält. Geschmack ist Nebensache – Image und Fun sind alles.

Eigentlich funktioniere Konsum bei Kindern genauso wie bei Erwachsenen, meint der Münchner Werbeexperte Axel Dammler. Was dem Kid seine Turnschuh-Marke, ist dem Vater seine Armbanduhr, deren Fabrikation sich der jeweiligen Gehaltsklasse anpasst. Da frage bitte niemand nach der Logik einer Kaufentscheidung: Konsum diene eben der Orientierung nach bestimmten Schemata, meint Dammler, und Kinder wüssten zwar nicht immer, aber in der Regel selbst am besten, was gut für sie sei.

Sein Buch »Kinder können kaufen lernen« hat Dammler nach eigenen Angaben deshalb geschrieben, weil ihn das Thema Ernährung besonders interessiere. Der Rat des Werbeexperten an die Eltern ist eher ernüchternd: »Der wichtigste Punkt bei der Ernährungserziehung ist wohl, zunächst einmal zu akzeptieren, dass es Kindern egal ist, was Nahrungsmittel enthalten.« Und: »Man sollte sich darüber im Klaren sein, dass Kinder sehr viel weniger Genuss aus dem Essen ziehen als wir.« Mahlzeiten seien für sie oft nur lästige Unterbrechungen von anderen, viel wichtigeren Aktivitäten.

Kinder sind »Bestimmer«

Aber wer bestimmt, welche Schokolade oder welcher Riegel im Einkaufswagen landet? Und wer entscheidet, welcher Joghurt auf dem Tisch steht? In der Regel die Kinder. Allerdings nach Kriterien, die wenig mit dem Nährwert oder Geschmack der jeweiligen Produkte zu tun haben.

»Gegessen wird, was auf den Tisch kommt! Und was auf den Tisch kommt, bestimmen die Kids.« Was der Anzeigenleiter eines großen Comic-Verlags so formuliert, ist Branchenwissen: Im Fachjargon der Marketing-Spezialisten sind Kinder die »Bestimmer«, Eltern höchstens die »Besorger«.

Bei 82 Prozent aller Schokoladeneinkäufe, so die »Ernährungs-Umschau«, suchen die Kinder das Produkt aus, beim Einkauf von Cornflakes sind es 75 Prozent, bei Cola und Nuss-Nugat-Creme etwa 73 Prozent. Und die Kinder erziehen ihre Eltern: 42 Prozent der Mütter, so Ingo Barlovic, Projektleiter der Marktforschungsfirma Iconkids & Youth in München, kaufen den Müsliriegel, den ihr Kind will, auch wenn sie selbst davon überhaupt nicht begeistert sind.

Diese »Macht« haben Kinder, so Barlovic, auch bei ganz anderen Produkten, für die es sich deshalb lohnt, im Kinderumfeld zu werben: »Etwa ein Viertel der Kinder spricht beim Autokauf mit.« Sein Kollege Holger Mies von Category Manager Children behauptet sogar: 43 Prozent der befragten Eltern verzichten auf

Die Werbung verspricht Spaß und Spiel – Kaufanreize für Kinder. Schon bei den Kleinen wird das Markenbewusstsein geschult.

den Kauf eines bestimmten Wagens, wenn ihre Kinder diese Marke nicht akzeptieren. Ähnliches gelte auch für Waschmittel und Badeschaum, für CD-Player und das nächste Urlaubsziel. Gerade bei hochwertigen Konsumgütern nähmen die Kinder mehr und mehr Einfluss.

Der Nerv-Faktor

Reklame richtet sich also viel häufiger an Kinder, als deren Eltern bewusst wird – denn sie benutzt den Nachwuchs als »Anchorkids«: Sie wirft ihre Angeln aus, um mit einem bestimmten Produkt und mithilfe der Kleinen bei den Eltern »anzudocken«. Der amerikanische Soziologe Vance Packard nannte Kinder einmal »Ersatz-Vertreter«, Werbeleute sprechen weniger akademisch vom »Nerv-Faktor« (➔ Seite 48), der zur Kaufentscheidung führt.

Von Geburt an Markenlogos

Mit dem umworbenen Kind erzieht sich die Werbewirtschaft den Konsumenten der Zukunft: Ab etwa drei Jahren können sich die Kleinen Markenlogos merken – zu einem Zeitpunkt, da sie etwa als Fernsehzuschauer Sendung und Werbeeinschaltung noch gar nicht voneinander unterscheiden können, geschweige denn verstehen, was Werbung kann und will. Aber das »Feeling«, dass dieses odes jenes Produkt glücklich macht, erfolgreich oder stark, das bleibt. Das Ziel der Werber: Von der Wiege bis zur Bahre soll eine Marke einen Menschen begleiten.

Noch bevor sich der Kopf einschaltet, wird mit der Werbung eine emotionale Einstellung zur Warenwelt geschaffen. Dabei spielt das Fernsehen eine besondere Rolle: Kinder bevorzugen, das belegen die Einschaltquoten, eher die Sendungen der privaten Fernsehsender als die der öffentlich-rechtlichen und bekommen dort ein intensiv aufeinander abgestimmtes Potpourri von Unterhaltung und Werbung präsentiert, das sich zum Teil derselben Figuren bedient und daher – zumindest von den Kleinen – nicht deutlich zu unterscheiden ist.

Einkaufen als Kraftakt: die Nerv-Skala

James U. McNeal, Professor an der texanischen A&M-Universität und Amerikas führender Experte für Kinder-Marketing, hat wissenschaftliche Kategorien für das Nörgeln der Kinder erfunden. Er unterscheidet:

- das Betteln (mit Worten wie »Bitte, bitte, Mutti!«),
- das beharrliche Fordern (»Ich frag nur noch ein Mal!«),
- das Erpressen (»Dann frag ich eben Papi.«),
- den hysterischen Anfall (mit Brüllen, Treten und sich vor Publikum auf den Boden werfen),
- das Schmeicheln (»Du bist die liebste Mutti der Welt.«),
- das Drohen (»Ich laufe weg und komme nie wieder!«),
- das Flehen (»Ich bin ganz traurig, wenn ich das nicht bekomme.«).

Allein Super-RTL hat bei den Drei- bis Dreizehnjährigen einen Marktanteil von bis zu 40 Prozent in der so genannten »Super Toon Time« (Toons sind gezeichnete Charaktere) zwischen 18 und 20.15 Uhr.

»Am Vorabend sehen auch viele Eltern gemeinsam mit den Kids fern«, so die Erfahrungen einer Werbeexpertin. Die jungen Zuschauer nutzten diese Gelegenheit, um ihre Wünsche zu äußern: »So beeinflussen sie Kaufentscheidungen in der Familie.«

Der Einfluss auf die Eltern ist ein entscheidender Teil des Marktpotenzials der Kinder: Oft delegieren sie ihre Wünsche an einen Elternteil. Das gilt für alle so genannten Kinderlebensmittel (➔ Seite 60 ff.), für Tiefkühlpizza, Pommes frites und Eis-Multipackungen. Bei Schokolade dagegen, so Alexander Falser vom Institut für Jugendforschung (IJF) in München, sei der elterliche Einfluss »unerwartet groß«, ebenso bei Kakaopulver, Fischstäbchen oder Joghurt.

Kinder wollen umworben werden

Am besten funktionieren Werbespots im Doppelpack, die unterschiedliche Strategien fahren: Einer wendet sich an die Eltern und wirbt dort zum Beispiel für eine Kinderschokolade mit Argumenten wie der »Extraportion Kalzium« oder der Tatsache, dass die Süßigkeit in der Hand nicht schmilzt (und deshalb auch das T-Shirt nicht gleich wieder gewaschen werden muss).

Die Kids dagegen wollen in der Regel genau das nicht, was ihre Eltern für vernünftig halten, so die Erfahrung der Werber. Von Kindern sei dann zu hören: »Damit kannst du dich doch nicht sehen lassen, da sieht ja jeder sofort, das hat dir deine Mutter gekauft.« Für die Kids läuft dann ein ganz anderer Spot: Er betont Fun, Coolness und Zusatznutzen eines Produkts wie ein Extra-Spielzeug oder ein Gewinnspiel.

Die ideale Ansprache von Sechs- bis Zehnjährigen, bestätigt auch Marketingleiter Ingo Barlovic, bestehe aus einer kindgerechten Produktkampagne und einer Rückversicherung für die Mütter. Diese zweigeteilte Argumentation, sagt auch er, solle am besten in klar getrennten Medien stattfinden: »Ein Kinderprodukt kann an Coolness verlieren, wenn die Kinder den Mütter-Spot sehen, in dem süße Kleine von der Mama getröstet werden – ein absolutes No-No für die Kids von heute.«

Kaufkräftige Kids

Mit sechs Jahren, wenn Kinder durchschnittlich zum ersten Mal Taschengeld erhalten, werden sie selbst zu aktiven Kunden – und zwar mit beträchtlicher Kaufkraft.

Laut Taschengeld-Kalender des Münchner Instituts für Jugendforschung betragen die jährlichen Einnahmen der knapp sechs Millionen Kids zwischen sechs und zwölf Jahren in Deutschland etwa 1,8 Milliarden Euro (Taschengeld plus andere Geldzuwendungen). Demnach verfügen die Sechs- bis Neunjährigen über durchschnittlich 271 Euro im Jahr, die Zehn- bis Zwölfjährigen sogar über rund 330 Euro. Etwa die Hälfte ihres Vermögens, so gaben die Kinder an, werde gespart, um sich später etwas dafür zu kaufen.

Die Sechs- bis Neunjährigen kaufen nur selten selbst ein. Zehn- bis Zwölfjährige geben das meiste Geld für Süßigkeiten aus und investieren noch etwas in Knabbersachen, Spielzeug und Schulbedarf. Richtig autark in diesem Bereich sind aber erst die Älteren. In allen Altersgruppen wird das meiste eigene Geld für Süßigkeiten und Eis ausgegeben. Bei den meisten anderen Produkten sind die Eltern beim Kauf dabei und zahlen auch zumindest einen Teil der Anschaffung.

Mini-Konsumtypen

Um die Werbemittel effizient auf die richtige Käufergruppe zuzuschneiden, werden die Kinder und Jugendlichen in Zielgruppen eingeteilt. Die Forscher des IJF ermittelten im Auftrag von Super-RTL mithilfe von Umfragen Kontakte, Vorlieben und Aktivitäten des

Der größte Teil des Taschengelds wandert in Süßigkeiten. Die Eltern mischen sich bei diesen Produkten auch am wenigsten ein:

	Ich bezahle mit meinem Geld		Ich entscheide beim Kauf allein
Süßigkeiten und Eis	50 %	Süßigkeiten und Eis	63 %
Handys	11 %	Knabbersachen	20 %
Knabbersachen	9 %	Schulbedarf	17 %
Spielzeug	8 %	Spielzeug	13 %
Elektronische Geräte	6 %	Hosen/Jeans	12 %
Schulbedarf	5 %	Sport- und Turnschuhe	10 %
Sportgeräte	4 %	Getränke	7 %
Getränke	4 %	Sportgeräte	6 %
Hosen/Jeans	3 %	Handys	5 %
Sport- und Turnschuhe	2 %	Elektronische Geräte	4 %

Quelle: Institut für Jugendforschung, 2001

Nachwuchses und teilten die Befragten aufgrund der Ergebnisse in sieben Gruppen ein:

- Am wenigsten als Konsumenten in Frage kommen die »Passiven« (22 Prozent) – stark familienorientierte Kinder, die gern fernsehen oder sich um Tiere kümmern.
- Die »Spielkinder« (ebenfalls 22 Prozent) sind eher jünger, basteln oder spielen mit Legos. Musik, Radio oder Zeitschriften interessieren sie noch nicht.
- Schon interessanter für die Werbewirtschaft sind die etwas älteren »Intellektuellen« (15 Prozent). Sie kommen aus einem gebildeten Elternhaus, musizieren und lesen alles, was ihnen in die Hände kommt.
- Das Gegenstück dazu, aber dennoch kauffreudig, sind die »Gamer« (16 Prozent). Sie sitzen oft vor dem Fernseher und ziehen viel mit ihren Freunden durch die Gegend.
- Offen für vieles sind die »Unauffälligen« (elf Prozent) – diese Gruppe der meist unter Zehnjährigen hat viele Interessen, aber keine klare Linie.
- Konsumfreudig sind die sieben Prozent »Fun-&-Action-Kids«: Diese extrovertierten, oft verwöhnten Kinder zwischen sechs und zehn Jahren shoppen gern, treiben viel Sport und nutzen Medien in großem Umfang – außer Bücher und Computer.
- Die »Allrounder« schließlich (sieben Prozent) sind die Stars unter den Kinderkonsumenten: Sie sind die klassischen Anführer. Die kleinen Multitalente haben viele Interessen, sie treiben Sport, lesen viel, schreiben gut und surfen im Internet. Auch bezüglich der Einschaltquoten beim Fernsehen sind die »Allrounder« die aktivsten: 82 Prozent von ihnen sehen täglich fern.

Kinder und Markenbindung: »Ich habe ein Lieblingsprodukt«

	6–8 J.	9–11 J.	12–14 J.
Süßwaren	66	71	73
Hosen/Jeans	43	53	68
Sport-/Turnschuhe	58	86	88
Getränke	62	63	68
Sportkleidung	54	58	59
Elektronik	37	43	57
Lebensmittel	50	52	56
Hobby, Sport, Spiel	56	54	63
Straßenschuhe	23	36	46
Alltagskleidung	32	38	45

Quelle: Institut für Jugendforschung, 1998

Komplizierte Kunden

Kinder sind jedoch keine hilflosen Opfer der Werbung, sondern durchaus komplizierte Kunden, darauf weist auch der Münchener Marketing-Experte Dammler hin: Bei ihrer Arbeit müssten Werber genau darauf achten, wie sie ihre jeweilige Zielgruppe für ein bestimmtes Produkt interessieren könnten.

Vorschulkinder zum Beispiel verstehen noch keine Argumente, sondern entscheiden sich spontan etwa für eine Kekspackung, weil irgendein Detail sie darauf aufmerksam macht, zum Beispiel ihre Lieblingsfigur darauf abgebildet ist. Dammler: »So ein Produkt schmeckt dann automatisch auch besser, selbst wenn es die gleiche Zusammensetzung hat wie andere.«

Erst im Grundschulalter fangen Kinder an, Produkte in verschiedenen Facetten wahrzunehmen. Doch weiterhin blieben Details immer noch wichtiger als das Ganze. »Eine Süßigkeit, die in Barbie-Rosa daherkommt«, so Dammler, »wird Jungs immer furchtbar schmecken, egal, woraus sie besteht.«

Während materielle Eigenschaften wie das Verhältnis Preis-Menge schon zu zählen beginnen, spielen immaterielle Eigenschaften wie das Image einer Marke noch keine besndere Rolle. Gleichzeitig aber stellen Kinder auch fest, dass Konsum sie mit anderen Menschen verbindet – oder auch trennt: Wer das falsche Spielzeug hat, kann plötzlich erleben, dass die besten Freunde ihn oder sie ausgrenzen.

Ist Werbung wahr?

Mit acht oder neun Jahren beginnen die Kinder bereits, sich kritisch mit der Werbung auseinander zu setzen. Sie sind stolz darauf, begriffen zu haben, dass »der Müsliriegel gar nicht schlauer machen« kann oder dass dieser eine Orangensaft auch nicht fruchtiger schmeckt als andere.

Trotzdem, betont Dammler, »muss ganz klar gesagt werden, dass Kinder auch in diesem Alter trotz aller vordergründiger Souveränität noch immer stärker von Werbung beeinflusst werden als Erwachsene.« Denn erst zwischen elf und dreizehn Jahren verstehen sie die Zusammenhänge, dass Produkte von Angebot und Nachfrage bestimmt werden und dass Image und Qualität nicht immer zusammenfallen müssen.

In diesem Alter sollten Eltern ihre Kinder möglichst selbstständig Konsumentscheidungen treffen und sie auch frei über die Verwendung ihres Taschengelds bestimmen lassen. Allerdings nur, wenn sie die Funktion dessen, was sie kaufen möchten, genau beurteilen könnten. Sonst sollten die Eltern eingreifen: etwa bei technischen Geräten – und bei Lebensmitteln. Eine wirklich kritische Distanz zur Werbung haben Jugendliche erst in der Pubertät.

No No-Names

Ab dem Alter von sechs Jahren werden die kleinen Käufer für die Werber so richtig interessant, denn dann beginnen sie, sich für einzelne Marken zu interessieren. Schon an die 80 Prozent der Sechs- bis Vierzehnjährigen bestimmen selbst, welche Sport- oder Turnschuhe sie tragen. Ab zwölf kontert der Nachwuchs Einwände seiner Eltern, dieses oder jenes Produkt sei »zu teuer«, bereits locker mit dem Hinweis, schließlich handele es sich »um ein Markenprodukt« und Qualität koste eben etwas mehr.

Bei Süßigkeiten und Sportkleidung haben sie mit dieser Strategie, so die Zeitschrift »media&marketing«, den größten Erfolg: 66 Prozent der Kleinen haben zu Hause genau die Naschereien, die sie lieben, bei Neun- bis Vierzehnjährigen sind es über 70. Andere Lebensmittel sind nicht so stark markengebunden. Hier spielen vor allem die Freunde eine wichtigere Rolle.

Gleichaltrige Freunde und Cliquen, betont der Bielefelder Medienwissenschaftler Dieter Baacke, seien mindestens ebenso wichtig wie die Werbung – und längst nicht jedes Produkt lasse sich über raffinierte Reklame »machen«. Werbung sei also immer nur ein Teil der »Warenwunschwelt«, die den Alltag der Kinder mitbestimme.

»Meine Freunde haben dieselbe Marke wie ich«

	6–8 J.	9–11 J.	12–14 J.
Sport-/Turnschuhe	68	75	80
Hosen/Jeans	17	54	71
Sportkleidung	51	59	65
Elektronik	24	83	44
Alltagskleidung	7	26	38
Getränke	32	32	35
Straßenschuhe	15	17	26
Spiel-/Sportwaren	26	44	54
Süßwaren	24	32	32
Lebensmittel	11	11	16

Quelle: Institut für Jugendforschung, 1998

Schlüsselreize

Trotzdem gibt es unter den Lebensmitteln natürlich solche, bei denen das Markenbewusstsein groß ist: vor allem bei so genanntem »Fun-Food«, Pizza, Eis und Hamburgern. Und natürlich Softdrinks: Ein Produkt, das einmal als Marke begriffen wurde, steht bald nicht mehr nur für seinen Inhalt (kohlensäurehaltiges Getränk) und seine Funktion (Durstlöscher), sondern auch für Aspekte wie Lebensgefühl oder Angesagtsein in der Clique.

Der Münchner Marketingleiter Ingo Barlovic verdeutlicht dies am Beispiel von Coca-Cola: »Für Sechsjährige schmeckt Coca-Cola toll, für Acht- und Neunjährige ist es etwas Verbotenes, aber »in«, und für Zwölfjährige ist Coke Erfrischung und ein Hauch Amerika.« Auch wenn die von Coca-Cola Deutschland angestrebte Kernzielgruppe erst ab zwölf Jahren beginnt, erreicht das Kultgetränk auch bei den Kleinen schon Spitzenwerte. Das liegt auch daran, dass Werbung bei Kindern immer besonders gut ankommt, wenn sie sich an die jeweils etwas Älteren richtet.

Um den Erkennungswert zu steigern, bedient sich Coca-Cola eines Schlüsselreizes, der – altersunabhängig – immer wieder erkannt wird: der typische rote Namenszug und die besondere Form der Flasche.

Rollenwechsel

Anders als Erwachsene ändern Kinder im Lauf ihrer Entwicklung häufig ihre Rollen. Viele Produkte haben in einer bestimmten Altersgruppe deshalb nur eine kurze Halbwertszeit: Sie gelten rasch als »kindisch« oder »für Babys«. Kinder müssten diesen Wandel vollziehen, so Werbefachmann Dammler,

Vor dem Fernseher werden Kaufentscheidungen getroffen: Die Eltern sind im Jargon der Werber nur die »Besorger«.

weil sie sonst ihre eigenen Fortschritte gefährden würden. Und sie suchten deshalb nicht nur nach bestimmten Schlüsselreizen, sondern auch nach Signalen, die ihnen sagten: »für mein Alter oder ein bisschen darüber«.

Die altersspezifischen Codes sind dabei genauso wichtig wie das Geschlecht. Kinder wollen sich mit Vorbildern identifizieren (Dammler: »Wenn kein Junge zu sehen ist, ist es auch nicht für Jungen!«). Sie orientieren sich an den freundlichen Teletubbies (bis etwa vier) oder den unangepassten Simpsons (ab neun): »... die beginnende Lust am Regelverstoß und deshalb cool«.

Farbcodes helfen bei der altersspezifischen Orientierung: Pink ist – Emanzipation hin oder her – nur für Mädchen, klare Primärfarben wie Gelb oder Blau stehen für die Kleinen, dunklere Farben bis hin zu Schwarz für die Größeren ab zehn. Dazu kommen je nach Geschlecht bestimmte »Erlebniswelten«, in denen Produkte am besten platziert werden.

Das Kind als Konsument: Entwicklungsstufen

In den **ersten Lebensjahren** lernt das Kind, seinen **Körper** zu beherrschen, zu greifen, zu laufen und seine Bewegungen zu koordinieren. Es fängt an zu **kommunizieren,** es schreit, deutet, spricht und lernt Grammatik. Gleichzeitig entwickelt es die ersten **kognitiven Fähigkeiten:** Es versteht Zusammenhänge und Konsequenzen. Wichtig ist auch die **soziale Kompetenz.** Es verliert seinen Egoismus und beginnt, andere zu verstehen.
Beginnend mit dem **Vorschulalter** kommen dann neue Dimensionen hinzu: Das Kind erkennt sein **Geschlecht** und den Unterschied zwischen Mann und Frau. Es verstärkt seine **soziale Kooperation** im Spiel mit anderen. Es erlernt **Kulturtechniken** wie Lesen, Schreiben, Rechnen oder den Umgang mit einem Computer. Es beginnt, über **Moral** nachzudenken (richtig oder falsch). Es entwickelt **Selbstbewusstsein** und den Stolz auf seine eigenen Fähigkeiten.

Nach: Dammler: Kinder können kaufen lernen, 2002

Essen als Spiel

Ray Kroc hat es vorgemacht: Der Unternehmer, der aus dem früheren Familienunternehmen McDonald's einen Weltkonzern machte, war ein Fan des fast gleichaltrigen Walt Disney. Der hatte sich den Autoproduzenten Henry Ford als Vorbild genommen und viele Elemente von dessen Fließband-Technologie in die Zeichentrick-Produktion eingebracht. Und er übernahm dessen Strategie, ein standardisiertes Produkt zum Markenzeichen zu machen. Die legendäre Mickey Maus wurde bald nicht nur in Comics und Filmen, sondern auf den verschiedensten Produkten verkauft.

Kroc versuchte bereits 1955 als Lieferant von Hamburgern und anderen Snacks in das gerade gegründete erste Disneyland einzusteigen. Er versprach sich viel von dem familienfreundlichen Umfeld und der Erlebniswelt der Zeichentrickfiguren. Doch McDonald's war damals noch nicht berühmt genug, um den Zuschlag von Disney zu bekommen.

Also arbeitete Kroc an seinem eigenen Spiel-Imperium: Nach einigen erfolglosen Versuchen mit Trickfiguren sponserte McDonald's einen kleinen Zirkus, dessen Clown sich unerwartet als Publikumsattraktion erwies. Daraus entstand die Idee, den Star-Meteorologen von NBC, Willard Scott, zu bitten, einen Clown zu entwickeln, der die McDonald's-Produkte Kindern schmackhaft machen könnte. Nach zwei Jahren war die Figur fertig: »Ronald McDonald«. Nur ihr Erfinder Scott war inzwischen zu dick, um Burger, Fritten und Milch-Shakes verkaufen zu können und wurde deshalb durch einen anderen ersetzt.

Cross-Promotion

Kinder direkt als Konsumenten anzusprechen war damals noch neu: Nur Disney, einige Cornflakes- und Spielzeug-Hersteller wagten sich auf dieses neue Terrain. Doch Disney und Kroc waren überzeugt: Schon Kleinkinder im Alter von zwei Jahren konnten an eine Marke gebunden werden. Heute, schreibt Eric Schlosser in seinem Buch »Fast Food Gesellschaft«, wissen Marktforscher, dass Kinder ein Markenlogo oftmals sogar schon erkennen können, bevor sie überhaupt auf ihren eigenen Namen reagieren.

In den 60er Jahren verzichtete Kroc dann auf die Idee, einen eigenen großen Themenpark wie den von Disney zu errichten und ließ stattdessen die McDonald's-Filialen in Erlebniswelten verwandeln: mit bunten Farben, einem Spielplatz nebenan, dem Clown, Getränken mit Strohhalmen und Snacks, die wie kleine Geschenke verpackt waren. Das Erfolgsrezept war geboren.

Heute sind McDonald's und Disney unzertrennliche Partner: Seit etwa zehn Jahren verfolgen die beiden Großen ihrer Branchen ein eng miteinander verwobenes Werbekonzept: Cross-Promotion. »Wir ergänzen uns perfekt, mit kleineren Unterschieden von Land zu Land«, erklärt ein Disney-Sprecher. »Der Deal besteht darin, dass unsere Zeichentrickfiguren in einer unglaublichen Anzahl von Familienrestaurants verkauft werden. Das wiederum verhilft ihnen zu dem Image, dass sie von allen geliebt werden.«

Der Hintergrund dieser Partnerschaft ist die Tatsache, dass der Umsatz der McDonald's-Restaurants immer dann drastisch sank, wenn ein neuer Disney-Film ins Kino kam – weil das Familienbudget für einen Ausflug dann an der Kinokasse ausgegeben wurde. Die Antwort darauf war, den Konsum eines Burger oder Milch-Shake mit einem Kinobesuch zu verbinden: Es gab Freikarten oder zumindest Preisnachlass.

Solche Allianzen werden geschlossen, lange bevor die Filme abgedreht sind. Zur Zeit präsentiert Disney in internen Zirkeln Figuren, die zu Filmen gehören, welche erst in drei Jahren in die Kinos kommen werden. Spezielle Agenturen stellen die Kontakte zwischen dem Medienkonzern und geeigneten Vermarktern her.

Die Faszination der Werbung nimmt mit Alter und Bildung ab:

»Werbung erhält von mir die Note«	1–2*	3–4*	5–6*
Alter			
6	62,7 %	19,5 %	10,0 %
7–9	52,7 %	29,7 %	17,6 %
10	25,8 %	50,2 %	24,1 %
11	22,7 %	54,6 %	22,7 %
12–13	22,8 %	55,0 %	22,3 %
Schultyp			
Grundschule	55,6 %	26,4 %	17,9 %
Hauptschule	37,8 %	44,4 %	17,8 %
Realschule	25,9 %	52,5 %	21,6 %
Gymnasium	15,3 %	57,1 %	27,6 %

* 1 = sehr gut, 6 = sehr schlecht

Quelle: Vollbrecht: Kinder und Werbung, 1997

Zum Frühstück ein Monster

Der »Heilige Gral« für die Marketing-Experten, schreibt der britische »Guardian«, sei jedoch der Frühstückstisch. Wenn eine Figur wie eines der Monster aus dem letzten Disney-Film auf der Rückseite einer Cornflakes-Packung prangt, ist es das Erste, was der kleine Konsument am frühen Morgen wahrnimmt – und bis zum Abend immer noch nicht vergessen hat.

Das gilt zum Beispiel für Frühstücksprodukte von Nestlé – der Weltkonzern mit Sitz in der Schweiz hat übrigens seit mehr als zehn Jahren einen Kooperationsvertrag mit Euro Disney: Im Pariser Disneyland werden seit der Eröffnung 1992 Produkte von Nestlé wie Nescafé, Nesquick, Smarties, Buitoni oder Eiscreme angeboten. Jay Rasulo, Präsident von Euro Disney, erklärte dazu: »Ich freue mich, eine historische Partnerschaft mit Nestlé pflegen zu können, einem europäischen Unternehmen, dem Weltmarktführer auf dem Gebiet Landwirtschaft und Lebensmittel.« Und Andreas Schlaepfer von Nestlé ergänzt: »Die Partnerschaft Disneyland Paris – Nestlé Frankreich vereint zwei Marken im Dienste der Familie.«

Die Rattenfänger

Gezeichnete Figuren haben einen besonderen Charme: Sie entführen den Leser oder Zuschauer in eine Welt mit anderen Gesetzen. Deshalb haben auch gezeichnete Firmen-»Maskottchen« enormen Erfolg bei Kindern: In den USA wurde zum Beispiel die in der Zigarettenwerbung eingesetzte Zeichenfigur »Joe Camel« von nahezu allen Sechsjährigen wieder erkannt. Kann es da Zufall sein, dass ein Drittel aller Zigaretten, die zu dieser Zeit illegal an Kinder verkauft wurden, zu dieser Marke gehörten?

Vor allem das Internet ist ein ideales Medium, um verkaufsfördernde Informationen über die Kinder zu sammeln: Auf der Website von McDonald's, erzählt Eric Schlosser in seinem Buch, war zu lesen, der Markenclown »Ronald McDonald« kenne sich auf allen Gebieten bestens aus. Seine Fans wurden animiert, ihm eine E-Mail zu schicken: mit ihrem Lieblingsmenü, ihrem Lieblingssport, ihrem Lieblingsbuch – und ihrem Namen. Solche personalisierten Informationen dürfen Fast Food Companies seit einer Gesetzesänderung in den USA inzwischen nur noch mit ausdrücklicher Genehmigung der Eltern einholen.

Fast 90 Prozent der kommerziellen Websites für Kinder, ermittelte ein Bericht der amerikanischen Handelsbehörde Federal Trade Commission, sammeln persönliche Informationen – bis hin zu Informationen über die Sozialversicherungsnummer und die Vermögensverhältnisse der Eltern.

Auch in Deutschland nutzen Lebensmittel- und Spielzeugkonzerne das Internet, um das Konsumverhalten des Nachwuchses auszukundschaften. Der Lebensmittelkonzern Kraft Foods zum Beispiel, so berichtete

Raffinierter Vergleich zwischen Fast Food und Drogen

Eine spezielle Form der **Cross-Promotion** machen **Tabak-** und **Fast-Food-Industrie:** Die British-American Tobacco wirbt in deutschen Magazinen mit einem riesigen Teller **Pommes frites** und zieht damit einen direkten Vergleich zwischen den Schäden durch **Fast Food** und der Droge **Nikotin:** »Genießen Sie lieber in Maßen statt in Massen« steht über der Anzeige und darunter: »Ob Süßes oder Fettiges, ob Alkohol oder Nikotin – allzu viel ist immer ungesund.«

Auch McDonald's verbreitet inzwischen die Botschaft, dass zu viel des Guten ungesund sei. Die Werbebotschaft auch hier: Erst die Dosis macht das Gift!

der »Spiegel«, lockte Kinder mit seiner Marke Milka: Im Netz bot er in seinem Online-Shop neben Schoko-Souvenirs, Spielen und Bildschirmschonern auch eine elektronische Kuh an, die wie ein Tamagotchi regelmäßig per Mausklick gemolken, gefüttert und gestreichelt werden musste. Wer das Internet-Rind vernachlässigte, bekam eine Mahn-Mail.

Dieses Beziehungsmanagement, schreibt der »Spiegel«, nötige nicht nur zu häufigen Besuchen der violetten Werbewelt. Es biete gleichzeitig die Gelegenheit, den potenziellen Schokoladenkäufer gründlich zu durchleuchten: »Wer die virtuelle Alm betreten will, muss Anschrift, E-Mail-Adresse, Alter und Geschlecht angeben – wobei auch Geschmacksfragen nach dem Milka-Schoko-Typ und dem Traum-Kuh-Typ nicht fehlen.«

Der Druck der Werbung

Kinder werden als Zielgruppe nicht nur umworben, sie stehen unter regelrechtem Werbedruck, wie unter anderem die Studie »Werbekompetenz und Werbepädagogik« 1999 zeigte: Danach wird der Markt der Kinderwerbung von den privaten Fernsehsendern dominiert, in denen bald jeder zweite Spot zwischen 6 und 22 Uhr für ein »Kinderprodukt« wirbt. Jeder fünfte Spot enthielt Zeichentrickelemente, und einzelne Werbespots wurden in den für die Studie analysierten Wochen (Juni und November 1993) bis zu 356-mal wiederholt!

Besonders bedenklich in den Augen der Forscher: Mehr als jeder Dritte der Vierjährigen konnte Werbung und Programm noch nicht auseinander halten. Das galt auch noch für 21 Prozent der Fünfjährigen, in der Gruppe der Sechsjährigen waren es 12 Prozent.

Die Studie »Zielgruppe Kind«, die von der Universität Bielefeld durchgeführt wurde, warnt, dass Werbung Kinder nicht nur zum Kaufen auffordere, sondern mit dieser konsumfixierten Haltung auch ihr Menschenbild präge. Dabei kämen aber nicht ihre eigenen Interessen zum Zuge, sondern der »Blickwinkel von bestimmten Interessengruppen«.

Bei einer Umfrage unter 800 Kindern aus dem Großraum Bielefeld und Halle zeigte sich, dass die Werbekompetenz mit zunen-

Vier von fünf TV-Werbespots für Kinder und Jugendliche werben für Fast Food, Snacks und Süßigkeiten:

Lebensmittelgruppe	Anzahl TV-Spots	Lebensmittelgruppe	Anzahl TV-Spots
Cerealien	196	Limonade	37
Schokoladenriegel und Pralinen	136	Obst und Gemüse	30
Eis	99	Fischgerichte	21
Fast Food	95	Andere Getränke	19
Fruchtgummi, Lakritz und Bonbons	90	Schokolade	18
Milchschnitten	85	Getreide-, Reis-, Nudel-, Kartoffelprodukte	2
Salzige Snacks	75	Kuchen	2
Milchprodukte	72	Alkoholika	1
Gesamt			**978**

Quelle: Ernährungsbericht 2000

mendem Alter zwar rasch wächst. Reichlich ungeschützt scheinen aber die Jüngeren: Jeder Dritte der Sechsjährigen gab an, das zu glauben, was in der Werbung gezeigt werde. Jedes zweite Kind dieser Gruppe erklärte, dass Werbung nur deshalb gezeigt würde, um es zum Lachen zu bringen oder damit das Fernsehen »nicht so langweilig ist«.

Jeder dritte TV-Spot

Der Göttinger Ernährungspsychologe Volker Pudel zweifelt trotzdem am bestimmenden Einfluss von Fernsehwerbung. Für den Ernährungsbericht 2000 hat er 1257 Kinder und Jugendliche zwischen sechs und 17 Jahren nach ihrem Medienkonsum und Essverhalten befragt.

Bei den privaten Fernsehsendern, so seine Studie, drehe sich jeder dritte Spot um ein Lebensmittel. Zu bestimmten Zeiten sei diese Werbung exakt auf Kinder und ihre Eltern abgestimmt. Die beworbenen Lebensmittel seien meist besser bekannt und würden als »gesünder« bewertet als andere. Die Botschaft der Werbung sei also angekommen.

Mehr von den Werbeprodukten essen würden die Kinder mit viel Fernsehkonsum aber nicht, so Pudel – obwohl sie dicker seien: Übergewichtige Kinder sehen täglich mehr als zwei Stunden fern, normalgewichtige nur eineinhalb Stunden. Doch könne nicht geklärt werden, so der Psychologe, »ob die Kinder dick sind, weil sie viel fernsehen, oder ob sie lieber fernsehen, weil sie dick sind und weniger Spaß an Bewegung haben«.

Jedenfalls unterschied sich die Nährstoffversorgung der Spot-Kenner in seiner Untersuchung kaum von der anderer. Pudel: »Offenbar bieten Mund-zu-Mund-Propaganda unter Freunden und die Präsentation der Lebensmittel in den Geschäften vergleichbare Kaufanreize.«

Süßigkeiten liegen stets in Greifhöhe der Kinder.

Das Junior-Regal

Mini-Einkaufswagen sind in vielen Supermärkten schon die Regel. In den riesigen Hyper-Märkten der Vorstädte werden die Kleinen von ihren Eltern in grellbunten Mini-Autos durch die Regalreihen geschoben, über ihren Köpfen der Einkaufskorb, vorbei an ihren Lieblingsprodukten.

Spezielle Junior-Regale, in denen in Greifhöhe Kekse und süße Riegel, Nudeln in Dino-Form und Wurst mit Clownsgesichtern präsentiert werden, sind keine Utopie mehr. Erste Prototypen, berichtet das »Greenpeace-Magazin«, wurden von den Babynahrungsherstellern Hipp, Alete und Milupa in mehr als 500 Läden getestet. Mit großem Erfolg, wie die Firmen betonen.

Fleißkärtchen von Pizza Hut

In den USA zahlen die großen Getränkehersteller bis zu 750 Millionen Dollar jährlich an die Schulen, um dort ihre Automaten aufstellen zu können. Die Greenbrier High School in Georgia zum Beispiel hat einen Vertrag mit Coca-Cola: Der Konzern zahlte für die Schulausstattung und darf dafür exklusiv seine Getränke dort vermarkten, Plakate auf dem Schulgelände aufhängen und Schule wie Schüler als Werbeträger nutzen.

Coca- oder Pepsi-Cola, so das »Greenpeace-Magazin«, geben zwischen zehn und 20 Dollar pro Schüler und Jahr aus und bekommen dafür das exklusive Recht auf Werbung und Limonadenverkauf. Oft müssen die Schulen sogar einen Mindestumsatz garantieren. Und für besondere Leistungen verteilen manche Lehrer Coupons für einen Restaurantbesuch – bei Pizza Hut.

Einige Schulen in Kalifornien haben sich nun von solchen Praktiken distanziert, um für ihre überwiegend schwergewichtigen Schüler ein Zeichen zu setzen. Doch das bringt sie in erhebliche Schwierigkeiten, denn die öffentlichen Mittel reichen nicht aus, um die Schulen angemessen zu finanzieren.

Schwacher Schutz: Regeln für Kinder-Werbung

Der deutsche **Rundfunkstaatsvertrag** und eine **Richtlinie der EU** regeln die Werbung im Umfeld von Kindersendungen. Generell gilt: **Maximal 12 Minuten** darf während einer Stunde Sendezeit geworben werden. Die Kindersendung darf nicht **unterbrochen** werden. Während das Rundfunkrecht eine strikte **Trennung** von Werbung und Programm fordert, zeigen Studien jedoch, dass vor allem kleine Kinder den **Unterschied** nicht erkennen können. Auch heißt es in dem Abkommen: »Werbung, die sich an Kinder und Jugendliche richtet oder bei der Kinder und Jugendliche eingesetzt werden, darf nicht ihren Interessen schaden oder ihre **Unerfahrenheit** ausnutzen.« Es ist fraglich, ob dieser Passus mit der Realität übereinstimmt.

Schul-Sponsoring

Auch in Deutschland dringt die werbende Industrie bereits in die Klassenzimmer vor. Ein von der Putzmittelfirma Domestos finanziertes Theaterstück für Kinder wurde an 30 Hamburger Grundschulen aufgeführt: »Dr. Waterson und Leo Lupenrein auf der Jagd nach bösen Bakterien«.

Als erstes Bundesland hat das finanziell bedrängte Berlin das Werbeverbot an Schulen aufgehoben: Dort hängen Logos von Sportherstellern an Basketballkörben, und weiterführende Schulen werden nach ihren Sponsoren benannt.

An der Ausstattung mit Computern und Internetanschlüssen beteiligen sich Sponsoren mit Millionensummen. Insgesamt machen die Sponsoren- und Fundraising-Aktionen in ganz Deutschland etwa 50 Millionen Euro aus – und damit bislang nur etwa 0,1 Prozent des Etats der allgemeinbildenden Schulen. Die Hamburger Erziehungswissenschaftlerin Ingrid Lohmann warnt dennoch vor der »schleichenden Privatisierung«: »In zehn bis fünfzehn Jahren herrschen bei uns Verhältnisse wie in den USA.«

Das Marktforschungsinstitut Ipsos hat festgestellt, dass sich auch die Kindergärten für Sponsoren öffnen: «In den letzten zehn Jahren hat bei den Trägern von Kindergärten ein Umdenken in Richtung Marktwirtschaft eingesetzt.« Auch seien viele Eltern ausgesprochen positiv gegenüber Sponsoren eingestellt. Ihre Favoriten seien vor allem die Getränkeindustrie vor den Segmenten Spielwaren- und Lebensmittelhandel, danach folgten Bekleidungs- und Sportartikelhersteller.

Was tun?

Können Kinder kaufen lernen? Sie müssen es, denn Werbung ist auch in ihrem Leben allgegenwärtig.

Trotzdem sollten Sie als Eltern versuchen, Ihren Kindern wenigstens in den ersten Lebensjahren eine Art »werbefreie Zone« zu schaffen: Die ersten Erfahrungen von Wohlbefinden und Glück sollten nicht gleich mit Konsum verbunden werden. Und: Jedes Jahr ist ein gewonnenes Jahr, wenn es darum geht, Ihren Kindern ein Stück Souveränität gegenüber der Werbewelt zu verschaffen.

Wenn die Kinder etwas größer sind, ist es sicherlich schwierig, die richtige Balance zu finden zwischen Steuerung und »langer Leine«: Kinder können nur lernen, wenn sie selbst Fehler machen dürfen, meint auch Werbeexperte Axel Dammler. Und die ständigen gut gemeinten Ratschläge der Eltern bewirken oft genau das Gegenteil.

Was Werbung kann und will, kann zu Hause ruhig einmal Thema sein, wenn die Familie gemeinsam fernsieht. Leider, zeigen viele Studien, interessieren sich die meisten Eltern aber nicht für eine kritische Auseinandersetzung mit den Medien – weil sie ihnen zu mühsam erscheint oder weil sie selbst ein schlechtes Gewissen haben, was zum Beispiel ihren Umgang mit dem Fernsehen angeht.

Konsequenz ist leider unbedingt notwendig: Nur wenn die Eltern ihre eigenen Konsumwünsche kontrollieren und offen über Fehlkäufe sprechen, lernen auch die Kinder.

Unser Tipp: **Machen Sie ein Werbe-Spiel!**

Nutzen Sie die täglichen Werbespots im Fernsehen, um Ihren Kindern den Unterschied zwischen Wahrheit und Werbung beizubringen. Dazu eignet sich ein Frage-und-Antwort-Spiel:

- ✔ **Welche Aussagen werden im Spot gemacht und welche sind wahr, welche übertrieben? Kann man, wenn man den Müsliriegel isst, wirklich besser Skateboard fahren?**
- ✔ **Was in dem Spot hat wirklich etwas mit dem Produkt zu tun? Was ist nur Drumherum, Show?**
- ✔ **Wenn Menschen gezeigt werden: Würde sich die eigene Familie auch so verhalten? Warum wurden diese Personen wohl ausgewählt?**
- ✔ **Bei Stars: Was haben diese Prominenten davon, dass sie mitmachen? Was sollen die Kinder denken, die das sehen?**
- ✔ **Wie würde man selbst das beworbene Produkt beschreiben? Was ist an der Werbesprache anders?**

Nach: Dammler: Kinder können kaufen lernen, 2002

Knusper, Knusper, Knäuschen:
Kundenfang im Kinderland

Das Hexenhaus, das Hänsel und Gretel mitten im tiefen, dunklen Wald fanden, sah genauso aus, wie all das, von dem sie immer geträumt hatten: bunter Zuckerguss, knuspriger Lebkuchen und Lakritzstangen. Doch in dem leckeren Haus saß die böse Hexe, die sich dies nur deshalb ausgedacht hatte, um die arglosen Kinder zu fangen und mit Haut und Haaren aufzufressen.

Märchen sind zeitlos und bergen Wahrheiten, die Jahrhunderte überdauern. Nur die Optik ändert sich: Heute werden die Kleinen nicht im Wald, sondern im Supermarkt gefangen – von vielen bunten, »kindgerechten« Produkten. Denn die Industrie – so Werbeexperte Axel Dammler, nach eigenen Aussagen »einer von den Bösen« – habe den Kindern zugehört und sie verstanden. Sie mache nichts anderes, als den Kindern genau das zu geben, was sie wollen.

Sein Rezept klingt einfach: Essen muss gut schmecken – das klappt beinahe immer, wenn es gesüßt ist. Es soll gut aussehen – Fertigprodukte schaffen das eher als die ungeübte Hand der Mutter. Und es soll etwas passieren im Mund: krachen und knirschen, schlürfen und schlabbern. Das steckt als Geheimnis hinter Kinder-Hits wie Fischstäbchen (Panade), Toblerone (Karamelflocken in der Schokolade) oder auch Gummibärchen, deren Farbe und Gestalt man erschmecken kann. Essen soll auch einfach und schnell sein: Kinder wollten, so Dammler, weder Fisch mit Gräten noch Kartoffeln, die sie erst putzen müssten: »Wenn Ihr Kind Orangen essen soll, werden Sie sie wohl vorher schälen müssen.«

»Hits for Kids«

Wie praktisch, dass die Industrie den Eltern dererlei Unbequemlichkeiten abgenommen und Produkte auf den Markt gebracht hat, die extra für Kinder geeignet sein sollen. Speziell für die Zwei- bis Zwölfjährigen sind in den vergangenen Jahren immer mehr Produkte in den Regalen der Supermärkte aufgetaucht. Die Kinder sprechen sie durch ihre Farbe und Form oder das Spielzeug an, das oft zusätzlich in der Verpackung steckt. Den Eltern, ständig in Hetze und mit schlechtem Gewissen ihrem Nachwuchs gegenüber, suggerieren sie, dass das Kind gar nichts Besseres bekommen könne.

Verbraucherschützer und Ernährungsexperten sehen das jedoch ganz anders. Solche »Hits for Kids« seien keinesfalls besonders wertvoll, sagen zum Beispiel die Konsumentenschützer der Arbeiterkammer Wien (AK). Und Heidi Schworm von der Verbraucher-Zentrale Baden-Württemberg kommt zu dem Schluss: Sie sind »teurer, nicht besser und teilweise sogar aus ernährungsphysiologischer Sicht schlechter«.

Kinderlebensmittel finden sich vor allem unter den Snacks (Riegel, Schnitten, Schokolade), aber auch bei Milchprodukten, Frühstücksflocken und Getränken. Wegen ihres

Kindermilchprodukte: Teure Mini-Portionen, bunt verpackt und angeblich gesund.

großen Erfolgs wird das Angebot ständig erweitert: Inzwischen gibt es auch speziell für die Kleinen entworfene Suppennudeln, Aufschnitt, Würstchen und Tiefkühlkost.

Die »Extraportion Milch«

Der »Zusatznutzen Gesundheit«, wie das in der Branchensprache heißt, soll vor allem dazu dienen, den Eltern Süßigkeiten als wertvolle Nahrungsergänzung zu verkaufen. Das bekannteste dieser Produkte ist die Kinder Milchschnitte, die als Erste auf den Markt kam und seither viele Nachahmer gefunden hat. 15 Prozent der Schüler knabbern, so der deutsche Ernährungsbericht 2000, in der Pause eine Milchschnitte, 42 Prozent würden es gerne tun.

Mit echten Milchprodukten haben Milch- und Schokoladenriegel allerdings nur wenig zu tun. »Meistens enthalten solche Produkte keinen Tropfen Vollmilch, sondern sind lediglich mit Magermilch- und Süßmolkenpulver, Butterreinfett oder gezuckerter Kondensmilch angereichert«, warnt die Deutsche Gesellschaft für Ernährung (DGE). Selbst bei dem Hinweis »30 Prozent Milch« enthält ein Snack dieser Sorte umgerechnet nur etwa einen Esslöffel davon (das entspricht ungefähr den zehn Gramm Milch in einer Kinder Milchschnitte oder den acht Gramm im Nesquik Snack).

Der Gehalt an Kalzium, mit dem geworben wird, ist gering im Verhältnis zu dem hohen Energiewert der meist süßen und fetten Riegel: Während ein Viertelliter Vollmilch

Was verrät die Zutatenliste über ein Produkt?

Lebensmittel, die **verpackt** sind, müssen **gekennzeichnet** werden. Auf einem Etikett ist aufgedruckt, um welche **Ware** es sich handelt (Verkehrsbezeichnung), wer sie **hergestellt, verpackt** oder **verkauft** hat, bis zu welchem Tag das Produkt seine optimale Qualität hat **(Mindesthaltbarkeitsdatum)** sowie die Menge. Besonders wichtig ist auch die **Zutatenliste.** Sie verrät, was in dem Produkt steckt.

Die **Zutaten** sind nach der **Menge** aufgelistet: Das, was den größten Anteil an dem Lebensmittel ausmacht, steht zuerst. Die **Reihenfolge** zeigt also, aus was ein Produkt überwiegend besteht. Bei einem Fruchtsaft zum Beispiel sollte der Fruchtanteil weit oben stehen, sonst handelt es sich nur um aromatisiertes Wasser.

Oft wird die Kennzeichnung jedoch dazu benutzt, den wahren Inhalt zu **verschleiern:** Wenn zum Beispiel verschiedene **Zuckerarten** eingesetzt werden, erscheinen sie an **unterschiedlichen Stellen** der Zutatenliste. Die einzelnen Werte wirken gering, obwohl die Gesamtmenge groß ist.

Wenn eine Zutat **besonders ausgelobt** wird, zum Beispiel Pizza Salami, muss der Hersteller angeben, **wie viel Prozent** Salami das Produkt wirklich enthält.

Zutaten, die **weniger als ein Viertel** ausmachen (zum Beispiel Fleischklößchen in einer Tütensuppe), müssen nicht näher aufgeschlüsselt werden, sondern firmieren als **»zusammengesetzte Zutat«.**

Bestimmte Zutaten können unter **Klassennamen** zusammengefasst werden: etwa **»pflanzliche Öle und Fette«.** Dann kann der Hersteller je nach Marktlage die billigsten Fette verwenden, ohne das genau angeben zu müssen. Steht auf dem Etikett **»Sonnenblumenöl«,** muss dies auch immer enthalten sein. Der Klassenname **»Gewürze«** kann problematisch sein, wenn sich dahinter etwa Selleriesalz verbirgt, auf das einige Menschen allergisch reagieren. Für **Allergiker** erarbeitet die EU eine Liste von Lebensmitteln, die ausdrücklich als **potenzielles Risiko** gekennzeichnet werden müssen.

160 Kilokalorien und 360 Milligramm Kalzium enthält, liefert die Kinder Milchschnitte (28 Gramm) zwar nur 117 Kilokalorien, dafür aber auch nur 53 Milligramm Kalzium. Der Kalziumgehalt in einem großen Glas Milch ist also sechsmal so hoch wie in der gezuckerten Schnitte!

Ein neunjähriges Kind – so die Rechnung der Arbeiterkammer Wien – müsste etwa 17 Milchschnitten essen, um seinen täglichen Kalziumbedarf zu decken, würde damit aber umgerechnet gleichzeitig auch noch 40 Stück Würfelzucker und 125 Gramm Butter zu sich nehmen.

Mit dem Argument »viel Milch« werden auch Kinderschokoladen beworben: mit Creme gefüllte Vollmilchprodukte, die in verschiedenen Größen bis hin zu Bonbons auf dem Markt sind. Häufig sind Nüsse oder Knuspergetreide zugesetzt. Natürlich, sagen die Wiener Konsumentenschützer mit Verweis auf die Werbesprüche, steckten in einem Nahrungsmittel, das aus Milch hergestellt werde, auch deren »wichtigsten Bestandteile« – Eiweiß und Kalzium. Gerade Milchschokolade sei dafür aber kein geeigneter Lieferant, da sie zu mehr als zwei Dritteln aus Fett und Zucker bestehe. Vergleicht man als Kalziumlieferanten wiederum das Glas Vollmilch mit 100 Gramm Kinderschokolade, dann liefert Letztere mehr als dreimal so viel Fett und Kalorien und die vierfache Menge Zucker!

Fruchtzwerge und Feuersteins

Ob Joghurt, Quark oder Pudding: Auch Kindermilchprodukte sind in der Regel zu stark gesüßt: Sie enthalten pro 100 Gramm 12 bis 14 Gramm Zucker (➔ Seite 64). So stecken zum Beispiel in einem 120-Gramm-Becher Die Schlümpfe (Kinderjoghurt) sechs Stück Würfelzucker – das entspricht der halben empfohlenen Tagesration für Volksschulkinder, so die Arbeiterkammer Wien.

Bei Kindern sind solche Produkte jedoch beliebt: Sie sind sehr süß und werden oft in extra kleinen Packungen angeboten. Außerdem werben sie mit bunten Figuren aus bekannten Comics oder Fernsehserien.

Der Geschmack spielt für Kinder meist nur eine untergeordnete Rolle – viel wichtiger ist die Optik: Die Molkerei Bauer machte zum Beispiel die Erfahrung, dass sich der Absatz ihres Kinderjoghurts schlagartig um 40 Prozent erhöhte, als sie die Werbe-Ente Alfred J. Kwak durch die prominenteren Feuersteins ersetzte. Eine hessische Molkerei, die einen Pudding auf den Markt brachte, in dem sich Asterix-Figuren plastisch abzeichneten, konnte dessen Monatsproduktion damit auf eine Million Packungen erhöhen.

Bunte Abziehbilder und Malbögen zieren auch die Hüllen von Quarkerzeugnissen, die häufig mit Joghurts verwechselt werden. Viele Eltern wissen gar nicht, was Quark und Frischkäseprodukte (etwa Fruchtzwerge, Monster Backe, Frufroo) von Joghurts unterscheidet und dass ihr Kalziumgehalt geringer ist. Außerdem ist die meist angebotene Halbfettstufe mit sechs bis neun Prozent Fett immer noch zu hoch für eine kindgerechte Zwischenmahlzeit. Die bei den Kleinen so beliebten Fruchtzwerge, ein Frischkäseprodukt mit vielen Aromastoffen, das seit 1981 mit großem Erfolg verkauft wird, werben mit der Aussage »aus guter Milch, mit Kalzium und wertvollen Vitaminen«. Genauer betrachtet enthalten 100 Gramm davon gerade mal 130 Milligramm Kalzium (also weniger als ein halbes Glas Milch) und viel Zucker.

Das Spielzeug ist Kindern oft wichtiger als das Lebensmittel.

Fruchtzwerge werden auch als »weniger süße« Variante angeboten, die 15 Prozent weniger Zucker als das Normalprodukt enthalten soll. Wer die Packungsangaben genau liest, stellt jedoch fest, dass – auf 100 Gramm Fruchtzwerge gerechnet – gerade mal zwei Gramm Zucker weniger verwendet wurden.

Energiespender – von wegen!

Na gut, als Pausenmahlzeit sind Fruchtzwerge doch sicher immer noch besser als ein Schokoriegel, mögen Sie sagen. Das kann sein. Aber genügend Energie für die Schulstunden liefert das Produkt jedenfalls nicht. Das Dortmunder Forschungsinstitut für Kinderernährung betont, dass ein Kind dazu zwei der Mini-Becher essen müsste. Die aber enthalten dann wieder zusammen zu viel Fett, das nicht gerade munter macht. Zwei Drittel der von ihr untersuchten Kindermilchprodukte befand auch die Zeitschrift »Öko-Test« im April 2002 als zu fett.

Auch trinkfertiger Joghurt ist nicht gerade ein ideales Pausengetränk: Eine einzige Tasse enthält – neben Aromen und Emulgatoren, künstlichen Vitaminen und Mineralstoffen – durchschnittlich vier bis sechs Stück Würfelzucker! Auch hier muss der »bärenstarke« Energieschub teuer bezahlt werden: Ein selbst hergestellter Trinkjoghurt oder Kakao würde ein Fünftel weniger kosten.

Ein hoher Zuckeranteil lasse sich auch dann nicht berechtigt als »Nervennahrung« verkaufen, wenn er aus Trauben- und Fruchtzucker oder Honig besteht, betont Ursula Tenberge-Weber, Ernährungsexpertin der Verbraucher-Zentrale Nordrhein-Westfalen. Begründung: Energie liefere er nur kurzzeitig. Fruchtzucker in größeren Mengen könne sogar abführend wirken.

Ein »gesundes« Lebensmittel soll komplexe Kohlenhydrate enthalten (etwa Vollkorn), die vom Körper langsam aufgeschlossen werden und lange Energie liefern. Sie finden sich in den Kinderlebensmitteln aber so gut wie überhaupt nicht. Der Anteil des Zuckers an der Gesamtenergie dagegen sollte zehn Prozent nicht überschreiten. Genau dies ist aber bei allen von »Öko-Test« analysierten Produkten der Fall! Sie enthalten zwischen 11 und 18 Prozent Zucker! Ein Vollmilchjoghurt mit frischen Erdbeeren enthält nur knapp neun Prozent als Zucker verwertbare Kohlenhydrate.

Milch: Natur statt Chemie

»Quark und Frischkäse gehören zu einem ausgewogenen Speiseplan, jedoch ungesüßt und möglichst naturbelassen«, betonen die Konsumentenschützer der Arbeiterkammer Wien.

Vitamine als Werbung: Das Etikett täuscht

Werbung ist ein Verwirrspiel: Wenn in 100 Gramm oder Milliliter eines Lebensmittels Vitamine und Mineralstoffe in **signifikanten Mengen** enthalten sind (ab 15 Prozent des empfohlenen Tagesbedarfs), darf laut Nährwertkennzeichnungsverordnung damit geworben werden. Das führt dazu, dass viele Industrieprodukte ganz legal mit Vitaminzusätzen werben, obwohl die davon **täglich verzehrte Menge** längst nicht so viel Nährstoffe enthält wie natürliche Lebensmittel. Ein Beispiel: Ein Hersteller darf auf die Packung seiner **Nuss-Nugat-Creme** »mit Vitamin B2« drucken, weil in 100 Gramm 0,24 Milligramm davon stecken (= 15 Prozent des Tagesbedarfs). Bei **Milch,** einem natürlichen Lieferanten von Vitamin B2, ist der Aufdruck nicht gestattet, weil das Vitamin darin nicht so konzentriert vorliegt: 0,18 Milligramm (in 100 ml) entsprechen nur 11 Prozent des Tagesbedarfs. Viele Kinder, die täglich zwei bis drei Gläser Milch trinken (0,54 bis 0,9 Milligramm B2), erreichen damit aber zwischen **34 und 56 Prozent** der empfohlenen Tagesmenge. Eine Portion Nuss-Nugat-Creme (20 Gramm) dagegen enthält, obwohl das Produkt mit dem Vitamin werben darf, nur 0,05 Milligramm B2. Das sind nur **3 Prozent** der empfohlenen Tagesmenge.

Für Knochenwachstum und Zähne sollten Kinder täglich so viel Kalzium zu sich nehmen wie in einem Glas Milch und einem Becher Naturjoghurt stecken.

Die Produkte, die speziell für Kinder auf dem Markt sind, legitimieren ihre höheren Preise mit einem angeblichen gesundheitlichen »Zusatznutzen«. Von Nutzen kann zwar keine Rede sein, dafür aber von reichlich Zusätzen: So fanden die Wiener Verbraucherschützer künstliche Aromen in jedem der von ihnen untersuchten 30 Kinderlebensmittel, Farbstoffe und Verdickungsmittel vor allem in den Milchprodukten. Die süßen Riegel waren zwar nur selten gefärbt, enthielten dafür aber Emulgatoren, Backtriebmittel, Feuchthaltemittel, Stabilisatoren und vieles andere mehr. Und nimmt man bei einigen Joghurts zum Beispiel den zugesetzten Fruchtanteil genauer unter die Lupe, so enthält er (umgerechnet auf 100 Gramm) meist nicht mehr als eine einzige Erdbeere!

In jedem dritten Kinderlebensmittel fanden die Wiener Verbraucherschützer sogar Zusatzstoffe, die besonders für Kinder nicht empfehlenswert sind, weil sie sich negativ auf ihre Gesundheit auswirken können. Dazu zählen Sorbit (bei überhöhter Zufuhr Bauchschmerzen und Durchfall), Chinolingelb, Azorubin, Allurarot AC (allergische Reaktionen), Gelborange S (krebsverdächtig, in Norwegen und Schweden deshalb verboten), Brillantblau (lagert sich in Nieren und Lymphgefäßen ab), Dinatriumdisphosphat (kann Kalzium-Aufnahme behindern) und Carrageen (im Tierversuch geschwürbildend) (➔ Tabelle rechts).

Angereichert – wozu?

Viel nützt viel – das ist ein Irrglauben, der sich hartnäckig hält. So kaufen 46 Prozent aller Eltern spezielle Kinderlebensmittel und 36 Prozent sind überzeugt, dass diese Produkte für Kinder besonders geeignet seien, so eine Umfrage des Instituts für angewandte Verbraucherforschung in Köln. Ein mit Kalzium angereicherter Obstsaft kann doch nur noch besser sein, denken viele Eltern, und zusätzliche Vitamine können schließlich auch nicht schaden. Jedes dritte Kinderlebensmittel ist mit Vitaminen oder Mineralstoffen versetzt, wobei ein ernährungsphysiologisches Konzept nicht erkennbar ist. Mal wird, kritisiert die Zeitschrift »Öko-Test«, Vitamin C und E zugesetzt, dann wieder verschiedene B-Vitamine.

»Bei Kindern, die regelmäßig nährstoffangereicherte Kinderlebensmittel essen, kann die Vitaminzufuhr über den Empfehlungen für die Nährstoffzufuhr liegen«, warnt die Deutsche Gesellschaft für Ernährung. Dann müsse die sonstige Ernährung darauf abgestimmt werden, um die Energie- und Nährstoffzufuhr nicht aus dem Gleichgewicht zu bringen – eine Leistung, mit der die meisten Eltern wohl überfordert sein dürften.

Fragwürdige Zusatzstoffe in Kinderprodukten:

Happy Joghurt	Chinolingelb, Gelborange S, Azorubin, Cochenillerot, Allurarot AC, Brillantblau
Kinder Milchschnitte	Dinatriumdiphosphat
Milka Tender Milchminis	Sorbit, Dinatriumdiphosphat
Monte	Carrageen
Nesquik Snack	Dinatriumdiphosphat
Quetschies	Carrageen
Rolf Kauka's Fix und Foxi	Carrageen
Schokids	Carrageen
Tabaluga Croissant	Sorbit
Teletubbie Joghurt	Annato

Quelle: Institut für Jugendforschung, 1998

Die Anreicherung von Lebensmitteln soll oft nur ihre ernährungsphysiologisch schlechte Qualität kaschieren. Außerdem verliert der Nachwuchs mit seiner »Spezialkost« jeden Bezug zu natürlichen Nährstoffquellen: Was hat Vitamin C in Frühstücksflocken oder Kalzium im Apfelsaft zu suchen? Wie kann ein Zwieback nach Himbeeren schmecken?

Brauchen Kinder zusätzliche Nährstoffe?

Kinder und Jugendliche brauchen zwar – bezogen auf ihr Körpergewicht – mehr **Energie** und **Nährstoffe** als Erwachsene. Aber ein spezielles **Defizit,** das mit abwechslungsreicher **Mischkost** nicht gedeckt werden könnte, ist bei ihnen (mit Ausnahme von Jod) nicht festzustellen. Das Verbraucherministerium betont deshalb: »Es besteht keine ernährungsphysiologische **Notwendigkeit** für Lebensmittel, die in der Werbung speziell für Kinder angepriesen werden.« Viele Kinder, so zeigen Studien, essen zu wenig **frisches Obst,** ihnen fehlen **Ballaststoffe, Eisen** und **Kalzium.** Statt fett- und zuckerreicher Fertigkost, die ihre Gesundheit gefährdet, sollten sie frische Nahrung mit **hoher Nährstoffdichte** zu sich nehmen, um dieses Defizit zu beheben. Die Anreicherung von Lebensmitteln wird von vielen Experten eher kritisch gesehen: **Vitamin B2** und **B12** zum Beispiel, warnt das Forschungsinstitut für Kinderernährung, kann auf Dauer die Nierenfunktion beeinträchtigen. Während **Vitamin A** in Obst und Gemüse der Krebsprophylaxe dient, scheint seine Vorstufe **Betacarotin** in isolierter Form das Gegenteil zu bewirken. Unkontrollierte **Kalziumzufuhr** kann zu Nierensteinen führen. Die Folgen der **Eisenzufuhr** sind noch nicht ausreichend erforscht.

Wer seinem Nachwuchs Gutes tun will, kann das im Übrigen billiger haben, rechnete 1996 die Stuttgarter Verbraucherschützerin Heidi Schworm vor. Dieselbe Portion Kalzium aus Kinderlebensmitteln kann fast zehnmal teurer sein als Milch (Schworms Aufstellung in Euro umgerechnet):

800 mg Kalzium in	**zum Preis von**
3 Glas Milch (0,7 l)	0,57 Euro
3 Fruchtzwerge-Drink (600 g)	1,52 Euro
1 Pck. Kinderkäse (100 g)	1,53 Euro
2 Pck. Kartoffelpüree (plus Milch)	2,05 Euro
12 Fruchtzwerge (600 g)	2,75 Euro
5 Pck. Koala Kekse (375 g)	5,60 Euro

Dabei sei ihr überhaupt erst bewusst geworden, so Schworm, wie viele Produkte bereits mit Kalzium angereichert seien. Eine Überversorgung mit dem Nährstoff (beim Erwachsenen mehr als drei Gramm am Tag) kann zu Muskellähmungen und zur Verkalkung der Nieren führen. Bei Kindern seien die Grenzwerte nicht bekannt, hier bestehe »dringender Forschungsbedarf, weil zu erwarten ist, dass die Industrie noch weiter anreichert«.

Die Deutsche Gesellschaft für Ernährung sieht zum Beispiel bei Kindern zwischen vier und sieben Jahren einen täglichen Kalziumbedarf von 700 Milligramm. Mit Kinderlebensmitteln könne man, so Schworm, auf das Zweieinhalbfache kommen:

1 (anger.) Spezialbrötchen	350 mg
50 g Tom & Jerry Käse	275 mg
200 ml Punica	160 mg
50 g Joghurt Gums	100 mg
1 Monster-Mahl	270 mg
100 g Koala Kekse	200 mg
125 g Danone für Kinder	312 mg
1 Port. Feuerstein Püree	190 mg
Gesamt	1857 mg

Mehr Verpackung als Inhalt

Laut der Stuttgarter Verbraucher-Zentrale liegt der Verkaufspreis von speziellem Kinderjoghurt und -quark doppelt bis dreimal so hoch (!) wie bei Normalprodukten. Letztlich bezahlen die Eltern bei Kinderlebensmitteln vor allem das Drumherum, die aufwendige Verpackung (viel PVC), Sammelbildchen, Figuren oder Becher, die als Frisbee oder Bausteine zu benutzen sind. Nach einer deutschen »Zugabe-Verordnung« dürfen Lebensmitteln zwar nur dann Geschenke beigefügt werden, wenn diese von »geringem Geldwert« sind. Aber der Warenwert mancher Spielzeuge, vermutet Verbraucherschützerin Heidi Schworm, dürfe ähnlich hoch sein wie der des Lebensmittels: »Leider legen die Firmen keine Rechnungen offen.«

Auch die »kindgerechten« Größen einiger Produkte müssen teuer bezahlt werden: zum Beispiel Kinderkekse, die angeblich gut in der Hand eines Kleinkindes zu halten sind – oder »Märchenteller« mit altersgerechten Gemüse-Stückchen. Preisgünstiger wäre es, den Butterkeks für Erwachsene einfach auseinander zu brechen oder die Möhren-Scheibchen mit der Gabel zu teilen.

Vernichtendes Urteil

Ernährungsexperten sind sich weitgehend einig, dass viele Kinderlebensmittel nicht nur überflüssig, sondern sogar ungesund sind. »Etwa 75 Prozent«, so Mathilde Kersting vom Dortmunder Forschungsinstitut für Kinderernährung, »sind Süßprodukte, die Kinder daher auch nur gelegentlich essen sollten.« Bei regelmäßigem Verzehr fördern sie Karies und können, sofern die Kinder sich nicht ausreichend bewegen, zum Übergewicht beitragen. Auch die Ernährungsexperten der Arbeiterkammer Wien raten von Kinderlebensmitteln ausdrücklich ab.

Unser Tipp: **Kinderlebensmittel, nein danke!**

- ✔ **Sie sind oft zu süß und zu fett und sollten wie Süßigkeiten nur eingeschränkt verwendet werden.**
- ✔ **Ihre Zusammensetzung entspricht meist nicht den Empfehlungen für kindgerechte Ernährung.**
- ✔ **Ihr regelmäßiger Verzehr verhindert eine ausgewogene Ernährung.**
- ✔ **Sie sind oft so stark verarbeitet, dass sie mit den gesund klingenden Ausgangsmaterialien nicht mehr viel gemeinsam haben.**
- ✔ **Sie sind in der Regel künstlich aromatisiert.**
- ✔ **Sie konditionieren den Nachwuchs auf »süß«.**
- ✔ **Sie sind oft gefärbt, auch mit bedenklichen Farbstoffen.**
- ✔ **Sie enthalten häufig mehr Zusätze als andere Lebensmittel.**
- ✔ **Sie sind zu aufwendig verpackt.**
- ✔ **Sie sind deutlich teurer als vergleichbare Produkte.**

Dreimal so teuer, dreimal so gut?

Ist Bio besser?

Biohühnchen-Nuggets in Kindermenüs, Bioschokolade und Bioriegel: Die europaweit größte Messe für Bioprodukte, die »Biofach« in Nürnberg, zeigt, dass sich der Markt gewandelt hat. Nicht mehr Vollkornmehle und grobkörnige Müslis bestimmen das Angebot, sondern (natur-)bunte Convenience: Fertigprodukte und Süßigkeiten für Gesundheitsbewusste. Ein Widerspruch? Quer durch das Sortiment verzeichnen »Bio« und »Öko« ein noch nie da gewesenes Umsatzplus. Daran hat auch der Skandal um mit dem Pflanzengift Nitrofen verseuchtes Öko-Futtergetreide nichts geändert. Die Verbraucher trauen Biolebensmitteln mehr als konventionell erzeugten.

Ein wichtiger Schritt auf dem Weg zum Erfolg war jedoch nicht nur das gesunde Image, sondern auch die Tatsache, dass die Supermärkte sich für Biowaren öffneten und wie die neu gegründeten Bio-Discounter ein vergrößertes Sortiment zu billigeren Preisen anbieten. Seither fehlen Tütensuppen und Soja-Gulasch in den Einkaufsregalen genauso wenig wie »vollwertige« Kekse und andere Öko-Knabbereien. Die Kunden sind vor allem junge Familien mit kleinen Kindern, die ihrem Nachwuchs einen gesunden Start ins Leben ermöglichen wollen und dafür bereit sind, ein Vielfaches mehr für Lebensmittel zu bezahlen. Zu Recht?

Die Vorteile von Biolebensmitteln

Pflanzen, die biologisch produziert wurden (Obst, Gemüse und Getreide), haben ein großes Plus: Sie sind nicht nur deutlich geringer mit Agrargiften und Nitrat belastet, sondern sie enthalten mehr Vitamine, mehr Mineralstoffe und mehr Eiweiß als konventionell erzeugte, das zeigt eine Studie der Karlsruher Bundesforschungsanstalt für Ernährung. Öko-Produkte wurden zudem umweltschonender erzeugt, die Tiere zu ihrer Herstellung artgerecht gehalten. Biolebensmittel haben viele Vorteile:

- keine oder wesentlich geringere Rückstände an Pflanzengiften und chemischem Dünger,
- keine Hormone und Antibiotika, keine Gentechnik,
- keine Bestrahlung,
- höherer Vitamin- und Mineralstoffgehalt,
- schonende Verarbeitung,
- weniger Zusatz- und Hilfsstoffe,
- keine »naturidentischen« oder »künstlichen« Aromastoffe (demnächst sollen auch die »natürlichen« nicht mehr verwendet werden, die nicht mit denen der Ausgangsprodukte identisch sind),
- geschmacksintensiver (auch Tiere bevorzugen Futter aus ökologischem Anbau),
- artgerechte Tierhaltung,
- bei der Produktion geringerer Energieeinsatz, weniger Umweltlasten,
- zusätzliche Arbeitsplätze in Landwirtschaft und Handwerk,
- Förderung regionaler Produkte.

Das bedeutet aber noch lange nicht, dass Snacks aus dem Biomarkt gesünder sein müssen als konventionell erzeugte Produkte, wie die nebenstehende Analyse unserer Ökotrophologin Martina Solter zeigt. Denn auch naturbelassene Öko-Milch und Biogetreide können zu minderwertigen Lebensmitteln verarbeitet werden, die zu fett, zu süß und zu nährstoffarm sind.

Babynahrung

Flaschennahrung »Folgemilch«

Konventionell	Bio
Humana 2	Holle 2
Humana	Holle
Preis pro 100 g: 0,81 Euro	Preis pro 100 g: 1,24 Euro

+53 %

Beide Produkte enthalten neben den empfohlenen Mengen an Milchzucker (Laktose) und Stärke überflüssige Kohlenhydrate (im Vergleich zu den Richtwerten des Dortmunder Forschungsinstituts für Kinderernährung). Die Milch ist gesüßt – auch die Biomilch. Dafür müssen 53 Prozent mehr bezahlt werden.

Alternative: Folgemilch ohne überflüssige Kohlenhydrate, wie zum Beispiel von Hipp (Hipp 2, ebenfalls aus Biomilch!, 0,96 Euro pro 100 g) oder Nestlé (Beba 2, 0,88 Euro pro 100 g).

▶ **Unsere Bewertung:** Bis auf die Biomilch bietet das Bioprodukt keine erkennbaren Vorteile – dafür aber einen deutlich höheren Preis.

Gläschenkost

Gemüse-Kartoffel-Fleisch-Brei

Konventionell	Bio
Karotten mit Kartoffeln und Bio-Rindfleisch (ab dem 4. Monat)	Karottencreme mit Hühnchen (ab dem 5.Monat)
Hipp	Martin Evers Naturkost (Bioland)
Preis pro 100 g: 0,60 Euro	Preis pro 100 g: 0,60 Euro

Positiv: Bei beiden Produkten stammen Fleisch und Gemüse aus Bioerzeugung (bei Bioland auch Öle und Kräuter). Aromen, Zucker, Bindemittel und Farbstoffe sind nicht zugesetzt. Das Hipp-Produkt enthält wenig Jodsalz, das Bioprodukt gar keines.

Negativ: Beide Produkte enthalten (verglichen mit den Empfehlungen des Dortmunder Forschungsinstituts für Kinderernährung) zu wenig Kalorien und Fett. Der Fleischanteil ist mit je 16 Gramm zu gering, dadurch fehlt Eisen.

▶ **Unsere Bewertung:** Keine großen Preis- und Qualitätsunterschiede. Wer ganz auf Salz verzichten möchte, greift zum Bioprodukt.

Breie zum Anrühren

Konventionell	Bio
Getreidebrei 7-Korn ohne Kristallzucker-Zusatz (ab dem 6. Monat)	Vollkornkindernahrung, ungesüßt (nach dem 4. Monat)
Milupa	Runge (Bioland)
Preis pro 100 g: 0,67 Euro	Preis pro 100 g: 1,20 Euro **+79 %**

Das giftfrei erzeugte Bioprodukt enthält weniger Getreidesorten und birgt deshalb weniger Allergierisiken als die Siebenkorn-Mischung. Das Vollkorn enthält mehr gesunde Ballaststoffe, Vitamine, Mineralstoffe und Spurenelemente sowie essentielle Fettsäuren (besonders gut).
Der Hinweis »kristallzuckerfrei« schließt – anders als der Begriff »ungesüßt« – nicht generell aus, dass andere süßende Kohlenhydrate wie Glukosesirup oder Maltrodextrin enthalten sind (auch wenn in diesem Beispiel beide Produkte ohne solche Zutaten auskommen).

▶ **Unsere Bewertung:** Das Bioprodukt enhält mehr wichtige Nährstoffe und ist zuckerfrei – ein eindeutiges Plus!

Zwieback

Konventionell	Bio
Brandt	Runge (Bioland)
Preis pro 100 g: 0,40 Euro	Preis pro 100 g: 0,80 Euro **+100 %**

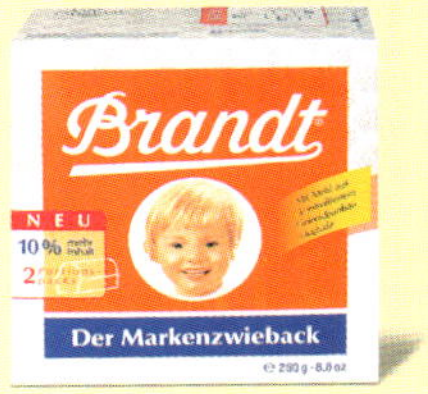

Der Biozwieback verwendet alle Zutaten aus Bioland-Erzeugung und auch Vollkornmehl (der Brandt-Zwieback enthält Mehl aus kontrolliertem Anbau, das schließt den Einsatz von Chemikalien nicht aus). Der Biozwieback ist zuckerfrei und nur mit jodhaltigem Meersalz gewürzt, der Brandt-Zwieback mit jodiertem Speisesalz.
Gegenüber dem Bioprodukt enthält der Brandt-Zwieback Trockeneigelb (nicht für Hühnereiweiß-Allergiker geeignet), Zucker (Gluokosesirup, Malzextrakt und Traubenzucker) sowie neben Hefe (auch im Bioprodukt) noch andere Backtriebmittel.

▶ **Unsere Bewertung:** Der Biozwieback enthält weniger Chemie, kostet aber auch doppelt so viel.

Kinderkeks

Konventionell	Bio
Kinder Keks (ab dem 6. Monat)	Kinderkeks
Alete	Sunval
Preis pro 100 g: 0,75 Euro	Preis pro 100 g: 1,90 Euro

+153 %

Nahezu alle Zutaten für den Biokeks kommen aus kontrolliert-biologischem Anbau, er enthält keine Butter oder andere Milchbestandteile (auch geeignet bei Kuhmilch-Unverträglichkeit). Er ist nicht mit Eisen angereichert oder zusätzlich vitaminisiert (er enthält nur den gesetzlich vorgeschriebenen Anteil an Vitamin B1). Er hat weniger Kalorien, ist aber genauso süß (Rohrzucker) wie das konventionelle Produkt (Haushaltszucker) und ebenfalls aromatisiert. Der Alete-Keks ist mit Eisen angereichert und mit verschiedenen Vitaminen versetzt.

▶ **Unsere Bewertung:** Die biologisch produzierten Zutaten haben einen hohen Preis. Sie machen dennoch aus einer leckeren keine ideale Zwischenmahlzeit.

Schokoladenkekse

Konventionell	Bio
Mini-Schokoladen-keks	»Quietsche-Entchen-Kekse«
Marbello (für Schlecker)	Allos
Preis pro 100 g: 0,51 Euro	Preis pro 100 g: 1,66 Euro

+225 %

Beide Kekse enthalten sehr viele Kalorien (im Schnitt 580 kcal/100 g). Das können beim Bioprodukt auch das Vollkornmehl mit seinen Ballaststoffen und die Vollmilchschokolade aus biologisch erzeugten Rohprodukten nicht wettmachen. Das Marbello-Produkt enthält zusätzlich als Emulgator Sojalezithin, unjodiertes Speisesalz und Aromen.

▶ **Unsere Bewertung:** Schokokekse schmecken zwar sehr fein, aber sie sind Kalorienbomben und sollten eine Süßigkeit bleiben, die man sich und seinen Kindern nur selten gönnt. Das gilt genauso für das Bioprodukt, das mehr als das Dreifache kostet!

Schokomüsli

Konventionell	Bio
Schoko-Müsli	Biene Maya Knusper-Müsli Schoko
Leckermatz (Plus)	Martin Evers Naturkost
Preis pro 100 g: 0,24 Euro	Preis pro 100 g: 0,80 Euro

+233 %

Die Schokolade macht beide Müslis deutlich fetter und kalorienreicher (als z. B. ein Früchtemüsli), zumal sie auch noch gesüßt sind: das konventionelle Produkt mit Zucker und Glukosesirup, das Biomüsli mit Roh-Rohrzucker und Honig. Beide sind aromatisiert. Das Leckermatz-Müsli enthält Haselnusskrokant, womit Allergiker vielleicht nicht rechnen.

▶ **Unsere Bewertung:** Das Bioprodukt ist zwar umweltschonend und giftfrei produziert, hat sonst aber keine ernährungsphysiologischen Vorteile, obwohl es mehr als dreimal so teuer ist! Schokomüslis sind nicht als regelmäßiges Frühstück geeignet, sondern eine Süßigkeit. Eine gesunde Alternative sind Getreideflocken-Basismischungen, die man selbst mit Früchten und Kernen aufpeppt.

Cornflakes

Konventionell	Bio
Cornflakes	Bio-Cornflakes
Kellogg's	Barnhouse
Preis pro 100 g: 0,46 Euro	Preis pro 100 g: 0,60 Euro

+30 %

Das Bioprodukt besteht zu 100 Prozent aus biologischen Zutaten, ist nicht angereichert und enthält keine Zuckerzusätze, sondern nur jodhaltiges Meersalz. Die Kellogg's Cornflakes enthalten Zucker, Salz ohne Jod sowie nachträglich zugesetzte Vitamine (nach den Empfehlungen des Dortmunder Forschungsinstituts für Kinderernährug unnötig) und Eisen (unter Experten umstritten).

▶ **Unsere Bewertung:** Cornflakes, ob »bio« oder nicht, sind technologisch sehr stark verarbeitete Maisprodukte, deren Nährstoffe zum größten Teil während des industriellen Prozesses verloren gehen. Das Bioprodukt bietet keine nennenswerten ernährungsphysiologischen Vorteile.

Pops und Smacks

Puffgetreide mit Honigüberzug

Konventionell	**Bio**
Smacks	Dinkelpops
Kellogg's	Albtal Naturkost
Preis pro 100 g: 0,53 Euro	Preis pro 100 g: 1,00 Euro

+88 %

Beide Getreide sind technologisch stark bearbeitet. Auch das Bioprodukt enthält kein Vollkorn, ist aber längst nicht so süß (das Kellogg's-Produkt besteht zu 46 Prozent aus reinem Zucker, das Naturkost-Produkt zu 20 Prozent aus Honig). Das konventionelle Produkt ist vitaminisiert und mit Eisen versetzt (umstritten).

▶ **Unsere Bewertung:** Die Biopops enthalten zwar weniger Zucker und Zusätze, sind aber ernährungsphysiologisch kaum besser als die Kellogg's-Variante, weil sie ebenso stark technologisch bearbeitet wurden. Durch die hohen Druck- und Temperaturverhältnisse werden essentielle Nährstoffe zerstört. Den höheren Preis zahlt der Verbraucher vor allem dafür, dass er weniger Zusätze erhält.

Nuss-Nugat-Creme

Konventionell	**Bio**
Nutella	Tiger-Creme
Ferrero	Rapunzel Naturkost
Preis pro 100 g: 0,31 Euro	Preis pro 100 g: 0,87 Euro

+180 %

Nuss-Nugat-Cremes sind wahre Kalorienbomben: Nutella besteht zu 30 Prozent aus purem Fett (und zu mehr als 50 Prozent aus Zucker), das Tiger-Konkurrenz-Produkt sogar zu 45,6 Prozent aus Fett (wegen der 4 Prozent mehr Haselnüsse) und zu 43 Prozent aus (Rohr-)Zucker. Das Bioprodukt enthält 17 Prozent mehr Kalorien (nämlich 602 statt 514 kcal pro 100 Gramm). Beide enthalten Lezithin als Emulgator.

▶ **Unsere Bewertung:** Das einzige erkennbare Plus des Bioprodukts ist, dass seine Bestandteile aus biologischem Anbau stammen und es natürliches Aroma (Bourbon-Vanille) enthält. Ernährungsphysiologisch hat es kaum Vorteile gegenüber dem Vergleichsprodukt.

Müsli-Riegel

Konventionell	Bio
Corny free	Ernie & Bert Müsli-Riegel
Schwartau	Allos
Preis pro Stück (25 g): 0,24 Euro	Preis pro Stück (25 g): 0,55 Euro

+129 %

Ein gesunder Snack ist auch der Bioriegel nicht. Er enthält zwar biologisches Getreide, aber es ist zum Teil stark verarbeitet und Vollkorn fehlt. Das konventionelle Produkt ist fetter, verwendet Stabilisatoren, Emulgatoren, Aromen und Salz ohne Jodzusatz und enthält 28 Prozent Maltitsirup, ein Zuckeraustauschstoff, der in größeren Mengen abführend wirkt.

▶ **Unsere Bewertung:** Müsli-Riegel sind eine Süßigkeit, die wenig mit Vollkorn und Vitaminen zu tun hat. Das gilt auch für das Bioprodukt, das mehr als doppelt so viel kostet.

Molkereiprodukt

Konventionell	Bio
FruchtZwerge Classic	Andechser Bio-Früchtchen
Danone	Bio Früchtchen
Preis pro 100 g: 0,37 Euro	Preis pro 100 g: 0,75 Euro

+102 %

Das Bio-Frischkäseprodukt ist fetter (5,9 Prozent statt 3,5 Prozent bei Danone) und beinahe genauso süß wie das Vergleichsprodukt (13,8 Prozent Zucker, Danone: 15,8 Prozent). Positiv sind die Herkunft der Zutaten aus ökologischem Landbau, geringfügig mehr Eiweiß und ein geringfügig höherer Fruchtanteil (7 bis 8 Prozent statt 6 Prozent). Das Danone-Produkt ist frei von Konservierungs- und Farbstoffen, aber mit Vitaminen und Kalzium angereichert.

▶ **Unsere Bewertung:** Spezielle Kindermolkereiprodukte werden von vielen Ernährungsexperten generell abgelehnt, da sie zu fett und zu süß sind und zu wenig Frucht enthalten. Das gilt auch für die doppelt so teure Biovariante.

Fruchtgummi

Konventionell	Bio
Goldbären	Bio-Bär
Haribo	BIO-BÄRchen
Preis pro Stück (25 g): 0,50 Euro	Preis pro Stück (25g): 1,98 Euro

+296 %

Die Goldbären sind süßer als das Bioprodukt (Zucker steht bei ihnen an erster Stelle der Zutatenliste) und ihr Geliermittel ist tierisch (Schwein). Sie sind mit Auszügen aus Früchten und Pflanzen gefärbt und enthalten künstliches Aroma.
Die Bio-Bären bestehen aus einem pflanzlichen Geliermittel (Gummi arabicum) und enthalten Fruchtsaftkonzentrate aus Apfel, Zitrone, Himbeere und schwarzer Johannisbeere (keine Aromen!). Sie sind weniger süß, haften aber sehr stark an den Zähnen (Kariesrisiko!).

▶ **Unsere Bewertung:** Die Biovariante ist rein pflanzlich und deshalb grundsätzlich gesünder, wenn auch schlechter für die Zähne. Zum vierfachen Preis kommt also noch regelmäßiges Zähneputzen nach dem Naschen.

Vollmilchschokolade

Konventionell	Bio
Milka Alpenmilch	Vollmilch-Schokolade
Kraft Foods	Rapunzel Naturkost
Preis pro 100 g: 0,60 Euro	Preis pro 100 g: 1,90 Euro

+216 %

Milka enthält auch in der normalen Milchschokolade Haselnüsse, womit Allergiker vielleicht nicht rechnen. Dafür steht auf ihr ein Warnhinweis, dass auch Spuren von Erdnüssen und Weizeneiweiß enthalten sein können. Sie ist mit Vanillin künstlich aromatisiert und enthält 6 Gramm weniger Fett pro 100 Gramm (ein Minus von 26 kcal).
Bei dem Bio-Konkurrenzprodukt stammen alle Zutaten aus kontrolliert ökologischem Anbau, Kakao und Zucker sind zudem »Fair-Trade«-Produkte, bei denen die Bauern aus der Dritten Welt gerecht am Gewinn beteiligt werden. Es enthält weniger Zucker und echte Vanille.

▶ **Unsere Bewertung:** Die Bioschokolade ist zwar etwas fetter, aber weniger süß. Ihre Zutaten aus fairem Handel kosten einen deutlich höheren Preis.

Alle Artikel wurden im Juli 2002 in München in (Bio-)Supermärkten eingekauft. Die Auswertung basiert auf Angaben der Hersteller (Zutatenliste, Nährwertangaben).

Besessen essen: Die Sucht nach Süßem

»Liquid candy«, »flüssige Bonbons«, nennen amerikanische Wissenschaftler kritisch ein Lebensmittel, das großen Einfluss auf Kinder und Jugendliche hat, in seiner Wirkung aber von vielen unterschätzt wird: Softdrinks.

Brause und Limonade sind keine gelegentlichen Erfrischungen mehr, sondern werden in großen Mengen konsumiert – nicht nur um den Durst zu stillem. Sie haben sich – ähnlich wie Alkohol – zu modischen Lifestyle-Produkten gewandelt, sie werden von vielen Kindern und Jugendlichen auf der ganzen Welt geliebt und getrunken, und nicht wenige – so die Einschätzung der Experten des amerikanischen Center for Science in the Public Interest (CSPI) – sind längst abhängig davon.

Softdrinks als Droge zu bezeichnen klingt zunächst wie eine Übertreibung. Doch die unabhängige Wissenschaftlerorganisation CSPI will beweisen, dass der Vergleich gar nicht so weit hergeholt ist, und die Öffentlichkeit aufrütteln. Denn Softdrinks enthalten zwar in der Regel keinen Alkohol oder kein Nikotin, dafür aber eine andere Substanz, die abhängig macht: Zucker.

Die süße Droge

David ist zwölf und deutlich zu dick. Seit die Schulleitung beschlossen hat, keine Softdrinks mehr in den Klassenzimmern und auf dem Gelände zu erlauben, hat David ein Problem: Er braucht seine Cola. Also schleppt er sein Lieblingsgetränk im Rucksack verborgen in die Schule und trinkt heimlich – wenn ihm der Lehrer gerade den Rücken zudreht: eineinhalb Liter am Vormittag.

Die süße Flüssigkeit aber besteht zu elf Prozent aus aufgelöstem Zucker. Wollte man diesen sichtbar machen, würde sich ein stattlicher Würfelberg neben der Eineinhalb-Liter-Flasche auftürmen: 60 Stück, rund 150 Gramm.

Jeder Schluck aus der Flasche löst einen Schub in Davids Kopf aus: Mithilfe der Aminosäure Tryptophan, die der Zucker ins Gehirn schleust, entstehen dort Botenstoffe, zum Beispiel das »Glückshormon« Serotonin. Ob und unter welchen Bedingungen aus diesem komplizierten Mechanismus eine Abhängigkeit entstehen kann, ist noch nicht endgültig geklärt.

Zuckersüchtige Ratten

Schon vor rund 30 Jahren hatte der englische Biochemiker und Ernährungsphysiologe John Yudkin einen Feldzug gegen den Zucker begonnen (»rein, weiß, tödlich«) und ihn mit Heroin verglichen. Mithilfe von Versuchen an Ratten wollte er beweisen, dass Zucker für über 50 Krankheiten verantwortlich sei. Damals war jedoch noch nicht klar, dass Ratten einen vom Menschen unterschiedlichen Stoffwechsel haben und dass der Zucker bei ihnen viel rascher in Fettgewebe umgewandelt wird.

Heute weiß man, dass die Vorgänge komplizierter sind. Immer stärker in den Mittelpunkt der Kritik gerät das ständige Naschen,

Zucker macht glücklich. Aber wer zu viel davon isst, wird abhängig und verlangt immer mehr von der süßen Droge.

das von Zucker, aber auch von anderen Snacks, deren Energie rasch ins Blut geht. Durch den permanent hohen Blutzuckerspiegel überfordert es die Kapazität der Zellen, Energie aufzunehmen und zu verarbeiten, und ermüdet die Bauchspeicheldrüse. Auch bei Jugendlichen kann es dann schon in frühen Jahren zur so genannten Altersdiabetes kommen, aber auch zu einem erhöhten Cholesterinspiegel und anderen Krankheiten (➔ Seite 14 ff.).

Trotzdem ist die Suchtthese noch nicht vom Tisch: Der Neurobiologe Bart Hoebel von der renommierten amerikanischen Princeton-Universität ist ihr prominentester Vertreter. Alle mit dem Essen verbundenen Wahrnehmungen, argumentiert er, wie Hunger, Appetit, Völlegefühl, Geschmack und Geruch, werden über das Nervensystem verarbeitet. Also setzt Nahrung im Gehirn eine Flut von Botenstoffen und anderen Neurochemikalien frei.

Gier nach mehr

Einige davon, Dopamin zum Beispiel, lösen Wohlbefinden aus und dienen dem Körper vermutlich als Belohnung für bestimmte Strapazen. Andere, die Endorphine, die mit den Opiaten verwandt sind, lindern Schmerz, Stress und können euphorisierend wirken.

Hoebel wollte herausfinden, ob Zucker dieses Botenstoffsystem in Gang setzen kann und machte eine erstaunliche Entdeckung: Nachdem Ratten regelmäßig Zucker verabreicht bekamen, begannen sie, immer noch mehr zu fordern. Als die süßen Rationen dann entzogen wurden, zeigten sie alle möglichen Entzugserscheinungen. Als dann endlich wieder Zucker in ihrem Futterbehältnis war, fraßen sie ihn gierig, bis sie nicht mehr konnten. Auch bei Menschen scheint Zucker Heißhunger erzeugen zu können. Viele schildern ihre Gier nach

Wie hoch ist der Zuckeranteil?

Bonbons	90 %
Honig	75 %
Marmelade	60 %
Schokolade	60 %
Sultaninen	60 %
Trockenfrüchte	55 %
Nuss-Nugat-Creme	50 %
Biskuits	50 %
Marzipan	50 %
Preiselbeeren (Kons.)	45 %
Kaugummi mit Zucker	30 %
Butterkekse	20 %
Eiscreme	20 %
Ananas (Kons.)	20 %
Banane	18 %
Erdbeeren/Heidelbeeren (Kons.)	18 %
Pfirsiche (Kons.)	16 %
Traubensaft	16 %
Weintrauben	15 %
Süßkirschen	12 %
Apfelsaft	8–13 %
Cola	11 %
Äpfel	10 %
Erbsen	11 %
Milch	3–5 %
Nüsse	4 %

Quelle: Kluthe: Ernährungsmedizin in der Praxis, 1997

Süßem ganz ähnlich wie eine Sucht: als unbändiges Verlangen, das erst dann gestillt ist, wenn sie Schokolade oder andere Süßigkeiten essen. Wenn sie der Versuchung nicht nachgeben, so erzählen sie ihrem Arzt, folgen Stimmungstiefs und Antriebslosigkeit.

Zucker könnte also doch ähnlich wie eine Droge wirken, so Hoebel, auch wenn sich die Ergebnisse der Tierversuche nach wie vor nicht eins zu eins auf den Menschen übertragen ließen. Immerhin gelang es Hoebel, Ratten von Kokain zu entwöhnen: indem er ihnen den Süßstoff Saccharin verabreichte.

Angeboren oder anerzogen?

Fest steht, dass die Vorliebe für Süßes dem Menschen angeboren ist – schon das Fruchtwasser und die Muttermilch haben ein leicht süßliches Aroma, und alle Babys der Welt reagieren freudig, wenn sie mit zuckriger (und gequält, wenn sie mit einer bitteren) Flüssigkeit in Kontakt kommen.

Sicher ist aber auch, dass die Nahrungsmittelindustrie die natürliche Vorliebe für Süßes ausnutzt und sie dadurch verstärkt: Sie verbessert mit Zucker nicht nur den Geschmack ihrer Lebensmittel, sie fördert auch die Abhängigkeit von diesem Stoff, die sie gleichzeitig mit vielen ihrer Produkte wieder bedient.

Zucker in Senf und Tütensuppen

So steckt Zucker schon in Flaschenmilch und Gläschenkost für Babys – nicht nur in »süßen« Produkten, sondern auch in scheinbar salzigen wie Gemüsebreien oder Hühnchenragout. Nur 30 Prozent unseres Zuckerkonsums machen die glitzernden Zuckerkristalle aus, die wir selbst über Quark oder Kuchenteig, in Kaffee oder Tee streuen. 70 Prozent verbergen sich in Marmeladen und Fertiggetränken, Limonaden und Müslis, aber auch in Fischkonserven und Brot, in Tütensuppen, Senf und Salatsau-

Schon zur Steinzeit: Sehnsucht nach Süßem

Honig ist das älteste bekannte Süßungsmittel der Menschheit. Schon in der **Steinzeit,** das belegen 12000 bis 14000 Jahre alte spanische Höhlenzeichnungen, wurde er gesucht. Die ägyptischen Pharaonen bestellten später professionelle **Honigsammler,** die sie zu deren Schutz von Bogenschützen begleiten ließen. Andere Völker gewannen Zuckerlösungen aus verschiedenen **Pflanzen:** Die Juden extrahierten den Saft der süßen Mannaflechte, Azteken und Indios verarbeiteten den Maisstängel.

Im heutigen Neuguinea war das **Zuckerrohr** bereits seit dem 8. Jahrhundert v. Chr. bekannt. Sein Anbau breitete sich von dort über die Philippinen und Indien nach China und Persien und von dort schließlich bis ans Mittelmeer aus. Um 700 n. Chr. beherrschten die Araber den Zuckermarkt: mit Feldern in Marokko, Ägypten und Südspanien. Damals schon empfahlen Ärzte Zucker bei »Ärger, Schreck und Zorn« als **Medizin**.

1493 brachte Kolumbus das Zuckerrohr von den Kanarischen Inseln nach Haiti, wo es hervorragend wuchs und dann auch in Kuba, Puerto Rico und Mexiko angebaut wurde. Erst 1747 konnte der deutsche Chemiker Andreas Marggraf zeigen, dass **Zuckerrüben** dieselbe Substanz enthielten wie Zuckerrohr. Bald darauf entstand in Schlesien die erste Zuckerrübenfabrik. Heute stammen rund **45 Prozent der Weltzuckerproduktion** aus Zuckerrüben.

cen – mehr als die Hälfte aller industriell hergestellten Lebensmittel sind gesüßt, ob sie nun auch so schmecken oder nicht!

Die Ernährungsindustrie konditioniert mit dem Zucker ihre Kundschaft auf ihre Produkte. Sie gewöhnt sie daran, von den ersten Monaten an, und macht sie so abhängig – das war auch der Vorwurf von Hans Pestalozzi, einem leitenden Manager der Schweizer Einkaufsgenossenschaft Migros. Ende der 70er Jahre hatte er einen Eklat verursacht, als er der Ernährungsbranche den Rücken kehrte und mit seiner Kritik am industrialisierten Essen die Öffentlichkeit aufrüttelte. Heute lebt er als Biobauer auf einer Alm und hält Vorträge.

Das »weiße Gold«

Süßes war Jahrtausende lang eine Kostbarkeit, nach der sich die Menschen sehnten, weshalb sie Honig sammelten oder Früchte trockneten, um deren natürlichen Zuckergehalt zu konzentrieren. Zum wichtigen Wirtschaftsgut wurde Zucker erst nach der Eroberung der Neuen Welt, als Kolonialmächte wie Spanien zwölf Millionen schwarze Sklaven nach Amerika brachten, um die Produktion des wertvollen Rohstoffs anzukurbeln. Zuckerrohr gedieh im tropischen Klima Mittelamerikas weit besser als auf den trockenen Feldern der Mittelmeerregion, und zwei Drittel der Sklaven mussten auf den Plantagen arbeiten. Bis ins 18. Jahrhundert blieb Zucker jedoch das »weiße Gold«, eine Kostbarkeit, die lange vor allem in Apotheken zu erhalten war, weil damit auch Arzneien hergestellt wurden. »Eine gänzlich neue Vorliebe für Süße«, schreibt der englische Historiker R. J. Davis, stellte sich erst mit der beginnenden Industrialisierung ein, als sich auch die einfachen Leute Zucker leisten konnten: »Um 1750 tat auch die Frau des ärmsten englischen Landarbeiters Zucker in ihren Tee.«

Das Würfelzucker-Spiel:

Süß oder noch süßer?

Wenn man den Zuckergehalt in Lebensmitteln in Würfelzucker umrechnet, dann merkt man erst, welche beachtlichen Mengen sich in den Produkten verstecken. Oder hätten Sie's gewusst? Die Auflösung unseres Ratespiels finden Sie auf der nächsten Seite.

Ein Kinderjoghurt versteckt...
3 Zuckerwürfel? ☐
6 Zuckerwürfel? ☐

Ein Glas Erdbeerkonfitüre (500 g) versteckt...
75 Zuckerwürfel? ☐
96 Zuckerwürfel? ☐

Eine Flasche Cola (0,33 l) versteckt...
12 Zuckerwürfel? ☐
5 Zuckerwürfel? ☐

1 Glas Nuss-Nugat-Creme (400 g) versteckt...
57 Zuckerwürfel? ☐
87 Zuckerwürfel? ☐

Eine Packung Müsli
(500 g) versteckt…
40 Zuckerwürfel? ☐
28 Zuckerwürfel? ☐

Zwei Kugeln
Eiscreme (60 ml)
verstecken…
15 Zuckerwürfel? ☐
6 Zuckerwürfel? ☐

Eine Tafel Schokolade
(100 g) versteckt…
17 Zuckerwürfel? ☐
10 Zuckerwürfel? ☐

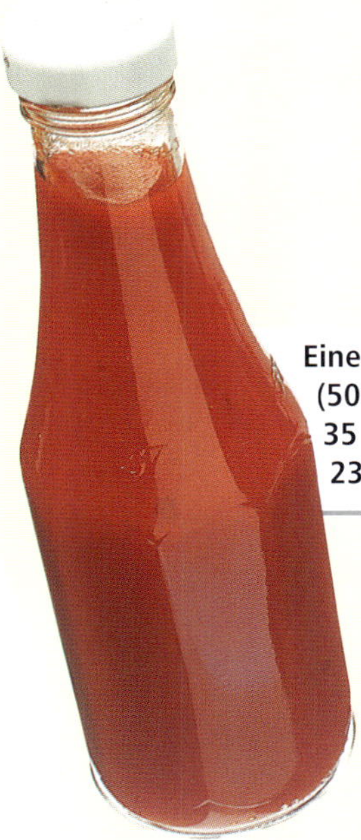

Eine Flasche Tomatenketchup
(500 g) versteckt…
35 Zuckerwürfel? ☐
23 Zuckerwürfel? ☐

Eine Tüte Gummibärchen
(200 g) versteckt…
35 Zuckerwürfel? ☐
49 Zuckerwürfel? ☐

Ein Glas Honig
(500 g) versteckt…
126 Zuckerwürfel? ☐
153 Zuckerwürfel? ☐

Nach: Bundeszentrale für gesundheitliche Aufklärung

Auflösung:

- **Erdbeerkonfitüre: 96 Zuckerwürfel**
- **Nuss-Nugat-Creme: 87 Zuckerwürfel**
- **Kinderjoghurt: 6 Zuckerwürfel**
- **Cola: 12 Zuckerwürfel**
- **Müsli: 28 Zuckerwürfel**
- **Schokolade: 17 Zuckerwürfel**
- **Gummibärchen: 49 Zuckerwürfel**
- **Eiscreme: 6 Zuckerwürfel**
- **Tomatenketchup: 35 Zuckerwürfel**
- **Honig: 126 Zuckerwürfel**

Immer süßer

Der Reformator Martin Luther, errechnete Anneliese Furtmayr-Schuh für ihr Buch »Postmoderne Ernährung«, verzehrte in seiner Jugend vielleicht 20 Gramm Zucker im Jahr. Heute – etwa 500 Jahre später – vertilgt jeder Deutsche statistisch gesehen das Hundertsechzigfache: 33 Kilogramm Zucker jährlich (➔ Grafik Seite 96). Und Süßes muss immer süßer werden, um noch wahrgenommen zu werden: Mitte der 90er Jahre wurden Kuchen und Schokolade um 30 Prozent mehr gezuckert als noch 1980.

»Der Trend geht klar zu süßeren Produkten«, sagt auch eine Mitarbeiterin der Bio-Müsli-Firma Barnhouse: »Heute sind Frühstücksprodukte beliebt, die wir früher wegen ihrer Süße gar nicht hätten verkaufen können.« Trotzdem ist der Verbrauch in den letzten Jahren konstant geblieben, was vermutlich an dem zunehmenden Einsatz von Süßungsmitteln und Zuckerersatzstoffen liegt.

Was sind eigentlich »leere Kalorien«?

Zucker ist kein gesunder »Energiespender«, wie es die Werbung für Süßes oft behauptet. Es stimmt zwar, dass Zucker viel **Energie** liefert, aber nicht die nötigen **Vitalstoffe**, um diese umzusetzen. Ein Beispiel:
Ein Apfel ist süß, weil er vor allem **Fruchtzucker** enthält. Zusätzlich liefert er aber viele **Vitamine und Mineralstoffe**, die der Körper braucht, um den Fruchtzucker nutzbar zu machen. Ein **Schokoriegel** dagegen enthält vor allem **weißen Industriezucker** und **kaum Vitamine**. Trotzdem muss der Energieschub verdaut werden. Die dazu nötigen Vitamine müssen aus anderen Lebensmitteln kommen. Man nennt solche Kalorien, die die für ihre Umsetzung notwendigen Stoffe nicht mitliefern, auch **»leere Kalorien«**. Für die Behauptung, dass die Vitaminzufuhr bei Kindern und Jugendlichen durch häufigen Verzehr von Süßigkeiten eingeschränkt sei, gibt es in Deutschland keinen Beleg. Hingegen ist erwiesen, dass dem Körper nichts fehlt, wenn er keinen reinen Zucker bekommt. Die Energie, die Kinder benötigen, sollten sie aus **Obst, Gemüse und Getreideprodukten** bekommen.

Kinder essen am meisten

Kinder essen besonders gerne Zucker und deutlich mehr als Erwachsene: an die 50 Kilogramm im Jahr, ein Plus von fast zwei Dritteln. Zumindest ist das das Ergebnis einer Modellrechnung der Bonner Verbraucher-Initiative, die dabei von folgendem, sicher nicht unrealistischem Verzehr ausging:

Am Morgen ein Becher Instant-Kakao (7 Gramm Zucker) und ein Marmeladenbrot (8 Gramm); ein Müsliriegel (12 Gramm) und eine Dose Cola (33 Gramm) für die Schulpause; mittags 4 Gramm Zucker im Ketchup auf den Pommes frites und 15 Gramm im Fruchtjoghurt als Nachtisch; nachmittags etwas Schokolade (15 Gramm) und ein Glas Limonade (20 Gramm); abends ein Becher Tee zum Brot (10 Gramm) und eine Portion Eis (10 Gramm) – das macht sage und schreibe 134 Gramm Zucker an einem einzigen Tag. Dabei sind die vielen kleinen versteckten Zuckerquellen noch gar nicht berücksichtigt.

Mit diesen Werten liegen die deutschen Schulkinder allerdings noch weit hinter ihren amerikanischen Altersgenossen zurück. Diese verschlingen etwa dreimal so viel Zucker: rund 400 Gramm täglich, das sind 146 Kilogramm im Jahr! Mit sichtbaren Folgen: Die Zahl der dicken Kinder hat sich in den USA zwischen 1980 und 1994 verdoppelt!

Dickmacher Limonaden

Daran haben Softdrinks einen erheblichen Anteil: Im untersuchten Zeitraum stieg nämlich nicht nur die Zahl der Dicken, sondern auch die Menge des Limonadenkonsums: bei männlichen Jugendlichen zum Beispiel von 0,345 Liter auf 0,57 Liter täglich. Eine Studie der Harvard-Universität, die 2001 in der renommierten Fachzeitschrift »Lancet« veröffentlicht wurde, kam zu dem Ergebnis, dass jedes zusätzliche Glas Limonade, das täglich konsumiert werde, das Risiko einer Fettsucht um 60 Prozent erhöhe!

Schließlich bestehen Softdrinks zum größten Teil aus Zucker, und der enthält viele Kalorien: 100 Gramm bringen es auf 49 Kilokalorien. Ein Jugendlicher, der täglich nur einen halben Liter Limonade trinkt, konsumiert damit bereits 245 Kilokalorien und 60 Gramm Zucker mehr als ein anderer, der nur Mineralwasser trinkt. Damit deckt er bereits 70 Prozent seines täglichen Kohlenhydratbedarfs, der eigentlich – so die Empfehlungen der Weltgesundheitsorganisation WHO – nur zu zehn Prozent aus Zucker (= 70 Gramm) gedeckt werden sollte.

Doch solche statistischen Durchschnittswerte verschleiern, dass einige der Jugendlichen noch weit mehr konsumieren: Jeder vierte der 13- bis 18-Jährigen in den USA trinkt zweieinhalb Dosen täglich, jeder zwanzigste sogar fünf oder mehr.

Blubbernder Erfolg

1942, als noch niemand ahnte, welchen Erfolg die bunten Brausen einmal haben würden, hatte der Lebensmittelausschuss der amerikanischen Ärzte bereits erklärt: »Aus gesundheitlicher Sicht wäre es wünschenswert, den Zuckerkonsum aus kohlensäurehaltigen Getränken einzuschränken, denn er hat nur geringen Nährwert.«

Softdrinks: Jeder Schluck erhöht das Risiko für Übergewicht.

Inzwischen hat sich jedoch die Softdrink-Produktion in den USA mehr als verneunfacht, und die Getränkehersteller haben im Leben von Kindern und Jugendlichen einen ähnlich hohen Stellenwert wie die Tabakindustrie bei Erwachsenen: Sie finanzieren Schulen und Universitäten, sie sponsern Musikveranstaltungen und Theater, ihre Produkte sind – wie die legendäre Coca-Cola – zum Symbol für einen bestimmten Lebensstil und zum Markenzeichen geworden.

Eine nicht zu unterschätzende Rolle spielen Softdrink-Unternehmen inzwischen an den amerikanischen Schulen: Umgerechnet 750 Millionen Euro zahlen sie jährlich allein dafür, dort ihre Getränkeautomaten aufstellen und ihre jeweiligen Produkte exklusiv vermarkten zu können. Einzelne Schulen in Kalifornien, die sich diesem Einfluss entziehen und Fast Food und Softdrinks von ihrem

Gelände verbannen wollten, bekamen das sofort schmerzhaft zu spüren: Vor allem die chronisch unterfinanzierten Public Schools sind längst auf Drittmittel angewiesen, um Computer und andere Lehrmaterialien für ihre Schüler kaufen zu können. 60 Millionen Dollar zahlte Coca-Cola außerdem an die amerikaweite Schüler-Vereinigung »Boys and Girls Club«, um zehn Jahre lang exklusiv in den mehr als 2000 Treffpunkten seine Produkte anbieten zu dürfen.

Der amerikanische Manager Dan DeRose verdient sein Geld damit, lukrative Werbeverträge zwischen pädagogischen Einrichtungen und Fast-Food-Konzernen abzuschließen. Er rühmt sich, die Preise pro Schüler in die Höhe getrieben zu haben: »In Kansas City haben sie früher nur 67 Cents pro Kind bezahlt, jetzt müssen sie 27 Dollar berappen«, zitiert ihn Eric Schlosser in seinem Buch »Fast Food Gesellschaft«. Einige Schulen verlieren jedoch einen Teil ihrer jährlichen Zuschüssse, wenn sie (wie ein Gastronom) einen garantierten Mindestabsatz unterschreiten und nicht genügend Brause an ihre Schüler verkaufen.

Softdrinks im Babyfläschchen

Coca-Cola verkauft bereits in rund 200 Ländern der Erde seine Produkte und setzt dabei über 80 Milliarden Liter um. Weil der Markt bei Erwachsenen inzwischen eher stagniert, konzentrieren sich die Getränkehersteller zunehmend auf Kinder und Jugendliche. »Schüler zu beeinflussen ist sehr wichtig«, heißt es 1999 in einem Artikel der US-Fachzeitschrift »Beverages«, denn Kinder seien noch nicht festgelegt, was ihre Geschmäcker und Vorlieben betrifft.

Die Fast-Food-Ketten tun alles, um dieses Ansinnen zu unterstützen, denn die bunten Blubbergetränke haben weit höhere Gewinn-

Was steckt in ... Limonaden und Fruchtsaftgetränken?

Der Hauptbestandteil von Erfrischungsgetränken und Limonaden ist **Wasser.** Dann folgt schon der Zucker – laut Deutschem Lebensmittelbuch muss eine »Limonade« mindestens sieben Prozent **Zucker** enthalten. Oft ist es mehr. Für den Geschmack sorgen, so heißt es dort auch, **Aromaextrakte** oder so genannte natürliche Aromen. Die notwendige **Säure** stammt aus chemisch hergestellten Zusätzen wie etwa Zitronensäure. Das nennt man dann den Limonadengrundstoff. Echter **Fruchtsaft** (oder ein Konzentrat daraus) ist seltener enthalten. Schon bei einem Anteil von wenigen Prozenten (drei Prozent bei Zitronen- oder Orangensaft, fünf Prozent bei allen anderen Obstsorten (bis auf Kernobst mit 15 Prozent), darf die Limonade mit dem Zusatz »Fruchtsaftanteil« beworben werden. **Gefärbt** wird zum Beispiel mit Betacarotin. Zuckerkulör für braune Farbe entsteht aus Industriezucker, der mit starken **Laugen** erhitzt und danach mit **Säuren** wieder abgekühlt wird. In Fruchtsaftgetränken muss mehr Frucht stecken: Zitrusfrüchte sechs, alle anderen Obstsorten zehn Prozent (außer Kernobst mit 30 Prozent). Zudem darf ihr Geschmack mit Aromastoffen aus den jeweiligen Früchten intensiviert werden. Der Gehalt an **Zucker** ist nicht begrenzt. Wird die Frucht explizit genannt (etwa Apfel-Fruchtsaftgetränk) müssen die **Anteile** des Fruchtsafts **doppelt** so hoch sein. Sie werden mit **Schwefel** konserviert oder mit **Dimethyldicarbonat** keimfrei gemacht.

spannen als Hamburger und Chicken Nuggets. McDonald's verkauft in seinen Filialen beispielsweise mehr Coca-Cola als irgendein anderer Händler auf der Welt.

Der umstrittene Höhepunkt des intensiven Werbens um Kinder – der selbst in den kommerzgewöhnten USA auf heftige Kritik stieß – waren Babyfläschchen im Pepsi-, Dr. Pepper- oder Seven-Up-Design. Ein Zahnärzte-Journal meldete 1997 mit Schrecken, dass bereits Kleinkinder in solcher Verpackung Softdrinks erhielten. Bereits jedes fünfte Kleinkind, zeigen die Statistiken, trinkt in den USA Limonade.

Auf internationale Kritik stieß auch ein Deal zwischen Coca-Cola und Warner Brothers: Die Filmfirma soll 150 Millionen Dollar dafür erhalten haben, dass sie den ersten Harry-Potter-Film und vermutlich auch nachfolgende Teile zum weltweiten Marketing für ihre Softdrinks benutzen darf. Dazu gehören Wettbewerbe, Spiele und eine eigene Website. Mehr als 40 internationale Organisationen haben auf einer Website zum Protest dagegen aufgerufen. Um ein neues Segment von Getränken ohne Kohlensäure anzukurbeln, geht Coca-Cola auch Joint Ventures mit einem anderen prominenten Partner ein: Zusammen mit der Schweizer Nestlé AG will eines seiner Tochterunternehmen Eistee in Dosen und Joghurts produzieren.

Wasser statt Cola

Auch in Deutschland erfreuen sich süße Softdrinks großer Beliebtheit: Ein Fünftel der deutschen Zuckerproduktion wandert in die Getränkeherstellung – das ist ebenso viel, wie die Süßwarenindustrie verarbeitet. Von den rund 90 Gramm Zucker, die jeder Deutsche im Durchschnitt pro Tag verbraucht, stammen nicht weniger als ein Fünftel aus gesüßten Getränken.

Für den Konsum europäischer Jugendlicher fehlen leider genaue Zahlen. Jedes zweite Schulkind in Deutschland, so die vage Angabe einer internationalen Vergleichsstudie der Weltgesundheitsorganisation WHO (»Health Behaviour in School-aged Children«), trinkt regelmäßig Softdrinks. Besonders hoch im Kurs bei Jugendlichen steht mit 46,2 Prozent nach wie vor unangefochten Cola vor anderen Limonaden (10,5 Prozent) und Säften (6,9 Prozent).

Laut dem deutschen Bundesamt für Statistik werden jährlich pro Kopf etwa 100 Liter Softdrinks konsumiert. Ihr Verbrauch ist zwischen 1985 und 1994 um 26 Prozent an-

Nicht nur im Kaffee: Koffein und seine Wirkung

Koffein wird von Pflanzen produziert, die sich mit diesem Gift gegen **Fressfeinde** und **Parasiten** wehren. Es ist ein **Alkaloid** wie auch Nikotin und Morphium und eng verwandt mit dem **Theophyllin** (im Tee) und dem **Theobromin** (im Kakao). Koffein kommt in über 100 Pflanzen vor, meistens in **geringer Konzentration.** Für seinen Einsatz als **Genussmittel** wird es überwiegend aus dem **Tee-** oder **Kaffeestrauch** gewonnen sowie aus einer südamerikanischen Schlingpflanze **(Guarana),** der **Kolanuss** oder dem **Matestrauch**. Auch die Samen des **Kakaobaums** enthalten neben dem schwächeren Theobromin Koffein in geringen Mengen.

Koffein regt das Herz an, steigert Blutdruck und Körpertemperatur und stimuliert die Muskeln. Es erweitert die Bronchien, regt die Verdauung an und entwässert. In höheren Dosen wirkt es als Nervengift. Auch in der **Medizin** wird Koffein als Wirksubstanz verwendet.

gestiegen. Stärker noch haben sich jedoch Trink- und Mineralwasser durchgesetzt: Ihr Absatz erhöhte sich gleich um 69 Prozent!

Auch das Dortmunder Forschungsinstitut für Kinderernährung bestätigt, dass Trink- und Mineralwasser seit 15 Jahren verstärkt konsumiert werden. Die Jugendlichen kennen sehr wohl seine Vorteile, auch wenn sie Softdrinks wie Cola cooler und schicker finden: Immerhin 47,7 Prozent gaben »Wasser« als »optimalen Durstlöscher« an, nur 13,7 Prozent antworteten: »Cola«.

Limonade oder Milch?

Das entspricht auch den Empfehlungen der Ernährungsexperten. Sie raten von Limonaden ab, da diese weder den Durst optimal löschen noch wirklichen Nährwert haben. Besonders problematisch ist dabei: Sie machen dick, ohne den Hunger zu stillen.

Übergewichtige Kinder, zeigen Erfahrungen aus den USA, beziehen einen höheren Anteil ihrer Kalorien aus Limonaden als andere. Softdrink-Fans achten in der Regel auch sonst wenig auf ihre Gesundheit: Sie sind nicht nur deutlich dicker, sondern essen auch weniger frische Lebensmittel mit Magnesium, Vitamin C und Vitamin A. Vor allem trinken sie seltener Milch. Vor zwanzig Jahren noch konsumierten Jungen in den USA mehr als doppelt so viel Milch wie Limonaden (Mädchen eineinhalbmal so viel). Inzwischen hat sich das Verhältnis in etwa umgekehrt: Die Kids trinken weit mehr Softdrinks.

Dadurch nehmen sie etwa ein Fünftel weniger Kalzium auf – in einem besonders kritischen Alter. Mädchen zum Beispiel, die bis zum 18. Lebensjahr 93 Prozent ihrer Knochensubstanz aufbauen, fehlt dieses Mineral besonders: Ohnehin nehmen sie in den USA täglich nur 60 Prozent des empfohlenen Kalziums zu sich, diese Menge wird durch die Softdrinks aber noch um weitere 20 Prozent reduziert. Das wirke sich, glauben viele Kinderärzte, auch auf die Zahl der Knochenbrüche bei Jugendlichen aus.

Der neueste Trend: Wasser mit Koffein

Wer glaubt, pures Wasser zu schmecken, sollte demnächst besser einen genaueren Blick aufs Etikett werfen. Der letzte Hit auf dem Erfrischungsgetränke-Sektor ist nämlich **Wasser plus Koffein**. Das New-Age-Getränk war in den USA ein Überraschungserfolg und ist inzwischen auch in Europa auf dem Markt. Es besteht aus Wasser, das mit Koffein versetzt wird. Der **Eigengeschmack** der Mineral-, Tafel-, Quell- oder Trinkwasser mit oder ohne Kohlensäure verändert sich dabei nicht. Einige inländische Produkte entsprechen mit 200 Milligramm pro Liter durchaus dem Koffeingehalt von etwa zwei bis vier Tassen Kaffee. Wasser plus Koffein soll gegen **Kaffee und Cola** konkurrieren und wirbt mit dem **Fehlen von Reizstoffen, Farbe, Zucker oder Süßstoffen**. Diese neue Produktgattung ist ein Erfrischungsgetränk eigenen Typs.

Anderen **Erfrischungsgetränken**, die Koffein enthalten, dürfen bis zu 250 Milligramm Koffein pro Liter beigemischt sein. Auf dem Etikett muss deutlich darauf hingewiesen werden. Enthalten sie mehr als die verkehrsübliche Menge, so muss zusätzlich gewarnt werden, dass sie wegen des erhöhten Koffeingehalts nur in begrenzter Menge getrunken werden sollten.

Jedes zweite alkoholfreie Getränk in Deutschland ist Mineralwasser. Zuckerhaltige Limonaden machen etwa 40 Prozent des Konsums aus:

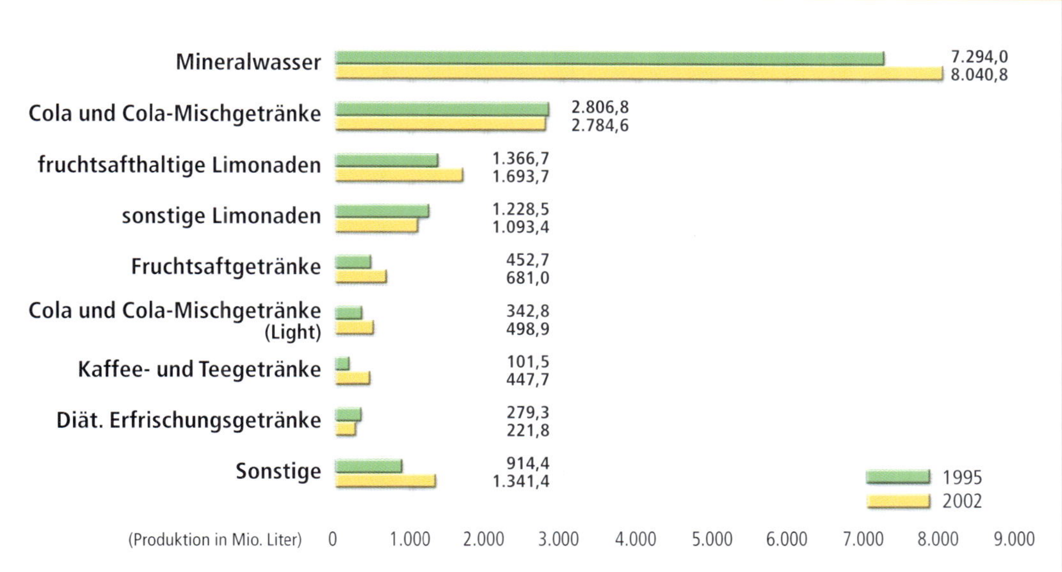

Quelle: Wirtschaftsvereinigung alkoholfreie Getränke e. V.

Softdrinks verdrängen nicht nur kalziumhaltige Lebensmittel, sie entziehen das Mineral dem Körper auch direkt. Wenn zum Beispiel der Stoffwechsel durch größere Mengen Kohlensäure übersäuert ist, versucht der Organismus, seinen pH-Wert in Ordnung zu bringen, indem er den Knochen Kalk entzieht. Auch die Zahnsubstanz leidet darunter (➔ Seite 91). Das gilt auch für die Phosphorsäure (E 338), die zum Beispiel in Cola enthalten ist. Und natürlich für den Zucker, der von den Bakterien im Mund innerhalb von 20 Minuten in Zahnschmelz verzehrende Säure umgewandelt wird.

Säureangriff auf die Zähne

Eine Studie der Universität Köln zeigte, so der Food-Autor Hans-Ulrich Grimm, dass bei Rindern, deren Zähne fünf Minuten lang mit Limonade umspült wurden, die Härte des Zahnschmelzes bis um die Hälfte zurückging. Während gesüßter Früchtetee für Kleinkinder (➔ Seite 138) inzwischen einen Warnhinweis trägt, seit sich herausgestellt hat, dass häufiges oder dauerndes Nuckeln aus der Flasche schwere Zahnschäden (Karies) verursachen kann, gilt das für Softdrinks noch lange nicht – obwohl viele davon inzwischen mit »Nuckel«-Verschlüssen für unterwegs angeboten werden.

Bunt und künstlich

Softdrinks enthalten außer Wasser kaum natürliche Substanzen – künstliche Aromen sorgen für den Geschmack und Farbstoffe für das modische Design. Viele der Zusätze können sich negativ auf die Gesundheit auswirken: zum Beispiel Zitronensäure. Diese Substanz steht im Verdacht, für die relativ hohe Zahl an Nierensteinleiden unter amerikanischen Jugendlichen verantwortlich zu sein. 500 Betroffene, die im Rahmen einer Studie ihren täglichen Konsum von knapp 160 Millilitern auf die Hälfte reduzierten, hatten nach drei Jahren ein deutlich geringeres Risiko, erneut einen Stein zu bekommen: minus 66 Prozent. Das amerikanische Institut für Diabetes sowie Krankheiten des Verdauungsapparates und der Nieren hat Cola-Getränke deshalb auf eine schwarze Liste gesetzt.

Auch die Farbstoffe haben es in sich: Azorubin (E 122), so die Zeitschrift »Öko-Test«, färbt zum Beispiel die Himbeerlimonade Trinkbärli leuchtend rot oder auch den neuen Modedrink Fanta Sunny Melon. Die Spaltprodukte des synthetischen Farbstoffs, das haben Tests gezeigt, können das Blutbild verändern. Manche Menschen reagieren empfindlich darauf, vor allem diejenigen, die auch Aspirin oder Benzoesäure nicht vertragen.

Zu den harmloseren Substanzen zählt das ebenfalls oft verwendete Cochenille, der rote Extrakt aus der Scharlach-Schildlaus, der sogar eine schwache Wirkung gegen Krebs haben soll. Tartrazin (E 102) dagegen ist ein gelber Farbstoff, der häufig Allergien auslöst und bei Kindern hyperaktives Verhalten fördern kann, wie der Südtiroler Arzt Josef Egger schon in den 80er Jahren am Hospital for Sick Children in London herausfand. In Deutschland war Tartrazin deshalb lange Zeit nur für Likör und Branntwein zugelassen. Im Zuge der Angleichung des EU-Lebensmittelrechtes an die Staaten des Binnenmarktes wurde diese Einschränkung jedoch wieder aufgehoben.

Koffein – der »Muntermacher«

Besonders kritisch wird von Ärzten gesehen, dass die meisten Softdrinks Koffein enthalten: in den USA sind es 70 Prozent. Die koffeinfreien Varianten der beliebtesten Sorten Coca-Cola und Pepsi halten dagegen nur einen Marktanteil von fünf Prozent. Koffein steigert den Blutdruck und erhöht den Puls. Wie andere Substanzen in den Softdrinks auch führt es dazu, dass weniger Kalzium in die Knochen eingebaut, stattdessen aber mit dem Urin ausgeschieden wird. Kinder, die koffeinhaltige Softdrinks trinken, neigen zu Unruhe, Schlafstörungen und Konzentrationsschwäche.

Der Psychopharmakologe Roland Griffiths von der amerikanischen Johns Hopkins Universität wollte überprüfen, ob Koffein für den

Schlecht für Kinder: zuckrige Fertigtees

Schwarzer Tee ist für Kinder nicht geeignet, denn er enthält zwischen 2,5 und 5,5 Prozent **Koffein** und deshalb je nach Sorte und Aufguss 20 bis 60 Milligramm pro Tasse (Kaffee: 60 bis 80 Milligramm). Das gilt genauso für **Grünen Tee. Aromatisierte Tees** bestehen meist aus einer Mischung von Schwarztees mit Fruchtschalen und enthalten ebenfalls Koffein, genauso wie die im Handel angebotenen **Fertig-Eistees**. Diese Tees enthalten zwischen 32 und 157 Milligramm Koffein pro Liter, das entspricht ungefähr dem Gehalt einer Cola. Die Fertig-Eistees enthalten oftmals **viel Zucker**: bis zu fünf Stücke Würfelzucker pro 200 ml-Glas. Bei dieser Süße könne von Durstlöschern nicht mehr die Rede sein, kritisierten die Zeitschriften »Test« und «Öko-Test«. Letztere untersuchte im Jahr 2000 18 Eisteesorten und kam zu dem Ergebnis, dass keine zu empfehlen sei.

Karies: Die Ernährung beeinflusst Säure und Mikroflora

In Deutschland ist die Zahl der kariesgeschädigten Kinder rückläufig, was Experten mit der verbesserten Vorsorge und dem Einsatz von Fluoriden erklären. Die Vorgaben der Weltgesundheitsorganisation WHO – dass 50 Prozent aller Fünf- bis Sechsjährigen ein naturgesundes Gebiss und alle Zwölfjährigen höchstens an zwei Zähnen einen Defekt haben sollten – werden größtenteils erreicht oder sogar unterschritten. Es gibt jedoch immer noch eine **kleine Gruppe von Kindern,** die wegen schlechter Ernährung und mangelnder Pflege ein **hohes Kariesrisiko** haben: 20 Prozent der Kinder haben 80 Prozent aller Zahnschäden!
Karies entsteht durch bakteriellen **Zahnbelag** (Plaque) auf der Oberfläche der Zähne. Mikroorganismen bauen den **Zucker,** der mit der Nahrung in den Mund gelangt, zu organischen **Säuren** ab. Diese greifen dann den Schmelz an. Im Mund ist das als kreidig-weißer Fleck zu erkennen. Bei richtiger Zahnpflege kann er wieder ausheilen. Passiert das nicht, kommt es zu einem **»Loch«.**
Karies wird durch mehrere Faktoren gefördert: Die **Oberfläche der Zähne** und ihre **Stellung** spielen dabei genauso eine Rolle wie das **Mundmilieu.** Zum Beispiel kann der **Speichel,** der Bakterien, Eiweiße und Abwehrstoffe enthält, die ätzenden Säuren abpuffern und mit seinen mineralischen Salzen wie Kalzium und Phosphat den **Schmelz reparieren.** Weil nachts aber nur geringe Speichelmengen produziert werden, ist es besonders wichtig, dass Kinder nach dem abendlichen Zähneputzen keine Betthupferl mehr verzehren. Die **Ernährung** spielt eine ganz entscheidende Rolle bei der Vorbeugung von Karies: Sie fördert zum Beispiel den reinigenden Speichelfluss durch ausgiebiges **Kauen.** Sie entscheidet aber auch über die Zusammensetzung der **Mikroflora** im Mund: **Zuckerhaltige Produkte** in den ersten Lebensjahren tragen bereits dazu bei, dass vor allem **kariesauslösende Bakterien** sich dort einen Lebensraum erobern. Diese Bakterien (Mutans-Streptokokken) können übrigens auch von den Eltern auf das Kind **übertragen** werden. **Stillen,** so zeigen Studien, verringert das Kariesrisiko deutlich.

Wie viele Kinder sind bei Eintritt in die Grundschule noch kariesfrei?

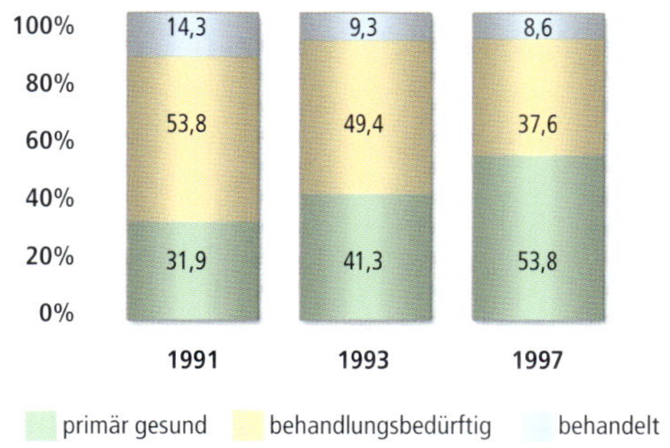

Quelle: Staatliches Gesundheitsamt Waiblingen

Geschmack wirklich notwendig sei, wie die Getränkehersteller argumentieren. Er ließ dazu 25 ausgewiesene Cola-Experten 50 verschiedene Varianten jeweils mit und ohne Koffein verkosten. Das Ergebnis: Nur zwei Testpersonen gelang es, bei der üblichen Dosis von 0,1 Milligramm pro Milliliter das Koffein herauszuschmecken. Alle anderen bemerkten den Unterschied erst bei einem höheren Anteil.

Koffein erfüllt also, kann man annehmen, überwiegend eine andere Funktion: Es macht abhängig. »Wir wissen, dass Erwachsene und Kinder körperlich und psychisch von koffeinierten Softdrinks abhängig werden«, sagt Griffiths. Wenn sie ihr Lieblingsgetränk nicht mehr bekämen, litten schon Sechs- bis Zwölfjährige ein bis zwei Tage unter Kopfschmerzen und Lethargie. Besonders heftig reagierten diejenigen Kinder auf den Stoff, die nur selten Softdrinks konsumierten.

In den USA, wo mehr koffeinhaltige Marken im Handel sind und mehr Softdrinks getrunken werden, konsumieren neun von zehn Jungen bereits täglich nur mit Erfri-

Süßstoffe haben keine Kalorien, aber Nebenwirkungen

Acesulfam K (E 950)
Etwa 190-mal süßer als Zucker. Das K steht für Kaliumsalz. Der Süßstoff ist hitzebeständig und kann daher zum Süßen von Kuchen, Gebäck und Getränken verwendet werden. Einige Experten halten es für krebsverdächtig (Tagesdosis: 9 mg/kg Körpergewicht).

Aspartam (E 951)
Etwa 200-mal süßer als Zucker. Aspartam besteht aus den Aminosäuren Phenylalanin und Asparaginsäure, die im Körper abgebaut werden. Es ist nicht hitzebeständig und daher nicht zum Kochen oder Backen geeignet. In heißen Getränken kann Aspartam jedoch eingesetzt werden, da der Abbau innerhalb von 5 bis 10 Minuten kaum spürbar ist. Ein Gramm Aspartam liefert etwa 4 kcal. Bei empfindlichen Personen kann es Kopfschmerzen und Verhaltensstörungen auslösen (Tagesdosis: 40 mg/kg Körpergewicht).

Cyclamat (E 952)
Etwa 30-mal süßer als Zucker. Cyclamat wird im Stoffwechsel nicht verwertet, ist hitzebeständig und geschmacksneutral. Kein unangenehmer Geschmack bei überhöhter Dosis, Gefahr der Überdosierung (Tagesdosis: 11 mg/kg Körpergewicht).

Saccharin (E 954)
Bis zu 500-mal süßer als Zucker. Es wird im Stoffwechsel nicht verwertet. Es ist hitzebeständig und hat einen bitteren Nachgeschmack. Weil es im Tierversuch mit Blasenkrebs in Verbindung gebracht wurde, neuerdings oft durch Aspartam ersetzt (Tagesdosis: 3 mg/kg Körpergewicht).

Thaumatin (E 957)
Bis zu 2500-mal süßer als Zucker, aus der westafrikanischen Katemfefrucht. Kann wegen seines lakritzeähnlichen Geschmacks nicht überall eingesetzt werden, nicht zum Kochen und Backen geeignet (keine Beschränkung auf Tagesdosis).

Neohesperidin DC (E 959)
Bis zu 300-mal süßer als Zucker, aus Schalen von Zitrusfrüchten. Mentholartiger Beigeschmack, vor allem in Erfrischungsgetränken, Süßwaren und Eis (Tagesdosis: 0-0,5 mg/kg Körpergewicht).

schungsgetränken so viel Koffein, wie in zwei Tassen Filterkaffee steckt – Mädchen etwa ein Viertel weniger.

Koffein steckt dabei längst nicht nur in Cola, sondern auch in einigen Orangenlimonaden, Eistees, Energydrinks oder koffeinierten Mineralwassergetränken. Immer mehr dieser modischen Marken kommen in die Supermärkte – mit bis zu 30 Prozent mehr Koffein, als zum Beispiel Cola enthält.

Zu leicht gemacht: Light

Je dicker die Bevölkerung wird, desto beliebter werden Zuckerersatzstoffe. Die Zeiten, dass nur Diätprodukte für Diabetiker solche Stoffe enthalten, sind längst vorbei. Mittlerweile werden sie einer immer breiteren Palette von Lebensmitteln zugesetzt: Softdrinks zum Beispiel, aber auch vielen Süßigkeiten, Obstkonserven und Marmeladen.

Dafür hat die europäische Süßungsmittel-Richtlinie gesorgt, die verfügte, dass solche »Light«-Produkte nicht mehr wie früher als diätetische Lebensmittel ausgewiesen werden müssen, sondern für den allgemeinen Verzehr zugelassen sind. Auf dem Etikett muss lediglich vermerkt werden, dass »Süßungsmittel« verwendet wurden.

Wer aber glaubt, mit Süßstoffen (➔ Kasten links) ungestraft naschen zu dürfen, täuscht sich gewaltig. Den Beweis liefern wieder einmal die USA, wo die Verwendung solcher Substanzen in der vergangenen drei Jahrzehnten stark angestiegen ist, die Zahl der Dicken jedoch trotzdem weiter zunimmt. Der Grund: Süßstoff verführt dazu, sich weiterhin ungesund zu ernähren und zu viel vom scheinbar Leichten zu essen. Zumal der Süßstoff zwar keine Kalorien wie echter Zucker enthält, der Bauchspeicheldrüse aber Süße vortäuscht. Also schüttet sie vermehrt Insulin aus: Das wirkt appetitanregend.

Nicht nur für Diabetiker: Zuckeraustauschstoffe

- **Fruchtzucker**
Aus Zucker oder Inulin (ein Polysaccharid aus Wurzeln und Knollen wie Topinambur, der Dahlie und der Zichorie). 20 Prozent mehr Süßkraft als normaler Zucker. Vor allem in Diabetiker-Backwaren (Tagesdosis: 4 mg/kg Körpergewicht).

- **Isomalt (E 953), Lactit (E 966), Maltit (E 965), Xylit (E 967)**
Synthetisch hergestellte Substanzen in Diabetiker-geeigneten Süßspeisen, Kaugummi, Nugaterzeugnissen, Marzipan und Eis (Tagesdosis: 10 mg/kg Körpergewicht).

- **Mannit (E 421)**
Aus Algen, der Mannaflechte und nach Oxidation von Mannose. In Eis und Süßigkeiten. Bei überempfindlichen Personen können Erbrechen und Durchfall auftreten (Tagesdosis: 10 mg/kg Körpergewicht).

- **Sorbit (E 420)**
Aus oxidierter Glukose für Diabetikermarmelade, Feingebäck, Kuchen und Konfekt. Kann in großen Mengen genossen zu Blähungen, Bauchschmerzen und Durchfall führen (Tagesdosis: 10 mg/kg Körpergewicht).

Zahnfreundlich naschen?

Kinder sind ein besonderer Markt für Zuckerersatzstoffe. Seit rund 20 Jahren wirbt zum Beispiel eine Allianz aus Zahnmedizinern und der Süßwarenindustrie für so genannte »zahnfreundliche« Süßigkeiten. Sie enthalten Substanzen, die von den Kariesbakterien im Mund nur schwer verwertet werden können und deshalb den Säurespiegel im Mund – der die Löcher in den Schmelz frisst – nicht ansteigen lassen. Solche Süßigkeiten erhalten von der »Aktion zahnfreundlich e.V.« ein Etikett verpasst: einen roten beschirmten Zahn. Etwa 120 Artikel tragen ihn bereits.

Sogar eine zahnfreundliche Schokolade wurde im Jahr 2000 schon vorgestellt: Bei dieser »Milchmineralkuvertüre« wurde selbst das zuckerhaltige Milchpulver entzogen und durch andere Substanzen ersetzt. Auf der Internationalen Süßwarenmesse 2002 in Köln präsentierte man stolz neue Entwicklungen aus den USA: Tagatose zum Beispiel, eine eigene Zuckerart, die nicht von den Keimen verdaut werden kann, allerdings bei vermehrtem Genuss auch abführend wirkt, oder ein neues Isomalt, das Karamellbonbons nicht mehr verklumpen lässt.

Kein Süßstoff für Kinder

Süßstoffe sind Zusatzstoffe und müssen wie diese in einem speziellen Verfahren zugelassen werden. Dabei schreibt eine EU-Richtlinie Höchstmengen für die verschiedenen Anwendungen vor. Sie soll dafür sorgen, dass selbst bei extremen Essgewohnheiten der ADI-Wert (»Acceptable daily intake«) nicht überschritten wird.

Der ADI-Wert beschreibt diejenige Menge, die bei einer lebenslangen täglichen Aufnahme als unbedenklich angesehen wird. Um ihn beispielsweise bei Aspartam zu erreichen, müsste ein 70 Kilogramm schwerer Erwachsener täglich etwa sieben Liter einer damit versetzten Limonade (etwa Cola light) trinken. Das klingt absurd, aber in der Praxis sind solche Modellrechnungen nur beschränkt aussagefähig: Es gibt nämlich sehr viel mehr Aspartam-Quellen als nur Limonade. Es steckt zum Beispiel als Geschmacksverstärker auch in gezuckerten Kaugummis, wie auch der Süßstoff Neohesperidin in Halbfettmargarine, Fleischerzeugnissen und Fruchtgelees. Außerdem wurden die ADI-Werte für Erwachsene berechnet und nicht für Kinder. Diese erreichen aufgrund ihres geringeren Körpergewichts aber sehr viel schneller den Grenzwert.

Trinkt ein Kind zum Beispiel 700 Milliliter einer mit Cyclamat versetzten Limonade überschreitet es bereits die Höchstmengen. Besonders für diesen Stoff fordert deshalb das Berliner Bundesinstitut für gesundheitlichen Verbraucherschutz und Veterinärmedizin (BgVV) eine Senkung der Grenzwerte, da »bei Ausschöpfung dieser Höchstmenge und

hoher Aufnahme derartiger Getränke sowie Verzehr weiterer mit Cyclamat gesüßter Lebensmittel mit deutschen ADI-Wert-Überschreitungen insbesondere bei jüngeren Verbrauchern zu rechnen wäre«.

Da außerdem die Stoffwechselaktivität von Kindern höher ist als die von Erwachsenen, lassen sich, so das Forschungsinstitut für Kinderernährung in Dortmund, die gesundheitlichen Folgen von Süßstoffen nicht sicher abschätzen. Kinder, vor allem Kleinkinder und Säuglinge, da sind sich die Experten einig, sollten deshalb lieber keine Süßstoffe erhalten. Für industriell gefertigte Säuglings- und Kleinkindernahrung sind Süßstoffe ohnehin tabu.

Das Deutsche Institut für Ernährungsmedizin und Diätetik rät von Süßstoffen generell ab, nicht nur bei Kindern. Es warnt vor unangenehmen Nebenwirkungen – Aspartam zum Beispiel steht im Verdacht, bei empfindlichen Menschen Kopfschmerzen und Verhaltensstörungen zu fördern. Bei Kindern, die an der angeborenen Stoffwechselkrankheit Phenylketonurie (PKU) leiden, soll es die geistige Entwicklung verzögern. Außerdem veränderten Süßstoffe, so Experten, den Geschmackssinn der Kinder und unterdrückten natürliche Aromen – die meist schwächer als die Ersatzprodukte sind.

Viele Produkte, die Kinder und Jugendliche besonders mögen, enthalten Zuckerersatzstoffe. Ernährungsexperten raten zur Vorsicht.

Vorsicht vor Diabetiker-Produkten

Nebenwirkungen haben auch die Zuckeraustauschstoffe, die in einigen der »zahnfreundlichen« Süßigkeiten enthalten sind. Diese ursprünglich für Diabetiker entwickelten Substanzen (➔ Kasten Seite 93) enthalten im Gegensatz zu den Süßstoffen sehr wohl Kalorien. Sie benötigen aber zu ihrer Verbrennung kein Insulin, sondern werden im Darm langsam abgebaut. Das hat jedoch einen entscheidenden Nachteil: Sie entziehen dem Körper Wasser und können somit zu Durchfall führen.

Austauschstoffe wie Sorbit, Maltit und Mannit tauchen nicht nur in Light-Produkten auf, sie werden auch als Feuchthaltemittel in Lebensmitteln eingesetzt. Lactit und Xylit dienen wie Sorbit und Mannit außerdem als Geschmacksverstärker.

Zucker reduzieren – aber wie?

Zuckerersatzstoffe sind also keine Lösung. Doch den Zuckerverbrauch zu reduzieren ist gar nicht so einfach: Auf den Zutatenlisten vieler Produkte stehen statt »Zucker« verwirrende Begriffe wie »Glukose«, »Maltose«, »Malzextrakt« oder »Saccharose«. Hinter allen verbergen sich jedoch immer wieder Zuckersorten, von denen einige besonders zahnschädlich sind wie etwa Haushaltszucker (Saccharose), Glukose und Fruktose.

Auch Honig ist längst nicht immer so gesund, wie man zunächst vermuten würde: Denn wenn er bei der Herstellung des Lebensmittels erhitzt wurde, sind seine wertvollen Bestandteile zerstört. Übrig bleiben nur die Zuckermoleküle. Auch Sirupe, die oftmals als wertvoller bezeichnet und gerne in Bio-Lebensmitteln verwendet werden, haben zwar einen hohen Anteil an Mineralstoffen, sind aber letztendlich doch Zucker.

Auf dem Etikett taucht Zucker in verschiedener Form auf: Er steckt in den angegebenen Kohlenhydraten und wird unter den Inhaltsstoffen genannt. Dabei gilt: Je weiter der Zucker (oder eine seiner Unterarten, erkennbar durch die Endung »-ose«) am Anfang der Zutatenliste steht, desto mehr davon ist in dem jeweiligen Produkt enthalten.

Richtig naschen

Viele Kinder kaufen ihre Süßigkeiten vom eigenen Taschengeld. Jedes zweite darf sich, glaubt man einer Umfrage, so viel Süßes kaufen, wie es gerne möchte. Das Geld dazu ist da: Nach jüngsten Zahlen verfügen in Deutschland die rund 6,37 Millionen Kinder zwischen sechs und dreizehn Jahren über durchschnittlich 18 Euro Taschengeld im Monat. Den größten Teil dieses Geldes geben sie für Süßigkeiten und Eis aus.

Lässt sich das Naschen steuern? Die süßen Schleckereien grundsätzlich zu verbieten, so die einhellige Meinung von Psychologen und Medizinern, steigert nur noch das Verlangen. Viel wichtiger ist das vorbildliche Verhalten der Eltern. Wer das nicht vorlebt, was er oder sie von seinen Kindern verlangt, braucht sich nicht zu wundern, wenn sich auch der Nachwuchs nicht an die Regeln hält. Und Gesundheitsargumente ziehen bei Kindern überhaupt nicht.

Nur ein Zehntel des Kalorienverbrauchs, empfehlen die Experten des Dortmunder Forschungsinstituts für Kinderernährung, solle aus fettreichen Süßigkeiten oder Haus-

Nur knapp ein Drittel des jährlich konsumierten Zuckers verwenden wir im Haushalt bewusst. Der Großteil steckt in Fertigwaren:

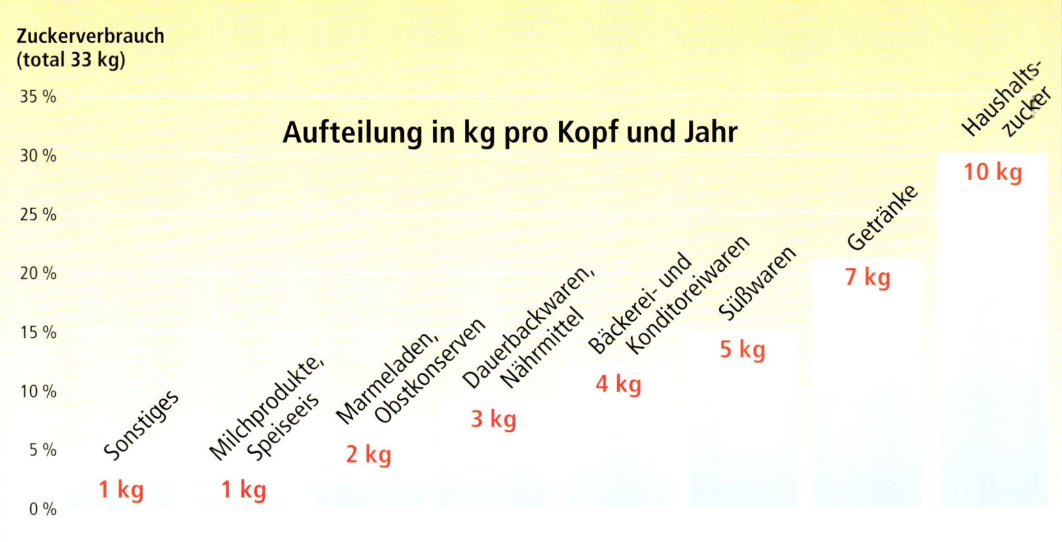

Nach: Biesalski, Grimm: Taschenatlas der Ernährung, 2001

haltszucker stammen. Das ist nicht gerade viel: Bei Vier- bis Sechsjährigen sind das gerade mal 150 Kilokalorien, ein kleines Stückchen Obstkuchen oder fünf Stückchen Schokolade oder eine Kugel Eiscreme plus ein Teelöffel Marmelade. Ein zehn- bis zwölfjähriges Kind kommt dann auf rund 200 Kilokalorien mit einem großen Stück Obstkuchen oder zwei Kugeln Eiscreme.

Besonders wichtig ist, dass Ihre Kinder sich nicht an Zucker gewöhnen. Versuchen Sie sie deshalb dahin zu bringen, dass sie nicht ständig zwischendurch naschen (auch keine Kohlenhydrate wie Müsliriegel oder Kekse). Denn auch das führt zu einem chronisch hohen Insulinpegel und ist schlecht für die Zähne. Außerdem verhindert es, dass die Kinder ein richtiges Hungergefühl entwickeln.

Unser Tipp: Kinder nicht an Zucker gewöhnen!

- **Schützen Sie Ihre Kinder vor allem in den ersten vier Lebensjahren vor Zucker: Da entscheidet sich, ob die Kariesbakterien sich in der Mundflora durchsetzen oder nicht.**
- **Vermeiden Sie gesüßte Kindertees bei Säuglingen und Kleinkindern.**
- **Erklären Sie Ihren Kindern, wie Karies entsteht.**
- **Machen Sie Zähneputzen nach jeder Mahlzeit, auch nach Snacks, zur Pflicht.**
- **Kinder lieben Rituale: Legen Sie zum Beispiel eine Naschzeit fest.**
- **Sie können sich mit Ihrem Kind auch auf eine Tages- oder Wochenration an Süßigkeiten einigen. Es lernt dann, eigenständig mit seinem Verlangen umzugehen: Wenn die Ration aufgegessen ist, ist Schluss.**
- **Lassen Sie keine Süßigkeiten herumliegen.**
- **Ersetzen Sie gewöhnlichen Haushaltszucker durch gesündere Alternativen, etwa getrocknete Früchte oder Bananenchips im Müsli oder Rübensirup auf dem Brot.**
- **Belohnen Sie Ihr Kind nicht mit Süßem: Süßigkeiten werden dann schnell zum Ersatz bei Frust, Langeweile und Stress.**
- **Bitten Sie Großeltern, Freunde und Verwandte, andere Geschenke als Süßigkeiten mitzubringen.**
- **Setzen Sie sich dafür ein, dass Kindergarten oder Schule zu »zuckerfreien Zonen« werden.**
- **Prüfen Sie, ob Ihr Kind nicht statt Süßigkeiten eigentlich etwas anders will: Liebe, Freunde, Zuneigung.**
- **Und schließlich: Machen Sie Ausnahmen. Nur wer ab und zu sündigt, lernt zu genießen.**

Was steckt in den Lieblings-Hits der Kids?

Warum wünschen sich Kinder eigentlich immer genau das, was nicht besonders gesund ist? Viele Eltern haben Probleme, Theorie und Praxis der gesunden Ernährung unter einen Hut zu bringen. Gut, der Junge isst sein Vollkornbrot in der Pause, aber sobald er die Wahl hat, wünscht er sich lieber fetttriefende Pommes frites mit Ketchup! Ist das nicht inkonsequent, wenn ich beim Hamburger nachgebe, auch wenn das höchstens zweimal im Monat ist? Das Kind soll selbst entscheiden, was es isst – aber bekommt es nicht bald Mangelerscheinungen, wenn das immer nur Nudeln sind, am liebsten auch noch ohne Sauce?

Im Gegensatz zu den gesunden Nahrungsmitteln wie Vollkornbrot oder Müsli müssen Kinder an einige Dinge nicht erst mühsam gewöhnt werden: Würstchen und Pizza, Nuss-Nugat-Creme und Schokolade funktionieren immer. Da ist es kein Wunder, wenn die Eltern bald an ihren eigenen guten Absichten zweifeln: Sollen sie ihren Nachwuchs wirklich weiter mit Salat und Gemüse quälen? Können diese geschmähten Kinder-Hits wirklich so schlecht sein, wenn sie doch so geliebt werden?

Die Dosis macht's

Dabei ist es in der Welt der Kinder genauso wie bei den Erwachsenen: Vieles von dem, was Spaß macht, ist leider nicht unbedingt gesund. Ungesund ist es aber auch, wenn wir gar keinen Spaß mehr haben – also kommt es wie immer auf die Dosis an. Wenn Sie Ihr Kind gesund und vielfältig ernähren, kann ein bisschen Junkfood nicht schaden.

Ab und zu mal etwas zu essen, was keinen besonderen Wert hat oder sogar ungesund ist, verkraftet der Organismus locker, wenn er sonst ausgewogen ernährt wird. Bedenklich wird es erst dann, wenn Ihr Kind sich an die Kunstaromen des Fast Food gewöhnt und kein Empfinden mehr für die feineren Geschmäcker natürlicher Lebensmittel hat. Denn dann wird es immer schwieriger, ihm gesunde Kost schmackhaft zu machen.

Kinder haben Interesse

Andererseits sind Kinder in vieler Hinsicht konsequenter als Erwachsene: Deshalb werden etliche zu ausdauernden Vegetariern, nachdem sie zum ersten Mal Bilder aus der Massentierhaltung oder von einem Schlachthof gesehen haben. Natürlich können sie ihre Gefühle und ihr Wissen – genauso wie Erwachsene auch – nicht immer auf einen Nenner bringen. Dieselben Kinder, die eben noch eine gräulich blasse Fertigwurst in einem Hotdog mit Genuss verzehrt haben, lehnen im nächsten Moment einen Schokoladenriegel ab, weil er Gentechnik enthalten könne.

Sprechen Sie also mit Ihren Kindern über deren Lieblings-Hits, aber auch über das, was Sie gerne essen (und eigentlich nicht sollten). Erzählen Sie ihnen vielleicht, wie Lebensmittel erzeugt werden und was wahre Qualität ausmacht. Auf den nächsten Seiten erfahren Sie dazu einige interessante Hintergründe – und Alternativen, die Ihnen und Ihrer Familie Spaß machen werden!

POMMES FRITES MIT KETCHUP

Die »klassische« Kinder-Kombination für Freizeit und Urlaub: frittierte Kartoffelstückchen mit Salz und Tomatenketchup. Die Kartoffel, eine tropische Frucht, die erst im 18. Jahrhundert in Europa heimisch wurde, ist ein wertvolles Grundnahrungsmittel: Sie ist fettarm, stärkereich und enthält die Vitamine C und B1 sowie Niacin, Mineralstoffe wie Kalium, Magnesium oder Eisen, hochwertiges pflanzliches Eiweiß und Ballaststoffe. Bei der aufwendigen Verarbeitung zu Pommes frites – die Kartoffeln werden mit Dampf oder Lauge geschält, mit Wasser und organischen Säuren behandelt, geschnitten, blanchiert, manchmal noch aromatisiert, getrocknet und schließlich frittiert und eingefroren – verlieren sie allerdings einen Teil ihrer wertvollen Inhaltsstoffe (➔ Seite 259), allerdings weniger als verkochte Salzkartoffeln.

Oft nicht zu empfehlen sind Pommes aus Imbissbuden oder Gaststätten, die häufig sehr viel Fett enthalten: 10 bis 20 Prozent. Außerdem werden sie meist in Öl ausgebacken, das mehrfach erhitzt wurde. Dabei entstehen ungesunde Transfettsäuren und das krebsverdächtige Acrylamid. Den Backofen-Pommes aus der Tiefkühltruhe erteilte die Zeitschrift »Öko-Test« bei einer Analyse im Herbst 2001 überwiegend gute Noten. Sie werden fettfrei im Backofen gebacken und enthalten höchstens acht Prozent Fett.

Ketchup, der unentbehrliche Begleiter vieler Portionen Pommes frites, ist ein Farbklecks in der Öde des Fast Food. Die Tomaten werden industriell hergestellt: 85 Prozent stammen aus künstlich bewässerten Treibhäusern und haben nie das Sonnenlicht erblickt. Viele Sorten werden grün geerntet und erst durch Chemie zur künstlichen Reifung gebracht.

Trotzdem sind Tomaten sehr gesund – in ihrem Farbstoff vermuten Wissenschaftler Wirkstoffe gegen Krebs. Sie liefern auch die Vorstufe des Vitamin A – das allerdings erst in Verbindung mit Fett wirksam wird. Die Hersteller behaupten deshalb gerne, Ketchup und Tomatensuppen aus der Dose seien gesünder als das frische Gemüse, weil sie industriell verarbeitet wurden. Das wiederum macht jedoch allen hitzeempfindlichen Vitaminen und vielen anderen Inhaltsstoffen den Garaus. Übrig bleiben Zusatz- und Aromastoffe – und eine erhebliche Menge Salz sowie Zucker.

▶ **Unsere Bewertung:** Pommes sind Kalorienbomben, die nicht regelmäßig verzehrt werden sollten. Meiden Sie altes oder oft erhitztes Fett aus dubiosen Quellen (gesundheitsgefährdend!).

▶ **Unsere Empfehlung:** Wenn Pommes, dann selbst herstellen und in frischem Öl frittieren (oder tiefgefrorene im Ofen ohne Fett nachbacken). Dazu Bio-Ketchup, den man nachwürzen kann. Besser noch sind Ofenkartoffeln mit Joghurt-Dips.

HAMBURGER

Geschmäht und geliebt: der Hamburger. Rund 20 Prozent Fett (8 bis 14 Gramm) stecken durchschnittlich in den normierten Hackfleischscheiben eines Rindfleisch-Burgers. Das ist etwa ein Fünftel des empfohlenen Tagesbedarfs eines Zehnjährigen. Burger sind wie viele Fast-Food-Produkte vitaminarm, sie enthalten zu viel Fett und Eiweiß und zu wenig Ballaststoffe.

Hackfleischprodukte sind Vertrauenssache: Im industriell fabrizierten Hackfleisch wurden lange Zeit Abfallprodukte verwertet, die sonst unverkäuflich waren: Häute und Sehnen, Nervengewebe und andere Fleischreste. Die Rinderkrankheit BSE ist deshalb – so nehmen Wissenschaftler an – in England vor allem durch Burger auf Jugendliche übertragen worden (➔ Seite 268). In Deutschland ist die Verwendung von Separatorenfleisch im Hackfleisch schon seit 1992 verboten.

Um das BSE-Risiko zu minimieren, muss die Herkunft des Hackfleisches in der EU seit 2002 genauso umfassend gekennzeichnet werden wie bei anderem Rindfleisch. Die Herkunft bietet jedoch ebenso wenig vollständige Sicherheit wie die Kontrolle: In der Regel werden nur Tiere, die 30 Monate oder älter sind, untersucht. Viele Schlachttiere sind jünger und können – wenn auch in geringerer Konzentration – die ansteckenden Prionen in sich tragen. BSE-Tests räumen die Gefahr also nicht aus, senken aber das Risiko (➔ Seite 270 f.).

Fast-Food-Ketten wie McDonald's werben in Deutschland damit, Produkte aus reinem Rindfleisch ohne Zusätze zu verkaufen. Die Brötchen aber und der Schmelzkäse enthalten Zusatzstoffe, darunter Emulgatoren und Schwefelverbindungen. Einige davon können den Darm angreifen.

Das weltweite Marketing-Konzept für Burger hat die Esskultur in vielen Ländern drastisch geändert und traditionelle pflanzliche Lebensmittel verdrängt. Das hat Auswirkungen auf die Umwelt: Etwa 18 000 Quadratmeter Regenwald werden im Schnitt für die Existenz eines süd- und mittelamerikanischen Rindes in Weidefläche umgewandelt. Rund 600 000 Liter Wasser verbraucht der Futteranbau für ein einziges Mastrind. 200 000 Liter des hochwirksamen Treibhausgases Methan bläst es im Laufe seines Lebens in die Luft.

▶ **Unsere Bewertung:** Kalorienreich, vitaminarm, das BSE-Risiko lässt sich nicht hundertprozentig ausschließen. Intensiver Konsum bedenklich!

▶ **Unsere Empfehlung:** Burger aus magerem Bio-Rindfleisch zu Hause selber machen – mit frischem Vollkornbrötchen, ohne Käse (zu fett!), aber mit Salat.

FISCHSTÄBCHEN

Die meisten Kinder lieben Fisch nur in rechteckiger Stäbchenform auf dem Teller: Wenn er von einer Panade aus Öl, Mehl, Wasser, Stärke und Salz und Aromen sorgfältig umhüllt ist, dringt sein ungewöhnlicher Meeresgeschmack kaum mehr durch.

Seefisch ist besonders gesund: Er enthält leicht verdauliches Eiweiß, Omega-3-Fettsäuren, lebenswichtige Mineralstoffe (Jod!) und Vitamine. Wie die Zeitschrift »Öko-Test« feststellte, wurden die von ihr Mitte der 90er Jahre untersuchten Fischstäbchen aus hochwertigen Filets und nicht, wie manchmal behauptet, aus Resten und Grätenmus hergestellt. Sie können allerdings unappetitliche Würmer (Nematoden) enthalten, die als Parasiten in den Bauchlappen der Fische leben. Diese Lappen müssen zwar vor der Verarbeitung entfernt werden – die Nematoden wandern aber möglicherweise bei der Eislagerung an Bord in die Filets. Bewiesen ist dies nicht, trotzdem finden sich bei Kontrollen immer wieder mal die ungefährlichen Würmchen.

Ein Teil des Fangs wird an Bord eingefroren, nach dem Auftauen an Land verarbeitet und erneut eingefroren. Für den Konsumenten sind diese Verarbeitungsschritte zwar nicht gefährlich, aber wertmindernd. Fischstäbchen weisen, so »Öko-Test«, mitunter zu viel Wasser auf, ihr Gehalt an Schadstoffen wie Pestiziden, Schwermetallen oder polychlorierten Biphenylen (PCB) sei jedoch unbedenklich. Die Panade enthalte bis zu 7 Prozent Fett, ein Anteil, der sich beim Ausbacken auf 10 Prozent erhöht. Manchmal sei der Geschmacksverstärker Glutamat enthalten, auf den einige Menschen empfindlich reagieren.

Es gibt bereits Bio-Fischstäbchen (»wild only – only wild«/Demeter) im Naturkosthandel, die nach Angaben des Herstellers keine wasserbindenden Stabilisatoren, Säureregulatoren und Polyphosphate enthalten. Rohstoff ist Kabeljau aus sauberen Gewässern um Island. Kabeljau ist jedoch wie der ebenfalls häufig verwendete Alaska-Seelachs in seinem Bestand bedroht. Die Umweltorganisation Greenpeace rät deshalb davon ab, Fischstäbchen zu kaufen: Von 120 europäischen Fischreservoiren seien zwei Drittel überfischt oder stünden vor dem Kollaps. Greenpeace hat einen Einkaufsführer mit Alternativvorschlägen herausgebracht (➔ Seite 311).

Hersteller wie Unilever (Iglo) wollen langfristig ihren Fisch (zunächst bis zum Jahr 2005) nur aus kontrollierten Gebieten, die den Bestand erhalten sollen, kaufen. Solche Produkte sind an einem Qualitätssiegel, dem Marine Stewardship Council (MSC), zu erkennen.

▶ **Unsere Bewertung:** Fischstäbchen sind ein akzeptabler Weg, Kinder an gesunden Seefisch zu gewöhnen, um später auf Fischarten umzusteigen, die nicht bedroht sind.

PIZZA UND SPAGHETTI

Die klassische italienische Pizza, ursprünglich ein Armeleuteessen aus Neapel, besteht aus einem dünnen Teig aus Weizenmehl, Öl, Wasser, Hefe und Salz, der mit Tomatenpüree bestrichen wird. Von italienischen Emigranten in die USA mitgebracht, wurde die Pizza zum Schlager bei Kids – allerdings auch zur fertig fabrizierten Kalorienbombe.

Pizzen aus dem Tiefkühlregal enthalten Teige, die mit allen Raffinessen der Lebensmitteltechnologie (Backtriebmitteln, Emulgatoren, Lezithin, Mono- und Diglyceriden, Glycolipiden, Phospholipiden sowie Diacetylweinsäureester) elastisch, kältebeständig und mikrowellentauglich gemacht wurden. Zum Beispiel bleibt die Pizzasauce trotz der enormen Hitze- und Kälteunterschiede, denen sie ausgesetzt ist, stabil, weil ihre Stärke chemisch verändert wurde. Der Pizzabelag ist oft ein Gemisch aus Reststoffen, das nicht vollständig deklariert werden muss. Als Käse werden häufig billige Schmelzkäse verwendet.

Auch die italienische Pasta wird von Gourmets immer noch am liebsten selbst gemacht oder, wie in Italien, frisch vom Bäcker gekauft. Die Fertigprodukte bestehen aus Weizen, Wasser und manchmal Ei. In seltenen Fällen wurden bei Tests Schimmelpilze und Kadmium gefunden. Wird Weich- statt Hartweizen verwendet, enthält dieser weniger Proteine und hat mindere Kochqualitäten. Trotzdem bewertete die Zeitschrift »Öko-Test« 1999 17 von 20 Produkten mit »empfehlenswert«. Vollkornnudeln müssen nach Ansicht vieler Experten nicht sein: Sie schmecken meist deutlich schlechter.

Zweifelhafter sind schon die Inhalte der Fertigsaucen, die im Doppelpack mit Spaghetti angeboten werden: »Öko-Test« fand die Reste von Chemikalien und Gewürze, die verbotenerweise bestrahlt worden waren. In vielen Saucen steckt auch Natriumglutamat als Geschmacksverstärker, das bei empfindlichen Personen Migräne und andere Symptome auslösen kann. Allerdings enthält auch das Tomatenmark schon von Natur aus Glutaminsäure. Allergiker sollten also aufpassen. Viele Hersteller verwenden künstliche Aromen. Die geheimnisvolle Gewürzmischung von Miracoli Avanti enthielt, so 1999 die Zeitschrift »Öko-Test«, 20 Hilfsstoffe.

▶ **Unsere Bewertung:** Die Teigwaren aus Weißmehl haben keine große Nährstoffdichte und wenig Vitamine. Mit selbst gemachten Saucen oder frischem Belag werden sie aber zu einem akzeptablen Gericht. Fertigpizzen aus der Tiefkühltruhe dagegen sind Kalorienbomben mit viel Chemie.

▶ **Unsere Empfehlung:** Machen Sie mit den Kindern Nudeln und Pizza selbst. Reduzieren Sie bei Saucen und Belag das Fleisch, verwenden Sie frisches Gemüse.

WÜRSTCHEN

Würstchen schmecken allen Kindern gut. Man sollte sich aber gut überlegen, bei wem man sie kauft, denn davon hängt viel ab. In Würstchen stecken nämlich viele Reste, übrig geblieben von den edleren Fleischteilen, die als Koteletts oder Filets in der Pfanne landen. Etwa 40 Prozent des Schlachtfleisches lassen sich nur schlecht verkaufen und werden deshalb verwurstet.

Das Deutsche Lebensmittelbuch schreibt gesetzlich vor, wie viel Muskelfleisch in der Wurst stecken muss – umgerechnet in Eiweiß sind das 7,5 Prozent. Erlaubt sind auch Skelettmuskulatur, Fett- und Bindegewebe sowie eingelagerte Lymphknoten, Nerven, Gefäße und Speicheldrüsen.

Seit BSE verboten sind sowohl Hirn als auch Rückenmark, auch die Verwendung von Separatorenfleisch, das bei der Schlachtung maschinell vom Knochen abgeschabt wird und deshalb Nervengewebe und Knochensplitter enthalten kann. Eingewickelt ist die Masse meist in Schafsdarm.

Die appetitliche, rote Farbe entsteht durch Nitratpökelsalz, das gleichzeitig konserviert. Weil die Bio-Metzger auf diesen Stoff verzichten, da er im Magen zu krebserregenden Nitrosaminen werden kann, sind ihre Würste blasser und werden durch Oxidation grau.

Würstchen enthalten beachtliche Mengen Fett (bis zu 30 Prozent). Selbst die »Du darfst« hat – laut »Öko-Test« – einen Anteil von 15,6 Prozent, lediglich in Geflügelwurst steckt weniger. Einen hohen Fettanteil haben auch Grillwürstchen: zwischen 15 und 33 Prozent. Nach dem Deutschen Lebensmittelbuch dürfen sie neben Schweinefleisch auch Rindfleisch und Speck enthalten. Mindestens zwei Drittel des Fleisches müssen aus Muskelmasse stammen. Beim Abbrühen in der Fabrik tritt Fleischeiweiß aus, das sich beim Erhitzen verfestigt und Wasser und Fett bindet. Von 30 Produkten empfahl »Öko-Test« im Sommer 2001 gerade mal die Hälfte. Einige Produkte enthielten zu wenig Muskelfleisch, andere Glutamat und Aromen, manche sogar Bakterien.

Der neueste Coup der Fleischhersteller sind »Wellness-Wiener«, die 2001 vorgestellt wurden: Sie enthalten als Zusätze die Vitamine A, C, E und L-Carnitin. Diese können die Risiken durch eine Ernährung mit Fett und zu viel tierischem Eiweiß natürlich nicht wettmachen.

▶ **Unsere Bewertung:** Sehr fett, kaum gesunde Bestandteile, alle möglichen Zusätze.

▶ **Unsere Empfehlung:** Würstchen nur aus biologischer Produktion kaufen! Vertrauen ist hier besonders wichtig!

NUSS-NUGAT-CREME

Der Verkaufsschlager Nuss-Nugat-Creme wurde von dem Italiener Pietro Ferrero erfunden. Kurz nach dem Zweiten Weltkrieg, als Kakao knapp war und zu den absoluten Raritäten zählte, kreierte er einen süßen Brotaufstrich aus Schokolade, den er mit gerösteten Haselnüssen streckte.

Nüsse sind gesund und wichtige Nervennahrung, gerade für Schulkinder. Sie enthalten aber neben dem wichtigen Eiweiß auch sehr viel Fett: Haselnüsse etwa 61 Prozent. In größeren Mengen genossen, zum Beispiel in Verbindung mit Zucker als süßer Brotaufstrich, sind sie nicht zu empfehlen und außerdem schlecht für die Zähne.

Ein Nussmus besteht nur zum kleineren Teil aus Nüssen, vor allem aber aus Milch, Fett, Zucker (bis zu 60 Prozent) und Kakao. Laut Gesetz muss es, um seinen Namen zu verdienen, mindestens 10 Prozent Hasel- oder andere Nüsse enthalten. Der Marktführer Nutella etwa enthält circa 54 Prozent Zucker und 30 Prozent Fett! Von den 36 000 Tonnen Nutella, die weltweit jährlich verbraucht werden, sind also fast 20 000 Tonnen Zucker.

Die süße und fette Mischung ist extrem kalorienreich: Kinder streichen sich gut und gerne zweieinhalb Esslöffel von der braunen Creme aufs Brot – das sind etwa 50 Gramm und 270 Kilokalorien. Der oft beworbene Milchanteil dagegen trägt nach Ansicht des Dortmunder Forschungsinstituts für Kinderernährung zur Kalziumversorgung so gut wie nichts bei. Wegen der niedrigen Nährstoffdichte (viel Energie, aber wenig Vitamine und Mineralstoffe) empfehlen die Experten, nicht mehr als zehn Prozent des Kalorienbedarfs mit solchen Produkten zu decken (➔ Seite 96).

Erdnussbutter, eine andere Variante des Nussaufstrichs, hat in Deutschland keinen großen Markt. In den USA und in Großbritannien dagegen verursachen Erdnussprodukte immer größere Probleme, weil die Zahl der Allergiker steigt. Auch in Deutschland raten Mediziner, Kleinkindern vor ihrem zweiten Lebensjahr keine Erdnussprodukte zu geben. Kommen in der Familie Allergien vor oder haben die Kinder Asthma, sollte man bis zum vierten Lebensjahr darauf verzichten. Nussprodukte können bei Allergikern (zum Beispiel gegen Haselnusspollen) Kreuzreaktionen auslösen und werden für Neurodermitiker nicht empfohlen.

▶ **Unsere Bewertung:** Wahre Kalorienbomben, die bei regelmäßigem Genuss schlecht für die Zähne und die Figur sind. Vorsicht bei Allergikern.

▶ **Unsere Empfehlung:** Wenn schon süßer Aufstrich, dann lieber ein Marmeladenbrötchen: Es enthält im Durchschnitt sechsmal weniger Fett und deutlich weniger Zucker. Nüsse generell sparsam verwenden: zum Beispiel im Müsli.

COLA

Vor rund hundert Jahren suchte ein amerikanischer Apotheker nach einem Mittel gegen Müdigkeit und Kopfschmerzen – und fand Cola. Inzwischen wird der Marktführer Coca-Cola in rund 200 Ländern der Welt verkauft. Cola ist zum Sinnbild für den Erfolg der globalen Marktwirtschaft geworden. Sie wird selbst an Bord der US-Raumfähren getrunken.

Der Mythos Cola wirkt bis in die Familien hinein: Genauso hartnäckig, wie viele Eltern den Konsum von Cola einschränken wollen, genauso wenig wollen ihre Kinder darauf verzichten. Das liegt zum Teil an den massiven Werbekampagnen, die vor allem Kinder und Jugendliche ansprechen. »Liquid candy«, »flüssige Bonbons«, nannte das amerikanische Center for Science in the Public Interest 1999 das In-Getränk. US-Kinder beziehen bis zu zehn Prozent ihrer Tageskalorien aus Softdrinks. »Leere Kalorien« nennen das die Wissenschaftler, weil sie zwar dick machen, aber nicht den Hunger stillen (➔ Seite 84).

Den Durst auch nicht, meint die Zeitschrift »Öko-Test«. Denn Cola enthalte 105 Gramm Zucker und 50 mg Natrium pro Liter und sei deshalb nur »eingeschränkt empfehlenswert«. Cola Light enthält den Süßstoff Aspartam, der vor allem beim Konsum größerer Mengen Nebenwirkungen hat (➔ Seite 92). Forscher der amerikanischen Harvard Medical School haben schlanken und sportlichen Mädchen und Jungen geraten, auf Cola lieber zu verzichten. Die hohen Phosphatgehalte von Cola und anderen Softdrinks störten das Gleichgewicht des Kalziumhaushalts und erhöhten das Risiko, sich die Knochen zu brechen.

Hinter dem geheimnisvollen Cola-Rezept verberge sich – so das Ergebnis der Analyse von »Öko-Test« im Frühjahr 2001 – eine Mischung aus Kolasamen-Extrakt, Zitronen- und Limettenschalen-, Kakao- und Kaffeebohnen-Destillaten sowie verschiedenen Frucht- und Kräuterauszügen. Die braune Farbe bekommt die Cola von der Zuckerkulör, für den Geschmack sind vor allem zugesetzte Aromastoffe verantwortlich.

Für Kinder bedenklich ist der Koffein-Anteil (es gibt auch koffeinfreie Colas) und ein Extrakt aus der Muskatnuss, der die Wirkstoffe Myristicin und Elemicin enthält. Beide Stoffe verwandeln sich in der Leber zu anregend wirkenden Amphetaminen. Diese Kombination kann zu suchtähnlichem Verlangen führen, ebenso wie der Zuckerkick, den Cola auslöst. Gezuckerte Softdrinks wie Cola stehen auch im Verdacht, die Bauchspeicheldrüse zu überfordern und zur so genannten Altersdiabetes bei Kindern (➔ Seite 14 f.) beizutragen.

▶ **Unsere Bewertung:** Gezuckerte Cola ist schädlich für die Zähne und fördert bei häufigem Konsum Übergewicht und Abhängigkeit.

▶ **Unsere Empfehlung:** Lieber Mineralwasser oder Apfelschorle trinken!

EIS

Bereits 3000 v. Chr. stellten die Chinesen Speiseeis aus Schnee, Milch und Früchten her. Und die antiken Griechen kannten schon das Sorbet: Sie verfeinerten den Schnee vom Olymp mit Honig, Fruchtsäften und Wein.

Marco Polo brachte die chinesische Rezeptur Ende des 13. Jahrhunderts aus Asien mit nach Venedig. Von dort verbreitete sich das Eis über ganz Europa. Lange Zeit blieb das Speiseeis eine handgemachte Delikatesse, auf die sich die Bewohner einiger norditalienischer Bergdörfer spezialisiert hatten. Mit Auswanderern gelangte sie dann in die USA, wo sie in großem Stil und mit moderner Kühltechnik vermarktet wurde.

Heute ist Eiscreme deshalb auch längst nicht mehr nur eine Sommererfrischung – nur noch 20 Prozent davon werden in Deutschland in den klassischen Eisdielen verzehrt. Der große Rest stammt aus Industrieküchen.

Milcheis hat einen hohen Nährwert, es enthält Aminosäuren, Vitamin A, B, D, E und K und Mineralstoffe wie Magnesium, Kalzium, Kalium und Phosphor. 100 Gramm Milcheis decken den Tagesbedarf eines Heranwachsenden an Kalzium zu 80 Prozent.

Allerdings enthält Eis sehr viel Zucker (etwa 25 Prozent), da die Gefriertemperaturen den süßen Geschmack unterdrücken. Außerdem gibt Zucker dem Eis Volumen und Masse. Und er verhindert, dass das Eis zu hart wird.

Eiscreme muss mindestens zehn Prozent Milchfett (aus Milch, Sahne oder Butter) enthalten. Sahneeis ist mit mindestens 60 Prozent Schlagsahne deutlich fetter als Milcheis (mit 70 Prozent Milch). Softeis wird mit Luftbläschen cremig gemacht. Hinzu kommen Eier und Früchte, Vanille und Kakao, Aroma- und Farbstoffe, Emulgatoren und Stabilisatoren. Nach der Erhitzung und Pasteurisierung wird das Fett durch Druck in kleinste Partikel gespalten, was den Mix geschmeidig macht. Beim Frieren wird der Eisfilm ständig abgeschabt und mit Luft aufgeschlagen, um eine kühle Creme zu erzeugen.

In Maßen genossen macht Eis nicht dick. Der Energiegehalt von zwei Kugeln Milchspeiseeis (75 Gramm) beträgt 95 Kilokalorien, der von Fruchteis 60 Kilokalorien. Sehr gehaltvoll ist allerdings Schokoladeneis: Eine 75-Gramm-Portion enthält im Schnitt 165 Kilokalorien und 13 Gramm Fett.

Bei manchen Menschen kann der Verzehr von Speiseeis durch den Kältereiz Kopfschmerzen auslösen.

▶ **Unsere Bewertung:** Wenn Eis nicht in großen Mengen verzehrt wird, ist es eine harmlose süße Erfrischung.

▶ **Unsere Empfehlung:** Wer ohne Reue naschen will, sollte Joghurt- oder Buttermilcheis essen, das nur halb so viel Fett und Kalorien hat wie andere Sorten. Fruchteis lässt sich sehr leicht selbst herstellen – einfach Fruchtsaft einfrieren.

SCHOKOLADE

Die Kakaobohne stammt wie der Name der Schokolade aus Mittelamerika. Die Azteken bezeichneten mit »xocolatl« ein Getränk aus zerstoßenen Kakaobohnen und Wasser, das mit Honig und Vanille, manchmal auch mit scharfem Chili gewürzt wurde. Sie nutzten Kakao auch als Medizin und heilten damit Fieber, Husten und Schwangerschaftsprobleme.

Heute weiß man, dass Kakao im Gehirn eine Kaskade von Wirkstoffen freisetzt, etwa Serotonin, ein Botenstoff, der Wohlbefinden und Zufriedenheit signalisiert. In Schokolade sind Spuren eines Anandamids enthalten, einer Substanz, die dem Cannabis-Wirkstoff THC ähnlich ist. Allerdings müsste ein Kind mindestens sieben Tafeln Schokolade essen, um einen drogenähnlichen Effekt zu spüren.

Auch andere Bestandteile beeinflussen die Psyche, wenn auch in sehr niedriger Dosierung: zum Beispiel Koffein. Rund 68 mg davon stecken in einer Tafel. Um die Wirkung einer Tasse Kaffee zu erzielen, müssten vier davon gegessen werden. Theobromin (200 mg pro Tafel) hat eine ähnliche Wirkung: Es erweitert die Blutgefäße und regt den Herzmuskel an. Biogene Amine steigern den Blutdruck und regen verschiedene Hirnfunktionen an. Besonders Phenylethylamin (1 mg pro Tafel) setzt Botenstoffe im Gehirn frei, die zu Glücksgefühlen führen.

Dass Schokolade süchtig machen kann, wie manche Menschen ihren unstillbaren Heißhunger begründen, ist nicht bewiesen. 7 bis 15 Prozent der Schokolade sind Polyphenole, eine Gruppe von Chemikalien, zu der auch die herzfreundlichen Flavonoide gehören. Cathechine (53,3 mg pro Tafel) sollen das Immunsystem stärken und gegen Mikroben wirken.

Schokolade hat also viele positive Seiten, wegen ihres hohen Anteils an Kohlenhydraten und Fett sollte sie aber wohl dosiert werden: Eine Tafel Milchschokolade enthält 526 Kilokalorien und nur acht Gramm Proteine. Kinderschokolade ist in der Regel noch süßer und fetter und enthält entgegen der Werbung kaum Kalzium (→ Seite 62 f.).

Kakaobohnen werden bei ihrer Lagerung in den Tropen sehr stark mit Chemikalien behandelt, um den Befall mit Schädlingen zu verhindern. Verwendet werden allerdings nur die Kerne. Kakao und Schokolade aus »fairem Handel« helfen den auf dem Weltmarkt weitgehend rechtlosen Bauern in Mittelamerika.

▶ **Unsere Bewertung:** Kakao ist gesund und lecker, aber mit Milchfett und Zucker wird er zur Kalorienbombe, die nur wohl dosiert genossen werden sollte. Auch Kinderschokolade ist nicht besonders gesund, sondern nur eine Süßigkeit.

▶ **Unsere Empfehlung:** Bringen Sie Ihren Kindern bei, Schokolade zu genießen. Kochen Sie frischen Kakao, statt Getränkepulver zu verwenden.

KINDERMILCH-PRODUKTE

Naturjoghurt stärkt mit seinen Milchbakterien das Immunsystem und liefert wichtiges Kalzium für Zähne und Knochenaufbau. Deshalb empfehlen Ernährungswissenschaftler, dass Kinder täglich ein großes Glas Milch trinken und einen Becher Joghurt essen sollten.

Die Milchprodukte, die speziell für Kinder auf dem Markt angeboten werden, enthalten jedoch vor allem Fett (bis zu 13 Prozent) und Zucker (bis zu 18 Prozent), außerdem zusätzliche Aroma- und Farbstoffe (→ Seite 63 f.).

Vielen davon sind Vitamine zugesetzt. Diese haben jedoch nicht den gleichen Effekt wie die in natürlichen Lebensmitteln. Einigen werden sogar negative Wirkungen zugeschrieben: Isoliertes Betacarotin steht im Verdacht, Krebs zu fördern, zu viel Vitamin C kann Nierensteine auslösen, ebenso wie eine überhöhte Kalziumzufuhr, und die Anreicherung mit Eisen ist unter Experten umstritten, weil die Auswirkungen auf die Gesundheit nicht ausreichend erforscht sind.

Welche Substanzen hinzugefügt werden, scheint willkürlich und dient wohl mehr Werbezwecken als dem gesundheitlichen Wohl der Kinder. Denn die »wertvollen« Vitamine sind billig, lassen sich aber teuer verkaufen.

Kindermilchprodukte werben mit einem angeblichen »Zusatznutzen« für die Gesundheit – der ist jedoch zweifelhaft. Dazu zählen auch die zahlreichen Milchschnitten. Deren »Extraportion Milch« besteht oft aus Magermilchpulver, Butterreinfett oder gezuckerter Kondensmilch. Das Kalzium entspricht nicht selten nur dem in einem einzigen Esslöffel Milch. Der Kalziumgehalt in einem großen Glas Milch ist fünfmal höher als in einer gezuckerten Milchschnitte.

Vielen der Produkte liegt Spielzeug bei, das laut Gesetz nicht mehr Wert haben darf als das Lebensmittel selbst. Ob das in der Praxis so ist, wird von Experten bezweifelt, zumal die Beigaben eine aufwendige Verpackung erfordern.

▶ **Unsere Bewertung:** Der angebliche Gesundheitsnutzen dient vor allem dem Verkauf der teureren Produkte und wird zudem durch den hohen Fett- und Zuckergehalt zunichte gemacht.

▶ **Unsere Empfehlung:** Verwenden Sie unbehandelten Naturjoghurt (am besten aus Bio-Milch) und veredeln ihn mit Früchten. Oder machen Sie Joghurt selbst, gemeinsam mit Ihren Kindern!

KAUGUMMI

Eine seltsame Idee, sich ein Stück elastisches Material in den Mund zu stecken und darauf herumzukauen. Aber schon in der Steinzeit, fanden Forscher heraus, haben unsere Vorfahren auf Baumharz herumgekaut und damit wahrscheinlich Zahnpflege betrieben. Von den Eingeborenen lernten auch die US-Amerikaner, wie man Baumharz gewinnt. Daraus entwickelten sie unter anderem den Chewing Gum. 1869 wurde der erste in New York verkauft. Im Gegensatz zum Bubble Gum, mit dem man größere Blasen erzeugen kann, enthält er mehr Wachs- als Gummianteile.

Heute entsteht Kaugummi meist nicht mehr aus Naturgummi, sondern aus Polyvinylacetat oder Poly-Isobutylen – beides Erdölprodukte, außerdem aus beigefügten Weichmachern, Füllstoffen und Gleitmitteln. Die Zeitschrift »Öko-Test« fand 1999 außerdem die umstrittenen Antioxidantien BHA oder BHT, die im Verdacht stehen, Allergien auszulösen. Zweimal reagierten Latex-Allergiker in ihrem Test mit Hautrötungen.

Mehr als die Hälfte der Kaugummis auf dem Markt sind zuckerfrei, das heißt sie enthalten statt Glukose oder Saccharose Zuckeraustauschstoffe. Diese sind zwar nicht viel kalorienärmer, können aber von den Kariesbakterien schlecht verwertet werden und beeinflussen den Blutzuckerspiegel kaum. Bei übermäßigem Genuss wirken sie jedoch abführend. Oft sind zusätzlich auch noch kalorienfreie Süßstoffe wie Aspartam oder Acesulfam K zugesetzt. So genannte Zahnputz-Gummis enthalten noch weitere Zusätze oder Mineralsalze, die für die Zähne positiv sein sollen. Das ist jedoch umstritten.

Die Stadt Basel hat Kaugummis analysieren lassen und kritisierte vor allem die irreführende Werbung bei vielen Produkten. Einige Kaugummis warben mit ihrem Kalziumgehalt, der entsprach aber nur 4,3 bis 5,9 mg pro Gummi – im Vergleich dazu hat ein Naturjoghurt das rund Dreißigfache. Andere priesen den Zusatz »Carbamid« gegen Karies an – dahinter verbirgt sich allerdings nichts anderes als Harnstoff.

Fest steht jedoch, dass regelmäßiges (und langes) Kauen den Speichelfluss anregt und allein dadurch das Kariesrisiko senkt. Die Bakterien in den Zahnzwischenräumen werden dadurch aber nicht vertrieben. Intensives Kauen soll jedoch den Stoffwechsel fördern: Eine Studie der renommierten Mayo-Klinik in den USA stellte fest, dass man auf diese Weise fünf Kilogramm im Jahr abnehmen kann, ohne zu hungern. Und: Kaugummis fördern die Denkleistung!

▶ **Unsere Bewertung:** Der chemische Krieg gegen Karies ersetzt das Zähneputzen nicht, fördert aber die Konzentration.

▶ **Unsere Empfehlung:** Wenn schon Kaugummi, dann achten Sie auf die Inhaltsstoffe!

Was Hänschen nicht lernt: Zum Essen erziehen

»Wenn wir in den Kindergärten und Schulen nicht damit anfangen, unsere Kinder richtig zu ernähren, dann sind alle unsere späteren ernährungsmedizinischen Anstrengungen für die Katz!« Eva Barlösius, Soziologin am Wissenschaftszentrum Berlin, hält nichts vom Lob der individuellen Freiheit. Statt einer weiteren Aufklärungskampagne über gesünderes Essen und statt teurer Abspeck-Kuren für Kinder fordert sie staatliche Reglementierung: die Einführung einer kontrollierten Schulverpflegung. Nur das könne, wie sie sagt, »die sozialen Chancen für einen gesunden Lebensstil verbessern«.

Denn die Wissenschaftlerin, die eine »Soziologie des Essens« verfasst hat, weiß, dass es nicht reicht, die Bevölkerung über die guten und schlechten Seiten des Essens zu informieren – und den Rest ihr selbst zu überlassen. Gesundheitspolitische Appelle erreichen meist nur ganz bestimmte Teile der Bevölkerung: die obere Mittelschicht, gut ausgebildet und situiert. Menschen, die ohnehin schon nach Wegen suchen, wie sie ihr Leben besser gestalten können. Die anderen, die schlechter Ausgebildeten und Ärmeren, können diesem Idealbild schon deshalb nicht folgen, weil es nicht ihr eigenes ist. Also essen sie weiter zu fett und zu süß.

»So wie Naturwissenschaftler Empfehlungen zur Ernährung abgeben«, sagt Barlösius, »sind sie im Alltag gar nicht umsetzbar.« Es fehlten Zeit und Geld, Motivation und Problembewusstsein. Denn die Gesundheitspolitiker bedächten nicht, dass es beim Essen nicht nur um logische Fakten gehe, sondern um vieles: um Gewöhnung, um Identifikation, Tradition und Rituale.

Gesunde Schulspeisung

Mit einem Instrument wie der Schulspeisung könnte der Staat ein solches positives Ritual schaffen. »Warum essen und trinken Kinder nicht das, was sie sollen?«, fragt der Göttinger Ernährungspsychologe Volker Pudel und gibt gleichzeitig eine mögliche Antwort: »Wir essen etwas nicht deshalb, weil wir es mögen, sondern weil wir es kennen.«

Gerade bei Kindern sei daher das wiederholte Angebot von gesunden Nahrungsmitteln wichtig. Außerdem müsse man, so Pudel, über eine andere Art der Werbung für vollwertige Ernährung nachdenken. Gesundheitspolitische Appelle jedenfalls würden bei Kindern und Jugendlichen gar nichts bewirken. Aber die Konkurrenz ist dichter am Ball: »Kinder sind die Hauptzielgruppe der Lebensmittelwerbung«, sagt Eva Barlösius. »Wie soll dagegen die Schule ankommen?«

Was Hänschen nicht lernt

Die staatliche Politik hat lange Zeit nicht die Qualität der Nahrung, sondern vor allem die Nahrungssicherung als ihre Aufgabe gesehen. Erst in den 50er Jahren des vergangenen Jahrhunderts begann mit dem »Wirtschaftswun-

Gemeinsam essen: Im Kindergarten wird das soziale Verhalten genauso geprägt wie der Geschmack.

der« die Zeit des Nahrungsmittelüberflusses. Und es entwickelte sich eine ganz neue Richtung der Ernährungswissenschaften, die begann, sich über die Folgen der Fülle Gedanken zu machen.

Die Politik jedoch blieb ihrem alten Schema treu: Die Landwirtschaftspolitik zum Beispiel verfolgt traditionell die Interessen der Bauern und nicht die der Verbraucher, als ginge es immer noch darum, dass nicht genügend Essen zur Verfügung stünde. Und die Gesundheitspolitik kümmert sich um die kostengünstigste Reparatur der auftretenden Schäden. Erst die BSE-Krise und die sich häufende Zahl der Lebensmittelskandale haben zu der Erkenntnis geführt, dass das nicht ausreicht: Erstmals wurde in Deutschland ein Ministerium geschaffen, das sich um beide, um Landwirtschaft und Verbraucher, kümmern sollte.

»Kommunikations- und verhaltenswissenschaftliche Ansätze« wolle man sich zu Nutze machen, kündigte Ministerin Renate Künast an, um gegen die Werbung für Fast Food und andere Industrieprodukte zu konkurrieren. Mit »Marketingmethoden« müsse man Aufklärungsarbeit für gesundes Essen leisten und damit so früh wie möglich beginnen: »Denn im Kindes- und Jugendalter werden die Ernährungsgewohnheiten erworben und gefestigt. Wir alle wissen: Was Hänschen nicht lernt, lernt Hans nimmermehr!«

Gesundes Kita-Essen

Bereits im Kindergarten müsse man mit dem gesunden Essen anfangen, meint Soziologin Barlösius. Schon da könne der Nachwuchs erfahren, dass es Spaß mache, sich gesund zu ernähren – die Grundlagen für ein langes und aktives Leben, das sich die Kleinen zu diesem Zeitpunkt noch gar nicht vorstellen können.

Doch die Realität ist anders. Es fehlen wissenschaftliche Erkenntnisse und Empfehlungen, wie die Mahlzeiten in Kindertagesstätten aussehen sollten, klagt Sabine Klapp vom Institut für Ernährungswissenschaft der Universität Gießen. Kein Wunder, dass das Essen in den Gießener Kitas, das sie untersucht hat, dem schlechten Vorbild der Erwachsenenwelt gleicht: Die Mahlzeiten sind zu fett und enthalten kaum Ballaststoffe. Den Kindern werden zu selten Vollkornprodukte und Fisch und meist zu wenig Obst und Gemüse angeboten.

Für die Qualität sei dabei weniger wichtig, ob das Essen selbst gekocht oder angeliefert werde, so die Ernährungswissenschaftlerin. Aber es müsse sachkundig zubereitet werden und die Ernährung zu Hause sinnvoll ergänzen. Von Bedeutung sei auch, dass es nett angerichtet und in kindgerechter Atmosphäre serviert werde.

Richtiges Essen im Kindergarten ist nicht nur wegen der körperlichen Entwicklung wichtig. In den Jahren zwischen eins und

Kinder essen fast dreimal so viel Eiweiß, wie sie sollten, und deutlich zu viel Fett. Jod, Vitamine und Folsäure fehlen dagegen:

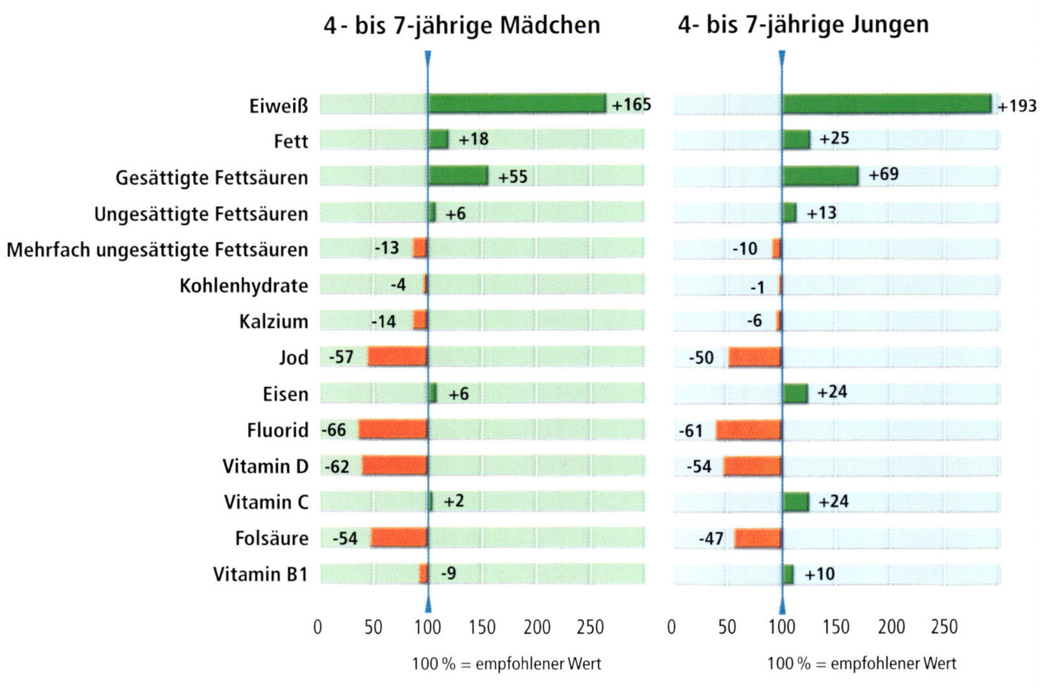

Quelle: Deutsche Gesellschaft für Ernährung, 2001

So viel Brot, Gemüse und Obst brauchen Kinder täglich, wenn es ihnen an nichts fehlen soll. An Fleisch und Eiern wird gespart:

Alter	2–3 Jahre	4–6 Jahre	7–9 Jahre
Empfohlene Lebensmittel			
Getränke	700 ml	800 ml	900 ml
Brot, Getreide	120 g	170 g	200 g
Kartoffeln, Nudeln, Reis	100 g	130 g	150 g
Gemüse	150 g	200 g	220 g
Obst	150 g	200 g	220 g
Milch, Milchprodukte	330 g	350 g	400 g
Fleisch, Wurst	35 g	40 g	50 g
Eier (pro Woche)	1 bis 2 Stück	2 Stück	2 Stück
Fisch (pro Woche)	70 g	100 g	150 g
Fette	20 g	25 g	30 g
Tolerierte Lebensmittel			
mit viel Zucker	30 g	40 g	50 g
mit viel Fett	5 g	10 g	10 g

Quelle: Deutsche Gesellschaft für Ernährung

sechs werden auch die Vorlieben für das spätere Essverhalten geprägt, die später nur noch sehr schwer zu ändern sind.

Gut – aber nicht gut genug

In Deutschland gibt es etwa 25 000 Tageseinrichtungen für Kinder über drei Jahren. Etwas mehr als die Hälfte bietet eine Ganztagsbetreuung an. Dort werden etwa eine Million Kinder zwischen drei und vierzehn Jahren betreut und in der Regel mit einem warmen Essen versorgt. Für das Frühstück sorgen in den meisten Fällen die Eltern.

Weil die Zahl der übergewichtigen Kinder auch unter den Kleinen so dramatisch angestiegen ist, wurde die Verpflegung in den deutschen Kindertagesstätten zum ersten Mal systematisch unter die Lupe genommen und das Ergebnis im jüngsten Ernährungsbericht (2000) veröffentlicht. Diese »Kindertagesstätten-Ernährungs-Situations-Studie« (KESS), durchgeführt vom Dortmunder Forschungsinstitut für Kinderernährung, stellte fest, dass Kinder außer Haus sehr unterschiedlich ernährt werden – abhängig von ihrem Alter, dem jeweiligen Verpflegungssystem und der Lage der Kitas. Hinzu kommen spezielle Wünsche und Bedürfnisse: von Kindern, die aus anderen Kulturen stammen (60 Prozent der Kindergärten), oder aus »sozial benachteiligten« Familien (62 Prozent) oder von solchen, die Diät halten müssen, weil sie meist unter Allergien und Neurodermitis leiden (knapp 30 Prozent). Sie brauchen spezielle Menüpläne und eine besondere Betreuung.

Das Fazit der Studie: Insgesamt gesehen sei das in den Kindertagesstätten angebotene Essen durchaus befriedigend. Die empfohlenen Werte für die Nährstoffdichte, die nicht nur zur Gesunderhaltung, sondern auch zur Vorbeugung von Krankheiten dienen, würden allerdings trotzdem nicht erreicht.

Gezielte Aktionen

Kinder essen, das belegen Studien immer wieder, zu wenig Gemüse, Vollkorngetreide und Kartoffeln und zu viel fettreiche tierische Produkte (Vollmilch, Wurst, Paniertes). Problematisch ist vor allem die hohe Zufuhr von Fett in Form von gesättigten Fettsäuren.

Doch das ließe sich, so das Forschungsinstitut für Kinderernährung, schon mit einfachen Mitteln wesentlich verbessern: weniger Fleisch und Süßes, häufiger Gemüse, Obst und Rohkost, mehr hochwertige Pflanzenfette.

Pro und Contra: Fertigkost für Kindergärten

Positiv:

- umfangreicher Speiseplan, auch für spezielle Bedürfnisse (z. B. Allergiker),
- geringer Arbeitsaufwand,
- keine Vorkenntnisse zur Zubereitung nötig,
- weitgehend gleich bleibende und kalkulierbare Qualität,
- Mengenberechnungen und Kalkulationen werden erleichtert,
- verkürzte Garzeiten.

Negativ:

- teurer (abgesehen vom Personalbedarf),
- hoher Verpackungsaufwand,
- viel Energie bei der Herstellung,
- Transportaufwand,
- Standardrezepturen mit Einheitsgeschmack.

Das Verbraucherministerium hat gemeinsam mit der Deutschen Gesellschaft für Ernährung (DGE) und den Verbraucher-Zentralen die Aktion »Fit Kid« gestartet, die sich für gesünderes Essen in den Kindertagesstätten einsetzt und praktische Lösungen zur Umsetzung anbietet.

Convenience für Kinder?

Unter Experten umstritten ist die Frage, ob die Kleinen frisch bekocht oder mit Convenience-Produkten versorgt werden sollten. So nennt man vorgekochte oder teilweise zubereitete Lebensmittel, die Zeit sparen.

Convenience ist ein weiter Begriff. Man kann diese Fertigkost sicher nicht generell befürworten oder ablehnen, sondern muss sich sehr genau anschauen, um welche Produkte es geht. Für Kinder gibt es zum Beispiel Tiefkühlmenüs, die speziell für Kindertagesstätten und Schulen angeboten werden. Ihre Nährstoffzusammensetzung entspricht den Empfehlungen der DGE, Geschmack, Optik und Konsistenz sind ganz auf die Wünsche der Kinder abgestimmt. Es wird mit Zucker gespart, vorwiegend mit Kräutern gewürzt, das Salz ist jodiert. Künstliche Süßstoffe und Geschmacksverstärker werden ebenso wenig eingesetzt wie Alkohol oder Alkoholaromen. Solche Menüs können zum Beispiel mehr Nährstoffe enthalten als angelieferte Mahlzeiten, die meist zu lange warm gehalten werden und deshalb wertvolle Inhaltsstoffe verlieren. Grundsätzlich sollte man aber immer auch fragen: Kann das Lebensmittel nicht auch frisch und aus regionalem Anbau bezogen werden? Gibt es saisonale Alternativen?

Gesunde Gerichte, die Kinder lieben, bietet zum Beispiel das »Marburger Kindergartenkochbuch«, das zudem viele Tipps und Anleitungen aus der Praxis gibt. Vorbildlich ist auch die »Kita-Küche der kurzen Wege« in Bremen,

Vollkorn und Obst sind Brainfood für die Schule und sollten deshalb in keinem Pausenkiosk fehlen:

Lebensmittelgruppe	Nährstoffe	Im Schulkiosk als
Brot Getreideflocken Nudeln, Kartoffeln	Kohlenhydrate, Ballaststoffe, Eiweiß, Vitamine, Mineralstoffe	Vollkornbrötchen, Knäckebrot, Müslimischungen mit Sesam, Leinsamen, gehackten Nüssen und Getreideflocken, Frischkornbrei
Gemüse Salat	Vitamine, Mineral- und Ballaststoffe, sekundäre Pflanzenstoffe	Rohkostsalate, Gemüsestücke oder -stifte zum »Dippen«, Gemüsespieße oder Salat zum Brot
Obst	Vitamine, Mineral- und Ballaststoffe, sekundäre Pflanzenstoffe	alle frischen Obstsorten der Saison, Früchtespieße, Trockenobst
Milch Joghurt Käse	Kalzium, Eiweiß	Milch, Buttermilch, Milchmixgetränke ohne Zucker, Joghurt, Dickmilch, Quarkspeisen, Brot mit Käse
Fleisch, Fisch Eier	Eiweiß, Fett, Mineralstoffe, Vitamine	Ei, magere Wurst oder Fisch als Brotbelag (mit Salat)
Fette, Öle	Fette, fettlösliche Vitamine	Öl als Salatdressing, wenig Butter als Brotaufstrich

Nach: Verbraucher-Zentrale Hessen

bei der acht kirchliche Kindertagesstätten sich von Wissenschaftlern eine Logistik erarbeiten ließen, um sich von den Bio-Produzenten vor Ort saisonal versorgen lassen zu können.

Wurst vom Hausmeister

An den Schulen ist die Situation schon dramatischer. Abgesehen davon, dass es in Deutschland viel zu wenige davon gibt, die eine Ganztagesbetreuung und damit auch ein warmes Essen anbieten, lässt auch die Pausenverpflegung in deutschen Schulen sehr zu wünschen übrig. Sie ist nicht die Domäne der Ernährungswissenschaftler, sondern der Hausmeister: Die verdienen an den Wurstsemmeln, Erfrischungsgetränken und Süßigkeiten und haben deshalb verständlicherweise wenig Motivation für ernährungsmedizinische Experimente.

Die Verbraucher-Zentrale Hessen hat sich des Themas angenommen und eine Check-up-Liste für den Schulkiosk entworfen, die sich an den Empfehlungen des Dortmunder Forschungsinstituts für Kinderernährung orientiert (➔ Tabelle oben).

Die klassische Schulmilch gibt es immer noch; sie wird vom Agrarministerrat der EU mit 75 Prozent gefördert. Frische Ökomilch in Mehrwegflaschen können sich jedoch nur die wenigsten Schüler leisten. Trotzdem gibt es

Trinken schärft den Verstand, Zucker aber macht träge. In den Schulkiosk gehören deshalb keine Softdrinks:

Empfehlenswert	Vorteil
Fruchtsaft ungesüßt und ohne Zusatzstoffe	hoher Vitamingehalt
Früchte- oder Kräutertee ungesüßt und ohne Zusatzstoffe	keine Kalorien
Milch	hoher Kalziumgehalt, hochwertiges Eiweiß
Mineralwasser	ohne Zusatzstoffe, keine Kalorien
Nicht empfehlenswert	**Nachteil**
Alkoholhaltige Getränke, Kaffee, Tee	Alkohol, Koffein
Cola	Zuckeranteil: 11 % Zusatzstoffe: Säuerungsmittel, Farbstoffe Zutaten: Koffein, Aromen
Energydrinks	hoher Zuckeranteil. Zusatzstoffe: Säuerungsmittel, Farbstoffe, Süßstoffe. Zutaten: Koffein, Aromen, Taurin, Guarana
Fruchtsaftgetränke	hoher Zuckeranteil, nur 6–30 % Frucht Zusatzstoffe: Säuerungsmittel, Vitamin C, Farbstoffe, Konservierungsstoffe (im Traubensaftgetränk)
Isotonische Sportlergetränke	teilweise hoher Zuckeranteil. Zusatzstoffe: Säuerungsmittel, Farbstoffe, Genusssäuren. Zutaten: Koffein, Aromen, Guarana
Light-Getränke	gesundheitlich umstrittene Süßstoffe Zusatzstoffe: Farbstoffe. Zutaten: Aromen
Limonaden	Zuckeranteil: min. 12 %, nur 3–15 % Frucht Zusatzstoffe: Vitamin C, Farbstoffe, Säuerungsmittel, Verdickungsmittel. Zutaten: Aroma, evtl. Chinin
Fertige Milchmixgetränke	Zuckeranteil: hoher Zuckeranteil Zusatzstoffe: Verdickungsmittel, Emulgatoren
Nektar	Zuckeranteil: min. 12 %, 25–50 % Frucht Zusatzstoffe: Säuerungsmittel und Vitamin C

Nach: Verbraucher-Zentrale Hessen

auch immer mehr Ökobauern, die Catering für Schulen und Kindergärten anbieten.

Schüler verpflegen Schüler

Dass die Leistungen deutscher Kinder und Jugendlicher im internationalen Vergleich schlecht sind (Pisa-Studie), hat durchaus auch etwas mit ihrer Ernährung zu tun.

Das Kuratorium Schulverpflegung, ein Zusammenschluss von Pädagogen, Eltern, einzelnen Lebensmittelunternehmen und der Milchwirtschaft, kümmert sich seit 20 Jahren um das Nahrungsangebot an den Schulen – wie man sieht, nicht gerade mit durchschlagendem Erfolg. Als jüngstes Projekt propagiert es »Schul-Cafeterien«, um den Schülern vollwertige Zwischenmahlzeiten zu ermöglichen. In Bayern wurde im Sommer 2002 ein staatlich gefördertes Projekt vorgestellt, bei dem Schüler ab 13 Jahren angeregt werden sollen, ihre Ernährung selbst in die Hand zu nehmen: Die Aktion »Wir essen, was uns schmeckt« unterstützt die Gründung von Schülerunternehmen, die in Absprache mit Eltern und Schule eigenverantwortlich Einkauf, Kochen und Verteilung der Speisen in den Pausen oder mittags übernehmen sollen.

In Köln kämpften Schüler und Eltern gegen die Schließung städtisch finanzierter Schulmensen, die durch privates Catering ersetzt werden sollen. Manchmal greifen auch die Eltern zur Selbsthilfe: In der Fritz-Steinhoff-Schule in Hagen zum Beispiel kochen 30 Mütter abwechselnd, um den Jugendlichen täglich ein frisches Mittagessen anbieten zu können, angeleitet von einem Vollwert-Koch.

Snacks sind »in« – aber oft nur deshalb, weil Alternativen für die Schulpause fehlen.

Nährstoffe für jedes Alter:

Vitamintabletten sind überflüssig, wenn Sie Ihr Kind richtig ernähren. In unserer Nahrung liegt eine ungeahnte Vitalität und Kraft, wenn wir richtig mit ihr umgehen: vom Säuglingsalter über die Schuljahre bis hin zur Pubertät.

Früh übt sich: Stillen, die Schule des Essens

»Das hat der schon mit der Muttermilch aufgesogen«, sagen wir, wenn jemandem etwas ganz besonders leicht fällt – aus gutem Grund. Schon in den ersten Stunden nach seiner Geburt wird für den kleinen Menschen eine entscheidende Weiche gestellt, die seine Chancen für ein gesundes Leben deutlich verbessern kann. Kinder, die gestillt wurden, haben ein stärkeres Immunsystem, sie bekommen nicht so leicht Allergien und neigen, wie jüngste Studien zeigen, weniger zu Essstörungen und Übergewicht. Auch für Diabetes haben sie ein geringeres Risiko. Ob Fieber, Durchfall oder Bronchienentzündung: Gestillte Kinder werden seltener krank.

Doch obwohl 90 Prozent der Mütter versuchen, ihr Kind nach der Geburt zu stillen, gibt nach acht Wochen nur noch gut jede zweite ihrem Baby die Brust, »ausschließlich oder überwiegend«, wie die Studie »Stillen und Säuglingsernährung in Deutschland« (2000) vermerkt. Nach dem vierten Monat stillen noch 45, nach dem sechsten Monat nur noch 13 Prozent (➔ Grafik Seite 122). Dabei bräuchten Muttermilchersatz aus der Packung eigentlich nur die zwei Prozent aller Babys, deren Mütter aus medizinischen Gründen nicht stillen können.

Befreiung von der Brust

Damals, in den 50er Jahren, als die adaptierte Säuglingsnahrung auf den Markt kam, schien sie die Lösung für alle Probleme, die sich jungen Müttern stellten: Endlich konnte man wiegen, messen und einteilen, was jedes Kind wann und zu welcher Zeit bekommen sollte. Die Muttermilch, einst kostbarstes Gut, verlor in den folgenden Jahren ihren Wert, zumal das Stillen die Frauen mitten in der Emanzipationsbewegung an das Heim oder zumindest an ihr Kind band. In den 70er Jahren erreichte die Stillquote in Deutschland einen historischen Tiefstand.

Doch wieder einmal, so stellte sich heraus, ist die naturbelassene Ernährung besser als das, was Chemiker und Ernährungsmediziner sich zu unserer scheinbaren Entlastung ausgedacht haben. Denn die Inhaltsstoffe der Muttermilch, weiß man seit einigen Jahren, sind unersetzlich.

Zwar nimmt die Bereitschaft zu stillen wieder langsam zu, aber im Verhältnis zu anderen Ländern wie etwa Schweden oder Dänemark können sich die meisten deutschen Frauen nicht wirklich dafür begeistern. Zu angespannt war ihr Aufenthalt im Krankenhaus nach der Geburt, es fehlte an Zeit und Personal, um die jungen Mütter auf das anfangs oft nicht einfache Stillen vorzubereiten. Auch später, zu Hause oder erst recht im hektischen Arbeitsalltag, fällt es vielen schwer, die notwendigen Pausen zu finden. Oder sie haben Angst, »ausgesaugt« zu werden von dem kleinen Wesen, das seinem Hunger nach Nahrung und Liebe trotz seiner winzigen Größe so vehementen Nachdruck verleihen kann.

Stillen ist alles, was Essen bedeuten kann: Nährstoffe, Zuwendung und Liebe.

Abgenabelt

Solange der Fötus im Bauch der Mutter heranwuchs, ist er über die Plazenta mit allen wichtigen Nährstoffen versorgt worden: Er erhielt Kohlenhydrate und langkettige ungesättigte Fettsäuren sowie Immunglobuline für seine Abwehrkräfte. Das kleine Wesen hat dabei bereits ein richtiges Fettpolster aufgebaut: etwa 5000 Kilokalorien Energiereserven, falls die Mutter plötzlich hungern müsste.

Direkt nach der Geburt beginnt bereits der Ernst des Lebens: Kaum abgenabelt, muss der kleine Mensch sich aktiv mit seiner Mutter verständigen, um an Nahrung zu kommen, und umgekehrt sie sich mit ihm. »Das Stillen«, sagt der Kinderarzt Friedrich Manz vom Dortmunder Forschungsinstitut für Kinderernährung, »ist das erste Erlebnis der Nahrungsaufnahme und es enthält darüber hinaus alles, was später auch für das Essen gelten sollte: Zuwendung und Ruhe, sozialen Kontakt und Zufriedenheit.«

Wozu stillen?

Babys haben von der Natur alles mitbekommen, um auch nach dem Abnabeln von der Mutter den intensiven Kontakt mit ihr aufrechtzuerhalten: Automatisch suchen sie nach der Brustwarze, sie saugen und schlucken, ohne dies je gelernt zu haben. Diese hingebungsvolle Beschäftigung mit dem Körper der Mutter bringt diesen dazu, entsprechend zu reagieren: Die Hormone Prolaktin und Oxytocin sorgen für einen geregelten Milchfluss und steuern damit die Ernährung des Säuglings.

Bis die Milch am zweiten oder dritten Tag nach der Geburt richtig »einschießt«, erhält das Kind meist wenig Flüssigkeit aus der Brust. Diese spärliche, cremig gelbe »Vormilch« ist aber in ihrer Zusammensetzung besonders wertvoll: Sie ist reich an Abwehrstoffen, leicht verdaulich und erleichtert den ersten Stuhlgang. Die spätere Muttermilch ist wässrig bläulich.

Stillen ist nicht immer einfach und die Bereitschaft dazu sinkt rasch. Schon mit vier Monaten bekommen viele Babys die Flasche

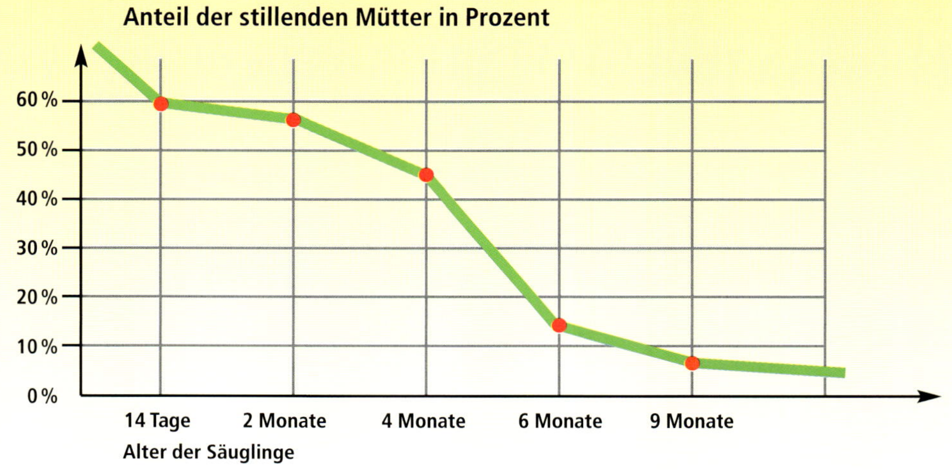

Nach: Forschungsinstitut für Kinderernährung, 2000

Zunächst muss sich das Neugeborene noch besonders anstrengen, den steten Nahrungsfluss im Bauch durch eigene Saugkraft zu kompensieren. Doch schon nach zehn Tagen nimmt das Baby kontinuierlich zu: alle 24 Stunden 20 bis 30 Gramm. Schon im sechsten Lebensmonat hat es sein Geburtsgewicht verdoppelt – nach einem Jahr bereits verdreifacht!

Der winzige Darm macht nun täglich Bekanntschaft mit immer neuen Bakterien, die von außen – aus der Luft oder vom Körper der Mutter – einwandern. Deshalb schwankt seine Verdauung in den ersten Tagen stark. Doch im Großen und Ganzen kann er die täglichen Milchrationen gut bewältigen.

Schon nach knapp einer Woche haben Kolonien von Milchsäure-Bakterien (Bifidus) die Darmwände besetzt und bilden nun einen Schutzschild gegen Krankheitserreger: Sie bauen den Milchzucker der Muttermilch zu Essig- und Milchsäure um und senken so den Säurewert. Pilze und Bakterien haben nun kaum eine Chance, sich dort zu entwickeln.

Frühgeborene, die in der Regel hohe Dosen Antibiotika erhalten, haben es dagegen besonders schwer, ein funktionierendes Immunsystem aufzubauen, und kämpfen jahrelang mit den Folgen. Für sie ist es besonders wichtig, sobald sie stabil genug sind, Muttermilch zu erhalten. Bereits 700 Gramm leichte Frühchen können saugen und trinken.

Fett muss sein

Kinder können im Verhältnis zu ihrer Größe viel mehr essen als Erwachsene, ohne dick zu werden. Das liegt daran, dass ihr Stoffwechsel nicht nur darauf programmiert ist, den Körperumfang zu erhalten, sondern noch für ständigen Zuwachs sorgen soll. Kinder wachsen und entwickeln sich, vor allem Babys: Sie nehmen so schnell zu, dass man schon nach einigen Tagen Veränderungen wahrnimmt. Die Energie dafür liefert ihnen Fett: Babys, die gestillt werden, erhalten deutlich mehr davon als andere – und damit auch bis zu zehnmal mehr Cholesterin. Unklar ist, ob das in den ersten Monaten des Lebens ähnlich schädlich ist wie in späteren Jahren. Es gibt die These, dass Erwachsene, die als Kind gestillt wurden, Blutfette später besser verarbeiten können und gerade deshalb weniger anfällig für Herzkrankheiten sind als andere.

Etwa die Hälfte der Kalorien der Muttermilch besteht aus Fett. Sie liefert dem Baby Nahrung mit besonders hohem Brennwert: Um dieselbe Menge Energie nicht aus Fett, sondern aus Kohlenhydraten zu erzeugen, müsste der Säugling deutlich größere Mengen trinken oder essen. Flaschenkinder, so verdeutlichen Studien, brauchen deshalb auch etwas mehr Nahrung.

Was später zum ersten Gebot einer gesunden Ernährung wird – nämlich Fett reduzieren –, gilt für Babys nicht: Sie brauchen diese Energie. Ernährungsexperten kritisieren, dass Fertigprodukte für Kleinkinder in der Regel zu wenig Fett enthalten, und fordern die Hersteller auf, den Anteil zu erhöhen. Davon betroffen sind vor allem die Säuglinge im Alter von sechs bis zwölf Monaten, von denen immerhin 95 Prozent mit Fertigprodukten ernährt werden.

Nicht zu ersetzen

Auch wenn die Nahrungsmittelindustrie viel Geld in die Forschung investiert hat: Die Vorzüge der Muttermilch kann sie mit Produkten aus Kuhmilch nicht aufwiegen. So enthalten ihre Produkte zum Beispiel weniger ungesättigte Fettsäuren wie Linol-, Linolen- und Ölsäure. Einige besonders langkettige Fettmoleküle fehlen den Wiederkäuern völlig: LCP (long chain polyunsaturates). Sie sind sehr wichtig für die Entwicklung des Sehens und der Nerven. Schon während der Schwangerschaft wird LCP in großen Mengen in Netzhaut und Hirngewebe eingebaut. Seit einigen Jahren wird die Substanz auch der Flaschenmilch zugesetzt.

Ein anderer Bestandteil aber fehlt ihr weiterhin: die mehrfach ungesättigten Fettsäuren Docosahexaensäure (DHA) und Arachidonsäure. Mehrere Studien zeigen, dass gestillte Kinder klüger sind als Flaschenkinder. Eine der Ursachen vermuten die Forscher in diesen beiden Stoffen, die eine wichtige Rolle im Gehirn spielen und es unter anderem vor Schäden durch Oxidation schützen. DHA-Mangel scheint zum Beispiel auch am Krankheitsbild hyperaktiver Kinder beteiligt zu sein. DHA ist eine der Omega-3-Fettsäuren, deren positive Wirkung auf das Herz-Kreislauf-System seit einigen Jahren bekannt ist.

Die mittellangen Molekülketten der Muttermilch, die gut zwei Prozent ihrer Fettsäuren ausmachen, wirken sich günstig auf den Kalzium- und Glukosestoffwechsel aus.

Einzigartiges Eiweiß

Der Eiweißgehalt in der Muttermilch ist eigentlich nicht besonders hoch: 100 Milliliter enthalten etwa 1,2 Gramm, und etwa ein Drittel davon kann der Säugling noch gar nicht richtig verwerten – darunter wertvolle Proteine wie Lysozym, Laktoferrin oder IgA. Trotzdem reicht die geringe Menge aus, das Wachstum des Babys anzukurbeln, weil das Eiweiß besonders hochwertig und das Verhältnis von Energie zu Proteinen ideal ist.

Industrielle Säuglingsnahrung enthält mehr Proteine: nämlich bis zu 1,8 Gramm Eiweiß pro 100 Milliliter – das ist die Hälfte mehr als in der Muttermilch. Das Kuhmilch-Eiweiß kann aber vom menschlichen Organismus nicht so gut verwertet werden. Es wird im Darm, so der Ernährungswissenschaftler Konrad Biesalski von der Universität Stuttgart-Hohenheim, zu Ammoniak und Harnstoff abgebaut: »Das führt zu Fäulnisprozessen im Darm und belastet die Ausscheidungsorgane.«

Weniger ist mehr

Bis auf das Fett gilt für die Muttermilch: Weniger ist mehr. So enthält sie deutlich weniger belastende Mineralstoffe, die für den unreifen Verdauungsapparat des Säuglings noch schwere Kost sind. Eisen zum Beispiel: Flaschenkinder bekommen zwanzigmal mehr.

Um den Stoffwechsel des Babys nicht zu überfordern, bietet Muttermilch auch weniger Kohlenhydrate als Flaschenmilch: Neben geringen Mengen an Oligosacchariden (wichtig für den Aufbau und die Reifung des

In einem Jahr dreimal so dick: Besonders in den ersten drei Monaten legt das Baby kräftig an Gewicht zu:

Alter	Zunahme pro Tag in Gramm	Zunahme pro Woche in Gramm	Zunahme pro Monat in Gramm
1.–3. Monat	28–30	160–200	850–900
4.–6. Monat	20–25	140–170	600–750
7.–9. Monat	15–20	100–140	450–600
10.–12. Monat	12–15	80–100	360–450

Immunsystems, vermutlich auch für das Gehirn) enthält sie als Kohlenhydrate nur noch Milchzucker (Laktose). In Fläschchen dagegen steckt auch Stärke, um die Säuglingsnahrung oder Folgemilch sämiger zu machen und die Sättigungsdauer zu verlängern.

Muttermilch ist übrigens immer ideal auf die Bedürfnisse des Kindes angepasst: Im Sommer ist sie wässrig und im Winter energiereicher. Sie enthält auch weiße Blutkörperchen (Leukozyten) sowie andere Abwehrstoffe des Immunsystems.

Mehr Vitamine und Mineralstoffe

Das Baby kann aber nur dann von der Muttermilch profitieren, wenn seine Mutter sich während der Stillzeit richtig ernährt. Dann ist ihr Bedarf an Vitaminen, Mineralstoffen und Eiweiß oft sogar noch höher als während der Schwangerschaft. Stillende Mütter benötigen etwa 500 Kilokalorien am Tag mehr als andere Frauen. Manche kommen mit weniger aus: Offensichtlich sinkt der Energieverbrauch des Körpers während der Stillzeit ab, weil er einen wesentlichen Teil zur Produktion der Muttermilch »abzieht«.

Besonders wichtig sind jetzt Kalzium und Vitamin D (fast doppelt so viel wie im Normalfall); außerdem brauchen Stillende deutlich mehr Zink (plus 83 Prozent), B1 und B2 (plus 55 bzw. 53 Prozent) sowie Folsäure (plus 50 Prozent) und Vitamin C (plus 67 Prozent) (➔ Grafik Seite 127).

Wie lange stillen?

Stillen wird von allen Experten, dem Bund Deutscher Hebammen genauso wie der Weltgesundheitsorganisation WHO, uneinge-

Unser Tipp: Nehmen Sie sich Zeit zum Stillen!

- ✔ Versuchen Sie in jedem Fall zu stillen, es lohnt sich! Jede auch noch so kurze Stillzeit ist für Ihr Kind wertvoll.
- ✔ Vier bis sechs Monate sollten Sie durchhalten. In dieser Zeit braucht Ihr Kind nur Muttermilch, Vitamin D und Fluorid.
- ✔ Achten Sie deshalb mehr denn je auf die richtige Ernährung.
- ✔ Nehmen Sie in der Stillzeit nicht ab.
- ✔ Trinken Sie viel: Mindestens 2 Liter am Tag sollten es sein.
- ✔ Rauchen (auch Passiv-) ist weiter untersagt.
- ✔ Nicht zu viel Kaffee oder Schwarztee (höchstens 3 kleine Tassen täglich).
- ✔ Alkohol darf wieder sein, aber nur ein kleines Glas.
- ✔ Klären Sie die Einnahme von Medikamenten mit dem Arzt ab.
- ✔ Legen Sie Ihr Kind in den ersten Wochen immer an beiden Brüsten an, das fördert die Milchbildung.
- ✔ Nehmen Sie sich Zeit: Ruhe und Entspannung sind wichtig. Wählen Sie für sich und Ihr Kind einen ruhigen und angenehmen Platz aus.

schränkt bis zum sechsten Monat empfohlen. Ab dem 6. Monat (nicht früher!) freundet sich das Baby dann schon mit dem Löffel an: Es bekommt Beikost mit Gemüse, Obst und einer kleinen Portion Fleisch.

Doch auch wenn daneben noch weiter gestillt werden sollte, bestünden, so Mathilde Kersting vom Dortmunder Forschungsinstitut für Kinderernährung, keine gesundheitlichen Gefahren durch in der Muttermilch enthaltene Schadstoffe. Sie empfiehlt den Müttern lediglich, darauf zu achten, nicht zu stark abzunehmen, da dann mit der Auflösung der Fettdepots des Körpers die dort angesammelten Schadstoffe mobilisiert und in die Muttermilch freigesetzt würden.

Stillen hat nicht nur Vorteile für das Kind: Das Hormon zur Milchausschüttung (Oxytocin) sorgt dafür, dass sich die Gebärmutter der Mutter rasch wieder zurückbildet. Und das Milchbildungshormon Prolaktin verhindert, dass sie gleich wieder schwanger wird.

Keine Zusatznahrung

Solange gestillt wird, ist nach Ansicht der Experten des Dortmunder Forschungsinstituts für Kinderernährung jede Zusatznahrung überflüssig. Im Gegenteil: Sie kann sich sogar negativ auf die Entwicklung des Babys auswirken. Zehn Prozent der von ihnen untersuchten Säuglinge erhielten über die Beikost schon mit drei Monaten Süßungsmittel und Salz. Diese Stoffe aber sollten frühestens ab einem Jahr Bestandteil der Nahrung sein, warnen die Wissenschaftler. Sonst gewöhne sich das Kind zu früh an deren Geschmack.

Stillen dagegen scheint den Appetit auf Süßes zu bremsen: Mit Muttermilch aufgezogene Säuglinge, so zeigte sich in Dortmund, nehmen weit weniger Zucker als Flaschen-Babys zu sich – auch wenn sie schon doppelt so alt sind und Zusatznahrung bekommen.

Der Milchpulver-Skandal

In den 70er Jahren löste der Skandal um die Werbung für Milchpulver in der Dritten Welt eine schwere Krise im Unternehmen Nestlé aus. Kritiker warfen dem Konzern vor, mit aggressiven Werbemethoden die meist ungebildeten Frauen vom Stillen abzubringen. Da zur Zubereitung der Trockenmilch oft verunreinigtes Wasser benutzt wurde, führte das zum Tod vieler Säuglinge.

Seither gibt es einen internationalen Verhaltenskodex, der Regeln für eine freiwillige Beschränkung der Werbung festlegt. Auch Nestlé hat sich diesem in seinen »Unternehmensgrundsätzen« angeschlossen. Doch erst Ende 1992 verzichteten alle Babynahrungskonzerne, die in der Internationalen Vereinigung der Kindernahrungshersteller zusammengeschlossen sind, auf die kostenlose oder preisgünstige Lieferung von Muttermilchersatz an Kliniken und Entbindungsstationen – vorausgesetzt, die Regierungen der »beschenkten« Länder forderten sie dazu auf. Die Belieferung von privaten Kliniken und Kinderarztpraxen ist jedoch weiterhin möglich.

Die Interagency Group on Breastfeeding Monitoring (IGBM), ein Zusammenschluss von 27 nichtstaatlichen Organisationen, Kirchen und wissenschaftlichen Institutionen wie der Weltgesundheitsorganisation WHO und UNICEF in Großbritannien, stellte noch 1996 fest, dass Firmen weiterhin den Kodex verletzen. Frauen in Bangladesch, Thailand und Südafrika, aber auch in Polen erhielten der IGBM zufolge Broschüren, in denen vom Stillen abgeraten wurde.

Noch immer, schätzt die Weltgesundheitsorganisation WHO, könnte jährlich der Tod von eineinhalb Millionen Kindern vermieden werden, wenn sie gestillt und nicht mit Flaschenmilch aufgezogen würden.

Was Schwangere und Stillende als Nährstoff-Plus brauchen:

	Normal	Schwangere	Plus*	Stillende	Plus*
Kalorienbedarf	2000 kcal	2300 kcal	+15 %	bis 2650 kcal	+32,5 %
Nährstoffe					
Eiweiß	48 g	58 g	+21 %	63 g	+31 %
Essentielle Fettsäuren	8 g	9,5 g	+19 %	11 g	+37,5 %
Wasser	2300 ml	2500 ml	+9 %	3200 ml	+39 %
Mineralstoffe					
Kalzium	900 mg	1200 mg	+33 %	1300 mg	+44 %
Magnesium	300 mg	300 mg	–	375 mg	+25 %
Eisen	15 mg	30 mg	+100 %	20 mg	+33 %
Jod	200 µg	230 µg	+15 %	260 µg	+30 %
Zink	12 mg	15 mg	+25 %	22 mg	+83%
Vitamine					
A	0,8 mg	1,1 mg	+37,5 %	1,8 mg	+125 %
D	5 µg	10 µg	+100 %	10 µg	+100 %
E	12 mg	14 mg	+16 %	17 mg	+42 %
K	65 µg	65 µg	–	65 µg	–
B1	1,1 mg	1,5 mg	+36 %	1,7 mg	+55 %
B2	1,5 mg	1,8 mg	+20 %	2,3 mg	+53 %
Niacin	15 mg	17 mg	+13 %	20 mg	+33 %
B6	1,6 mg	2,6 mg	+62,5 %	2,2 mg	+37,5 %
Folsäure	300 µg	600 µg	+100 %	450 µg	+50%
B12	3,0 µg	3,5 µg	+16 %	4,0 µg	+33 %
C	75 mg	100 mg	+33 %	125 mg	+67 %

*im Verhältnis zum Normalbedarf

Nach: Deutsche Gesellschaft für Ernährung

Schutzzone Säuglingskost

In Deutschland gibt es seit 1994 ein spezielles Werbegesetz für Säuglingsnahrung, das verhindern soll, dass Mütter über die Werbung dazu überredet werden, das Stillen aufzugeben. Flaschenmilch darf zum Beispiel nicht mit Begriffen wie »humanisiert« oder »maternisiert« ausgelobt werden. Sie darf nicht mit Kinderbildern die Emotionen ansprechen und auch sonst nicht unsachlich sein. Sie muss einen Hinweis enthalten, dass Stillen der Flaschennahrung überlegen ist.

Der Zusatz »adaptiert«, also der Muttermilch angeglichen, darf auf der Flaschennahrung nur dann erscheinen, wenn der Proteingehalt unter 2,5 g/100 kcal (0,6 g/100 kJ) liegt und der

Natriumgehalt unter 39 mg/100 kcal (9 mg/100 kJ). Als weitere Werbeaussagen sind erlaubt: »saccharosefrei« (kein Haushaltszucker), »nur Laktose enthalten« (keine weiteren Kohlenhydrate) oder »laktosefrei« (bei Überempfindlichkeit) und »mit Eisen angereichert«.

Vorsicht bei Spezialnahrung

Trotzdem kritisieren Ernährungsexperten und Kinderärzte auch hier immer wieder Missstände. Zum Beispiel werden in deutschen und österreichischen Supermärkten und Drogerieketten spezielle Formelnahrungen für Säuglinge angeboten. Für den Verbraucher sehen sie zwar aus wie die regulären Säuglingsanfangs- und Folgenahrungen. Aber sie entsprechen nicht den europäischen und nationalen Richtlinien für diese Babykost. Die Industrie muss sich etwas einfallen lassen, denn die Geburtenraten sinken. »Innovative Produkte mit Zusatznutzen«, so der Geschäftsführer von Alete Nestlé, sollen dieses Manko ausgleichen. Die Rechnung scheint aufzugehen: Die Branche verzeichnete 2001 eine Umsatzsteigerung von vier Prozent gegenüber dem Vorjahr – trotz sinkenden Absatzes. Die Quelle des Erfolgs: teure Spezialnahrung. Bei einigen Produkten müssen bis zu 55 Euro monatlich aufgewendet werden.

Es geht um so genannte »Spezialnahrungen«, die dem Säugling bei Blähungen, Erbrechen und milden Verdauungsstörungen helfen sollen (Beba Sensitive, Comformil, Enfamil comfort). Solche besonderen medizinischen Zwecken dienenden Produkte sind diätetische Lebensmittel und dürften demnach nur unter medizinischer Überwachung eingesetzt werden. Sie sollten auf keinen Fall, kritisieren die Ernährungskommissionen der Deutschen Gesellschaft für Kinderheilkunde und Jugendmedizin und der Österreichischen Gesellschaft für Kinder- und Jugendheilkunde, an alle Säuglinge, also auch an gesunde, verabreicht werden.

Auch würden für diese Produkte zum Teil »unbegründete Wirkungsversprechen« abgegeben. Der empfohlene Einsatz »von der ersten Flasche an« widerspreche zum Beispiel dem Grundsatz einer diätetischen Therapie: Schließlich müsse zunächst einmal eine Erkrankung diagnostiziert werden. Die Experten fürchten jedoch, dass Mütter schon bei milden Störungen ihrer Säuglinge das Stillen abbrechen könnten, um auf diese Produkte umzusteigen (➔ auch Seite 132).

Schutz vor der Umwelt: Was kann die Muttermilch?

Die Muttermilch enthält zwar **wenig Eiweiß,** aber besonders **viel Laktoferrin und Lysozym,** zwei **antimikrobiell** wirkende Stoffe. Auch sonst hilft sie dem Neugeborenen, sich vor der für ihn zunächst feindlichen Umwelt zu schützen. Sie gibt ihm zum Beispiel **sekretorisches Immunglobulin A (sIgA),** spezifische Antikörper, die das Baby in den ersten Lebensmonaten nicht ausreichend selbst bilden kann. Durch diese Antikörper wird das Baby gegen Krankheitserreger **immunisiert,** mit denen das Abwehrsystem seiner Mutter bereits fertig geworden ist. So ist es gegen Keime der **häuslichen Umgebung** gewappnet. Man vermutet, dass Immunglobulin A außerdem das **kindliche Immunsystem** trainiert.

Vegetarische Babys

Babys vegetarisch zu ernähren wird meistens nicht empfohlen. Es ist aber möglich, wenn die Mutter Milch und Eier nicht ablehnt, sehr gut über den Nährstoffgehalt der verwendeten Lebensmittel informiert ist und natürlich auch

Welche Schadstoffe enthält die Muttermilch?

Muttermilch steht in der Nahrungskette an allerletzter Stelle, deshalb zählt sie zu den am **stärksten belasteten** Lebensmitteln. Zum Beispiel enthält sie fünf- bis zehnmal mehr **chlorierte Kohlenwasserstoffe** als Kuhmilch, weil die Lebensspanne des Menschen länger ist. Frauen, die mehrere Kinder haben oder länger stillen, sind weniger belastet. Sehr dünne Frauen dagegen haben höhere Werte.

Zu den am häufigsten in Muttermilch nachgewiesenen Schadstoffgruppen zählen:

- **persistente Chlorkohlenwasserstoffe** und **polycholierte Biphenyle (PCB)** (dazu zählen Hexachlorbenzol (HCB), Lindan und DDT, Dieldrin und Heptachlorepoxid (HCE) aus Industrie und Pflanzenschutz),
- **Dioxine und Furane** (aus Verbrennungsprozessen),
- **Nitromoschusverbindungen** (aus Kosmetik- und Waschmittelindustrie),
- **Schwermetalle** (geringere Belastung, aus Umwelt und Amalgamfüllungen),
- **Medikamente,**
- **Radionuklide** (aus Umwelt oder medizinischer Behandlung).

Seit gut 20 Jahren wird Muttermilch regelmäßig auf Schadstoffe hin untersucht. Die Anteile an PCB, Dioxinen und DDT sind speziell in den letzten Jahren deutlich gesunken.

den Bedarf ihres Kindes kennt. Der Aufwand ist allerdings groß. Vor allem auf ausreichend Eisen in Verbindung mit Vitamin-C-haltigen Säften, Früchten und Gemüse muss geachtet werden. Als vegetarische Alternative zur Kuhmilch wird unter anderem Flaschenmilch auf Sojabasis empfohlen.

Säuglingsmilch als Frischkorn- oder Mandel-»Milch« selbst herzustellen ist problematisch. Das in der EU-Richtlinie für Säuglingsanfangsnahrung empfohlene Verhältnis der Fettsäuren wird dabei meist nicht erreicht. Nur eine vom Forschungsinstitut für Kinderernährung entwickelte »Halbmilch« liefert die notwendigen Nährstoffe in einem ausgewogenen Verhältnis. Da jedoch Vitamin A und C nicht ausreichend enthalten sind, müssen ab der sechsten Woche Karottenbrei und Obstsaft zugesetzt werden – was wiederum das Allergierisiko erhöht. Da die Zubereitung zudem kompliziert ist und besondere Präzision (mit einer Digitalwaage) und hygienische Sorgfalt erfordert, wird selbst hergestellte Säuglingsmilch von den meisten Experten nicht mehr empfohlen.

Kuhmilch – gut oder böse?

Unter den Säugetieren behält nur der Mensch nach dem Abstillen von der Mutterbrust die Milchernährung bei. Bei der Diskussion um die Frage, ob Kuhmilch für Kinder wirklich gesund ist, scheiden sich deshalb immer wieder die Geister. Wegen ihrer andersartigen Zusammensetzung darf Kuhmilch dem Kind frühestens ab dem sechsten Monat und nur in kleinen Mengen (zum Beispiel im Vollmilch-Getreide-Brei) verabreicht werden. Auch Ziegen-, Schafs- oder Stutenmilch ist für Säuglinge nur bedingt geeignet.

Neben den Warnungen vor einem verfrühten Einsatz wird Kuhmilch jedoch ab dem zweiten Lebensjahr plötzlich als »wichtigste

Kalziumquelle« von den meisten Experten als einer der Grundbausteine der kindlichen Nahrung empfohlen. Der Organismus ist dann nämlich so weit entwickelt, dass er die Inhaltsstoffe der Vollmilch verwerten kann. Trotzdem kommen Kinder, die zuvor gestillt wurden, besser mit Kuhmilch zurecht als andere. Ihr Darm ist dafür optimal entwickelt.

Ist Milch wirklich Knochennahrung?

Kinder, die keine Milch trinken, warnt die Deutsche Gesellschaft für Ernährung, seien im Alter dem Risiko der Knochenentkalkung (Osteoporose) ausgesetzt. Neuere Forschungsergebnisse zeigen jedoch, dass der Konsum von Milchprodukten nicht einfach mit gesunden Knochen gleichzusetzen ist. Der Stoffwechsel ist komplizierter. Durch falsche Ernährung (etwa zu viel Phosphate aus Fleisch), Stress oder Bewegungsmangel kann es im Körper zu einer Übersäuerung kommen. Die versucht er dadurch zu kompensieren, dass er Kalzium als chemischen Puffer aus den Knochen abzieht. In dieser Situation tragen Milchprodukte zur weiteren Übersäuerung bei.

Epidemiologische Studien lassen noch keine sicheren Schlüsse zu, ob Milch nun insgesamt positiv oder negativ für den Knochenbau ist. »Man muss ohne Milch keinen Kalziummangel erleiden«, sagt zum Beispiel Gunther Weiss, Ernährungswissenschaftler beim Demeter-Bund in Darmstadt. Trotzdem hält er Milch gerade bei Kindern für »ein wertvolles Lebensmittel«. Der Kinderarzt und Adipositas-

Unser Tipp: Flaschenmilch richtig zubereiten!

- **Prüfen Sie die Qualität Ihres Leitungswassers (Wasserwerke anrufen!). Fragen Sie vor allem nach Nitrat (Grenzwert 50 mg/l). Dort können Sie es auch auf Kupfer oder Blei aus Rohren untersuchen lassen (ca. 50 Euro).**
- **Falls Sie Mineralwasser verwenden, kaufen Sie ein streng natriumarmes (unter 20 mg/l) und nitratarmes (unter 10 mg Nitrat/l). Achten Sie deshalb auf den Hinweis »geeignet für die Zubereitung von Säuglingsnahrung«. Wählen Sie kohlensäurearme oder stille Produkte.**
- **Leitungswasser wie Mineralwasser müssen vor der Verwendung abgekocht werden.**
- **Flasche und Sauger vor jedem Gebrauch gründlich spülen und anschließend sterilisieren.**
- **Bereiten Sie die Flaschennahrung immer frisch zu.**
- **Wenn Sie unterwegs sind: Nehmen Sie abgekochtes, heißes Wasser in einer Thermoskanne mit und mischen Sie es erst kurz vor Bedarf in das Pulver (das schon portioniert in der Flasche ist).**
- **Verwenden Sie keine Reste von Fertigmilch.**
- **Halten Sie sich genau an die Dosierungsanleitung auf der Verpackung.**

High-Tech fürs Baby: Trotz ausgefeilter Rezepte kommt die Flaschennahrung nicht an die Qualität der Muttermilch heran.

Experte Kurt Widhalm vom Wiener Allgemeinen Krankenhaus gibt allerdings zu bedenken, dass Milch nicht nur Kalzium, sondern auch einen beträchtlichen Fettanteil enthalte. Ihr Wert als Kalziumlieferant dagegen sei wissenschaftlich nicht bewiesen.

Allergien durch Kuhmilch

Der Ganzheitsmediziner Max Otto Bruker kritisiert seit Jahren den »Murks mit der Milch« und beschreibt aus seiner Praxis das Abklingen vieler Symptome – vor allem allergischer Reaktionen – bei Kindern, die auf Kuhmilch verzichten.

Bruker sieht als krank machenden Faktor vor allem das Eiweiß und warnt deshalb bei Hautausschlägen vor Milch, Joghurt, Quark und Käse. Sahne und Butter seien dagegen erlaubt, da sie überwiegend Fett und nur geringe Mengen Eiweiß enthielten.

Ob ein Kind zu allergischen Reaktionen neigt, hängt zunächst einmal von seinen Genen ab. Ist seine Mutter Allergikerin, hat es bereits ein 60-prozentiges Risiko, die Veranlagung zu erben. Haben beide Elternteile Allergien, vergrößert es sich auf 75 Prozent. Doch daneben spielt auch die Ernährung im frühen Alter eine zentrale Rolle, denn sie entscheidet erst, ob eine Veranlagung durchbricht oder nicht.

Kuhmilchproteine sind dabei die häufigsten Auslöser von Allergien. 45 Prozent der Babys haben Probleme, auf Kuhmilch basierende industrielle Säuglingsmilche zu vertragen. Sie reagieren mit Erbrechen, Durchfall und Entwicklungsstörungen, aber auch mit Asthma

Die Qual der Wahl: Welche Flaschenmilch ist richtig?

Wer nicht stillen kann oder will, muss aus einem großen Angebot an Flaschennahrung auswählen. Ein Überblick:

- **Pre-Nahrung** für die Zeit **direkt nach der Geburt.** Sie ist in ihrem Eiweiß-, Fett- und Mineralstoffgehalt der Muttermilch am weitesten angenähert. Außer Milchzucker (Laktose) enthält sie **keine weiteren Kohlenhydrate** und kann daher wie Muttermilch **nach Bedarf** gefüttert werden. **Pre-Milch** wurden zudem für die Gehirnentwicklung wichtige **langkettige ungesättigte Fettsäuren** zugesetzt (gekennzeichnet mit den Buchstaben **LCP, LC-PUFA, DHA oder AA).**
- **1-Milch** ist Säuglings-Milchnahrung mit dem Zusatz von **Stärke.** Das macht die Nahrung sämiger und **sättigt** daher länger. Die Dosierung muss hier besonders genau eingehalten werden. Manche Produkte enthalten **weitere Kohlenhydrate** wie Maltodextrin oder Saccharose (Haushaltszucker). Sie werden vom Dortmunder Forschungsinstitut für Kinderernährung daher nicht empfohlen.
- **2-Milch** ist eine so genannte **Folgemilch:** Sie sollte frühestens **ab dem fünften Monat** gefüttert werden, ist aber nicht unbedingt notwendig. Ihre **Zusammensetzung** ist bereits auf die beginnende **Breikost** abgestimmt.
- **Hypoallergene Nahrung (HA):** Hier ist das **Eiweiß** der Kuhmilch **aufgespalten,** um das Allergierisiko zu verringern. Sie ist als Pre-, 1- oder 2-Variante auf dem Markt, aber nicht geeignet für Babys mit **Laktose-Unverträglichkeit.**
- **Stark hydrolysierte Flaschenmilch** für allergische Säuglinge gibt es nur in der Apotheke.

oder Hautausschlägen (Neurodermitis). Unter Experten umstritten ist, ob als Vorbeugung gegen Allergien das Fremdeiweiß so lange wie möglich gemieden oder umgekehrt der Körper schon früh durch kleinste Mengen immunisiert werden soll. Untersuchungen im Nachbarland Frankreich haben gezeigt, dass sich bei wohl dosiertem Kontakt deutlich weniger Allergien zeigten.

Oft sind Allergien nur vorübergehende Reaktionen auf die Umstellung von der Milch zu anderen Nahrungsmitteln. Von den empfindlichen Säuglingen reagieren nach etwa drei Jahren 90 Prozent nicht mehr negativ auf Kuhmilch. Seine Allergie gegen Hühnereiweiß hat jeder zweite Fünfjährige überwunden. Und nur noch zwei bis drei Prozent der älteren Kinder und Erwachsenen haben weiterhin Probleme mit bestimmten Speisen.

Quälender Juckreiz

Eine der häufigsten Hautkrankheiten bei Kindern ist die atopische Dermatitis mit trockener Haut und starkem, oft unerträglichem Juckreiz. Nach Schätzungen leiden weltweit fünf bis zehn Prozent der Kleinkinder an dieser Erkrankung, die in der Pubertät oftmals wieder verschwindet.

Bei Untersuchungen im Genfer Universitätsspital fanden die Mediziner bei einem Drittel der betroffenen Kinder Nahrungsmittelallergien – vor allem gegen Kuhmilch und Eier, aber auch gegen Erdnüsse. Im Zuge der Untersuchungen entdeckten sie zum ersten Mal ein Oberflächenmolekül (a4b7-Integrin), das für die Immunreaktion wichtig ist und vielleicht – so hoffen die Forscher – die Basis eines Medikaments gegen Kuhmilch-Allergie werden könnte.

Hilft »hypoallergen«?

Die Hersteller bieten auch »hypoallergene« oder »hypoantigene« Produkte (HA) an: Bei ihnen wird das Milcheiweiß-Protein durch Hydrolyse zerstückelt, damit das Immunsystem es nicht mehr als Fremdeiweiß erkennt und deshalb abwehrend reagiert.

Viele der angebotenen HA-Nahrungen sind jedoch nicht ausreichend hydrolysiert. Die Milch wird durch diesen Prozess bitter und von den Säuglingen leicht abgelehnt. Solche Produkte enthalten also immer noch allergisches Potenzial und dienen allenfalls der Vorbeugung bei Kindern mit familiärem Allergierisiko. Bereits an Dermatitis erkrankte Babys vertragen diese Produkte meist nicht.

Eine vom Bundesgesundheitsministerium unterstützte Studie an 2252 Kindern in mehreren deutschen Kliniken ergab, dass lediglich ein kleiner Teil der verwendeten Produkte Wirkung zeigte und auch nur bei solchen Säuglingen, deren Eltern an Heuschnupfen oder anderen Allergien erkrankt waren. Vor komplexeren Erkrankungen wie Neurodermitis konnte hypoallergene Milch nicht schützen. Für Babys, die bereits unter einer Allergie leiden, ist besonders stark hydrolysierte Säuglingsnahrung in Apotheken erhältlich.

Der Lebensmittelchemiker Udo Pollmer weist jedoch auf einen Risikofaktor in Verbindung mit den zerstückelten Kuhmilchproteinen hin: Sie drängen durch die noch durchlässige Darmwand des Neugeborenen. Wenn dann das Immunsystem in Aktion trete, um das Fremdeiweiß zu zerstören, könne auch die Bauchspeicheldrüse darunter leiden, deren Eiweiß Teilen des Kuhmilchproteins sehr ähnlich sei. Das könne zu Diabetes führen.

Unser Tipp: Bei Risiko-Kindern vorbeugen!

- ✔ **Wenn einer oder beide Elternteile Allergien haben, sollte das Kind die ersten sechs Monate gestillt werden. Kuhmilch sollte dann erst im zweiten Lebensjahr zur Nahrung werden.**
- ✔ **Wenn ein Allergierisiko besteht und nicht gestillt werden kann, sollte das Baby eine hypoallergene Flaschenmilch (HA) bekommen.**
- ✔ **Beikost sollten allergiegefährdete Kinder nicht vor dem siebten Monat erhalten.**
- ✔ **Neue Lebensmittel bei Risikokindern nur einzeln und stufenweise einführen. Eine Woche Abstand lassen!**
- ✔ **Lebensmittel wie Eier, Nüsse, Sojaprodukte, Zitrusfrüchte, Fisch, Tomaten und Hülsenfrüchte, die häufig Allergien auslösen, sollten bei gefährdeten Kindern bis zum Ende des zweiten Lebensjahrs vermieden werden.**
- ✔ **Liegen keine besonderen Anzeichen für ein Allergierisiko vor, sollte das Baby normal ernährt werden, um eine ausgeglichene Nährstoffversorgung zu sichern.**
- ✔ **Keine Experimente mit eigenen Diäten!**

Unverträglich

70 Prozent aller Menschen auf der Erde – die meisten davon leben in Afrika oder Asien – vertragen Milch nicht. Nach der Stillzeit hat ihr Körper die Produktion eines Enzyms (Laktase) eingestellt, mit dessen Hilfe die in der Milch enthaltene Laktose (Milchzucker) verarbeitet wird. Diese »Unverträglichkeit« unterscheidet sich von einer »Allergie« dadurch, dass ihre Symptome sich je nach Menge des Milchkonsums verbessern oder verschlechtern, anstatt sich dem Immun-Gedächtnis ein für alle mal einzuprägen. Zehn Prozent aller Deutschen leiden nach Schätzungen unter Laktose-Unverträglichkeit, die Blähungen, Völlegefühl und andere unbestimmte Symptome hervorruft. Deshalb ist die Unverträglichkeit häufig schwer zu diagnostizieren.

Als Therapie müssen laktosehaltige Lebensmittel vermieden werden, bis sich der Organismus entgiftet und stabilisiert hat. Forscher arbeiten im Übrigen daran, durch gentechnische Manipulation bei Kühen eine laktosefreie Milch zu erzeugen.

Fettarm oder nicht?

Welche Milch soll Ihr Kind trinken? Säuglinge und Kleinkinder brauchen das Fett zum Wachsen, also sollten sie normale Vollmilch trinken (mit einem Fettgehalt von 3,5 bis 5 Prozent). Fettarme Milch (1,5 Prozent Fett) enthält weniger Vitamine: die fettlöslichen nämlich – Vitamin A, D, E und K – nehmen ab. Trotzdem empfehlen Ernährungsexperten fettreduzierte Milch für immer kleinere Kinder. Die umstrittene EU-Beikost-Richtlinie

Jeder zehnte Deutsche reagiert empfindlich auf Laktose. Der Milchzucker steckt in vielen Lebensmitteln:

Lebensmittel	g Laktose pro 100 g	Lebensmittel	g Laktose pro 100 g
Kuhmilch (3,5 % Fett)	4,8 – 5,0	Eiscreme (Milcheis)	5,1 – 6,9
Milchmixgetränke	4,4 – 5,4	Nugat	25,0
Dickmilch	3,7 – 5,3	Milchschokolade	9,5
Kefir	3,5 – 6,0	Hüttenkäse (20 % Fett i. Tr.)	2,6
Buttermilch	3,5 – 4,0	Frischkäse, Frischkäsezubereitungen	
Joghurt (1–3,5 % Fett)	3,7 – 5,6	(10–70 % Fett i. Tr.)	2,0 – 4,0
Quark (Mager- bis Fettstufe)	2,6 – 4,1	Schmelzkäse (10–70 % Fett i. Tr.)	2,8 – 6,3
Sahne, Rahm (süß, sauer)	2,8 – 4,0	Kochkäse (0–45 % Fett i. Tr.)	3,2 – 3,9
Crème fraîche	2,0 – 3,6	Feta (45 % Fett i. Tr.),	0,5 – 4,1
Kaffeesahne (10–15 % Fett)	3,8 – 4,0	Camembert (45 % Fett i. Tr.),	
Kondensmilch (4–10 % Fett)	9,3 – 12,5	Chesterkäse (50 % Fett i. Tr.),	
Butter	0,6 – 0,7	Edamer, Gouda (45 % Fett i. Tr.),	
Butterschmalz	0,0	Mozzarella	
Margarine	0,0 – 1,0	Roquefort, Tilsiter	0,1 – 2,0
Milchpulver	38,0 – 51,5	Edelpilzkäse, Emmentaler,	
Molke, Molkegetränke	2,0 – 5,2	Räucherkäse, Reibkäse, Schafskäse	< 0,1
Desserts (Fertigprodukte)	3,3 – 6,3	Wurstwaren	1,0 – 4,0

Quelle: LaktoseNetzwerk (LaktoNet), 2002

aus dem Jahr 1999 schreibt zum Beispiel eine Höchstmenge Fett für den Milchbrei vor. Die fehlenden Vitamine werden im Zweifelsfall hinzugefügt. Wer das Produkt mit Vollmilch anrührt, hat die Grenzwerte bereits überschritten. Die Hersteller schlagen deshalb eine Verdünnung mit Wasser vor. Das Dortmunder Forschungsinstitut für Kinderernährung sieht hingegen kein Problem darin, zur Beikost weiter Vollmilch zu verwenden.

Ob Voll- oder fettarme Milch für Ihr Kind richtig ist, hängt nicht zuletzt von seinem Gewicht und seiner sonstigen Ernährung ab. Dicke Kinder sollten nur fettarme Milch trinken.

Ist homogenisieren ungesund?

Während die einflussreiche Milch-Lobby alle ihre Produkte von Rohmilch bis zur H-Milch als besonders gesund anpreist, kritisieren Naturmediziner vor allem den Prozess der Homogenisierung. Dabei wird die Milch unter hohem Druck gegen Metallplatten gepresst, um die Fettkügelchen zu zertrümmern. Danach haben sie nur noch ein Drittel ihrer ursprünglichen Größe.

Das Homogenisieren setzt ein Milchenzym (Xanthin-Oxydase) frei, das – so nehmen manche Wissenschaftler an – die Darmwand durchwandern und in die Blutbahn gelangen kann. Der Lebensmittelchemiker Udo Pollmer kritisiert, dass die Gefahr allergischer Reaktionen auf die Milch durch die Homogenisierung um das Zwanzigfache steige. Die Milchhersteller bestreiten das.

Der Demeter-Bund hat für seine Biomilch das Homogenisieren verboten, andere Mitgliedsverbände der Arbeitsgemeinschaft Ökologischer Landbau (AGÖL) lassen es theoretisch zu. In der Praxis wird es jedoch – außer bei H-Milch – nach Angaben der Biohersteller nicht angewandt. Als Verbraucher Verdacht schöpften, weil sich auf ihrer Biomilch

Was passiert mit der Milch beim Haltbarmachen?

Frische Vollmilch ist **pasteurisiert:** Sie wurde 15 bis 30 Sekunden lang bis auf 75 °C erhitzt, um krankheitserregende Keime abzutöten. Die **Vitamine** bleiben dabei weitgehend erhalten. Frische Vollmilch kann im Kühlschrank etwa **fünf Tage** lang aufbewahrt werden.

▶ **Ultrahocherhitzte** Milch (H-Milch) ist besonders lange haltbar. Sie wird 2 bis 20 Sekunden bis zu 135 °C erhitzt und hält sich ungeöffnet und ungekühlt **mehrere Monate.** Viele Nährstoffe überstehen diesen Prozess nicht, Vitamine gehen durch die lange Lagerung verloren.

▶ **Rohmilch** wird nach dem Melken nur gefiltert und gekühlt. Sie darf nur direkt vom Erzeuger abgegeben werden. Kleinkinder, Kranke und ältere Menschen, so wird empfohlen, sollten sie nur abgekocht trinken, damit krank machende Keime abgetötet sind. Der Vitaminverlust dabei ist jedoch höher, als wenn sie gleich die schonend behandelte Vollmilch trinken.

▶ **Vorzugsmilch** ist unbearbeitete Milch aus besonders überwachten Betrieben. Sie muss innerhalb von **vier Tagen** getrunken und lückenlos gekühlt werden.

▶ **Homogenisierte Milch** wurde unter Druck gesetzt, um die Fettmoleküle zu zerkleinern. Diese verteilen sich dann gleichmäßiger in der Flüssigkeit, das verbessert den Geschmack und verhindert ein Aufschäumen. Möglicherweise birgt der Vorgang jedoch **Allergierisiken.**

keine Sahneschicht mehr bildete, ließ der Bundesverband Naturkost/Naturwaren 1999 Biomilchprodukte testen. Dabei stellte er bei jedem zweiten »Teilhomogenisierungen« fest, die er auf unvermeidliche Umpumpvorgänge zurückführte.

Warnung vor Erregern

Zwar ist Rohmilch die naturbelassenste Milch mit dem höchsten Nährstoffgehalt, dennoch warnt die Deutsche Gesellschaft für Ernährung vor ihrem Genuss. Der Grund sind EHEC (enterohämorrhagische E.coli)-Bakterien, die sich inzwischen bei zwei Dritteln aller Schlachtrinder finden und über mangelhaft erhitztes Fleisch oder Rohmilch auf den Menschen übertragen werden können. Sie führen zu schweren, teils blutigen Durchfällen und können ein akutes Nierenversagen auslösen. In zehn Prozent aller Fälle verläuft eine EHEC-Infektion tödlich.

Rohmilch ab Hof muss deshalb mit dem deutlichen Zusatz »vor dem Verzehr abzukochen« verkauft werden. Sie darf in Kindergärten, Schulen und Krankenhäusern nicht verwendet werden. Für gesunde Erwachsene ist Rohmilch kein Problem, das zeigten amerikanische Studien. Wer sie regelmäßig trinkt, scheint gegen EHEC-Erkrankungen immunisiert. Immunschwache Personen und Kinder dürfen sich jedoch, so die eindeutige Empfehlung der Experten, keinem Risiko aussetzen.

Übrigens kann selbst die ultrahocherhitzte, bakterienfreie H-Milch Erreger enthalten, wenn sie tage- oder wochenlang geöffnet im Kühlschrank steht. Dann siedeln sich nämlich die Kälte liebenden Yersinien an, da – als Folge der Hocherhitzung – keine konkurrierenden Bakterien mehr in der Milch sind. Yersinien verursachen Langzeitschäden wie chronische Darmerkrankungen und Arthritis. Ein gefährlicher Keim ist auch das Mycobakterium paratuberculensis, das – wenn auch nur selten – in Milchproben gefunden wurde. Es übersteht die übliche Pasteurisierung und verursacht Darmschäden.

Unser Tipp: Was meiden bei Kuhmilch-Allergie?

Eine Milch-Allergie bedeutet nicht, dass auf sämtliche Milchprodukte verzichtet werden muss. Es kommt darauf an, um welche Form es sich handelt:

- **Die meisten Kuhmilch-Allergiker vertragen Milchzucker und Butter, Crème fraîche, Sahne und kleine Mengen an Kuhmilch.**
- **Einige Allergien richten sich lediglich gegen das hitzelabile Molke-Protein. Dann reicht es, die Milch abzukochen (etwa zehn Minuten im Wasserbad bei 100 °C). Diese Kinder vertragen oft auch Käse und gesäuerte Milchprodukte wie Joghurt, weil der Herstellungsprozess die Proteine verändert.**
- **Allergiker, die auf Kasein-Protein allergisch sind, sollten sich auch vor der Milch anderer Tierarten hüten.**
- **Allergiker auf Laktoglobulin können auch auf Rindfleisch reagieren.**

Trinken ist besonders wichtig: Kleine Kinder müssen daran erinnert werden, weil sie selbst noch keinen Durst verspüren.

Keime können übrigens auch in Flaschennahrung stecken. In Belgien starb ein fünf Tage alter Junge an einer Meningitis, die durch den hitzestabilen Erreger Enterobacter Sakazakii ausgelöst wird. Möglicher Verursacher war Milchpulver, in dem der Keim überlebte. Die amerikanische Food and Drug Authority (FDA) ließ Säuglingsanfangsnahrung untersuchen und fand in 14 Prozent (!) aller Proben eine Belastung durch verschiedene Keime. Nahrung auf Milchpulver-Basis, so warnte die Lebensmittelbehörde, sei nicht steril.

Trinken statt nuckeln

Während gestillte Kinder bis zum siebten Lebensmonat automatisch genügend Flüssigkeit erhalten, ist die Wasserzufuhr nach dem Abstillen oder bei Flaschenkindern oft ein Problem. Ein Säugling setzt täglich 20 Prozent seines Körperwassers um – das ist dreimal mehr als ein Erwachsener. Innerhalb der ersten vier Monate benötigt er zwischen 140 und 160 Milliliter Flüssigkeit pro Kilogramm Körpergewicht. Ab dem fünften Monat sinkt der Bedarf dann auf 110 bis 140 Milliliter. Trotzdem reicht ab dem siebten Monat die Muttermilch als alleinige Flüssigkeitsquelle nicht mehr aus.

Zu besonderen Problemen führten gesüßte Kindertees, die vor rund 20 Jahren auf den Markt kamen und damals in speziellen Nuckelflaschen verkauft wurden. Sie verursachten das »Baby Bottle Syndrom«: eine schwerwiegende flächenförmige Kariesform, die durch andere Symptome wie Übergewicht, Essensunlust und Störungen des Immunsystems begleitet wurde.

Die süßen Tees hatten die Kleinkinder regelrecht auf Zucker »konditioniert«: Immer wenn diese unruhig wurden, Angst hatten oder nicht schlafen konnten, verlangten sie nach ihrer Tee-Ration. Vor allem nachts, wenn die schützende Speichelabsonderung besonders gering war, wurde dadurch aber mit den Baby-Tees vor allem die Karies genährt.

In Deutschland wurden etwa 200 000 Kinder Opfer des »Baby Bottle Syndroms«. Ihre zahnmedizinische Behandlung ist besonders kompliziert, da in den meisten Fällen die Schneidezähne zerstört sind.

Heute werden die Baby-Tees nach vielen Schadensersatzklagen nun nicht mehr mit Schnuller verkauft, aber Zucker enthalten immer noch viele von ihnen, wie die Stiftung Warentest feststellte: manche sogar mehr als 90 Prozent! Die Deutsche Gesellschaft für Ernährung hält abgekochtes Trinkwasser für das beste Säuglingsgetränk. Achten Sie aber auf den Nitratgehalt Ihres Leitungswassers (es sollte nicht mehr als 50 Milligramm pro Liter enthalten. Auskünfte erteilen die örtlichen Wasserwerke).

Wenn Sie Mineralwasser verwenden wollen, sollte es kohlensäurearm oder -frei sein. Erlaubt sind alle Produkte, die den Hinweis »für die Säuglingsnahrung geeignet« auf dem Etikett tragen. Sie sind auf Nitrat und andere für das Baby schädliche Inhaltsstoffe (Natrium) überprüft.

Ab dem sechsten Monat kann das Baby dann auch ungesüßte Früchte- und Kräutertees (abwechselnd Kamille, Fenchel, Hagebutte, Malve) erhalten. Verdünnte Obst- und Gemüsesäfte hält das Forschungsinstitut für Kinderernährung in diesem Alter für überflüssig, ebenso wie die große Palette spezieller Baby-Getränke.

Tabletten gegen Löcher im Zahn? Fluoride sind als Karies-Vorbeugung umstritten

Fluoride härten den **Zahnschmelz** und schützen vor **Karies.** In der Umwelt kommt dieses Spurenelement aber in sehr unterschiedlicher Konzentration vor: In einigen Regionen der Eifel zum Beispiel hat das Trinkwasser ein Millionstel Gramm davon (ppm), was ideal für die Kariesprophylaxe ist. Meistens enthält Leitungswasser aber viel weniger (in Deutschland haben 90 Prozent nur ein Viertel dieses Wertes). In den USA oder in der Schweiz wird das **Leitungswasser** deshalb standardmäßig fluoridisiert.

In Deutschland ist dies wegen des **Risikos einer Überdosierung** nicht erlaubt. Also empfehlen die meisten Experten hier, Fluor **zusätzlich** zu verabreichen – im **Kochsalz,** in **Zahncreme** oder als spezielles **Präparat.** Viele Säuglinge bekommen schon in den ersten Lebenswochen **Fluoride** kombiniert mit **Vitamin-D-Tabletten.** Neuere Studien zeigen jedoch, dass die Wirkung von Fluorid-Tabletten eher gering ist, weil der Stoff vor allem dann wirkt, wenn er in **direkten Kontakt** mit den Zähnen kommt. Vor allem naturheilkundlich orientierte Mediziner kritisieren außerdem, dass die Substanz die **Bakterienflora** im Mund verändere und bei Überdosierung zu **Zellschäden** im Körper führen könne. Außerdem erweckten die Medikamente bei größeren Kindern den Eindruck, dass man mit Tablettenschlucken allein Karies verhindern könne. Diese sei aber keine Fluoridmangelkrankheit. In Australien werden Fluoride nur noch verschrieben, wenn der Zahnarzt ein besonderes Kariesrisiko feststellt.

Die EU-Richtlinie für Beikost schreibt nicht nur den Fett-, sondern auch den Vitamingehalt für Baby-Produkte zwingend vor. Dieser ist so hoch angesetzt, dass er mit natürlichen Lebensmitteln oft nicht zu erreichen ist (etwa bei Apfel im Brei). Dann müssen Vitamine zugesetzt werden – auch von Biokost-Anbietern, die das bisher immer abgelehnt hatten. Wer Zusätze vermeiden will, muss also frisches Obst oder Gemüse kaufen – aus biologischem Anbau – und verarbeiten.

Bekanntschaft mit dem Löffel

Das Baby wächst und gedeiht – und braucht nun mehr Nährstoffe für seinen Stoffwechsel, der auf Hochtouren läuft. Spätestens mit sieben Monaten macht das Kind Bekanntschaft mit dem Löffel: Neben seiner Milch erhält es so genannte Beikost. Alle vier bis sechs Wochen wird jetzt eine tägliche Milch-Mahlzeit durch einen Brei ersetzt. So kann sich der Säugling Schritt für Schritt an neue Lebensmittel gewöhnen:

Unser Tipp: Worauf bei Baby-Getränken achten?

- ✔ **Lassen Sie Ihr Kind die Flasche nicht selbst halten, sonst wird es ein Dauernuckler!**
- ✔ **Kaufen Sie keine gesüßten Baby-Tees. Achten Sie auf dem Etikett auf Zutaten wie Maltodextrin, Glukosesirup, Glukose, Milchzucker (Laktose), Malzzucker (Maltose), Fruchtzucker (Fruktose) oder Traubenzucker (Dextrose). Hinter allen verbirgt sich Zucker.**
- ✔ **Wenn Ihr Kind bereits abhängig von der Flasche ist und unruhig wird, wenn es nicht dauernd nuckeln kann, müssen Sie ihm diese entziehen – auch wenn es zuerst Entwöhnungserscheinungen zeigt. Den Zuckergehalt im Tee erst alle drei, danach alle fünf Tage reduzieren, bis das Baby entwöhnt ist.**
- ✔ **Geben Sie Ihrem Kind abgekochtes Leitungs- oder Mineralwasser (natrium- und nitratarm) oder kochen Sie ihm Früchte- oder Kräutertees.**
- ✔ **Fruchtsäfte sind frühestens ab dem sechsten Monat sinnvoll. Bei vegetarisch ernährten Babys helfen sie mit ihrem Vitamin-C-Gehalt, das Eisen aus Obst und Gemüse besser aufzuschließen. Säfte aus Bioobst oder -gemüse verwenden und möglichst als Schorle (1:1 mit Wasser verdünnt) anbieten.**
- ✔ **Spezielle Baby-Getränke sind nicht notwendig.**
- ✔ **Wird das Baby wund, hat es zu säurereich getrunken (zum Beispiel Apfel- oder Orangensaft).**
- ✔ **Saftreste aus Obstkonserven sind als Baby-Getränk nicht geeignet, weil sie kaum Vitamine, aber viel Zucker enthalten.**
- ✔ **Spätestens nach dem ersten Geburtstag sollte Ihr Kind lernen, aus der Tasse zu trinken.**

- Zuerst kommen Gemüse und Kartoffeln. Sie sollen die Kost Ihres Babys mit Vitaminen und Eisen anreichern. Beginnen Sie erst mit einer kleinen Portion Gemüsemus, um das Baby an das Gefühl mit dem Löffel zu gewöhnen. Wenn das gut klappt, können Sie zum Beispiel zum Karottenbrei eine gekochte Kartoffel geben und diese Mischung später durch den kompletten Brei (➔ Rezept Seite 142) samt 20 Gramm Fleisch ersetzen. Diese Umstellung kann bis zu vier Wochen dauern.
- Als Nächstes folgt das Getreide. Der Brei aus Vollkornflocken (es darf auch Vollkornmehl oder -grieß sein, am besten ist Hafer) kann durch etwas Obstsaft oder püriertes Obst ergänzt werden. Das darin enthaltene Vitamin C verbessert die Eisenaufnahme aus dem Korn. Dazu kommt Vollmilch – für gestillte Säuglinge die erste Bekanntschaft mit dem Eiweiß der Kuh. Dieser Brei wird meistens abends gefüttert, da er gut sättigt und das Baby dann besser durchschläft.
- Immer mehr wird das Kind von Brust oder Flasche entwöhnt. Schließlich (ab dem siebten Monat) erhält es nachmittags eine Zwischenmahlzeit – den Getreide-Obst-Brei. Er wird ohne Milch, sondern mit Wasser zubereitet. Milch würde die Eisenaufnahme aus dem Getreide verringern. Außerdem belastet eine zu eiweißreiche Nahrung die empfindlichen Nieren des Kindes. Ab dem zehnten Monat kommt eine Mahlzeit mit Brot dazu.
- Spätestens mit einem Jahr bekommt das Baby keine Mutter- oder Flaschennahrung mehr, sondern einen abwechslungsreichen Speiseplan – bestehend aus einer Gemüse-Kartoffel-Fleisch-Mahlzeit (mittags), dem Vollmilch-Getreide-Brei, der in zwei Brot-Milch-Mahlzeiten (morgens und abends) übergeht, und dem Getreide-Obst-Brei, aus dem zwei Zwischenmahlzeiten (vormittags und nachmittags) werden (➔ Grafik rechts).

Kochen für das Baby

Die Breie können Sie selbst kochen. Die Rezepte (➔ Seite 142 f. und 152 ff.) sind leicht nachzuvollziehen und kaum zeitaufwendig. Sie können auch größere Mengen herstellen und nach dem Pürieren portionsweise einfrieren. Dann müssen Sie den Brei vor der Mahlzeit nur noch zügig im Wasserbad auftauen. Lediglich nitrathaltiges Gemüse (➔ Seite 249) darf nicht vorgekocht werden, da durch Bakterien beim Auftauen das schädliche Nitrit gebildet werden kann.

Vegetarische Beikost

Bei einer ausgewogenen Kost, die Eier und Milch einschließt, ist auch die Zubereitung vegetarischer Beikost-Mahlzeiten kein Problem (➔ Rezepte Seite 142 und Seite 154). Schwieriger ist es schon für Veganer, die sich ausschließlich pflanzlich ernähren: Sie müssen in jedem Fall auf die genau richtige Eiweißkombination achten, damit alle essentiellen Aminosäuren in einer Mahlzeit enthalten sind (zum Beispiel Gemüse plus Getreide plus Hülsenfrüchte). Wenn Vitamin B12 zusätzlich verabreicht wird, ist das Risiko irreversibler Schäden geringer.

Sollten Sie Sojaprodukte verwenden, sind fermentierte Produkte wie etwa Tempeh nach neuesten wissenschaftlichen Erkenntnissen vorteilhafter als reiner Tofu, Sojalezithin oder Sojamilch. Produkte der heimischen Süßlupine sind frei von blähbildenden Stoffen, reich an Kalzium und Magnesium und eine ernährungsphysiologisch hervorragende Alternative zu Tofu.

Nicht zu früh

Beikost sollte jedoch, so betonen die Experten des Forschungsinstituts für Kinderernährung in Dortmund, auf keinen Fall zu früh verabreicht werden – keinesfalls vor dem fünften

Monat, sonst bestehe ein erhöhtes Allergierisiko. Nach Kritik von Wissenschaftlern haben die Hersteller in Deutschland bereits vor einigen Jahren auf Empfehlungen wie »ab der sechsten Lebenswoche« verzichtet. Als frühesten Zeitpunkt geben sie nun »nach dem vierten Monat« an. Das hat sich positiv ausgewirkt: Während Ende der 80er Jahre in Deutschland jeder vierte Säugling schon in der sechsten Woche Beikost erhielt, ist es heute (nach acht Wochen) nur noch jeder zwanzigste.

Aus dem Glas

Manche Eltern haben Sorge, dass ihre selbst gekochte Beikost nicht so gut gelingt wie die Fertignahrung aus dem Gläschen. Oder das Kochen ist für sie zu zeitaufwendig und mühsam. Die Industrie hält eine riesige Palette an praktischer Gläschenkost bereit. Fertigprodukte haben allerdings einige Nachteile und sollten deshalb sorgfältig ausgewählt werden.

Sie enthalten zum Beispiel häufig zu viele Bestandteile (etwa gleich mehrere Getreide- oder Obstsorten). Was einem Erwachsenen als Vorteil erscheinen mag, ist für das Baby nicht zu empfehlen, da sein Körper mit den vielen neuen Bestandteilen der Nahrung noch überfordert ist. Das Risiko einer Allergie steigt.

In Fertigkost für Kleinkinder stecken außerdem oft Zucker und Salz sowie Milch, Bindemittel und Antioxidantien. Gegen Verfärbung durch den Kontakt mit Sauerstoff wird zum Beispiel Vitamin C zugesetzt. Aber nicht nur das – Babykost wird auch noch mit anderen Vitaminen angereichert. Das liegt an einer EU-Richtlinie über Beikost, die 1996 beschlossen und drei Jahre später in deutsches Recht umgesetzt wurde. Sie gilt für spezielle Lebensmittel für Kinder im Alter von vier Monaten bis drei Jahren mit Ausnahme von Milch und wird von Ernährungsexperten heftig kritisiert.

Die erste feste Nahrung: Schritt für Schritt lernt das Kind neue Lebensmittel kennen – Gemüse, Kartoffeln, Fleisch, Getreide und Obst

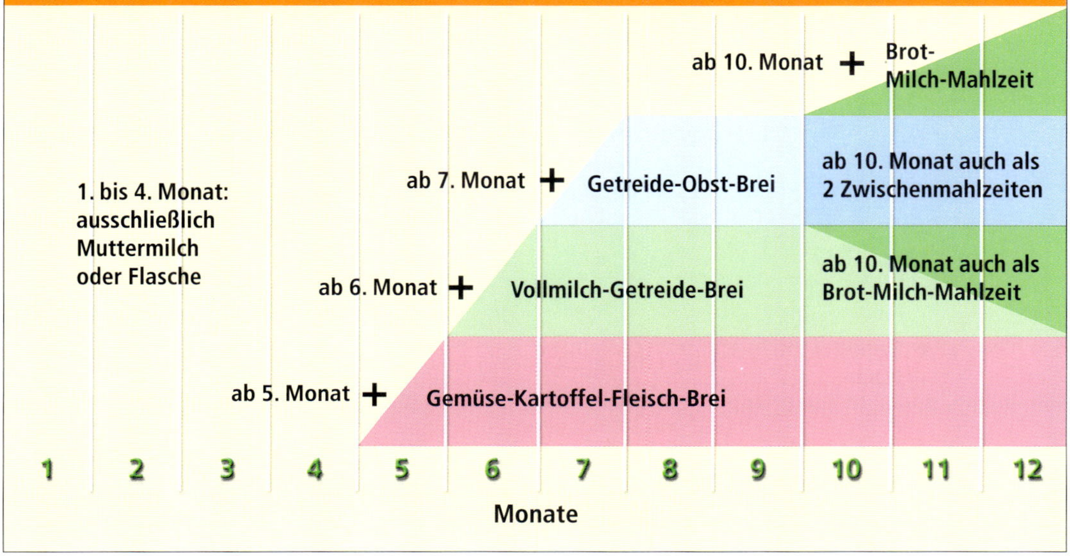

Quelle: Forschungsinstitut für Kinderernährung

Was isst das Baby zwischen

Der erste Brei: Gemüse-Kartoffel-Fleisch-Brei

ab dem 5. Monat Zutaten:	ab dem 6. Monat Zutaten:	ab dem 7. Monat Zutaten:	ab dem 10. Mona Zutaten:
90 g Gemüse 40 g Kartoffeln 30 g Vitamin-C-reicher Obstsaft (z. B. Orangensaft) oder Obstpüree 20 g Fleisch 8 g Fett (Butter und Öl im Wechsel)	90 g Gemüse 40 g Kartoffeln 30 g Obstsaft 25 g Fleisch 8 g Fett	100 g Gemüse 50 g Kartoffeln 35 g Obstsaft 30 g Fleisch 8 g Fett	100 g Gemüse 60 g Kartoffeln 40 g Obstsaft 30 g Fleisch 10 g Fett

Zubereitung: Fleisch in wenig Wasser weich kochen, klein schneider und pürieren. Geputztes und/oder geschältes Gemüse waschen, klein schneiden und zusammen mit den geschälten und klein geschnittener Kartoffeln in der Fleisch-Garflüssigkeit weich dünsten. Das Fleisch und der Obstsaft zu der Gemüse-Kartoffel-Mischung geben, alles pürieren, dann das Fett untermischen. Je nach Gemüsesorte noch etwas Wasser zugeben

Die vegetarische Alternative: Gemüse-Kartoffel-Getreide-Bre

ab dem 5. Monat Zutaten:	ab dem 6. Monat Zutaten:	ab dem 7. Monat Zutaten:	ab dem 10. Mona Zutaten:
100 g Gemüse 50 g Kartoffeln 10 g Haferflocken 20 g Wasser 30 g Vitamin-C-reicher Obstsaft oder Obstpüree 8 g Fett (Butter und Öl im Wechsel)	100 g Gemüse 50 g Kartoffeln 15 g Haferflocken 20 g Wasser 30 g Obstsaft 8 g Fett	100 g Gemüse 50 g Kartoffeln 20 g Haferflocken 20 g Wasser 35 g Obstsaft 8 g Fett	100 g Gemüse 60 g Kartoffeln 20 g Haferflocke 20 g Wasser 35 g Obstsaft 10 g Fett

Zubereitung: Geputztes und/oder geschältes Gemüse waschen und klei schneiden. Geschälte und klein geschnittene Kartoffeln mit dem Gemüs in wenig Wasser weich kochen. Die Haferflocken, das Wasser und de Obstsaft dazugeben und alles pürieren, dann das Fett untermischen. Be Bedarf noch etwas Wasser dazugeben.

dem 5. und 10. Monat?

Der zweite Brei: Vollmilch-Getreide-Brei

6. bis 12. Monat
Zutaten:

200 ml Vollmilch (3,5 % Fett)
20 g Vollkorngetreideflocken
20 g Obstsaft oder Obstpüree

Zubereitung: Milch mit den Getreideflocken aufkochen (Hinweise auf der Packung beachten!), den Obstsaft oder das Obstpüree unterrühren.

Der dritte Brei: Getreide-Obst-Brei

ab dem 7. Monat
Zutaten:

20 g Vollkorngetreideflocken
90 g Wasser
100 g Obst
5 g Butter

Zubereitung: Wasser mit den Getreideflocken aufkochen (Hinweise auf der Packung beachten!), püriertes Obst und Butter unterrühren.

Der Menüplan fürs Baby auf einen Blick:

Mahlzeit	ab dem 5. Monat	ab dem 6. Monat	ab dem 7. Monat
1.	Muttermilch oder Fertigmilch (ca. 200 ml)	Muttermilch oder Fertigmilch (ca. 220 ml)	Muttermilch oder Fertigmilch (ca. 240 ml)
2.	Gemüse-Kartoffel-Fleisch-Brei	Gemüse-Kartoffel-Fleisch-Brei oder ein vegetarischer Brei	Gemüse-Kartoffel-Fleisch-Brei oder ein vegetarischer Brei
3.	Muttermilch oder Fertigmilch (ca. 200 ml)	Muttermilch oder Fertigmilch (ca. 220 ml)	Getreide-Obst-Brei
4.	Muttermilch oder Fertigmilch (ca. 200 ml)	Vollmilch-Getreide-Brei	Vollmilch-Getreide-Brei

Nach: Forschungsinstitut für Kinderernährung

Gesund per Gesetz

Die EU-Richtlinie schreibt genau vor, wie viel Vitamine und Mineralstoffe ein Produkt mindestens und wie viel Fett und Kohlenhydrate es höchstens enthalten darf. Das Problem dabei: Selbst nährstoffreiche Vollkornbreie und Gemüsesäfte halten die neuen Richtwerte nicht ein und müssen deshalb künstlich vitaminisiert werden. Vollmilchbreie überschreiten die Grenzwerte und gelten plötzlich als zu fett. Für die Hersteller von Bioprodukten ist die Regelung besonders problematisch, da sie sie zwingt, ihren vollwertigen, vitaminreichen Produkten nun künstliche Stoffe zuzusetzen. Einige sehen in dem Zwang zur Anreicherung auch das Ergebnis erfolgreicher

Ab dem zehnten Monat steht die Milch nicht mehr im Mittelpunkt der Baby-Kost:

Frühstück	nach Bedarf Muttermilch* oder Fertigmilch (ca. 250 ml) **etwa 4-mal pro Woche**		25 g Brot (die Hälfte davon als feines Vollkornbrot) 5 g Margarine 150 ml Vollmilch (3,5 % Fett) in der Tasse **etwa 3-mal pro Woche**		
Zwischenmahlzeit	25 g Brot 5 g Margarine 50 g Obst	10 g Getreideflocken 50 g Obst	25 g Weizenschrotbrötchen 5 g Margarine 50 g Obst	10 g Vollkornzwieback oder Vollkornkeks 50 g Obst	25 g Knäckebrot 50 g Obst
		aus den fünf Zwischenmahlzeiten abwechselnd auswählen			
Warme Mahlzeit	Gemüse-Kartoffel-Fleisch-Brei oder vegetarischer Gemüse-Kartoffel-Brei				
Zwischenmahlzeit	wie oben				
Abendessen	Vollmilch-Getreide-Brei **etwa jeden zweiten Tag**		25 g Milchbrötchen 25 g geriebene Karotten 25 g geriebener Apfel 150 ml Vollmilch (3,5 % Fett) in der Tasse	25 g Weizenvollkornbrötchen 10 g Frischkäse 50 g Obst 150 ml Vollmilch (3,5 % Fett) in der Tasse **und sonst im Wechsel**	25 g Brot 5 g Butter 50 g Obst 150 ml Vollmilch (3,5 % Fett) in der Tasse
Getränke	Zusätzlich sollten zu den Mahlzeiten und nach Bedarf auch zwischendurch zuckerfreie Getränke, z. B. pro Tag etwa 1 Becher (200 ml) Trinkwasser, Mineralwasser, Früchte- oder Kräutertee angeboten werden.				

* auch mehrmals am Tag

Nach: Forschungsinstitut für Kinderernährung

Industrie-Lobbyisten in Brüssel. Denn die führenden Markenhersteller reichern ihre Produkten schon lange mit Vitaminen an.

Getreidebrei etwa muss einen Vitamin-B1-Richtwert einhalten, der mit natürlichen Bestandteilen nicht zu erreichen ist. Nach Ansicht von Experten ist dieser hohe Wert nur aufgrund eines Umsetzungsfehlers entstanden: Die Autoren der Richtlinie wollten sicherstellen, dass ausschließlich Vollkorngetreide verwendet wird und nahmen deshalb den Vitamin-B1-Gehalt von Vollkornweizen als Richtwert. Dabei wurde aber vergessen einzukalkulieren, dass ein Brei aus Getreide mit Milch vermischt automatisch weniger Vitamin B1 enthält als das ganze Korn allein. Aus ernährungsphysiologischer Sicht, so die Wissenschaftler, sei die per Gesetz verordnete Anreicherung mit Vitamin B1 völlig unnötig.

Karottensaft, von Natur aus reich an Betacarotin und Vitamin A, muss jetzt zusätzlich mit Vitamin C angereichert werden. Das ist unnötig, denn Kleinkinder essen ohnehin viel frisches Obst und Gemüse. Die Vitamin-C-Zufuhr bei Säuglingen in Deutschland liegt bereits weit über den Empfehlungen.

Zu viel oder zu wenig Fett?

Die neue Richtlinie schreibt auch eine Höchstmenge an Fett im Milchbrei vor. Sie wird jedoch bereits überschritten, wenn die Eltern den Brei mit Vollmilch anrühren. Deshalb müssen die Hersteller auf den Packungen der Breie zum Selbstanrühren für die Zubereitung eine Mischung aus Vollmilch und Wasser empfehlen.

Dabei enthält industriell erzeugte Baby-Kost im Gegenteil zu wenig Fett, wie Ernährungsmediziner immer wieder kritisieren. Das Forschungsinstitut für Kinderernährung empfiehlt daher in seiner Ernährungsberatung, weiterhin Vollmilch für die Zubereitung zu verwenden.

Fehlende Proteine

Trotz hoher Ansprüche an die Qualität von Lebensmitteln greifen die Verbraucher immer wieder zu Billigprodukten – auch bei der Baby-Kost. Um unter dem starken Preisdruck ihre Produkte nicht verteuern zu müssen, haben viele Hersteller in den vergangenen zehn Jahren ihre Rezepturen geändert. Sie sparen 20 bis 30 Prozent Fleisch ein. Deshalb enthalten ihre Produkte nach dem Urteil des Forschungsinstituts für Kinderernährung auch zu wenig Proteine: Es empfiehlt 20 bis 30 Gramm Fleisch pro Mahlzeit und nicht, wie in den meisten Gläschen, 15 bis 18 Gramm.

Freibrief für Zucker

Dagegen liegen die Grenzen für Kohlenhydrate in der EU-Richtlinie für Säfte, Getränke, Obstspeisen und Desserts so hoch, dass erhebliche Mengen Zucker zugesetzt werden

Online-Führer durchs Baby-Kost-Regal

Wenn Sie Zugang zum Internet haben, können Sie die Website **www.nutrichild.de/produktsuche.php** aufrufen. Unter dieser Adresse finden Sie einen Service der Fakultät für Ernährungswissenschaften der Universität Gießen gemeinsam mit dem Hessischen Umweltministerium, der Ihnen bei der Auswahl von Baby-Kost hilft. Sie können in eine Schablone eintragen, welchen Markenhersteller Sie bevorzugen, welches Lebensmittel (Karotte, Fleisch usw.) Sie möchten und welche Zusätze erlaubt sind, und bekommen dann umgehend eine genaue Produktbeschreibung, die auf Ihren Wunsch zugeschnitten ist. Auch Zucker und Glutengehalt können gesondert abgefragt werden.

können – bis zu 30 Prozent bei Getreidebeikost und bis zu 20 Prozent bei Fertig-Milchbreien. Dabei raten Ernährungswissenschaftler von Zuckerzusätzen im ersten Lebensjahr generell ab.

Positiv an der Richtlinie sieht das Forschungsinstitut für Kinderernährung lediglich die strengen Grenzwerte für Rückstände aus Pestiziden. Sie sind das Ergebnis langjähriger Forschung zur Risikoabschätzung am Dortmunder Forschungsinstitut.

Weniger ist mehr

Achten Sie bei der Auswahl einer Gläschenkost deshalb genau auf die Zutatenliste (→ Hinweis S. 149 ff.). Und lassen Sie sich nicht von Produktnamen ködern, die eher Ihre Phantasie bedienen sollen als die Bedürfnisse des Kindes: Ob »Tagliatelle mit Seelachs in Rahmbrokkoli« oder »Junior Milchbrei mit Stracciatella«: All diese wohlklingenden Kompositionen bedeuten letztlich doch nur einen Brei – und da zählen nur die Nährstoffe.

Strenger am Wesentlichen orientiert ist Baby-Kost aus dem Bioladen. Deren Hersteller verzichten in der Regel auf Milchanteile sowie Bindemittel. Giftfrei sind die streng kontrollierten konventionellen Produkte auch. Von den über 500 verschiedenen kommerziellen Beikost-Produkten empfehlen die Experten des Forschungsinstituts für Kinderernährung nur jedes zweite – diejenigen, die auf überflüssigen Schnickschnack verzichten und möglichst wenig Zusätze enthalten.

Höchstens befriedigend

Die Stiftung Warentest untersuchte im März 2002 Gläschenkost – mit einem ernüchternden Ergebnis: Auch wenn die Hersteller sich immer wieder auf ihre besonders hohen Qualitätsmaßstäbe berufen, schnitt kein einziges der 19 untersuchten Baby-Menüs besser als »befriedigend« ab. Kritisiert wurden die »überflüssige Vielfalt« von Obst und Gemüse und das Fehlen von Fett und Kohlenhydraten. Die Tester monierten auch die allzu schmalen »Fleischportiönchen«. Was nutzt der Zusatz »Bio-Pute« auf dem Etikett, wenn das Produkt nicht einmal die Hälfte der empfohlenen Eisenwerte erreicht?

Frische zählt

Es gibt aber noch einen anderen Aspekt, der bei der Wahl zwischen Selbstkochen und Fertigkost eine Rolle spielen könnte: Frische Zutaten haben eine andere Lichtenergie (Biophotonen) als alte oder konservierte Ware. Sie kann mit speziellen Geräten gemessen werden – Pionier auf diesem Gebiet ist der Neusser Physiker Fritz-Albert Popp. Der frühere wissenschaftliche Außenseiter hat inzwischen Anerkennung erfahren. Die Biophotonen-Forschung wird von der Bundesregierung gefördert, und auch Firmen wie Nestlé erproben ihre Technologien. Auf diese Weise kann man zum Beispiel an einem Ei feststellen, ob das Huhn, das es gelegt hat, draußen an Licht und Luft war oder in einer künstlich beleuchteten Legebatterie.

Im Auftrag des Food-Autors Hans-Ulrich Grimm untersuchte Popp verschiedene Beikost-Produkte, deren Bestandteile (etwa Bananen) weit transportiert werden und anschließend im Produkt sterilisiert wurden. Ein Apfel-Bananen-Püree zeigte 300 Lichteinheiten, das vergleichbare Produkt von einem Konkurrenzunternehmen die doppelte Zahl – ein selbst gemachter Apfel-Bananen-Brei kam auf 20 000!

Gläschenkost ist praktisch, aber sie enthält zu wenig Fett und Proteine, manchmal Zucker, Salz und unnötige Zutaten.

Wegweiser durch das Baby-Regal:
Welche Beikost ist richtig für mein Kind?

Gespannter Blick: Was steht heute auf dem Speiseplan? Auch wenn für das Baby immer nur Brei drin ist – auf die richtige Zusammensetzung kommt es an!

1 Gemüse-Kartoffel-Fleisch-Brei

- Baby-Menüs (ca. 190 g pro Glas und Mahlzeit) sind fein püriert und eignen sich ab dem fünften Monat.
- Junior-Menüs (ca. 220 g) enthalten bereits kleinere Stückchen und sollten erst ab dem achten Monat gefüttert werden.
- Die Menüs sollten möglichst wenig verschiedene Zutaten enthalten. Vier Komponenten sind vollkommen ausreichend: ein Gemüse, dazu Kartoffel, Reis oder Nudeln sowie Fleisch (20 g in Baby-Menüs und 30 g in Junior-Menüs) und Fett (8 bis 10 g).
- Einmal am Tag Fleisch verbessert die Eisenzufuhr beträchtlich.
- Sehr fettarme Produkte (weniger als 8 bis 10 g) können Sie mit einem Teelöffel, das sind etwa vier Gramm, hochwertigem Öl anreichern. Rapsöl zum Beispiel hat vielfach ungesättigte Fettsäuren.
- Baby-Menüs keinesfalls nachwürzen oder salzen!

Vergleich zwischen selbst gekochtem Brei und Fertigprodukt

Zutaten des selbst zubereiteten Breis	**Das steht auf einem empfehlenswerten Fertigprodukt**	**Das steht auf einem weniger empfehlenswerten Fertigprodukt**	**Bewertung**
Gemüse, Kartoffeln, Saft, Fleisch, Öl	Karotten, Kartoffeln, Wasser, Rindfleisch, pflanzliches Öl	Gemüse (Karotten, Erbsen, Sellerie, Zwiebeln), Wasser, Magermilch, Schweinefleisch, Teigwaren (gekocht), Reis (gekocht), Hartweizengrieß, Pflanzenöl, Gewürze, Salz	Eine Gemüsesorte ist ausreichend. Kartoffeln sind wertvoller als Teigwaren (Nudeln) oder Reis, der Brei sollte milchfrei sein. Salz und Gewürze sind überflüssig.

2 Vollmilch-Getreide-Brei

- Milchfertigbreie in Pulverform enthalten Milchpulver und müssen nur noch mit Wasser angerührt werden. Milchbrei im Glas ist verzehrsfertig.
- Achten Sie auf eine möglichst einfache Zusammensetzung und bevorzugen Sie Vollkornbreie.
- Produkte »ab dem sechsten Monat« sind in der Regel am besten geeignet.
- Bei Produkten »ab dem vierten Monat« entspricht der Milchanteil nicht immer dem vollen Nährstoffgehalt von unverdünnter Vollmilch.
- Breie »ab dem achten Monat« enthalten vermehrt überflüssige Zutaten. Nüsse, Kakao, Schokolade, Aromen und Gewürze sollten zum Schutz vor Allergien vermieden werden.
- Vermeiden Sie gesüßte Breie. Sie fördern Karies und die Gewöhnung an Süßes. Zucker ist Saccharose (Haushaltszucker), Glukose (Traubenzucker) oder Glukosesirup, Fruktose (Fruchtzucker), Maltose (Malzzucker) oder Maltodextrin. Alternative Süßungsmittel wie Honig, Ahornsirup oder Apfeldicksaft sind nicht besser.
- Den Breien sollte Jod (Zutatenliste: Kaliumjodid, Kaliumjodat) zugesetzt sein.

Vergleich zwischen selbst gekochtem Brei und Fertigprodukt

Zutaten des selbst zubereiteten Breis	Das steht auf einem empfehlenswerten Fertigprodukt	Das steht auf einem weniger empfehlenswerten Fertigprodukt	Bewertung
Vollmilch, Getreideflocken, Saft	Reis, Magermilchpulver, Bananenpulver, pflanzliche Öle und Fette, Milchfett, Vitamine, Kalzium, Eisen, Jod	Getreide (Maisgrieß, Reis), Magermilchpulver, Maltodextrin, pflanzliche Fette und Öle, Zucker, Molkenpulver, Fruchtpulver (Banane, Ananas, Orange, Maracuja, Papaya, Mango), Milchzucker, Emulgator, Lezithin, Vanille, Zitronensäure, Vitamine, Eisen, Kalzium, Jod	Jeweils eine Getreide- und Obstsorte sind ausreichend. Süßungsmittel und Geschmackszutaten sind überflüssig.

3 Getreide-Obst-Brei

- Getreide-Obst-Breie aus dem Gläschen sollten keine Milchprodukte enthalten, damit die Verfügbarkeit des Eisens aus dem Getreide möglichst groß ist.
- Die von den Herstellern oft als Zwischenmahlzeit angebotenen Breie sind eigentlich eine vollständige Hauptmahlzeit.
- Achten Sie auf eine möglichst einfache Rezeptur (wenige Zutaten).
- Getreide sollte in Form von Vollkorn, etwa Haferflocken, enthalten sein.
- Verwenden Sie nur Produkte, die keinen Zucker oder Aromen und Gewürze enthalten.
- Gläschenkost ist meist fettarm. Mit einem Teelöffel Butter oder Rapsöl können Sie den Fettgehalt auf etwa 5 Gramm pro Glas anheben.

Vergleich zwischen selbst gekochtem Brei und Fertigprodukt

Zutaten des selbst zubereiteten Breis	Das steht auf einem empfehlenswerten Fertigprodukt	Das steht auf einem weniger empfehlenswerten Fertigprodukt	Bewertung
Obst, Wasser, Getreideflocken, Butter	Pfirsiche, Vollkornhafermehl, Wasser, Sojaöl	Früchte (Bananen, Äpfel, Birnen, Orangen, Mandarinen), Wasser, Joghurt, Orangensaft, Hafer, Zitronensaft, Weizen, Sojaöl	Jeweils eine Obst- und Getreidesorte sind ausreichend. Der Brei sollte milchfrei sein.

Quelle: Forschungsinstitut für Kinderernährung (FKE)

1 Gemüse-Fleisch-Breie

Zucchini-Kartoffel-Brei mit Rindfleisch

Zutaten für ein Baby ab dem 6. Monat

20 g Rindfleisch
40 g geschälte Kartoffel
90 g geputzte Zucchini
8 g Öl
30 g Orangensaft

1 Das Fleisch, Kartoffel und Zucchini in kleine Würfel schneiden und in einem Topf mit 4 bis 5 Esslöffel Wasser etwa 15 Minuten lang zugedeckt weich dünsten.

2 Das Öl und den Saft dazugeben und alles mit dem Stabmixer fein pürieren. Bei Bedarf noch etwas Wasser hinzufügen.

Tipp: Kochen Sie gleich die 4- oder 8-fache Menge und frieren Sie den Brei portionsweise (à 200 g) ein. Er hält sich 2–3 Monate bei mindestens –18 °C.

Pro Portion: 152 kcal, 7 g Eiweiß, 9 g Fett, 11 g Kohlenhydrate

Kartoffel-Erbsen-Brei mit Putenbrust

Zutaten für ein Baby ab dem 8. Monat

100 g geschälte Kartoffeln
30 g Putenfleisch
50 g Erbsen (tiefgekühlt)
8 g Öl
35 g Apfelsaft

1 Die Kartoffeln und das Putenfleisch klein schneiden.

2 Kartoffeln, Erbsen und Fleisch mit 4 bis 5 Esslöffel Wasser in einem Topf etwa 15 Minuten zugedeckt weich dünsten.

3 Das Öl und den Saft dazugeben und alles mit dem Stabmixer fein pürieren. Bei Bedarf noch etwas Wasser hinzufügen.

Pro Portion: 230 kcal, 13 g Eiweiß, 9 g Fett, 25 g Kohlenhydrate

Tomatenreis mit Fenchel und Huhn

Zutaten für ein Baby ab dem 8. Monat

50 g Tomate (Stielansatz entfernt)
50 g geputzter Fenchel
30 g Hähnchenbrustfilet
15 g Reis
8 g Öl

1 Tomate und Fenchel waschen und klein schneiden.

2 Das Hähnchenbrustfleisch klein schneiden.

3 Den Reis mit 6 Esslöffel Wasser in einem Topf aufkochen, 5 Minuten zugedeckt kochen lassen.

4 Gemüse und Fleisch dazugeben und weitere 15 Minuten zugedeckt garen.

5 Das Öl dazugeben und alles mit dem Stabmixer fein pürieren. Bei Bedarf noch etwas Wasser hinzufügen.

Tipp: Statt Reis 50 g Kartoffeln nehmen.

Pro Portion: 173 kcal, 10 g Eiweiß, 9 g Fett, 15 g Kohlenhydrate

Kartoffel-Kohlrabi-Brei mit Lammfilet

Zutaten für ein Baby ab dem 8. Monat

30 g Lammfilet
100 g geschälte Kartoffeln
50 g geputzter, geschälter Kohlrabi
8 g Öl
35 g Orangensaft

1 Das Fleisch, Kartoffeln und Kohlrabi in kleine Würfel schneiden und in einem Topf mit 4 bis 5 Esslöffel Wasser etwa 15 Minuten zugedeckt weich dünsten.

2 Das Öl und den Orangensaft dazugeben und alles mit dem Stabmixer fein pürieren.

Tipp: Statt Kohlrabi können Sie auch zarte Mairüben oder Steckrüben verwenden.

Pro Portion: 202 kcal, 9 g Eiweiß, 9 g Fett, 20 g Kohlenhydrate

2 Vegetarische Gemüsebreie

Kürbis-Kartoffel-Brei mit Hirse

Zutaten für ein Baby ab dem 8. Monat

100 g geschälter, entkernter Kürbis
50 g geschälte Kartoffel
10 g Hirseflocken
30 g Orangensaft
8 g Öl

1 Den Kürbis und die Kartoffel in kleine Würfel schneiden.

2 Das Gemüse in 4 bis 5 Esslöffel Wasser in etwa 15 Minuten zugedeckt weich dünsten.

3 Die Hirseflocken unterrühren, den Obstsaft und das Öl hinzufügen und alles mit dem Stabmixer fein pürieren. Bei Bedarf noch etwas Wasser dazugeben.

Tipp: Statt Kürbis kann der Brei auch mit Zucchini oder Kohlrabi zubereitet werden.

Pro Portion: **180 kcal, 4 g Eiweiß, 9 g Fett, 22 g Kohlenhydrate**

Karotten und Fenchel mit Polenta

Zutaten für ein Baby ab dem 8. Monat

50 g geputzte, geschälte Karotten
50 g geputzter Fenchel
20 g Maisgrieß (Polenta)
30 g Orangensaft
8 g Öl

1 Die Karotten und den Fenchel in kleine Würfel schneiden.

2 Die Gemüsewürfel in 80 ml Wasser aufkochen, den Maisgrieß einstreuen und zugedeckt bei kleiner Hitze in 15 Minuten fertig garen.

3 Den Obstsaft und das Öl unterrühren und alles mit dem Stabmixer fein pürieren. Bei Bedarf noch etwas Wasser hinzufügen.

Pro Portion: **180 kcal, 4 g Eiweiß, 8 g Fett, 22 g Kohlenhydrate**

3 Getreide-Obst-Breie

Pfirsichbrei mit Gerstenflocken

Zutaten für ein Baby ab dem 8. Monat

20 g Gerstenflocken
90 ml Wasser
100 g Pfirsich (ohne Stein)
5 g Butter

1 Die Getreideflocken mit dem kalten Wasser verrühren und langsam aufkochen. Auf kleiner Stufe 5 Minuten kochen lassen.

2 Inzwischen den Pfirsich mit kochendem Wasser überbrühen und häuten. Den Pfirsich mit dem Stabmixer fein pürieren.

3 Das Pfirsichmus mit der Butter unter den Gerstenbrei rühren.

Pro Portion: 141 kcal, 2 g Eiweiß, 5 g Fett, 22 g Kohlenhydrate

Zwiebackbrei mit Birne

Zutaten für ein Baby ab dem 8. Monat

100 ml Wasser
2 Scheiben Vollkornzwieback (ohne Milcheiweiß und Zucker)
100 g Birne (ohne Kerne)
5 g Butter

1 Das Wasser aufkochen und vom Herd nehmen. Den Zwieback fein zerbröseln und im Wasser quellen lassen.

2 Die Birne schälen und mit dem Stabmixer fein pürieren.

3 Das Birnenmus mit der Butter unter den Zwiebackbrei rühren.

Tipp: Der Zwiebackbrei wirkt mit fein geriebenem Apfel darmberuhigend und hilft auch bei Durchfall.

Pro Portion: 166 kcal, 2 g Eiweiß, 5 g Fett, 27 g Kohlenhydrate

4 Vollmilch-Getreide-Breie

Grießbrei mit Banane

Zutaten für ein Baby ab dem 8. Monat

200 ml Vollmilch (3,5 % Fett)
20 g Grieß
1/2 Banane

1 Die Milch in einem Topf aufkochen.

2 Den Grieß unter Rühren hineinstreuen, einmal aufkochen lassen und auf kleinster Stufe in etwa 5 Minuten ausquellen lassen, dabei gelegentlich umrühren.

3 Die Banane schälen, mit einer Gabel fein zerdrücken und unter den Brei rühren.

Pro Portion: **259 kcal, 9 g Eiweiß, 7 g Fett, 38 g Kohlenhydrate**

Dinkelbrei mit Apfel

Zutaten für ein Baby ab dem 8. Monat

20 g Dinkelflocken
200 ml Vollmilch (3,5 % Fett)
1/2 Apfel

1 Die Dinkelflocken mit der Milch verrühren und langsam aufkochen. Auf kleinster Stufe etwa 5 Minuten kochen lassen.

2 Den Apfel schälen, entkernen und auf der Glasreibe oder dem Gemüsehobel fein zerreiben. Unter den Brei rühren.

Tipp: Kann auch mit Nektarinen- oder Aprikosenmus zubereitet werden.

Pro Portion: **231 kcal, 9 g Eiweiß, 8 g Fett, 31 g Kohlenhydrate**

Vierkornbrei mit Heidelbeeren

Zutaten für ein Baby ab dem 8. Monat

20 g Vierkornflocken
200 ml Vollmilch (3,5 % Fett)
2 EL frische Heidelbeeren (ersatzweise aus dem Glas, nach Möglichkeit ohne Zuckerzusatz)

1 Die Flockenmischung mit der Milch verrühren und langsam aufkochen. Auf kleinster Stufe etwa 5 Minuten kochen lassen.

2 Die Heidelbeeren waschen und mit einer Gabel fein zerdrücken oder mit dem Stabmixer pürieren. Unter den Brei rühren.

Hinweis: Mehrkornflocken sollten nur verwendet werden, wenn ein Allergierisiko ausgeschlossen ist. Alternativ kann der Brei auch nur mit Haferflocken zubereitet werden.

Pro Portion: 210 kcal, 9 g Eiweiß, 8 g Fett, 25 g Kohlenhydrate

Hirsebrei mit Himbeeren

Zutaten für ein Baby ab dem 8. Monat

20 g Hirseflocken
200 ml Vollmilch (3,5 % Fett)
$^{1}/_{2}$ Banane
50 g frische Himbeeren (ersatzweise tiefgekühlte)

1 Die Hirseflocken mit der Milch verrühren und langsam aufkochen. Auf kleinster Stufe etwa 5 Minuten kochen lassen.

2 Die Banane schälen. Die Himbeeren verlesen und waschen, tiefgekühlte Beeren rechtzeitig herausnehmen und auftauen lassen. Das Obst mit einer Gabel fein zerdrücken und unter den Brei rühren.

Pro Portion: 282 kcal, 10 g Eiweiß, 8 g Fett, 41 g Kohlenhydrate

Von zwei bis fünf: Die neue Welt des Essens

Mit einem Jahr, steht in den Lehrbüchern, bekommt das Kind keine Spezialnahrung mehr, sondern soll essen wie der Rest der Familie auch: ganz normal. Aber was heißt das für eine Vierjährige? Morgens Müsli, Spiegeleier oder nur einen Joghurt? Muss die warme Mahlzeit mittags sein oder ist das egal? Aus der Mikrowelle oder doch nicht? Was kann man dem kleinen Kinderbauch am Abend noch zumuten, wenn er wenig später im Bett vielleicht schwere Träume auslöst?

Die Essgewohnheiten in der Familie haben sich so weit vom »Normalen« der Vergangenheit – dem häuslichen Rhythmus Frühstück, warmes Mittagessen und leichtes Abendbrot – entfernt, dass es schwer geworden ist, die Erwachsenenwelt einfach eins zu eins auf den Nachwuchs zu übertragen. Denn Kinder sind sensible Persönlichkeiten: Nicht nur ihr Körper wächst – täglich lernen sie Neues hinzu, das sie verarbeiten müssen. Ihre Sexualität entwickelt sich, ihr Charakter prägt sich aus. Die richtige Ernährung gibt ihnen Kraft für jeden Schritt ins Leben. Die ersten Krankheiten, der erste Schultag, der erste Kindergeburtstag – viele Stationen im Leben eines Kindes sind mit der Erinnerung an Nahrung verbunden: dem Apfelkompott gegen den fiebrigen Durst, der Schultüte, den Party-Würstchen an der Schnur, nach denen man schnappen durfte.

Kinder sollen gesund bleiben und sich richtig entwickeln, das wünschen sich alle Eltern. Sicher braucht das mehr Augenmerk, als sie bislang auf ihr eigenes Essen gelegt haben. Aber was braucht ihr Kind in seinen unterschiedlichen Phasen der Entwicklung? Was können sie wirklich tun, um aus ihm ein »Prachtkind« zu machen? Und kann ihnen die Wissenschaft dabei Hilfestellungen geben?

Erfahrung und Beobachtung

Was das Essen in unserem Körper eigentlich aus- (oder an-)richtet, ist in vielen Punkten immer noch ein Rätsel. Zwar wissen wir inzwischen, dass viele der Zivilisationskrankheiten mit falscher Ernährung zusammenhängen – Bluthochdruck, Krebs, Diabetes, Gicht –, und wir kennen die Bedeutung der Nährstoffe. Aber wie die abertausend Stoffe in unserer täglichen Nahrung im Organismus miteinander reagieren, auf welche Weise sie vom Darm in den Blutkreislauf und zu den Zellen gelangen, wie sie dort verarbeitet werden und welchen Einfluss genetische Faktoren dabei haben, ist oft nicht bekannt. Erst seit einigen Jahren bringen neue biotechnologische Analysetechniken langsam mehr Licht in diese Fragestellungen.

Vieles in der Ernährungsmedizin beruht also auf Erfahrung und Beobachtungen, wie sie der thüringische Arzt Christoph Wilhelm Hufeland, einer der Pioniere der Naturheilmedizin, schon im 18. Jahrhundert machte. Parallel dazu wuchs das Wissen über die Inhaltsstoffe und ihre Rolle im Stoffwechsel – doch auch das ist noch ein relativ junges Kapitel. Die Vitamine zum Beispiel, die heute schon

Selber essen: Der Löffel eröffnet eine neue Welt für Mund, Nase und Ohren.

jedem Kleinkind ein Begriff sind, kennen wir noch keine hundert Jahre. Und wie wichtig Fett für ein Baby ist, das wissen wir erst seit zwanzig Jahren.

Viele Widersprüche

Dass die Ernährungslehre noch immer mehr Fragen aufwirft als Antworten zu geben, zeigen uns die täglich wechselnden Meldungen in den Medien. Mal soll Vitamin C ein langes Leben garantieren, mal Krebs auslösen. Erst gilt Vollkorn als besonders gesund, dann plötzlich wieder als schwer verdaulich. Knäckebrot, eben noch ein empfohlenes Lebensmittel, steht plötzlich im Verdacht, krebserregende Substanzen (Acrylamid) zu enthalten. Das »gute« Rindfleisch birgt auf einmal tödliche Risiken. Zu dick sein ist schlecht, Abnehmen aber auch. Selbst die Mediziner haben ganz unterschiedliche Meinungen darüber, ob Schweinefleisch ungesund ist und Salz nun den Blutdruck in die Höhe treibt oder nicht.

Wer will es da vielen Menschen übel nehmen, wenn sie die Zeitung zuklappen und ihrem Arzt den Rücken kehren. Was sagt ihnen schon die Empfehlung der Ernährungsexperten, sie sollten täglich soundso viel Gramm Kalium, Kalzium oder Magnesium zu sich nehmen? 80 Prozent der Bevölkerung – so die Schätzungen – werden sich in diesem Jahrzehnt nur noch von Fertigprodukten ernähren. Und die Zusammensetzung des Essens aus der Kantine ist ihnen genauso unbekannt wie die der Tiefkühlpizza. Am liebsten würden sie aufhören, über das Essen nachzudenken. Und viele tun das auch. Deshalb können sich Industrie und Landwirtschaft überhaupt nur so viele Lebensmittelskandale leisten.

Doch umdenken lohnt sich. Vor allem, wenn Sie damit zur Gesundheit Ihres Kindes beitragen. Denn gesundes Essen bedeutet mehr als nur Nährwerttabellen und Kalorienzählen. Gesundes Essen bedeutet Genießen, Energie tanken, die Umwelt schonen und nicht zuletzt Kulturen und Landschaft pflegen.

Die Kinder-Experten

Ein Team von Wissenschaftlern, die nicht nur in Nährwerttabellen denken, sondern auch andere Aspekte in ihre Empfehlungen einbeziehen, ist das Dortmunder Forschungsinstitut für Kinderernährung (FKE). Die ursprünglich von der Deutschen Forschungsgemeinschaft und der Stiftung Volkswagenwerk finanzierte Studiengruppe (inzwischen wird sie vom Land Nordrhein-Westfalen unterstützt und ist Teil der Privatuniversität Witten-Herdecke) ist eine Oase im Dschungel der oft interessenorientierten Ernährungsforschung.

Als einziges Institut in ganz Europa unternimmt das FKE seit vielen Jahren eine Langzeitstudie zu Ernährung, Stoffwechsel, Wachstum und Entwicklung von Kindern, die so genannte DONALD-Studie (»Dortmund Nutritional and Anthropometric Longitudinally Designed Study«). Jedes Jahr werden 40 Säuglinge neu aufgenommen, untersucht und vermessen. In engem Kontakt mit den Eltern registrieren die Forscher, was die Kinder zu essen bekommen und wie sich das auswirkt – und das bis zum Jugendlichenalter.

Kontrollierte Langzeitbeobachtungen sind die einzige Chance, halbwegs sichere Aussagen über die Folgen der Ernährung zu machen. Sonst werden als Anhaltspunkte meist Tierversuche herangezogen, die sich aber nicht eins zu eins auf den Menschen übertragen lassen. Oder die Ergebnisse klinischer Studien, bei denen Patienten einige Wochen unter Beobachtung sind – was die Realität aber nicht widerspiegeln kann. Andere Langzeitstudien, wie sie etwa an bestimmten Berufs- oder Patientengruppen gemacht werden, haben den Nachteil, dass in dem jahrelangen Untersuchungszeitraum viele andere Faktoren eine Rolle spielen, deren Bedeutung nicht erfasst werden kann. Die kontrollierten Langzeitstudien des Dortmunder Forschungsinstituts sind deshalb eine einzigartige Quelle für Wissenschaft und Praxis. Ihre Ergebnisse sind längst zum Standard der Empfehlungen für Kinderernährung geworden.

Die Philosophie der Optimierten Mischkost

Nahrung für Kinder soll:

- alles liefern, was ihr Körper für seine **Entwicklung** gerade braucht (Proteine, das richtige Verhältnis an Fettsäuren, komplexe Kohlenhydrate, Ballaststoffe, Vitamine, Mineralstoffe und Wasser),
- so aufgebaut sein, dass sie später nicht zu **Krankheiten** führt (Herz-Kreislauf-Leiden, Fettsucht, Diabetes, Osteoporose, Darmerkrankungen, Krebs, Gicht, Karies) und Stoffe enthalten, die Krankheiten **vorbeugen** (Vitamine, Antioxidantien, sekundäre Pflanzenstoffe),
- **preiswert** und möglichst **regional** produziert sein, wenig **Fertig-** und keine **Diätprodukte** enthalten,
- den lokalen **Essgewohnheiten** (zwei Brotmahlzeiten, eine warme Speise, Zwischenmahlzeiten) Rechnung tragen,
- auf **individuelle** Essensvorlieben und -abneigungen eingehen.

Die Optimierte Mischkost

Das FKE verfolgt eine Philosophie, die weiter führt als Nährstoffempfehlungen. Es reicht nicht, dass Nahrung nur zur richtigen Entwicklung von Kindern einer bestimmten Altersstufe beiträgt – so das Credo –, sondern sie muss so gut sein, dass diese auch in späteren Jahren nicht krank werden. Eine ausgewogene Ernährung, Optimierte Mischkost oder kurz »Optimix« getauft, soll Babys, Kinder und Jugendliche vor schädlichen Einflüssen schützen und sie für ein langes Leben fit machen.

Wichtig ist den Ernährungsmedizinern dabei aber auch, dass »Optimix« in der Praxis leicht durchführbar ist, weil ihre Bestandteile regional und zu normalen Preisen erhältlich sind und keinem sektiererischen Ess-Dogma folgen, sondern individuell abgewandelt werden können. Auch die Empfehlungen dieses Buches folgen im Wesentlichen dem Konzept der Optimierten Mischkost (➔ Kasten links).

»Dichte« Lebensmittel

Im Rahmen der Optimierten Mischkost werden überwiegend Lebensmittel mit hoher Nährstoffdichte empfohlen, das bedeutet vor allem, dass sie nicht nur einen Stoff, sondern viele verschiedene Substanzen liefern, wie Gemüse, Obst oder Getreide. Einige davon sind wegen ihres Fettgehalts oder ihres tierischen Eiweißes eher mäßig zu verwenden (zum Beispiel Milch, Fleisch, Fisch und Eier), andere sogar sparsam wie Öl und Butter.

80 Prozent der Ernährung sollten »nährstoffdicht« sein, also nicht nur Kalorien, sondern gleichzeitig viele Nährstoffe liefern:

Alter		1	2–3	4–6	7–9	10–12	13–14	15–18
Empfohlene Lebensmittel								
Reichlich								
Getränke	ml/Tag	600	700	800	900	1000	1200	1400
Brot/Getreide (-flocken)	g/Tag	80	120	170	200	250	280	300
Kartoffeln, Nudeln, Reis, Getreide	g/Tag	80	100	120	140	180	200	250
Gemüse	g/Tag	100	120	180	200	230	250	300
Obst	g/Tag	100	120	180	200	230	250	300
Mäßig								
Milch, -produkte	g/Tag	300	330	350	400	420	450	500
Fleisch/Wurst	g/Tag	40	50	60	70	80	90	90
Eier	St./Woche	1–2	1–2	2	2	2–3	3	3
Fisch	g/Woche	50	70	100	150	180	200	200
Sparsam								
Öl, Butter	g/Tag	10	15	20	25	30	30	35
Geduldete Lebensmittel								
Kuchen, Süßigkeiten	g/Tag		weniger als 50			weniger als 80		
Marmelade, Zucker	g/Tag		weniger als 10			weniger als 20		

Nach: Ministerium für Ernährung und Ländlichen Raum Baden-Württemberg

Bis zu einem Fünftel der täglichen Kalorien darf – die Wissenschaftler sind Realisten, was unsere Essvorlieben angeht – auf Kuchen und Süßes, Marmelade und Zucker entfallen. Das FKE fasst sie als »geduldete« Lebensmittel zusammen. Wie viel ein Kind davon jeweils essen darf, richtet sich nach seinem Alter.

Mit der Optimierten Mischkost werden die Empfehlungen internationaler Gremien wie zum Beispiel der Deutschen Gesellschaft für Ernährung weitgehend erreicht. Einzelne Werte, wie etwa die von Mineralstoffen und Vitaminen, setzt das Dortmunder Forschungsinstitut sogar höher an.

Pflanzen sind Gesundmacher

Bei einer gesunden Kost stehen pflanzliche Lebensmittel an allererster Stelle. Getreide, Kartoffeln, Hülsenfrüchte sowie Obst und anderes Gemüse enthalten von Natur aus keine für den Menschen schädlichen Stoffe, aber vieles, was seinem Körper gut tut: Eisen, Magnesium, Vitamin B1 und B6, Vitamin C und zahlreiche Ballaststoffe.

Gemüse, Salat und Obst allein wären zu energiearm. Deshalb sollten Sie unbedingt darauf achten, dass Ihre Kinder auch genug Kartoffeln, Getreide und Hülsenfrüchte essen! Häufig vernachlässigt, aber bei Ernährungswissenschaftlern hoch angesehen sind die unscheinbaren Ballaststoffe, von denen auch die meisten Erwachsenen viel zu wenig zu sich nehmen. Die wasserunlöslichen, die beispielsweise im Getreide stecken, nehmen im Körper Wasser auf und quellen – das beschleunigt die Verdauung, reinigt den Darm von »giftigen« Stoffen und schützt diesen so vor Verstopfung und sogar Krebs. Wasserlösliche Ballaststoffe (wie zum Beispiel Pektin) aus Obst, Gemüse, Kartoffeln und Hafer fördern die Ausscheidung von überflüssigem Cholesterin.

Das volle Korn

Getreideprodukte und Brot sollten mindestens zur Hälfte aus Vollkorn bestehen. Beim Ausmahlen gehen nämlich wichtige Vitamine, Mineral- und Ballaststoffe sowie ungesättigte Fettsäuren verloren, die gerade in den Randschichten und dem Keimling stecken (→ Seite 204 ff.). Wie fein das Mehl gemahlen wird, hat damit nichts zu tun: Auch Vollkornmehl kann ebenso fein wie weißes Weizenmehl Typ 405 sein.

Kaufen Sie verschiedene Brotsorten und belegen Sie sie nur dünn! Kinder sollten Brot früh als eigenständiges Lebensmittel kennen und schätzen lernen.

Eine gute Alternative zu Brot ist Müsli. Es ist fettarm, reich an komplexen Kohlenhydraten und zahlreichen Nährstoffen. Viele der Fertigmischungen im Supermarkt oder auch im Biohandel sind allerdings mit Zucker oder als »Crunchy«-Variante auch noch mit viel Fett versetzt. Am besten ist es deshalb, eine Müsli-Mischung aus Vollkornflocken (besonders gut ist Hafer!) und Nüssen selbst herzustellen.

Herzhafter als Toast: ein Vollkornbrot.

In der Kindheit, wenn sich das Skelett herausbildet, braucht der Körper besonders viel Kalzium. Kinder nehmen aber viel zu wenig auf:

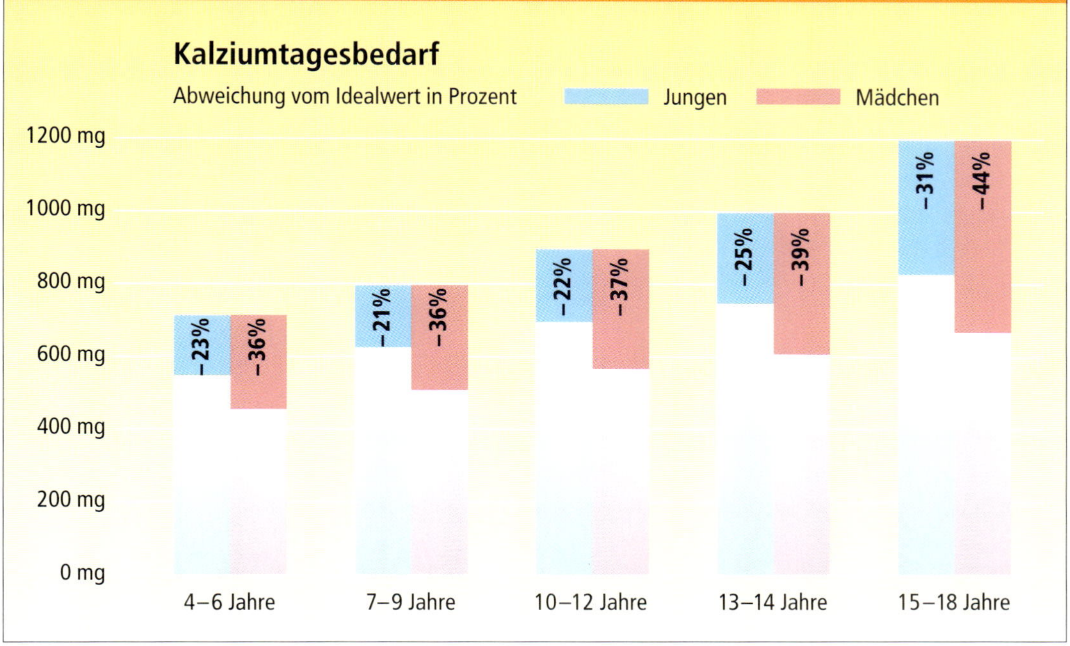

Nach: Nagel, ErnährungsHits für Kids, 2001

Lassen Sie Ihre Kinder dabei mithelfen! Frisches Obst oder Obstsaft dient nicht nur dem Geschmack, sondern hilft, den reichen Eisenvorrat des Getreides aufzuschließen: Ohne Vitamin C wäre der nur schlecht verfügbar!

Kartoffeln – ein heißer Tipp

Kartoffeln sind besonders gesund und sollten viel häufiger als Grundlage warmer Mahlzeiten verwendet werden. Sie enthalten viel Kalium, Vitamin B6 und C sowie wichtige Stärke. Allerdings sollten Kartoffeln nicht als Salzkartoffeln gekocht werden, sondern möglichst als Pellkartoffeln in der Schale, damit die wertvollen Nährstoffe nicht verloren gehen. Verwenden Sie dazu Kartoffeln aus ökologischen Anbau, damit Sie keine Pestizide im Kochwasser haben!

Verwenden Sie mindestens zweimal wöchentlich Kartoffeln, die sich in vielen Varianten zubereiten lassen und auch nicht dick machen, solange sie nicht mit viel Fett kombiniert werden (➔ Seite 266). Als Abwechslung zu Kartoffeln und Reis können Sie auch die vielen verschiedenen Getreidesorten ausprobieren: Hirse, Dinkel oder Buchweizen.

Zwiespältig: tierische Produkte

Fleisch und Milch sind Quellen vieler wertvoller Nährstoffe wie Eisen, Selen, Vitamine und Zink sowie Proteine. Sie enthalten aber auch Stoffe, die ganz wesentlich an Krankheiten wie Arteriosklerose, Gicht oder Krebs beteiligt sind. Gesättigte Fettsäuren, Cholesterin und Purine tun dem Körper nicht gut – tierische Produkte sollten deshalb nicht zu oft gegessen werden.

Elemente des Lebens:

Die Nahrungsbausteine

Der Brennwert der Nahrung, die Energie für unseren Stoffwechsel liefert, wird in Kilokalorien (1 kcal = 4,184 Kilojoule) gemessen. Die wissenschaftliche Bezeichnung Kilojoule hat sich im Alltag noch nicht durchgesetzt.

Eiweiß

liefert etwa vier Kilokalorien pro Gramm. Es besteht aus verschiedenen Aminosäuren, den Grundbausteinen des Lebens. Aminosäuren setzen die Erbsubstanz zusammen, sie sind wichtige Bestandteile der Zellen und des Immunsystems. Acht der Aminosäuren sind »essentiell«, das heißt, sie sind lebensnotwendig und müssen dem Körper ständig zugeführt werden, weil er nicht in der Lage ist, sie selbst herzustellen.

▶ Eiweißmangel kann bei Säuglingen und Kindern zu körperlichen und geistigen Entwicklungsstörungen führen. Aber auch zu viel beeinträchtigt die Gehirnentwicklung. Kleinkinder haben durch ihr Wachstum und ihre schnelle Zellerneuerung einen höheren Eiweißbedarf als Erwachsene. Sie sollten je nach Alter zwischen fünf und 20 Prozent ihrer täglichen Kalorien als Eiweiß erhalten, in einer Mischung aus tierischen und pflanzlichen Produkten, um die Verwertbarkeit des Eiweißes zu erhöhen.

Kohlenhydrate

liefern wie das Eiweiß vier Kilokalorien pro Gramm. Kohlenhydratreiche Lebensmittel enthalten viele wichtige Vitamine, Mineral- und Ballaststoffe. Neben den gesunden nährstoffdichten Kohlenhydraten in Vollkornge-

treide, Hülsenfrüchten, Obst und Gemüse gibt es auch ungesunde nährstoffarme in Zucker oder Weißmehl.

▶ Für den Säugling ist der Milchzucker der Muttermilch die erste Kohlenhydratquelle. Bei Kleinkindern sollte der Milchzucker durch nährstoffdichte Kohlenhydrate aus Vollkorn, Kartoffeln und Gemüse ersetzt werden, die über 50 Prozent der Energieaufnahme ausmachen sollten. In der Praxis essen jedoch bereits die Jüngsten zu viel Zucker und Weißmehl. Die Folge: Ein Viertel ihrer Kalorien ist leere Energie, die schnell verpufft und dick, aber nicht gesund macht.

Fett

liefert neun Kilokalorien pro Gramm und damit mehr als doppelt so viel Energie wie Eiweiß oder Kohlenhydrate. Es ist Träger wichtiger fettlöslicher Vitamine (A, D, K, E), Bestandteil der Zellwände und Grundsubstanz für Hormone.

▶ Da Kleinkinder einen höheren Energiebedarf als Erwachsene haben, dürfen bis zu 35 Prozent ihrer Kalorien aus Fett bestehen. Das Fett der Mutter- oder Vollmilch wird mit reichlich ungesättigten Fettsäuren aus Gemüse, Pflanzenölen, Samen und Fisch (z.B. Lachs, Hering und Makrele) ergänzt, die für den Körper lebenswichtig sind.

Ballaststoffe

werden vom Verdauungssystem nicht verwertet. Die Substanzen aus Obst, Gemüse und Getreide quellen im Darm, binden Giftstoffe und beschleunigen die Darmtätigkeit.

▶ Besonders viele Ballaststoffe (Pektine) sind in Beeren enthalten, aber auch in Getreideflocken, Hülsenfrüchten und rohem Knabbergemüse. Frischkorn in Form von Brei und die meisten Hülsenfrüchte vertragen Kinder in der Regel erst ab dem dritten Lebensjahr. Rote Linsen dagegen sind leicht verdaulich und schnell zubereitet. Sie eignen sich auch schon für die ganz Kleinen.

Vitamine

unterstützen alle Stoffwechselvorgänge im Körper und sind deshalb besonders wichtig. Die fettlöslichen Vitamine (A, D, E und K) kann der Körper speichern. Die wasserlöslichen (B und C) werden zum Teil wieder ausgeschieden und müssen ständig ergänzt werden. Sie sind sehr empfindlich, bei längerer Lagerung oder Hitze gehen sie verloren. Vitamin A (bzw. die Vorstufe Betacarotin) ist wichtig für gesunde Augen und Zellwände. Es steckt in rotem oder grünem Gemüse (wie Karotten und Brokkoli). Vitamin D brauchen die Knochen. Der Stoff bildet sich unter der Haut durch den Kontakt mit Sonnenlicht. B-Vitamine (in Getreide, Fleisch und Milch) sind wichtig für die Verarbeitung von Eiweiß, Fett und Kohlenhydraten. Ein Mangel führt zu Wachstumsverzögerungen. Vitamin C ist wichtig für das Immunsystem. Eine zentrale Rolle als Radikalfänger und Zellschutz spielt das Vitamin E, das zum Beispiel in Hülsenfrüchten und Nüssen steckt.

▸ Pflanzliche Öle mit Vitamin E (aus Sonnenblumenkernen, Weizenkeimen, Soja und Mais) schützen das Kind vor Zellschäden. Karottensaft sollten Sie mit einem Tropfen Öl zubereiten, damit das Betacarotin verfügbar wird. Wasserlösliche Vitamine sind in Obst und Gemüse ausreichend enthalten.

Mineralstoffe

regulieren den Stoffwechsel und bauen Knochen, Zähne, Haare, Haut, Blut und Gewebsflüssigkeiten auf. Sie sind zwar hitzestabil, können aber mit viel Kochwasser verloren gehen. Kalzium, Phosphat und Magnesium machen 98 Prozent der Mineralstoffe im Körper aus. Ein Großteil davon ist im Skelett gespeichert. Kalzium ist wichtig für Knochen und Zähne, Herz und andere Muskeln sowie für die Blutgerinnung. Ein Mangel kann zur Knochenentkalkung (Osteoporose) führen. Phosphat ist am Knochenaufbau beteiligt. Natriumchlorid (Koch-

salz) regelt den elektrochemischen Haushalt der Zelle und den Wasserhaushalt.

► Wegen des intensiven Wachstums werden Kalzium und Phosphat vor allem im Säuglingsalter und dann in der Pubertät besonders benötigt. Überhöhte Phosphatmengen aus Wurst, Fleisch und Cola können zu Knochenstoffwechsel-Störungen führen. Die Salzaufnahme bei Kindern ist bereits doppelt so hoch wie die empfohlenen Werte!

Spurenelemente

sind ähnlich wichtig. Eisen transportiert den Sauerstoff im Blut. Im Kleinkindalter kann vorübergehend ein Eisenmangel auftreten. Als Ursache vermutet man unentdeckte Darmblutungen als Reaktion auf die Kuhmilch-Umstellung. Fluor härtet den Zahnschmelz. Jod ist ein wesentlicher Teil der Schilddrüsenhormone. Zink ist wichtig für die Augen und das Immunsystem.

► Die am besten verfügbare Quelle für Eisen ist Fleisch: Zwischen 40 und 70 Gramm sollten bis zum Alter von zehn Jahren täglich davon gegessen werden. Es steckt aber auch in Vollkorn (vor allem in Hirse, Weizenkeimen und Quinoa, aber auch in Spinat, Grünkohl, Wirsing und Hülsenfrüchten). Weil das pflanzliche Eisen schwerer verfügbar ist, sollte es mit Vitamin-C-reichen Säften kombiniert werden. Zink ist in Vollkorn, Rindfleisch und grünen Erbsen enthalten. Die tägliche Jodaufnahme liegt mit 30 bis 40 Mikrogramm bei einem Fünftel des tatsächlichen Bedarfs. 50 Prozent der Mädchen und 30 Prozent der

Jungen haben bereits in der Pubertät eine vergrößerte Schilddrüse.

Bioaktive Substanzen

nennt man sekundäre Pflanzenstoffe, die sich positiv auf das Immunsystem auswirken, entzündungshemmend und vorbeugend gegen Krebs sind.

► Gelb, rot und grün: In den bunten Gemüsen (Paprika, Tomaten, Brokkoli, Karotten), die Kinder schon wegen der fröhlichen Farben gerne essen, stecken viele bioaktive Substanzen. Alle Kohlgemüse und Zwiebelgewächse enthalten nicht nur viele Vitamine, sondern vielerlei gesunde Wirkstoffe. Der Farbstoff der Tomate schützt das Herz.

Besonders wichtig im Kindesalter ist das Kalzium, weil es für das Knochenwachstum zuständig ist. Bis zum Alter von etwa 18 Jahren ist dieser Prozess abgeschlossen – wenn bis dahin nicht eine möglichst große Knochenmasse erreicht wurde, ist die Gefahr von Knochenbrüchen und Osteoporose (Knochenentkalkung) in späteren Jahren groß. Was in der Jugend versäumt wurde, lässt sich später nicht mehr nachholen. Deutsche Kinder nehmen nur etwa 60 bis 70 Prozent der Menge zu sich, die notwendig wäre (➔ Grafik Seite 163).

Kalzium steckt in Grünkohl, Sojabohnen, Lauch, grünen Bohnen und Orangen. Ob Milch und Käse ideale Kalziumquellen sind, ist ein aktuelles Streitthema der Wissenschaft. Jüngste Studien legen nahe, dass Milch zwar Kalzium liefert, aber gleichzeitig den Säurepegel des Körpers absenkt. Wird sein pH-Wert zu sauer, mobilisiert der Organismus Kalzium aus den Knochen als chemischen Puffer – dann würde das Gegenteil der beabsichtigten Wirkung erzielt. Ob das wirklich der Fall ist, hängt aber von vielen Faktoren ab. Milch hat außerdem neben Kalzium auch noch andere wichtige Nährstoffe: Eiweiß und Vitamin B. Seefisch (ein bis zwei Mahlzeiten wöchentlich) enthält wichtiges Jod.

Essen Sie weniger Fleisch. Kochen Sie Gerichte, bei denen das Fleisch höchstens eine Beilage ist. Verwenden Sie mageres Fleisch (Geflügel). Kaufen Sie, wenn Sie es sich leisten können, Biofleisch aus artgerechter Tierhaltung. Diskutieren Sie mit Ihren Kindern die Achtung vor den Tieren, die uns Nahrung liefern. Wenn Sie Vollmilch mit 3,5 Prozent Fett verwenden, sparen Sie bei anderen Fettquellen. Essen Sie Meeresfisch und verwenden Sie jodiertes Salz.

Ernährungsfehler in den ersten Lebensjahren

- Die Hälfte der Kohlenhydrate stammt aus wertarmen Lebensmitteln wie etwa **Zucker**. Es sollten höchstens 20 Prozent sein.
- **Fertigprodukte** ersetzen den selbst gekochten Brei. Es wird viel zwischendurch genascht. Das bringt weniger Ballaststoffe und Vitamine, dafür mehr problematische Inhaltsstoffe.
- Ab vier trinken Kinder zu viele **Limonaden** und andere gesüßte Getränke, dafür weniger Milch (Vitamin B, Kalzium).

Nur tropfenweise

Fett hat in Zeiten des Schlankheits- und Diätwahns einen überwiegend negativen Beiklang. Dabei ist Fett ein wertvoller Stoff, besonders wichtig für unsere Nervenzellen. In richtiger Dosierung und Zusammensetzung hält Fett auch die Adern geschmeidig.

Fett ist nicht gleich Fett – es gibt sehr gesunde Sorten (die viele mehrfach ungesättigte Fettsäuren enthalten) wie Maiskeim- oder Distelöl, ziemlich gesunde (mit einfach ungesättigten Fettsäuren) wie Olivenöl und die weniger empfehlenswerten gesättigten Fettsäuren aus tierischen Produkten.

Ungesättigte Fettsäuren wirken sich positiv auf den Blutfettspiegel aus. Sie senken den Cholesterinspiegel, der – im Gegensatz dazu – durch gesättigte Fettsäuren angehoben wird. Es kommt bei den ungesättigten Fettsäuren aber auch darauf an, wie sich die einzelnen Säuren zueinander verhalten. Besonders empfohlen wird deshalb Sojaöl, am besten mit zugesetztem Vitamin E, das genau diesem wertvollen Fett sonst fehlen würde. Die Optimierte Mischkost enthält auch Margarine, um den Fettgehalt der Nahrung zu reduzieren und

Dem großen Bruder abgeguckt: Kinder orientieren sich bei dem, was sie essen, an den Älteren.

den Anteil des tierischen Fettes (Butter) zu senken. Margarine kann jedoch schädliche Transfettsäuren enthalten und vitaminisiert sein: insgesamt also nicht gerade ein wertvolles Lebensmittel. Wenn Sie lieber Butter essen wollen, sollten Sie sparsam damit umgehen.

Auch wenn Sie nur gesunde Fette verwenden, so können auch diese negative Auswirkungen haben. Bei Mädchen und Frauen wirkt Fett hormonähnlich und kann in späteren Jahren hormonabhängige Krebsarten wie Brust- oder Eierstockkrebs fördern. Es kommt also – wie immer – auf die Dosis an.

Gehen Sie mit Fett äußerst sparsam um. Verwenden Sie keine gehärteten Fette (Transfettsäuren). Nehmen Sie das richtige Fett für den richtigen Zweck (zum Braten Sonnenblumenöl, zum Kochen Olivenöl, für den Salat Soja- oder Distelöl). Und: Verwenden Sie kein altes Fett.

Von zwei bis fünf

Spätestens mit dem ersten Geburtstag wird für die Kinder interessant, was die anderen auf dem Teller haben. Da ihr Immunsystem stärker geworden ist, muss ihre Nahrung nicht mehr sterilisiert werden. Das Leben nach dem Brei bringt für sie neue, exotische Farben und Formen – Tomatensauce, Erdbeermarmelade oder Zucchinischeiben: jede Mahlzeit ein eigenes Abenteuer. Immer mehr Zähnchen wachsen, das Kind kann jetzt abbeißen und kauen – und erfährt dabei ganz neue Geschmackserlebnisse.

Leichte Mahlzeiten für die ersten Lebensjahre – wenig Fett, kaum Zucker, viel Gemüse, Obst und Vollkorn:

1. Frühstück	▶ Ungesüßtes Müsli mit Milch oder Joghurt und Obst ▶ Ungezuckerte Cornflakes mit Milch ▶ Vollkornbrot, Vollkornbrötchen oder Knäckebrot mit Butter, Käse, Konfitüre, Nussmus, Quark mit Honig **Getränke:** Früchte- oder Kräutertees, Saftschorle, Mineral- oder Leitungswasser
2. Frühstück	▶ Rohes Obst und Gemüse: Apfel, Birne, Karotte, Kohlrabi, Gurke etc. ▶ Naturjoghurt oder Quark mit geriebenen Äpfeln, Kirschen, Erdbeeren etc. ▶ Knäckebrot mit vegetarischem Brotaufstrich und Gurkenscheiben **Getränke:** Früchte- oder Kräutertees, Saftschorle, Mineral- oder Leitungswasser
Mittagessen	▶ Pellkartoffeln mit Blumenkohl und Fisch ▶ Naturreis mit Gemüsepfanne ▶ Vollkornnudeln mit Gemüse-Tomatensauce oder Sauce Bolognese, dazu Gemüse-Rohkost ▶ Bratlinge (z. B. aus Getreide, Gemüse, Hülsenfrüchten) mit Ofenkartoffeln und Kräuterquark ▶ Süße oder salzige Vollkornpfannkuchen mit Obst oder Gemüse gefüllt ▶ Kartoffelbrei, Spiegelei und Spinat ▶ Gemüseeintopf mit oder ohne Getreideeinlage **Getränke:** Früchte- oder Kräutertees, Saftschorle, Mineral- oder Leitungswasser
Zwischenmahlzeit	▶ Joghurt mit Obst der Saison ▶ Rohe Obst- oder Gemüsestücke ▶ Vollkornkekse oder Obstkuchen ▶ Selbst gemachtes Popcorn ▶ »Studentenfutter« ▶ Milchmixgetränke mit frischen Früchten **Getränke:** Früchte- oder Kräutertees, Saftschorle, Mineral- oder Leitungswasser
Abendessen	▶ Vollkornbrot mit Käse oder magerer Wurst ▶ Vollkornbrot mit Tomaten- oder Gurkenscheiben ▶ Grießbrei mit frischem Obst ▶ Apfel-Karotten-Rohkost oder andere Salate ▶ Rohkoststücke **Getränke:** Früchte- oder Kräutertees, Saftschorle, Mineral- oder Leitungswasser Rezeptanregungen finden Sie ab Seite 186

Nach: Verbraucher-Zentrale Hamburg, 2001

Sie sollten die Abenteuerfreude in Sachen Essen unterstützen – die Zeit, in der Ihre Kinder sich weigern werden, neue Lebensmittel auszuprobieren, kommt erst später. Noch ist die Neugierde zu groß. Achten Sie aber darauf, dass die Speisen kaum gesalzen und gesüßt sind. Ihr eigenes Essen können Sie ja nach Geschmack nachwürzen.

Wichtig ist, dass Ihr Kind auch eine warme Mahlzeit am Tag erhält. Da es noch nicht so große Energiereserven hat wie ein Erwachsener, sollten Sie seine Nahrung bis etwa zum vierten Lebensjahr weiterhin auf fünf Mahlzeiten verteilen: drei Haupt- und zwei Zwischenmahlzeiten.

Wachstumswellen

Feste Essens- oder Trinkmengen für Kinder anzugeben ist schwierig. Appetit und Nährstoffbedarf können rasch wechseln. Das hängt vom Alter ab, von der Größe und auch davon, ob die Kinder lebhaft sind, sich viel bewegen und herumtoben.

Nach dem ersten Lebensjahr sind Magen und Darm des Kleinkindes viel stabiler. Es nimmt jetzt wesentlich langsamer zu als am Anfang. Sobald es laufen lernt, schwinden seine Fettpolster, und Muskeln bilden sich aus.

Kinder wachsen in Schüben: Bis vier sind sie eher pummelig, im Kindergarten- und Einschulungsalter strecken sie sich dann. Von acht bis zehn legen sie wieder eher an Gewicht zu, von elf bis fünfzehn dagegen sind viele Kinder hochaufgeschossen und knochig und haben eine eher schwache Muskulatur. Über diese natürlichen Wachstumswellen sollten Sie sich keine besonderen Sorgen machen.

Schwankender Appetit ist also bei einem Kind nichts Ungewöhnliches. Zwingen Sie Ihr Kind nicht zum Essen, wenn es keine zwingenden Gründe dafür gibt – sein Instinkt zeigt ihm, wann es Hunger hat oder satt ist. Zu viel Zwang und Stress bei den Mahlzeiten führt nur dazu, dass Kinder das natürliche Maß verlieren. Das kann zu Übergewicht oder in späteren Jahren zu Essstörungen führen. Angaben über den Energiebedarf bei Kindern sind also immer nur Richtwerte.

Trinken nicht vergessen

Auch Trinken ist besonders wichtig. Alle Stoffe, die innerhalb des Körpers transportiert werden, sind in Flüssigkeit gelöst. Sie hilft auch, die anfallenden giftigen Stoffwechselprodukte über die Niere oder die Haut wieder auszuscheiden. Der Wasseranteil im Körper ist also hoch: Beim Säugling erreicht er noch 80 Prozent, dann nimmt er ab bis auf 60 Prozent (mit etwa 30 Jahren) und auf nur noch 50 Prozent im hohen Alter.

Wenn die Gesamtflüssigkeit des Körpers nur um drei Prozent abnimmt, führt das bereits dazu, dass der Speichel austrocknet und die Harnproduktion abnimmt. Kinder verlieren viel Wasser beim Spielen und Herumtoben. Vier- bis neunjährige Kinder sollten 800 bis 900 Milliliter am Tag (also fast einen Liter) trinken. In der Praxis sind es aber nur 500 bis 700 Milliliter.

Das liegt auch daran, dass Kinder bis zum Alter von etwa zwölf Jahren kein richtiges Gefühl für Durst haben. Ermuntern Sie also Ihr Kind zum Trinken! Auf keinen Fall sollten Sie den Wunsch nach Wasser oder Tee ablehnen (manche Eltern tun das, damit ihre Kinder schneller »sauber« werden oder mehr Hunger entwickeln). Das beste Getränk ist frisches Leitungswasser (➔ Seite 138).

Wichtig ist auch, dass Sie selbst viel trinken! Das tut Ihnen gut und macht Ihrem Kind Lust auf Flüssigkeit. Machen Sie mit Ihrem Kind vielleicht eine Trinkpause. Sie können ihm auch eine bunte Tasse schenken oder einen lustigen Strohhalm in den Becher stecken.

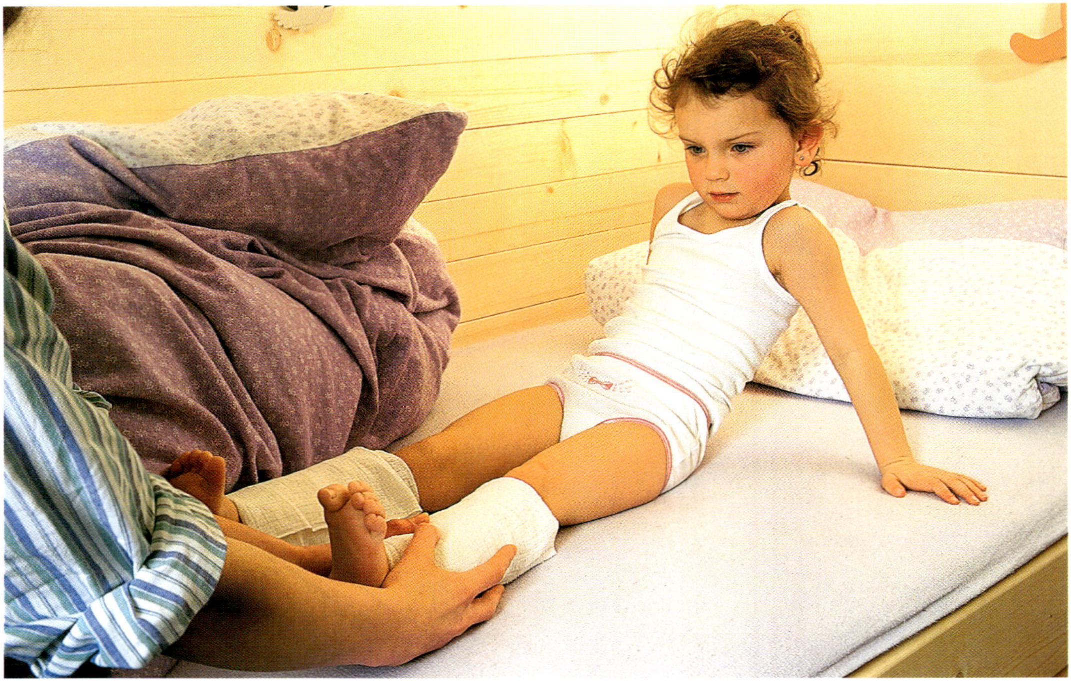

Kranke, vor allem fiebrige Kinder brauchen viel Flüssigkeit. Ein, zwei Tage können sie fasten, wenn sie keinen Hunger haben.

Halten Sie immer eine Kanne mit einem Getränk bereit, aus der sich das Kind bald selbst bedienen kann. Sie werden feststellen, dass Sie selbst dann auch mehr trinken.

Das kranke Kind

Trinken ist auch fast schon die wichtigste Medizin, wenn Ihr Kind einmal krank ist. Die Kindergartenjahre vergehen selten ohne die obligatorische Serie von Ansteckungen und Kinderkrankheiten. Letztlich sind sie gut für Ihr Kind, denn sie schulen sein Immunsystem und schützen es vor Infektionen im Erwachsenenalter.

Aber wenn das Kind vor Fieber glühend im Bett liegt oder laufend erbricht, sind vor allem die Mütter gefordert, mit einer vorsichtigen Diät den kleinen Patienten wieder aufzubauen. Es ist nicht schlimm, wenn Ihr Kind anfangs keinen Appetit hat und vielleicht einen Tag lang die Nahrung verweigert – der Körper wird so schneller entgiftet. Aber es darf auf gar keinen Fall aufhören zu trinken: Die Flüssigkeit beschleunigt sämtliche Immunreaktionen im Körper und hilft, die Krankheitserreger unschädlich zu machen. Über den Schweiß und den Urin werden die Abbauprodukte dann aus dem Körper herausgeschwemmt. Heißer Lindenblütentee oder heißer Holunderbeersaft wirken schweißtreibend und können die Heilung unterstützen.

Wenn Ihr Kind aber bereits hohes Fieber hat, können diese Getränke das Fieber weiter steigern. In diesem Fall geben Sie ihm lieber verdünnten Fruchtsaft oder ungezuckerten Kräutertee. Auch eine magere Gemüsebrühe eignet sich, um die mit dem Schweiß verloren gegangenen Salze wieder zu ersetzen.

Schonend aufbauen

Spätestens am dritten Tag sollte Ihr Kind dann Schonkost erhalten, die leicht verdaulich ist und auf alles verzichtet, was seinen ohnehin angegriffenen Organismus weiter belasten könnte. Verzichten Sie auf schwere Fette oder frisches Gebäck, Süßigkeiten oder stark Gewürztes. Geräucherte Wurst oder scharf gebratenes Fleisch mögen die meisten Kinder in diesem Alter ohnehin noch nicht. Kohlensäure und blähende Gemüse wie Kohl, Zwiebeln oder Knoblauch sind nichts für bettlägerige Patienten. Aber auch hart gekochte Eier oder rohes Stein- und Kernobst müssen noch ein paar Tage warten.

Ihr Kind spürt aber meist am besten, was es verträgt und was nicht. Gehen Sie auf seine Wünsche ein, wenn es langsam wieder Appetit zeigt – ein Lieblingsgericht kann wahre Wunder wirken! Die Portion sollte nur nicht zu groß sein, sondern lieber auf mehrere Mahlzeiten verteilt werden. Besonders gut geeignet sind Obst (auch als Kompott), Joghurt, Fruchtsuppen, Grießbrei oder Haferschleim, heiße Brühen oder leichte Puddings. Eine Hühnersuppe mit Gemüse gilt übrigens in der traditionellen Chinesischen Medizin als Allheilmittel!

Hat Ihr Kind als Folge einer Krankheit starken Durchfall mit Brechreiz, müssen Sie ihm vielleicht löffelweise ein spezielles Elektrolyt-Präparat aus der Apotheke geben. Am besten Sie besprechen das mit Ihrem Apotheker oder Kinderarzt.

Geriebener Apfel mit Zitronensaft beträufelt, saniert den Darm: Das enthaltene Pektin

Nährstoffquellen in Gramm und Stückzahlen: Wie viel und was sollten Kleinkinder am Tag essen und trinken?

Lebensmittelgruppen	Mengen	Das sind:
Getränke (Mineralwasser oder Schorle)	700–1000 ml	4 bis 5 Gläser
Vollkornbrot und/oder Getreideflocken	ca. 120 g	2 Scheiben Brot und 2 bis 3 EL Getreideflocken
Kartoffeln, Vollkornreis, Vollkornnudeln, anderes Getreide	120 g	2 Kartoffeln oder 5 bis 6 EL Reis/Nudeln (gekocht)
Gemüse	200 g	1 große Karotte und 1 Kohlrabi oder 1/2 Fenchel und 1 mittelgroße Karotte
Obst	200 g	1 Apfel und 1 Banane oder 1 Pfirsich und 1 Birne
Milch und Milchprodukte	350 ml/g	1 Tasse Milch und 1 kleiner Joghurt
Käse	20 g	1 kleine Scheibe
Fleisch/Wurst (pro Woche)	100 g	4 Scheiben Wurst oder 1 Frikadelle oder 1 Schnitzel
Hühnerei (pro Woche)	50–100 g	1 bis 2 Stück
Fisch (pro Woche)	70 g	1 kleines Stück Filet
Butter, Pflanzenöl	30 g	2 EL Öl und 1 TL Butter/Margarine
Marmelade, Zucker, Honig, Süßigkeiten	ca. 30 g	2 gestr. EL Zucker oder 6 TL Honig oder Marmelade

Nach: Verbraucher-Zentrale Hamburg, 2001

Besser als Vitamintabletten – vollwertige Lebensmittel enthalten alles, was Kinder zu ihrer Entwicklung brauchen. Ein Überblick:

Mineralstoffe, Spurenelemente	Funktion im Körper	Lebensmittel-Quelle
Kalium	Stabilisierung des Wasserhaushalts	Gemüse, Kartoffeln, Obst, Hülsenfrüchte
Magnesium	Wichtig für Muskelaktivität, Aufbau von Enzymen, Übertragung von Nervensignalen an die Muskeln	Hülsenfrüchte, Nüsse, Vollkornprodukte, Fisch, Bananen
Kalzium	Aufbau von Knochen und Zähnen, Stabilisierung der Zellen, wichtig für die Muskelaktivität	Milch und Milchprodukte, Brokkoli, Sojabohnen und -erzeugnisse
Eisen	Blutbildung, Bildung zahlreicher Enzyme	Fleisch, Fisch, Hirse, Hülsenfrüchte, Hafer
Zink	Wichtig für Abwehrkraft, Wachstum, Aufbau von Körpereiweiß	Käse, Leber, Fleisch, Vollkornprodukte, Linsen
Jod	Bildung von Schilddrüsenhormonen	Seefisch, Jodsalz
Fluor	Stabilisierung von Knochen und Zähnen	Leber, Fisch, Getreide
Selen	Bildung eines Entgiftungsenzyms	Nüsse, Samen, Fisch
Vitamine		
Vitamin A und Betacarotin	Fördert die Sehkraft, wichtig für Haut und Schleimhäute zur Infektabwehr	Leber, Karotten, grünes Gemüse, gelbe und rote Obstsorten
Vitamin D	Festigung des Skeletts	Fisch, Pilze
Vitamin E	Zellschutz	Keimöle, Nüsse, Paprikaschoten, Schwarzwurzeln, Avocado
Vitamin K	Knochenaufbau, Blutgerinnung	Grünes Gemüse, Sauerkraut, Hülsenfrüchte
Vitamin B1	Energiegewinnung aus Kohlenhydraten, wichtig für das Nervensystem	Schweinefleisch, Vollkornprodukte, Hülsenfrüchte
Vitamin B2	Verstoffwechselung von Fett, Eiweiß und Kohlenhydraten, Aufbau von Schleimhäuten und Blutkörperchen	Milchprodukte, Käse, Fleisch, Vollkornprodukte, Pilze, Hülsenfrüchte, Brokkoli, Spinat
Vitamin B6	Verstoffwechselung von Eiweiß, Aufbau von Nervengewebe	Leber, Vollkornreis, Hülsenfrüchte, Avocado, Bananen, Brokkoli, Grünkohl
Vitamin B12	Zellwachstum, Bildung von roten Blutkörperchen	Fleisch, Fisch, Milch und Milchprodukte
Folsäure	Auf- und Abbau von Eiweiß, Aufbau von roten Blutkörperchen, Zellwachstum	Fenchel, Chicorée, Chinakohl, Endiviensalat, Tomaten
Niacin	Energiegewinnung, Auf- und Umbauprozesse	Hähnchenbrust, Kalbfleisch, Austernpilze
Vitamin C	Infektabwehr, Aufbau von Bindegewebe, Knochen und Zähnen	Paprikaschoten, Fenchel, Kohlgemüse, Erdbeeren, Kiwis, Zitrusfrüchte, Johannisbeeren

bindet Erreger und ihre Stoffwechselprodukte. Ideale Aufbaukost sind Zwieback, Kartoffelbrei oder leicht gesalzene Schleimsuppen.

Bei nervöser Verstopfung weichen Sie abends Leinsamen ein, die Sie Ihrem Kind dann morgens in den Joghurt oder das Müsli rühren: Sie schmecken nussig und sind bei Kindern beliebt. Auch ein Teelöffel Weizenkleie hilft der Verdauung. Aber auch hier gilt: ausreichend trinken! Sonst erreichen Sie mit diesem Rezept das Gegenteil.

Abwechslung ist gesund

Lassen Sie Ihr Kind möglichst viele Geschmäcker kennen lernen, dann werden Sie gemeinsam herausfinden, was Ihr Kind gerne und ohne Probleme isst. Verabreden Sie mit ihm, dass es zumindest probiert, was auf den Tisch kommt, bevor es ein neues Gericht ablehnt. Als Gegenleistung können Sie dann zum Beispiel einen Wunsch-Tag einführen: Da isst die ganze Familie, was der Nachwuchs bestimmt hat!

Wenn Sie das Essen abwechslungsreich nach den Prinzipien der empfohlenen Mischkost zusammenstellen, bekommt Ihr Kind alle Stoffe, die sein Körper für seine Entwicklung braucht – Nüsse zum Beispiel dienen dem Zellschutz, Brokkoli baut das Nervengewebe mit auf, Kohl stärkt das Bindegewebe, Karotten gleichen Vitaminmangelzustände aus und fördern die Lernfähigkeit und Tomaten steuern Bausteine der roten Blutkörperchen bei. Eine wichtige Voraussetzung ist allerdings, dass Sie möglichst naturbelassene Lebensmittel kaufen.

Möglichst naturbelassen

Nur noch vier Prozent der landwirtschaftlichen Erzeugnisse in Deutschland werden frisch verkauft, der größte Teil der Ernte wandert in die Ernährungsindustrie. Das hat dramatische Folgen für unsere Gesundheit: Denn viele der gesunden Inhaltsstoffe eines Lebensmittels gehen bei seiner Verarbeitung verloren. Sie sollten deshalb immer möglichst naturbelassene Ware kaufen. Schonend produzierte und vor allem frische Lebensmittel haben mehr Vitamine und andere Vitalstoffe. Ihre Lichtenergie ist intensiver, wie Messungen der Zellenergie (Biophotonen) nachgewiesen haben (➔ Seite 146).

Die Industrie dagegen warnt vor den Unwägbarkeiten unverarbeiteter Produkte. Er sei sich sicher, erklärte zum Beispiel der frühere Nestlé-Chef Helmut Maucher, dass die streng kontrollierten Produkte seines Hauses gesünder seien als Ware vom Bauern. Gleichzeitig jedoch pflegen die Lebensmittelhersteller die nostalgischen Gefühle beim Essen. In ihrer Werbung erwecken sie den Eindruck, der Fertig-Apfelkuchen sei »nach Omas ostpreußischem Rezept« gebacken und das Hühnerei käme quasi direkt vom Bauernhof. Taufrische Basilikumblätter schweben in TV-Werbespots auf würfelförmig gepresste Kräutermischungen, und blonde Holländerinnen in Tracht rühren eigenhändig »echten Gouda«.

Synthetische Lebensmittel

Mit der Realität ließe sich auch schlecht werben, denn in einer modernen Lebensmittelfabrik sieht es aus wie in der pharmazeutischen Industrie, und mit Drogen möchte die Branche ungern assoziiert werden. In Destillierapparaten werden die Nahrungsmittel-Rohstoffe in ihre chemischen Einzelteile zerlegt und dann in Fließbandtechnik zu neuen Phantasieprodukten zusammengebaut.

Dabei geht nicht nur ihr natürlicher Nährwert verloren. Zur Erleichterung der Verarbeitung werden viele Zusatzstoffe beigemischt: Verdickungs-, Treib- und Antiklumpmittel, Antioxidantien, Enzyme, Aromen, Konservierungsmittel, Alkali, Säuren, Salze und Farben.

Was dem Naturprodukt während der Verarbeitung entzogen wurde, muss zum Schluss wieder hinzugefügt oder durch Imitate ersetzt werden. Zum Beispiel der Geschmack: Gerade die flüchtigen Aromen werden während der Behandlung mit Hitze oft zerstört. Deshalb werden sie am Anfang des Prozesses extrahiert, zu ihrem Schutz mit Kunstharz umhüllt, dann von diesem mithilfe organischer Lösemittel wieder befreit und zum Schluss wieder untergemischt. Die Europäische Union erlaubt mindestens zehn solcher Substanzen, von denen Reste in der Nahrung verbleiben und dort nicht einmal deklariert werden müssen.

Natur ist anders

Am Schluss muss der Verbraucher dann teures Geld dafür hinlegen, dass das Endprodukt mit billig erzeugten Vitaminen angereichert wurde und angeblich noch gesünder als die Natur ist. »Seit man diese Substanzen künstlich durch Mikroorganismen und in Bioreaktoren herstellen kann, werden sie von einer enormen Marketingmacht angepriesen«, kritisiert der Lebensmittelchemiker Udo Pollmer. Man lobt sie dann als so genanntes Functional Food (➔ Kasten unten), Lebensmittel, die einen besonderen gesundheitlichen Zusatznutzen erfüllen sollen.

Lebensmittel mit Zusatznutzen: Was zählt zum Functional Food?

- Mit **Vitaminen** angereicherte Lebensmittel wie Säfte und Süßigkeiten, aber auch Brot und Brötchen sowie Müslis. Zugesetzt werden die Vitamine B6, B12 und Folsäure, die vorbeugend gegen Arteriosklerose wirken sollen, sowie die Vitamine A, C und E (»ACE-Drinks«) für die Stärkung des Immunsystems.
- Mit **Mineralstoffen und Spurenelementen** (Kalzium, Eisen, Selen u. a.) angereicherte Süßigkeiten, Getränke und Fruchtsäfte, Müslis und Cornflakes mit verschiedenem Nutzen (➔ Seite 65 f.).
- Mit **Ballaststoffen** angereicherte Lebensmittel mit speziellen Stärken, die der Körper nicht verdauen kann. Beim täglichen Verzehr senkt Stärke den Cholesterinspiegel.
- **Pro- und prebiotische Produkte**, vor allem Milchprodukte und Müslis, die über den Darm Krankheitserreger und Giftstoffe abwehren helfen sollen.
- **Cholesterinreduzierte** Margarinen und Eier, bei denen durch eine spezielle Fütterung der Hühner der Blutfettwert abgesenkt wurde.
- Backwaren und Margarinen, denen **Omega-3-Fettsäuren** zugesetzt wurden, um den Anteil des positiven HDL-Blutfettes zu erhöhen.
- Fruchtsäfte und Energydrinks, die mit speziellen **Substanzen für Wellness und gute Laune** angereichert wurden.
- Mit **Mikroalgen** angereicherte Backwaren (»Chlorella vulgaris« oder »Spirulina platensis«), die das Immunsystem stärken sollen.
- **Spezialnahrung** für Säuglinge, zum Beispiel gegen Blähungen oder Spucken.
- Mit **Zuckerersatzstoffen** oder speziellen Zusatzstoffen angereicherte Kaugummis als Kariesschutz und -prophylaxe.

Functional Food

Gesunde Ernährung könne durchaus krank machen, meint Pollmer, der »Ketzer unter den Ernährungswissenschaftlern«, und verweist darauf, dass es zum Beispiel keinen internationalen Konsens zu der Frage gibt, wie viele Vitamine der menschliche Organismus wirklich braucht. Vor allem scheint die zusätzliche Gabe von Vitaminen und Spurenelementen im Körper anders zu wirken, als wenn man sie mit ihrer natürlichen Quelle, also Fleisch oder Gemüse, verzehrt. Das liegt vermutlich daran, dass die Nährstoffe in der Natur nicht isoliert vorliegen, sondern im Wechselspiel mit anderen Substanzen wirksam werden. Ein Beispiel: Ein isolierter Extrakt der Kamille kann in konzentrierter Form der Magenschleimhaut schaden. Trinkt man jedoch Kamillentee, so werden die aggressiven ätherischen Öle durch Gerbsäuren in der Pflanze abgemildert.

Besonders drastisch erwies sich dieser Unterschied in einer finnischen Langzeitstudie an 18000 Rauchern oder ehemaligen Rauchern. Weil Vitamin aus der Nahrung das Krebsrisiko senkt, erhielten sie Supplemente. Als sich herausstellte, dass die Lungenkrebsrate nicht fiel, sondern stieg, wurde der Versuch abgebrochen.

Kinder als Versuchskaninchen

Der Markt der frei verkäuflichen Nahrungsergänzungsmittel wie Vitamine und Mineralien wächst trotzdem. Nach Angaben des Verbandes für unabhängige Gesundheitsberatung geben die Deutschen jedes Jahr für Nährstoffpräparate eine Milliarde Euro aus. 1997 hatte eine Umfrage der Deutschen Angestellten Krankenkasse (DAK) ergeben, dass jeder Zweite fürchtete, die Vitamine in der Nahrung seien nicht ausreichend. Der Kauf von Vitaminen sei in erster Linie ein »Ablasshandel«, höhnt Lebensmittelexperte Udo Pollmer. Damit versuchten die Betroffenen wieder gutzumachen, was sie an gesunder Ernährung versäumten.

Das gilt sicher auch und erst recht für Produkte, die überwiegend von Kindern gegessen oder sogar speziell für sie hergestellt werden. Eisen und Ballaststoffe in Cornflakes, ACE im Frühstückssaft, eine Zusatzportion Kalzium im Kinderkeks – ein Blick in die Supermarktregale zeigt, dass immer mehr Lebensmittel mit Vitaminen und anderen Nährstoffen versetzt werden. Gerade die sensibelste Gruppe in der Bevölkerung erhält damit die meisten Supplemente – und wird so einem unkontrollierten Experiment ausgesetzt.

Denn auch hier sind die Folgen unklar, weil sehr schwer zu berechnen ist, wie viel und welche Vitamine und Mineralstoffe Kinder wirklich aufnehmen. Wären zum Beispiel alle Frühstückscerealien so hoch mit Eisen angereichert wie die Spitzenreiter, kritisiert das Dortmunder Forschungsinstitut für Kinderernährung, läge die mittlere Eisenzufuhr der Kinder mit 140 Prozent deutlich über den empfohlenen Grenzwerten. Die überhöhte Eisenzufuhr, kritisiert auch die Ernährungsbiologin Hannelore Daniel von der Technischen Universität München, gebe bereits Anlass zur Sorge.

Die Entscheidung, welche Vitamine zugesetzt werden, scheint außerdem willkürlich, betont das Forschungsinstitut für Kinderernährung. Folsäure, an der es in der bundesdeutschen Bevölkerung wirklich fehle, sei nur selten im Vitamin-Mix zu finden, beklagt die DAK. Außerdem würden biochemische Zusammenhänge völlig vernachlässigt: Das Kalzium aus der Milch zum Beispiel sei deshalb so gut, weil es zusammen mit dem Milchzucker gut verwertet werden kann. In einigen kalzium-angereicherten Kinderkeksen fehle jedoch der Milchzucker.

Überdies sind sich viele Ernährungswissenschaftler einig, dass gerade die so genannten Kinderlebensmittel, die oft mit Vitaminen und anderen Stoffen versetzt sind, insgesamt nicht gesund, sondern im Gegenteil ungesünder sind als die Produkte für Erwachsene: Sie enthalten meist mehr Salz, Fett, Zucker, Farbstoffe und andere Zusätze (➔ Seite 60 ff.).

Lebensmittel als Medikamente

Mit den angereicherten Lebensmitteln will die Ernährungsbranche auch den Anschluss an die lukrative Pharmaindustrie erhalten. Gesundheit lässt sich auf diese Weise erfolgreich in gesteigerte Erträge umsetzen, ohne dass der lange und äußerst kostspielige Weg einer Zulassung für ein Medikament beschritten werden muss. Einzige Voraussetzung: Die Nährstoffdosis darf das Dreifache der von der Deutschen Gesellschaft für Ernährung (DGE) herausgegebenen Empfehlungen nicht überschreiten.

Vorreiter für diese »Nutraceuticals«, Mischformen aus Medikament und Lebensmittel, waren die »probiotischen« Joghurts. Nestlé war mit seinem LC1-Produkt das erste Unternehmen in Europa, das ein traditionelles Milcherzeugnis als Instrument der Prophylaxe anpries – denn es ausdrücklich als Mittel gegen Krankheiten zu bewerben, verbietet der Gesetzgeber.

»Rechtsdrehend«, »linksdrehend«

Was ist das eigentlich – ein »probiotischer« Joghurt? Im Gegensatz zu »Antibiotika« töten Probiotika (von griechisch »pro bios«, das Leben) keine Bakterien ab, sondern fügen neue hinzu. In diesem Fall Milchsäurebakterien: Laktobazillen. Diese Bakterien machen aus Milch Joghurt und sind deshalb auch in naturbelassenen Produkten zu finden. Je nach Bakterienkultur unterscheidet man »rechts-« oder »linksdrehende« (je nach der Polarisierung des Lichtes im Milchsäuremolekül). Die »rechtsdrehende« Milchsäure ist leichter verträglich.

Milchsäurebakterien wie die bekannten Bifidus- und Acidophilus-Stämme, die in großer Anzahl die Magen-Darm-Schranke unbeschadet passieren können, haben alle möglichen gesundheitlichen Vorteile: Sie heften sich an der Darmwand an und blockieren so den Platz für Krankheitserreger und Gifte. Sie helfen, den Cholesterinspiegel zu senken, sie produzieren B-Vitamine und Laktase, was die Milchverdauung erleichtert, und sie sollen Rheuma und Arthritis vorbeugen.

Leider gehen die meisten dieser Milchsäurebakterien während der industriellen Verarbeitungsprozesse verloren oder sie werden im Magen von der aggressiven Säure zersetzt. Unternehmen wie Nestlé oder Danone haben nun in jahrelanger Arbeit die Bakterienstämme des Joghurts so lange weitergezüchtet und selektiert, bis sie auf einen Typ gestoßen sind, der die Passage durch den Magen unbeschadet überstehen soll.

Biotop im Bauch

Milchsäurebakterien schützen die Gesundheit, aber das hängt von vielen Faktoren ab: der Frage, wie die individuelle Darmflora aussieht, welche Medikamente man einnimmt, ob Stress eine Rolle spielt, was sonst noch gegessen oder getrunken wird.

Im Darm nämlich leben Milliarden von Bakterien (man kennt 400 verschiedene Stämme) in einem individuellen Umfeld, das sich ständig wandelt und – da es sich um ein lebendes System handelt – auch nicht einfach vermessen werden kann. Deshalb sind Aussagen, was die Wirkung auf den Menschen betrifft, so schwierig. Wenn 50 Personen einen probiotischen Joghurt kaufen, wirkt er vermutlich bei jedem verschieden. Doch ähnlich wie bei den Vitaminen lockt die Konsumenten auch hier die Aussicht auf Gesundheit durch »Einnehmen« eines Lebensmittels, am besten einmal täglich, wie das Unternehmen Nestlé vorschlägt.

Der Markt boomt: Die 25 Millionen Euro, die die drei größten Hersteller, Nestlé, Danone und Müller Milch, 1998 in Deutschland in die Start-Werbung steckten, sind inzwischen hundertfach wieder hereingekommen. Hauptzielgruppe der Kampagne waren Frauen als diejenigen, die im Haushalt für die Gesundheit zuständig sind, und Kinder. Inzwischen gibt es auch probiotische Säuglingsprodukte: »Neslac« zum Beispiel ist ein Produkt aus Magermilch, deren Fettkörper ausgetauscht, ihr Eiweiß reduziert und das Ganze dann mit Bakterien angereichert wurde. Das Unternehmen Nestlé bietet zudem als »Komplettlösung gegen Ernährungsdefizite« auch Probiotik für Schwangere an. »Pro Natal« enthält neben Bifidus-Bakterien auch die Vitamine A, C und E sowie Folsäure, Phosphor, Kalzium und Zink.

Die US-Bundesstaaten Oregon und Kalifornien schreiben sogar schon einen Mindestgehalt an probiotischen Bakterien für Milch vor. Und auch Schweine bekommen Probiotika, weil sie so ihr Futter besser verwerten sollen.

Gesund und von Kindern geliebt: Sauermilcherzeugnisse

Sauermilcherzeugnisse sind bei Kindern beliebt und sind für sie auch besonders geeignet, weil sie **leichter verdaulich** sind. Die in ihnen enthaltenen Bakterien haben den Milchzucker bereits in kleine, verträgliche Teile zersetzt.

Der **Joghurt** ist das bekannteste Produkt. Es gibt ihn mit verschiedenen Fettgehalten, aus Sahne (10 %), Vollmilch (3,5 %), fettarmer Milch (1,5 %) und Magermilch (0,3 %). Je nach Bakterienkultur ist er **»rechtsdrehend«** (L+) oder **»linksdrehend«** (D-). Das bezeichnet unterschiedliche Molekülstrukturen der Milchsäure, die Licht in eine unterschiedliche Richtung drehen. **»Probiotische«** Joghurts enthalten Bakterienkulturen, die besonders positiv auf die Darmflora wirken sollen, anderen wurde **Oligofructose** (Ballaststoffe) zugesetzt, die »gute« Bakterien fördern soll. **»Milder«** Joghurt entsteht durch Acidophilus- oder Bifidus-Bakterien und enthält weniger Säure. **Sauer- und Dickmilch** wird in ähnlicher Weise, aber mit anderen Kulturen angereichert.

Buttermilch war ursprünglich ein Nebenprodukt der Butterherstellung und wird heute meist aus pasteurisierter und bakteriell angesäuerter Milch hergestellt. Sie ist **eiweiß- und kalziumreich und arm an Fett** (1 Prozent). Fehlt der Zusatz »rein«, dürfen bis zu 10 Prozent Wasser oder 15 Prozent Magermilch enthalten sein.

Molke ist die Restflüssigkeit der Käseherstellung. Sie enthält **viele Vitamine und Mineralstoffe und ist fettarm.** Molke wurde schon in der Antike als Heilgetränk gebraucht, ihr **Albumin-Eiweiß** wird aber auch in Verbindung mit Unverträglichkeit und Krankheit (Diabetes) gebracht. Molkeeiweiß ist auch ein häufiger **Zusatzstoff** in Fertigprodukten und findet sich auch im **Tierfutter** wieder.

Kefir enthält neben Milchsäurebakterien auch noch **Hefe.** Er bildet deshalb beim Fermentieren den leicht moussierenden **Alkohol** (1 Prozent) und ist **für Kinder noch nicht geeignet.**

Gesund sind Joghurts vor allem dann, wenn sie so naturbelassen wie möglich gegessen werden.

Der nächste Schritt: Prebiotika

Die Milchsäurebakterien brauchen ein feuchtes Klima, um überleben zu können, und eignen sich deshalb nicht als Zusatz zu trockener Nahrung wie Müslis oder Keksen. Seit längerem experimentieren Lebensmittelforscher deshalb mit »Prebiotika«, das sind kurzkettige Fruchtzucker-Moleküle (Fructooligosaccharide), die im Körper das Wachstum der Probiotika fördern sollen.

Bakterien wie Bifidus und Acidophilus können die an sich unverdaulichen Moleküle zerlegen und als Nahrung verwenden. Solche Fruchtzucker finden sich zum Beispiel in Artischocken und Spargel, Chicorée und Bananen, Zwiebeln und Weizen. Auch Molke ist ein Prebiotikum. Die prebiotischen Zucker kann man pulverisiert allen möglichen Lebensmitteln untermischen. Leider können sie Bauchkrämpfe und Blähungen auslösen, weshalb sie sich auf dem Markt noch nicht wirklich durchgesetzt haben.

Risiko Joghurt?

Leider gibt es aber auch Hinweise, dass probiotische Produkte die Darmflora negativ beeinflussen können. Für Mikrobiologen kämen solche Meldungen wenig überraschend, kommentiert der Lebensmittelchemiker Udo Pollmer. Die »gesunden« Bakterienstämme verdrängten möglicherweise lieber ihre eigenen Verwandten, die harmlosen körpereigenen Milchsäurebakterien im Darm, als die krank machenden, vermutet er. Statt die Gesundheit zu fördern, störten sie dann vielmehr das Immunsystem.

Vor allem bei geschwächten Patienten und älteren Personen könnten die Bakterien lebensgefährliche Krankheiten wie Hirnhaut- oder Lungenentzündung auslösen, behauptet der Wiener Immunologe Wolfgang Graninger. In einigen Krankenhäusern wurden Probiotika deshalb ganz vom Speisezettel gestrichen. Die Fachzeitschrift »Clinical Microbiology« hatte nach Berichten über Herzinnenhautentzündungen, die mit einem bestimmten Bakterium (»Lactobacillus rhamnosus«) in Verbindung gebracht werden, sogar vorgeschlagen, auf probiotischen Erzeugnissen Warnhinweise anzubringen.

Funktionell essen?

Mit probiotischen Bakterien oder Vitaminen angereicherte Milchprodukte, vitaminisierte Fruchtsäfte (»ACE«) oder eisenangereicherte Müslis, die meisten Kinderlebensmittel (➔ Seite 60 ff.) also, sind nur einige Produkte einer wachsenden Gruppe von Nahrungsmitteln, die nicht nur Hunger und Durst stillen wollen, sondern auch Gesundheit versprechen.

Dieses »Functional Food« hat bereits ein Weltmarktvolumen von bis zu 22 Milliarden Dollar jährlich. In Europa werden damit jährlich etwa 1,7 Milliarden Euro umgesetzt, wovon allein 67 Prozent mit Milchprodukten

Unser Tipp: Joghurt selber machen!

Stellen Sie mit Ihren Kindern Joghurt selbst her. Sie werden sehen, wie viel Spaß Ihnen das macht:

- ✔ **Die Milch (Vollmilch oder fettarme Milch) auf 90 °C erhitzen (Thermometer benutzen! Höhere Temperaturen hätten einen Kochgeschmack zur Folge!). 10 Minuten Temperatur halten, dann auf etwa 50 °C abkühlen lassen.**
- ✔ **Joghurtferment oder frischen Joghurt (ca. 150 g) unter Rühren zusetzen.**
- ✔ **Die geimpfte Milch in saubere Gläser geben und auf die mittlere Schiene des vorgeheizten Backofens (50 °C) stellen. Nach einer halben Stunde können Sie den Ofen abstellen. Die Gläser verbleiben im Ofen, da der Joghurt noch mindestens acht Stunden zum Reifen benötigt.**
- ✔ **Danach die Gläser aus dem Ofen holen, verschließen und in den Kühlschrank stellen.**
- ✔ **Mit etwas Kakao, frischen Früchten, Haferflocken oder Honig variieren.**
- ✔ **Einen Joghurt können Sie zur Impfung der nächsten Produktion weiterverwenden (etwa fünfmal). Beim Einsatz von Ferment geht das sogar bis zu 20-mal.**
- ✔ **Der Joghurt reift nach: Je länger Sie ihn stehen lassen, desto saurer wird er.**

Wenn Sie häufiger Joghurt machen, lohnt sich ein Joghurtbereiter, der im Handel zwischen 20 und 40 Euro zu kaufen ist. Er hält die Temperatur konstant und hat einen Zeitregler, so dass Sie ihn auch nachts verwenden können.

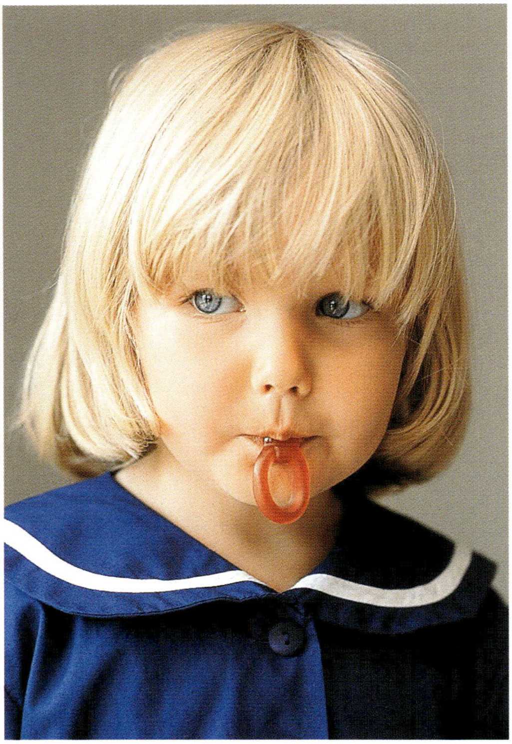

Sogar Süßigkeiten gibt es schon mit »gesunden« Zusätzen.

erwirtschaftet werden. Die deutschen Verbraucher kaufen – vor den Franzosen und den Engländern – am meisten. Völlig offen ist jedoch, was die Anreicherung von Fertignahrung aus dem Supermarkt für die Gesundheit der Bevölkerung bedeutet.

Eine Überdosis »Gesundheit«

Dass sich der Nährstoffhaushalt vieler Menschen durch solche Anreicherungen sehr schnell verändern kann, musste die finnische Regierung feststellen. Das Gesundheitsministerium in Helsinki hatte, um den Selenmangel in der Bevölkerung zu beheben, zur Pflicht gemacht, dieses Spurenelement allen Backwaren hinzuzusetzen. Auf diese Weise wollte man die Nährstoffzufuhr der Bevölkerung langsam – innerhalb von 15 Jahren – anheben. Aber die Grenzwerte waren, zur Überraschung der Gesundheitsexperten, schon nach drei Jahren erreicht. Da sich die Supplementierung anscheinend nicht gezielt steuern ließ und die ihr zugrunde liegenden Berechnungen sich als falsch erwiesen, wurde die Selen-Anreicherung eingestellt.

Unter den »funktionellen« Lebensmitteln gibt es auch einzelne, die nicht für Kinder geeignet sind – zum Beispiel mit speziellen Pflanzensterinen angereicherte Margarinen zur Senkung eines krankhaft erhöhten Cholesterinrisikos. Die Verbraucher müssen also – fast wie bei einem Medikament – sehr genau die Aufschrift der Produkte lesen.

In Japan, wo es bereits viel mehr »funktionelle« Lebensmittel gibt als in Europa, müssen die Produkte ein strenges Zulassungsverfahren durchlaufen. Sie erhalten danach ein staatliches Siegel und werden alle fünf Jahre wieder neu auf ihre möglichen Wirkungen überprüft. Die EU arbeitet seit Jahren am Entwurf einer Richtlinie, die auch in Europa den Einsatz von »Functional Food« regeln soll.

Absurd: angereicherte Bonbons

Besonders absurd werden die Strategien der Lebensmittelbranche, wenn mithilfe von Zusätzen auch Bonbons und Süßigkeiten zu einem »gesunden« Produkt werden sollen. Auf der Internationalen Süßwarenmesse in Köln zeigte sich 2002 dieser neue Trend: Gummibärchen mit Mehrwert.

Der Marketing-Chef der Firma Haribo zum Beispiel erklärte dazu: »Unsere Goldbären enthalten auch verwertbare Aminosäuren, die der Körper selbst gar nicht herstellen kann, und insofern sind wir erfreut, uns die Frage stellen zu können, wie gesund Gummibärchen sind.« Zusätzliche Vitamine hat das Produkt auch noch bekommen.

Risikogruppe Kind

Und dann gibt es noch spezielle Nahrungsergänzungsmittel für Kinder, die – ebenso wie jene für Sportler oder Senioren – in Apotheken und über den Versandhandel erhältlich sind. Sie werben um die »Risikogruppe Kind« und unverhohlen mit der Tatsache, dass Kinder oft falsch ernährt sind.

Zum Beispiel »FitLine Super-Kid«, die »optimale Nahrungsergänzung für Kinder zwischen 2 und 12«: »Leider ist die Ernährung vieler Kinder nicht immer optimal«, heißt es in der Internet-Werbung. »Kinder gelten daher in der Bevölkerung als Risikogruppe. Woran liegt das? Zum einen ist die Ernährung nicht immer ausgewogen: Kinder lehnen oftmals bestimmte Speisen ab (z.B. Gemüse oder Salate), sind manchmal schlechte Esser, bevorzugen Fast Food wie Pommes und Hamburger, lieben Süßigkeiten wie Schokolade und Bonbons, wählen lieber stark gezuckerte (Cola-)Getränke statt Mineralwasser mit Obstsäften, bekommen von den Eltern nicht immer gesunde Speisen gekocht, trinken zu wenig und und und.«

Zwar weisen die Hersteller auch darauf hin, wie eine gesunde Ernährung für Kinder aussehen muss, aber sie sehen ihre Zielgruppe doch genau in denjenigen, die diese Empfehlungen eben nicht einhalten, und appellieren an das schlechte Gewissen der Eltern.

Das Deutsche Institut für Ernährungsforschung in Potsdam-Rehbrücke warnt davor, in Nahrungsergänzungsmitteln und »Functional Food« einen Ersatz für ausgewogenes Essen zu sehen. Eine wirklich gesunde Ernährung enthalte keine Zusätze.

Unser Tipp: Keine angereicherten Lebensmittel!

- **Es gibt dafür keine ausreichenden gesetzlichen Regelungen und oft keine gesicherten Wirknachweise.**
- **Bei einigen der Zusätze sind gesundheitsschädliche Wirkungen aufgetreten.**
- **Die Gefahr der Überdosierung ist groß.**
- **Ungesunde Nahrungsmittel wie Bonbons werden nur scheinbar gesünder.**
- **Ihre Kinder gewöhnen sich daran, falsche Ernährung mit Zusätzen ausgleichen zu wollen.**
- **Lebensmittel sind keine Medikamente.**

Haferflocken-Müsli

Zutaten für 2 Portionen

6 EL kernige Haferflocken
1 EL Weizenkeime · 1 EL Leinsamen
1 Banane · 1 Pfirsich · 100 g Erdbeeren
200 g fettarmer Joghurt
100 ml Orangensaft · 1–2 TL Honig

1 Haferflocken, Weizenkeime und Leinsamen in einer Schüssel vermischen.

2 Die Banane schälen, den Pfirsich waschen, halbieren und entsteinen. Die Erdbeeren waschen und putzen. Das Obst in mundgerechte Stücke schneiden und unter die Haferflocken mischen.

3 Joghurt mit Orangensaft und Honig verrühren und über das Müsli geben. Etwas untermischen und auf zwei Schalen verteilen.

Tipp: Schmeckt im Winter mit Mandarinen und getrockneten Aprikosen oder Feigen.

Pro Portion: 335 kcal, 11 g Eiweiß, 6 g Fett, 57 g Kohlenhydrate

Muntermacher-Quark

Zutaten für 2 Portionen

250 g Magerquark · 4 EL fettarme Milch
1 EL Sanddornsaft (aus dem Reformhaus)
1 TL Honig
1 Banane · 1 Nektarine
50 g Himbeeren
2 EL Kokosraspel

1 Den Quark in einer Schüssel mit Milch, Sanddornsaft und Honig glatt rühren. Auf Dessert- oder Müslischalen verteilen.

2 Die Banane schälen, die Nektarine und die Himbeeren waschen und gut abtropfen lassen.

3 Die Banane in Scheiben schneiden, die Nektarine halbieren, entsteinen und die Hälften in Spalten schneiden. Das Obst dekorativ auf dem Quark anrichten.

4 Die Kokosraspel in einer Pfanne ohne Fett kurz anrösten und über dem Obst verteilen.

Pro Portion: 255 kcal, 20 g Eiweiß, 4 g Fett, 32 g Kohlenhydrate

Frühstücksbrot mit Ei

Zutaten für 2 Portionen

1 hart gekochtes Ei
2 kleine Tomaten
100 g Salatgurke
2 Scheiben dunkles Bauernbrot
100 g körniger Frischkäse (ersatzweise 2 EL Frischkäse)
Salz · Pfeffer
1 EL Schnittlauchröllchen

1 Das Ei pellen und in Scheiben schneiden.

2 Die Tomaten waschen, die Gurke schälen und beides in Scheiben schneiden, dabei die Stielansätze der Tomaten entfernen.

3 Die Brotscheiben mit dem Frischkäse bestreichen, mit Gemüse- und Eierscheiben belegen.

4 Die Brote leicht salzen und pfeffern und mit dem Schnittlauch bestreuen.

Pro Portion: **215 kcal, 15 g Eiweiß, 7 g Fett, 24 g Kohlenhydrate**

Bananen-Kiwi-Brot

Zutaten für 2 Portionen

1 Banane
1 Kiwi
2 Scheiben Walnussbrot
2 EL Frischkäse

1 Die Banane und die Kiwi schälen und in Scheiben schneiden.

2 Die Brotscheiben gleichmäßig mit dem Frischkäse bestreichen.

3 Die Brote abwechselnd mit den Bananen- und Kiwischeiben belegen.

Tipp: Die Banane kann auch mit einer Gabel grob zerdrückt werden und auf die Brote gestrichen werden. Dann mit den Kiwischeiben garnieren. Übrigens: Der Fruchtbelag ist eine vitaminreiche Alternative zu Honig, Marmelade oder Gelee.

Pro Portion: **255 kcal, 6 g Eiweiß, 7 g Fett, 41 g Kohlenhydrate**

Frischkost mit Dips

Zutaten für 4 Portionen

$^1/_2$ Gurke · 1 Kohlrabi
4 Karotten · 1 grüne Paprikaschote
1 rote Paprikaschote
4 Stangen Staudensellerie
1 Chicoréekolben

Für den Kräuterquark:

250 g Magerquark · 100 ml fettarme Milch
je 1 Bund Schnittlauch, Petersilie und Dill (fein gehackt)
Salz · Pfeffer

Für die Tomatensalsa:

4 Tomaten · 1 Knoblauchzehe
$^1/_2$ Bund Basilikum und/oder Koriander
Saft von $^1/_2$ Zitrone · Zucker
1 EL Olivenöl

Für den Avocado-Dip:

1 Avocado · 2 EL Orangensaft
150 g fettarmer Joghurt
Paprikapulver

1 Gemüse waschen und putzen bzw. schälen und in längliche Stücke bzw. Stifte schneiden. Die Chicoréeblätter ablösen, waschen und trockenschleudern.

2 Kräuterquark: Den Quark mit der Milch glatt rühren. Die Kräuter unterrühren und mit Salz und Pfeffer würzen.

3 Salsa: Die Tomaten waschen, halbieren, Stielansätze entfernen. Tomaten fein würfeln und in eine Schüssel geben. Knoblauch schälen und dazupressen. Die Kräuter waschen, trockenschütteln, klein schneiden und unterrühren. Mit Zitronensaft, Zucker, Salz und Pfeffer abschmecken und zum Schluss das Öl unterrühren.

4 Avocado-Dip: Die Avocado halbieren, entkernen, das Fruchtfleisch herauslösen und zusammen mit dem Orangensaft in einem Rührbecher mit dem Stabmixer pürieren. Den Joghurt unterrühren, mit Paprika, Salz und Pfeffer abschmecken. Die Dips zur Frischkost reichen.

Pro Portion: **310 kcal, 16 g Eiweiß, 18 g Fett, 20 g Kohlenhydrate**

Gemüse-Nudel-Salat

Zutaten für 4 Portionen

250 g Vollkorn-Spiralnudeln
250 g Blumenkohl
250 g Brokkoli · Salz
1 rote Paprikaschote
1 rote Zwiebel
1 Dose Mais (285 g Abtropfgewicht)
150 g fettarmer Joghurt
2 EL Salatmayonnaise
1/2 Zitrone
Pfeffer · Zucker
1 Bund Petersilie (oder Schnittlauch)

1 Die Nudeln nach Packungsangabe kochen und in ein Sieb abgießen. Mit kaltem Wasser abschrecken und gut abtropfen lassen.

2 Blumenkohl und Brokkoli waschen, putzen und in einzelne, mundgerechte Röschen teilen. In kochendem Salzwasser in 5 Minuten bissfest kochen, abgießen (4 EL Kochwasser zurückbehalten) und gut abtropfen lassen.

3 Paprikaschote waschen, halbieren, Kerne und weiße Innenhäute entfernen. Die Schotenhälften halbieren und in Streifen schneiden. Die Zwiebel schälen und fein hacken. Den Mais in ein Sieb abgießen und abtropfen lassen.

4 Alle Zutaten in einer Schüssel mischen. Für das Dressing Joghurt und Mayonnaise verrühren, die Zitrone auspressen und den Saft mit dem Gemüsekochwasser unterrühren. Mit Salz, Pfeffer und einer Prise Zucker abschmecken.

5 Die Zutaten mit dem Dressing mischen und den Salat etwa 30 Minuten ziehen lassen. Kurz vor dem Servieren die Petersilie waschen, trockenschütteln und fein hacken. Unter den Salat mischen.

Tipp: Etwas gehaltvoller wird der Salat mit 100 Gramm Schinken- oder Käsewürfeln.

Pro Portion: **360 kcal, 16 g Eiweiß, 8 g Fett, 53 g Kohlenhydrate**

Kerniger Wintersalat

Zutaten für 4 Portionen

100 g Feldsalat
100 g Eissalat (oder Chinakohl)
10 Cocktailtomaten
50 g Edamer · 3 EL Sonnenblumenkerne
2 EL gehackte Petersilie
2 EL Aceto balsamico · Salz · Pfeffer
4 EL Weizenkeimöl

1 Die Salate verlesen, waschen und trockenschleudern. Den Eissalat in Streifen schneiden und mit dem Feldsalat in einer großen Schüssel mischen.

2 Die Cocktailtomaten waschen, trockenreiben und halbieren. Den Käse in kleine Würfel schneiden.

3 Die Sonnenblumenkerne in einer Pfanne ohne Fett anrösten. Mit Tomaten, Käse und gehackter Petersilie unter den Salat mischen.

4 Aceto balsamico mit Salz, Pfeffer und Weizenkeimöl zu einem Dressing verrühren und unter den Salat mischen.

Pro Portion: **155 kcal, 6 g Eiweiß, 13 g Fett, 2 g Kohlenhydrate**

Tomatensuppe

Zutaten für 4 Portionen

600 g Tomaten · 1 Karotte
1 kleine Fenchelknolle · 1 EL Olivenöl
400 ml Gemüsebrühe · 2 EL Tomatenmark
2 Scheiben Vollkorntoast · 1 TL Butter
2 EL Sahne · 1 EL gehacktes Basilikum
2 EL geriebener Parmesan

1 Tomaten waschen, überbrühen, häuten und in Würfel schneiden, dabei die Stielansätze entfernen. Die Karotte putzen, schälen und in kleine Stücke schneiden. Den Fenchel putzen, waschen, vierteln und klein schneiden.

2 Gemüse im Öl kurz andünsten, mit der Gemüsebrühe aufgießen und aufkochen. Das Tomatenmark einrühren und die Suppe 10 Minuten kochen lassen, mit dem Stabmixer pürieren.

3 Toastbrot würfeln und in einer beschichteten Pfanne in der Butter goldbraun rösten.

4 Sahne und Basilikum unter die Suppe rühren, auf Teller oder Tassen verteilen und mit den Croûtons und dem Parmesan bestreut servieren.

Pro Portion: **140 kcal, 5 g Eiweiß, 8 g Fett, 12 g Kohlenhydrate**

Bunte Minestrone

Zutaten für 4 Portionen

50 g getrocknete weiße Bohnen
1 1/2 l Gemüsebrühe
1 große Zwiebel
1 Knoblauchzehe
2 Karotten
1 Stange Lauch
2 Stangen Staudensellerie
4 Tomaten · 200 g grüne Bohnen
2 EL Sonnenblumenöl
2 EL Tomatenmark
50 g Vollkornreis
1/2 Bund Petersilie
Paprikapulver · Salz · Pfeffer
50 g geriebener Parmesan

1 Die Bohnen über Nacht in 1/2 l Gemüsebrühe einweichen. Am nächsten Tag mit 1/2 l Gemüsebrühe aufgießen und die Bohnen auf mittlerer Stufe in etwa 1 Stunde weich kochen.

2 Zwiebel und Knoblauchzehe schälen, beides fein würfeln. Karotten schälen und in Scheiben schneiden. Lauch waschen, putzen und in Ringe schneiden. Stangensellerie waschen, putzen und quer in Scheiben schneiden. Die zarten Blättchen fein hacken und beiseite stellen.

3 Tomaten kreuzweise einritzen, mit kochendem Wasser überbrühen, häuten und klein schneiden. Die Bohnen waschen, putzen und in mundgerechte Stücke schneiden.

4 Das Öl in einem großen Topf erhitzen, Zwiebel, Knoblauch, Karotten, Lauch und Sellerie darin andünsten. Tomaten, Bohnen, restliche Brühe, Tomatenmark und Reis dazugeben und 15 Minuten kochen.

5 Die gekochten weißen Bohnen samt Garflüssigkeit zugeben, mit Paprika, Salz und Pfeffer abschmecken und 10 Minuten ziehen lassen.

6 Die Petersilie waschen, trockenschütteln und fein hacken. Mit dem Selleriegrün unter die Minestrone rühren und mit dem Parmesan bestreut servieren.

Pro Portion: **208 kcal, 10 g Eiweiß, 8 g Fett, 24 g Kohlenhydrate**

Eintopf mit roten Linsen

Zutaten für 4 Portionen

600 g rotfleischige Süßkartoffeln (Bataten)
1 Stange Lauch
1 Knoblauchzehe
2 EL Öl
1 l Gemüse- oder Hühnerbrühe
250 g ganze rote Linsen
200 g Hähnchenbrustfilet
Salz · Pfeffer · Paprikapulver
2 EL Limettensaft

1 Die Kartoffeln schälen und in Stücke schneiden. Den Lauch putzen, der Länge nach zum Wurzelansatz hin einschneiden und waschen. Die Lauchstange schräg in Scheiben schneiden. Die Knoblauchzehe schälen und in dünne Scheiben schneiden.

2 In einem großen Topf 1 Esslöffel Öl erhitzen, Kartoffeln, Lauch und Knoblauch darin unter Rühren andünsten, dann mit der Brühe ablöschen. Die Suppe 10 Minuten kochen lassen, dann die Linsen dazugeben und weitere 15 Minuten zugedeckt kochen.

3 Inzwischen das Hähnchenbrustfilet in Streifen schneiden. Das restliche Öl in einer beschichteten Pfanne erhitzen, das Fleisch unter Rühren etwa 5 Minuten anbraten, salzen und pfeffern. Das Fleisch zum Eintopf geben, den Bratenfond in der Pfanne mit wenig Wasser loskochen und zum Eintopf geben.

4 Den Linseneintopf mit Salz, Pfeffer, Paprika und Limettensaft abschmecken und servieren.

Tipp: Die Süßkartoffeln können auch durch normale Speisekartoffeln (vorwiegend festkochend) ersetzt werden.

Pro Portion: **470 kcal, 30 g Eiweiß, 7 g Fett, 70 g Kohlenhydrate**

Fischfrikadellen mit Paprikagemüse

Zutaten für 4 Portionen

Für die Frikadellen:

1 Brötchen (vom Vortag) · 1 kleine Zwiebel
1 Karotte · 500 g Seehechtfilet (Rotbarsch oder Kabeljau) · 1 EL gehackte Petersilie
1 Ei · 6 EL Paniermehl
Salz · Pfeffer · 4 EL Öl

Für das Paprikagemüse:

je 1 rote, grüne und gelbe Paprikaschote
1 große Gemüsezwiebel · 2 EL Öl
1 Dose geschälte Tomaten (240 g Abtropfgewicht) · Zucker · 1 EL Aceto balsamico

1 Brötchen in kaltem Wasser einweichen. Zwiebel und Karotte schälen und fein würfeln. Das gut gekühlte Fischfleisch durch den Wolf drehen oder in der Küchenmaschine fein zerkleinern.

2 Brötchen gut ausdrücken, mit Fisch, Gemüse, Petersilie, Ei und Paniermehl zu einem glatten Teig verrühren und mit Salz und Pfeffer würzen. Aus der Masse acht Küchlein formen und zugedeckt etwa 30 Minuten kalt stellen.

3 Paprikagemüse: Paprikaschoten waschen, halbieren, entkernen und die Schotenhälften in Streifen schneiden. Die Zwiebel schälen, halbieren und in Streifen schneiden.

4 Das Öl in einem Topf erhitzen, Paprika und Zwiebel darin 15 Minuten dünsten. Tomaten aus der Dose dazugeben, etwas zerdrücken und weitere 15 Minuten garen. Mit Salz, Pfeffer, 1 Prise Zucker und dem Essig abschmecken. Zugedeckt beiseite stellen.

5 Etwas Öl erhitzen und die Fischfrikadellen portionsweise bei mittlerer Hitze auf jeder Seite 4 bis 6 Minuten braten. Mit dem Paprikagemüse und Salz- oder Pellkartoffeln servieren.

Tipp: Fischfrikadellen etwas flacher drücken und braten. Mit etwas Kräuterquark, (Essig-)Gurkenscheiben und Salatblättern in Brötchen füllen – fertig ist der Fischburger.

Pro Portion: 350 kcal, 28 g Eiweiß, 15 g Fett, 24 g Kohlenhydrate

Barschfilet in Mandelkruste

Zutaten für 4 Portionen

4 Barschfilets à 150 g (z. B. Rot- oder Victoriabarsch) · Salz · Pfeffer
2 EL Mehl
60 g gemahlene Mandeln
60 g Paniermehl
1 Ei
2 EL Öl · 2 EL Butter

Für den Dillschaum:

1 Bund Dill
1 Becher saure Sahne (10 % Fett, 150 g)
1 Becher Joghurt (fettarm, 150 g)
2 EL Zitronensaft · Zucker

1 Die Fischfilets salzen, pfeffern und dünn mit Mehl bestäuben. Mandeln und Paniermehl in einem Teller vermischen. In einem anderen Teller das Ei verquirlen.

2 Die Fischfilets zuerst durch das verquirlte Ei ziehen, dann in der Mandel-Paniermehlmischung wenden, dabei die Panade etwas andrücken. Die panierten Filets kalt stellen.

3 Für den Dillschaum den Dill waschen, trockenschütteln und die Blättchen fein hacken. Saure Sahne, Joghurt, Zitronensaft und 2 Esslöffel Wasser in einem Rührbecher mit dem Schneebesen schaumig rühren. Den gehackten Dill untermischen und mit Salz, Pfeffer und 1 Prise Zucker abschmecken.

4 Öl und Butter in einer beschichteten Pfanne heiß werden lassen, die panierten Fischfilets darin auf jeder Seite 3 bis 4 Minuten braten. Die Fischfilets kurz auf Küchenpapier legen.

5 Die Barschfilets mit dem Dillschaum und Pellkartoffeln oder einem Gemüsereis servieren. Nach Belieben Zitronenachtel dazu reichen.

Pro Portion: **485 kcal, 38 g Eiweiß, 30 g Fett, 16 g Kohlenhydrate**

Lauch-Apfel-Quiche

Zutaten für 8 Stücke

Für den Teig:

250 g Weizenvollkornmehl · 1/2 TL Backpulver
1/4 TL Salz · 125 g kalte Butter
1 Ei · 4 EL kaltes Wasser
1 TL Butter für die Form

Für den Belag:

400 g Lauch · 2 Äpfel (300 g)
50 g durchwachsener Speck · 1 EL Butter
Salz · Pfeffer
100 g geriebener Greyerzer (oder Bergkäse)
150 ml fettarme Milch · 1 Ei

1 Das Mehl in eine Schüssel sieben, Backpulver und Salz untermischen. Die Butter in kleine Stückchen schneiden und mit dem Ei und dem Wasser unter den Teig kneten.

2 Den Teig auf der bemehlten Arbeitsfläche auf die Größe der Quicheform (24 cm Ø) ausrollen, in die mit Butter gefettete Form legen und dabei einen kleinen Rand hochziehen. Die Quicheform 30 Minuten kalt stellen.

3 Den Lauch putzen, längs einschneiden, waschen und in Streifen schneiden. Die Äpfel schälen, entkernen und in feine Scheiben schneiden. Den Speck in Streifen oder Würfel schneiden.

4 Die Speckstückchen in der Butter in einem Topf anbraten, Lauch und Apfelscheiben darin etwa 5 Minuten andünsten. Vom Herd nehmen und etwas abkühlen lassen. Inzwischen den Backofen auf 220 °C vorheizen.

5 Die Lauch-Apfel-Mischung leicht salzen und pfeffern und mischen. Auf dem Quicheboden verteilen, mit dem geriebenen Käse bestreuen.

6 Milch und Ei verquirlen und darüber gießen. Die Quiche im Backofen auf der zweiten Schiene von unten etwa 25 Minuten backen. Heiß mit einem Blattsalat servieren.

Tipp: Man kann den Teig auch in 6 kleine Tarteletteförmchen (etwa 12 cm Ø) füllen. Die Backzeit beträgt dann nur etwa 15 Minuten.

Pro Stück: 380 kcal, 11 g Eiweiß, 26 g Fett, 26 g Kohlenhydrate

Kartoffelgratin

Zutaten für 4 Portionen

800 g Kartoffeln · 250 g Hackfleisch
1 TL Sojaöl · Salz · Pfeffer
2 kleine Auberginen (400 g)
125 g Schafskäse (Feta)
100 g Sahne · 100 ml fettarme Milch · 1 Ei
Paprikapulver · 1 TL getrockneter Oregano

1 Die Kartoffeln in wenig Wasser 15 Minuten kochen, abgießen, abschrecken und pellen.

2 Den Backofen auf 200 °C vorheizen. Das Hackfleisch in einer beschichteten Pfanne im heißen Öl krümelig braten, leicht salzen und pfeffern.

3 Die Auberginen putzen und waschen und mit den Kartoffeln in Scheiben schneiden.

4 Das Hackfleisch in einer Auflaufform verteilen, die Gemüsescheiben schuppenförmig darauf legen. Den Feta darüber bröseln.

5 Sahne, Milch und Ei verrühren, Salz, Pfeffer, Paprikapulver und Oregano dazugeben. Über den Auflauf gießen und im Backofen etwa 10 Minuten backen.

Pro Portion: **470 kcal, 25 g Eiweiß, 28 g Fett, 30 g Kohlenhydrate**

Farfalle mit Brokkoli

Zutaten für 4 Portionen

Salz · 400 g Farfalle
500 g Brokkoli
200 ml Gemüsebrühe
75 g Schmand oder Crème fraîche
40 g gemahlene Mandeln
1 TL Zitronensaft
Pfeffer

1 Reichlich Salzwasser zum Kochen bringen und die Farfalle nach Packungsanweisung bissfest garen.

2 Inzwischen den Brokkoli putzen, waschen und in Röschen teilen. In der Gemüsebrühe etwa 5 Minuten garen.

3 Die Hälfte des Brokkolis aus der Brühe nehmen, den Rest im Topf mit dem Stabmixer fein pürieren. Ganzen Brokkoli, Schmand und Mandeln unterrühren, mit Zitronensaft, Salz und Pfeffer abschmecken.

4 Die Farfalle abgießen, gut abtropfen lassen und mit der Brokkoli-Mandel-Sauce servieren.

Pro Portion: **465 kcal, 18 g Eiweiß, 10 g Fett, 74 g Kohlenhydrate**

Polenta mit Käse

Zutaten für 4 Portionen

Salz · 300 g Maisgrieß (Polenta) · 2 TL Butter
150 g Edamer in Scheiben
1/2 TL getrockneter Oregano · Pfeffer

1 In einem Topf 1 Liter Wasser zum Kochen bringen, salzen. Den Maisgrieß unter ständigem Rühren in das kochende Salzwasser rieseln lassen und unter gelegentlichem Rühren auf kleinster Stufe in etwa 20 Minuten ausquellen lassen.

2 Die Polenta auf ein mit 1 Teelöffel Butter gefettetes Stück Alufolie streichen und zu einer Rolle formen. Die Polentarolle erkalten lassen, die Folie abziehen und die Rolle in Scheiben schneiden.

3 Den Backofen auf 200 °C vorheizen. Die Edamerscheiben etwas kleiner als die Polentascheiben schneiden. Eine feuerfeste Form mit 1 Teelöffel Butter ausstreichen und die Polenta- und Käsescheiben schuppenförmig in die Form schichten, mit Oregano und Pfeffer bestreuen.

4 Den Auflauf im Backofen 30 Minuten garen. Mit einem »saftigen« Tomatensalat, sprich mit viel Marinade servieren.

Pro Portion: 370 kcal, 18 g Eiweiß, 8 g Fett, 56 g Kohlenhydrate

Zucchini-Risotto

Zutaten für 4 Portionen

1 Zwiebel · 2 EL Sojaöl
200 g Vollkornreis · 400 ml Gemüsebrühe
2 Zucchini (400 g)
1 gelbe Paprikaschote
200 g braune Champignons
Salz · Pfeffer · 2 EL gehackte Petersilie
50 g geriebener Gouda

1 Die Zwiebel schälen und fein würfeln. Das Öl in einem breiten Topf erhitzen und die Zwiebel darin glasig dünsten. Den Reis kurz mitdünsten, mit der Gemüsebrühe ablöschen und zugedeckt bei kleiner Hitze etwa 20 Minuten garen.

2 Die Zucchini putzen, waschen und in Scheiben oder Würfel schneiden. Die Paprikaschote waschen, halbieren, putzen und die Hälften in längliche Stücke schneiden. Die Champignons putzen, waschen und in Scheiben schneiden.

3 Das Gemüse zum Reis geben und weitere 10 Minuten mitgaren. Risotto salzen und pfeffern, die Petersilie unterheben und mit dem Käse bestreut servieren. Dazu passt ein Gurkensalat mit Joghurt-Dressing.

Pro Portion: 295 kcal, 10 g Eiweiß, 9 g Fett, 43 g Kohlenhydrate

Gemüse-Wurst-Spieße

Zutaten für 4 Portionen

1 gelbe Paprikaschote
1 Zucchini
8 weiße Champignons
8 Cocktailtomaten
2 rote Bratwürste
Salz · Pfeffer
2 EL Öl

1 Die Paprikaschote waschen, halbieren, Kerne und weiße Innenhäute entfernen. Die Schotenhälften in quadratische Stücke schneiden. Die Zucchini waschen, putzen und in 1 cm dicke Scheiben schneiden.

2 Die Champignons putzen und waschen, dabei die Stielansätze abschneiden. Die Tomaten waschen. Die Bratwürste in je 4 Stücke schneiden.

3 Pilze, Gemüse- und Wurststücke abwechselnd auf 4 Schaschlikspieße stecken und wenig mit Salz und Pfeffer würzen. Das Öl in einer beschichteten Pfanne erhitzen und die Spieße darin auf jeder Seite 5 bis 6 Minuten braten.

Dazu schmeckt Kartoffelsalat, Kartoffelbrei, ein Blattsalat oder herzhaftes Bauernbrot.

Tipp: Die Spieße können auch mit weißen Bratwürsten oder nach Wunsch fleischlos (z. B. mit zuvor in Sojasauce marinierten Tofuwürfeln) zubereitet werden.

Pro Portion: 250 kcal, 10 g Eiweiß, 22 g Fett, 3 g Kohlenhydrate

Gefüllte Pfannkuchen

Zutaten für 4 Portionen

Für die Pfannkuchen:

40 g Butter · 2 Eier
200 ml fettarme Milch
100 g Weizenvollkornmehl · Salz

Für die Füllung:

400 g Mangold (oder Blattspinat) · 2 Tomaten
250 g Speisequark (20 % Fett) · 1 Ei
Pfeffer · Muskatnuss

Für die Sauce:

1 EL Butter · 1 EL Weizenvollkornmehl
$^1/_2$ l fettarme Milch
1 EL Tomatenmark · 50 g geriebener Käse

1 Für die Pfannkuchen die Butter zerlassen. Eier mit der Hälfte der Butter, Milch, Mehl und 1 Prise Salz mit dem Schneebesen verquirlen. Den Teig 30 Minuten ruhen lassen.

2 Für die Füllung den Mangold waschen, putzen und kurz in kochendem Wasser blanchieren. Kalt abschrecken, etwas ausdrücken und die Blätter klein hacken. Die Tomaten waschen, halbieren, entkernen und in Würfel schneiden. Mangold und Tomaten mit Quark und Ei vermischen, mit Salz, Pfeffer und Muskat würzen.

3 Aus dem Teig in einer beschichteten Pfanne in der restlichen Butter 8 mittelgroße, dünne Pfannkuchen backen.

4 Den Backofen auf 200 °C vorheizen. Für die Sauce die Butter erhitzen und das Mehl darin kurz anschwitzen. Nach und nach die Milch dazugießen, die Sauce etwa 5 Minuten kochen lassen. Das Tomatenmark hineinrühren und die Sauce mit Salz und Pfeffer abschmecken.

5 Die Pfannkuchen mit der Quark-Mangold-Masse bestreichen, aufrollen und nebeneinander in eine feuerfeste Form legen. Mit dem Käse bestreuen, die Sauce darüber gießen und im Backofen etwa 30 Minuten backen, bis die Oberfläche schön gebräunt ist.

Pro Portion: 470 kcal, 31 g Eiweiß, 26 g Fett, 29 g Kohlenhydrate

Haferpuffer mit Kohlrabigemüse

Zutaten für 4 Portionen

Für die Haferpuffer:

150 g kernige Haferflocken
50 g geschroteter Leinsamen · Salz
1 Karotte
2 Eier
2 EL Weizenvollkornmehl
100 g Magerquark
3 EL Öl

Für das Kohlrabigemüse:

500 g Kohlrabi
$^1/_2$ l Gemüsebrühe
1 EL Butter · 2 EL Mehl
4 EL Crème fraîche
2 EL gehackte Petersilie

1 Haferflocken und Leinsamenschrot in eine Schüssel geben und mit $^1/_4$ l kochendem Salzwasser übergießen. Die Karotte putzen, schälen und in feine Würfel schneiden oder auf der Gemüsereibe grob raspeln. Mit Eiern, Mehl und Quark unter die Haferflocken mischen.

2 Für das Kohlrabigemüse den Kohlrabi putzen, schälen und in Stifte oder Würfel schneiden.

3 Die Brühe aufkochen und die Kohlrabistücke darin 8 bis 10 Minuten kochen. Abgießen und die Kochflüssigkeit aufheben.

4 Die Butter in einem Topf heiß werden lassen, das Mehl dazugeben und anschwitzen. Mit der Kochflüssigkeit aufgießen und einmal aufkochen lassen. Die Crème fraîche, die gehackte Petersilie und die Kohlrabistücke unterrühren. Zugedeckt beiseite stellen.

5 Das Öl in einer beschichteten Pfanne erhitzen und aus der Haferflockenmasse 12 kleine Puffer backen. Mit dem Kohlrabigemüse servieren.

Pro Portion: 415 kcal, 21 g Eiweiß, 20 g Fett, 37 g Kohlenhydrate

Heidelbeer-Muffins

Zutaten für 12 Stück

1 TL Butter
180 g frische Heidelbeeren (oder abgetropft aus dem Glas)
120 g Mehl
120 g Weizenvollkornmehl
1/2 TL Backpulver
1 TL Natron
Zimtpulver
30 g gemahlene Haselnüsse
1 Ei · 120 g Rohrzucker
60 ml Öl
200 g fettarmer Joghurt
Puderzucker zum Bestäuben

1 Den Backofen auf 200 °C vorheizen. Die Vertiefungen der Muffinform(en) (12 Vertiefungen à 7,5 cm Ø) mit der Butter ausfetten und kalt stellen. Die Heidelbeeren verlesen und waschen.

2 Mehl und Vollkornmehl in eine Schüssel sieben, Backpulver, Natron, 1 Prise Zimt und die Nüsse untermischen.

3 In einer zweiten, größeren Schüssel das Ei schaumig schlagen und mit Zucker, Öl und Joghurt glatt rühren. Die Mehlmischung unterheben und alles etwas verrühren. Der Teig muss nicht völlig homogen sein.

4 Den Teig in die Vertiefungen der Muffinform (zu etwa drei viertel) füllen und die Muffins 20 bis 25 Minuten backen.

5 Die Form aus dem Backofen nehmen, etwa 5 Minuten abkühlen lassen. Die Muffins aus der Form lösen und mit wenig Puderzucker bestäubt servieren.

Pro Stück: **195 kcal, 4 g Eiweiß, 8 g Fett, 26 g Kohlenhydrate**

Gelber Wackelpeter

Zutaten für 4 Portionen

8 Blatt weiße Gelatine
500 ml naturtrüber Apfelsaft, Orangen-, Pfirsich- oder Aprikosensaft
1 EL Honig
100 g Sahne
1 Päckchen Bourbon-Vanillezucker
Zimtpulver

1 Die Gelatine nach Packungsanweisung in kaltem Wasser einweichen. Den Saft mit dem Honig in einem Topf heiß werden lassen (nicht kochen) und die gut ausgedrückte Gelatine darin auflösen.

2 Die Flüssigkeit in eine Schüssel oder vier Portionsförmchen füllen und kalt stellen, bis sie vollständig erstarrt ist (2 bis 3 Stunden).

3 Die Sahne mit dem Handrührgerät halb steif schlagen, dabei den Vanillezucker und 1 Prise Zimt zugeben.

4 Den Wackelpeter auf Teller portionieren bzw. aus den Förmchen stürzen, dazu kurz in heißes Wasser tauchen, und mit der Vanillesahne anrichten. Nach Belieben mit Fruchtspalten (passend zum verwendeten Fruchtsaft) oder frischen Beeren garnieren.

Tipp: Zum Wackelpeter passt auch eine rote Beerensauce. Dazu 300 g Beeren (Erdbeeren, Himbeeren, Johannisbeeren oder eine Mischung daraus) fein pürieren und durch ein Sieb streichen. Mit 1 Esslöffel Honig oder Ahornsirup süßen.

Pro Portion: 170 kcal, 4 g Eiweiß, 8 g Fett, 19 g Kohlenhydrate

Sauerkirschquark

Zutaten für 4 Portionen

500 g Magerquark
100 ml fettarme Milch
50 g Zucker
200 g Sauerkirschen (entsteint, aus dem Glas)
100 g Pumpernickel
50 g Vollmilchschokolade

1 Quark mit Milch und Zucker in einer Schüssel glatt rühren. Die Sauerkirschen abgießen, den Saft dabei auffangen.

2 Den Pumpernickel fein in eine Schüssel zerbröseln und mit 3 Esslöffel Sauerkirschsaft beträufeln. Die Schokolade fein dazureiben und alles miteinander vermischen.

3 Pumpernickelmischung, Kirschen und Quark schichtweise in kleine Glasschüsseln füllen und dabei mit Quark abschließen.

Tipp: Anstelle von Pumpernickel kann man auch 50 g zerbröselten Vollkornzwieback oder Löffelbiskuits (ungezuckerte Oberfläche, z. B. aus dem Bioladen) nehmen.

Pro Portion: 320 kcal, 21 g Eiweiß, 5 g Fett, 45 g Kohlenhydrate

Flottes Beereneis

Zutaten für 4 Portionen

250 g tiefgekühlte Beerenmischung
2 EL Puderzucker
100 g sehr kalte Sahne

1 Die Beeren in einen hohen Rührbecher füllen und etwas antauen lassen. Sie dürfen aber nicht weich werden, sondern müssen noch kalt und fest sein.

2 Den Puderzucker und die flüssige Sahne zugeben und alles mit dem Stabmixer pürieren (alternativ alles in einen Mixer füllen und pürieren).

3 Das Eis in »Eis-am-Stiel-Selbermach-Förmchen« füllen und kurz tiefkühlen.

Tipp: Viele Kinder lieben cremiges Eis, dann das Eis gleich nach dem Pürieren der Beeren in vorgekühlte Dessertschälchen geben und sofort servieren.

Pro Portion: 130 kcal, 1 g Eiweiß, 8 g Fett, 13 g Kohlenhydrate

Energie für die Schule: Brainfood ohne Chemie

Der Schulanfang ist ein einschneidendes Erlebnis für jedes Kind – und nicht immer ein erfreuliches. Die Sorglosigkeit der ersten Jahre, in denen die Tage vor allem mit Spielen, Schlafen und Essen ausgefüllt waren, ist nun vorbei. An ihre Stelle tritt ein neuer Rhythmus mit vielen Pflichten.

Schule bedeutet nicht nur, sich an bestimmte Zeiten zu halten, zum Beispiel beim Aufstehen, sondern auch, Leistung zu bringen. Auch wenn der Unterricht natürlich am Anfang noch Rücksicht auf die Kinder nimmt und sie spielerisch an ihre neue Umgebung gewöhnen will, so werden sie plötzlich gefordert. Eine neue Situation, die viel Kraft kostet. Mütter mit Schulkindern kennen den Bärenhunger, den ihre Kinder mittags mit nach Hause bringen.

Die Leistungskurve

Unser Körper ist nie gleich leistungsstark, sondern hat Phasen, in denen er besonders aktiv ist, und solche, in denen er nachlässt und mehr Ruhe braucht. Diese Leistungskurve kann man durch die Ernährung beeinflussen (➔ Grafik Seite 204). Zwischenmahlzeiten helfen, die Leistungstiefs abzuschwächen. Außerdem belasten sie den Organismus der Kinder nicht so sehr wie größere Mahlzeiten. Denn Essen zur falschen Zeit kann sie auch müde machen und ihre Konzentration im Unterricht beeinträchtigen. Der kindliche Stoffwechsel läuft vormittags auf Hochtouren und muss deshalb mit einem kräftigen Frühstück unterstützt werden. Eine Faustregel für die Verteilung der Mahlzeiten lautet: ein Drittel morgens und zur Pause, ein Drittel mittags, das restliche Drittel nachmittags und abends.

Das Frühstück: unersetzlich

Viele Eltern verzichten auf ein ausführliches Frühstück, weil die Zeit morgens besonders drängt: Sie essen im Stehen oder gar nicht. Ihre Kinder, die morgens noch verschlafen und ohnehin nicht hungrig sind, übernehmen dann gerne dieses Verhalten und gehen ohne Frühstück und manchmal sogar ohne Pausenbrot in die Schule.

Fast zwei Drittel der Kinder zwischen acht und siebzehn Jahren, so der jüngste deutsche Ernährungsbericht (2000), geben an, morgens keinen Appetit zu haben. Und fast 17 Prozent der Kinder bis zwölf (27 Prozent der älteren) frühstücken nicht zu Hause. Wenigstens bekommen fast alle (98 Prozent) Verpflegung mit auf den Weg.

Die Mahlzeit am Morgen ist besonders wichtig für den Start in den Tag. Über Nacht haben sich die Kohlenhydratspeicher der Leber erschöpft, und die Gehirnzellen verlangen nach neuem Zucker. Dieses Defizit muss wieder aufgefüllt werden, wenn Ihr Kind sich in der Schule konzentrieren soll. Auch wenn es gleich nach dem Aufstehen kein ausgiebiges Frühstück essen mag – lassen Sie es deshalb nie mit ganz leerem Magen aus dem Haus.

Mindestens fünf Stunden volle Konzentration in der Schule sind eine reife Leistung. Kinder brauchen Nervennahrung.

Die Leistungskurve von Kindern: Topfit um zehn Uhr vormittags!

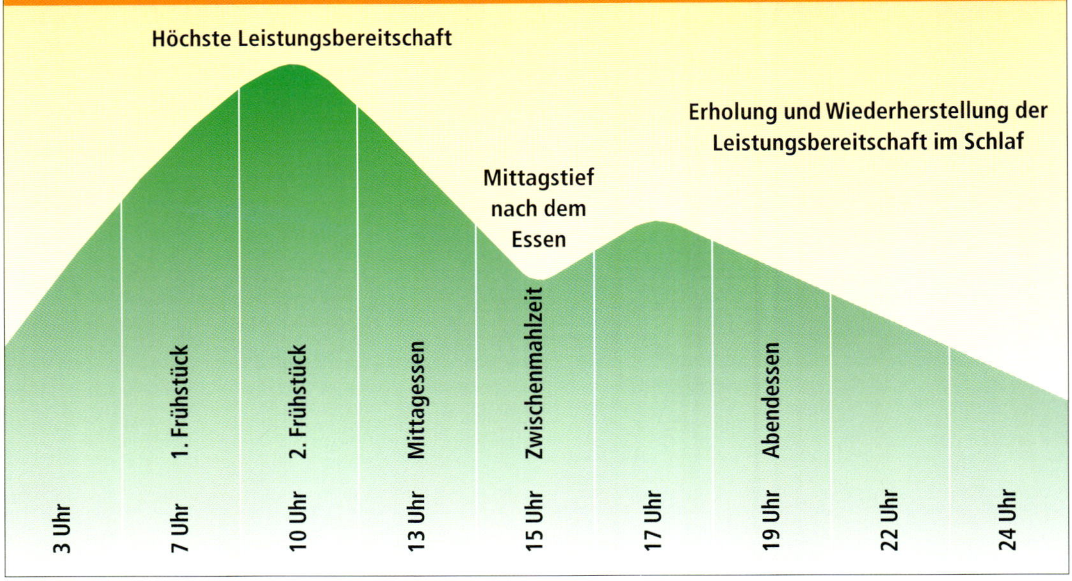

Nach: Ministerium für Ernährung und ländlichen Raum Baden-Württemberg, 2002

Ein bisschen was geht immer: eine halbe Scheibe Brot mit Quark oder Käse, eine Banane, ein Joghurt oder eine Tasse Kakao. Und spätestens in der Pause sollte dann das Frühstück nachgeholt werden – am besten mit einem Vollkornbrot und Obst und nicht mit Süßigkeiten und Schokoriegeln aus dem Schulkiosk (➔ Seite 115 f.). Denn deren Energie ist schnell wieder verbraucht.

Die meisten Kinder, so zeigt der Ernährungsbericht, essen auch wirklich Brot und Obst oder Gemüse, wenn auch ihre Sehnsucht nach Süßigkeiten und Pausen-Snacks damit nicht gestillt wird, wie die Umfrage zeigte. Geben Sie Ihrem Kind deshalb auch lieber kein Geld, sondern ein Pausenbrot mit. Wenn es Süßigkeiten essen will, soll es diese von seinem Taschengeld kaufen. Und um die Zwischenmahlzeit attraktiver zu machen, sollten Sie täglich zwischen verschiedenen Brotsorten und -belägen wechseln.

Mehr Flüssigkeit!

Auch beim Frühstück und in der Schulpause gilt wieder: Unbedingt ans Trinken denken! Viele Kinder vergessen zu trinken, wenn sie nicht daran erinnert werden. Eine aktuelle Studie der Universität Paderborn bestätigte nicht nur, dass dies der Fall ist, sondern zeigte auch die Folgen für den Schulunterricht: Wenn zum Beispiel ein Kind vor dem Schlafengehen zum letzten Mal etwas trinkt und erst dann wieder, wenn es aus der Schule nach Hause kommt, hat es bereits einen Flüssigkeitsverlust von etwa zwei Prozent erlitten. Das bedeutet eine deutliche Einschränkung seiner Körperfunktionen – und damit auch der Konzentrationsfähigkeit.

Getreide – die ideale Ernährung

Getreide ist gesund und eine ideale Energiequelle – gerade auch für Kinder, die sich in der Schule stundenlang konzentrieren sollen.

Auch sind die Zeiten vorbei, wo das ungeliebte Pausenbrot grau und säuerlich in der Schachtel lag – heute gibt es eine abwechslungsreiche Vielzahl von Vollkornbrotprodukten, von denen einige bestimmt auch den Geschmack Ihres Kindes treffen: vielleicht mit Sesam oder Kürbis- bzw. Sonnenblumenkernen oder Roggenbrot mit Schrotanteilen oder ganzen Nüssen und und und.

Für das Weißmehl, wie es in der Feinbäckerei zum Einsatz kommt, wird überwiegend das Innere des Korns verwendet: der stärkehaltige Mehlkörper. Gerade die wertvollsten Bestandteile, die im Keim und den Randschichten stecken, wurden vor dem Mahlen entfernt – und damit viele Vitamine, pflanzliche Fette und Spurenelemente.

Zweimal Vollkorn am Tag reichen aus, um uns mit den wichtigsten Nährstoffen (mit Ausnahme von Vitamin A und C) zu versorgen: Getreide enthält die Vitamine B1, B2 und B6 sowie Vitamin E, viele Ballaststoffe und kaum Fett. Es unterstützt das Wachstum, sorgt für starke Nerven, steigert die Konzentrationsfähigkeit und stärkt die Abwehrkräfte.

Dass Vollkorn intensiv gekaut werden muss, stärkt außerdem nicht nur Kiefer und Zähne, sondern fördert – wie jüngere Studien zeigen – auch die Hirnleistung: Neurowissenschaftler der englischen Universität Newcastle stellten nämlich bei Versuchen mit Kaugummis fest, dass Kauen die Herzfrequenz steigert und so mehr Sauerstoff und Nährstoffe ins Gehirn transportiert werden.

Der Vollkorn-Streit

In jüngster Zeit ist jedoch ein Streit darüber entbrannt, ob Vollkorngetreide wirklich für die menschliche Ernährung geeignet ist. Denn gerade da, wo sein größter Nährwert liegt, in

Was deutsche Schulkinder in der Pause essen und trinken: Die meisten bringen Brot und Obst von zu Hause mit

	Prozent	Von zu Hause	Vom Schulkiosk
Belegtes Brot / Brötchen	87,4	86,4	4,1
Brezel / Brötchen (trocken)	20,2	12,8	14,3
Müsli	9,5	8,0	3,1
Obst	80,5	79,6	3,1
Gemüse, Rohkost	26,3	23,2	6,1
Joghurt, Milchreis	24,8	21,6	7,1
Kuchen, Gebäck, Kekse	23,3	22,4	5,1
Schokoriegel, Müsliriegel	17,2	14,0	3,1
Andere Süßigkeiten (Gummibärchen, Bonbons)	11,1	10,0	3,1
Milch, Kakao, Milchmixgetränke	51,9	24,0	77,6
Obstsäfte (Orangen- und Apfelsaft)	50,8	44,0	13,3
Cola, Limonaden	5,7	3,6	1,0
Energydrinks	0,0	0,0	0,0
Tee, Kaffee	19,8	12,0	19,4
Suppe	5,7	2,4	8,2

Quelle: Ernährungsbericht 2000

den Randschichten und dem Keimling, schützen die Pflanzen diesen auch für sie wertvollen Teil mit Abwehrstoffen und Giften vor Fressfeinden.

Phytin zum Beispiel, ein Stoff, der in allen Getreiden vorkommt, bremse im Körper die Aufnahme von Mineralstoffen und Spurenelementen, argumentiert der Lebensmittelchemiker Udo Pollmer. Die Lektine, eine Eiweißart aus dem Weizenkeimling, so der schottische Genforscher Arpád Pusztai, verklumpten die roten Blutkörperchen und machten im Tierversuch die Darmwand durchlässig. Enzym-Inhibitoren in der Gerste bremsten im Tierfutter das Wachstum. Und auch darüber hinaus, betonen die Gegner des Vollkorns, enthalte die Schale des Getreides viele weitere Abwehrstoffe, die das Wachstum hemmten und Verdauungsstörungen verursachten.

Nirgendwo auf der Welt, so auch die Ernährungswissenschaftlerin Ulrike Gonder, wurden Gerste, Weizen und Roggen roh gegessen. Schon die alten Ägypter siebten die Kleie aus dem Weizenmehl. Und um die schwer verdaulichen Getreideanteile für unsere Mägen aufzuschließen, entwickelte der Mensch schon vor Tausenden von Jahren spezielle Techniken: Eine der wichtigsten ist – neben der Mühle zum Ausmahlen des Mehls – die Fermentation. Aus Gerste wurde in den verschiedensten Kulturen immer schon vorzugsweise Bier gebraut. Roggen wird vor

Grütze, Brei, Mus: das Korn als Nahrungsmittel

Bis zum 19. Jahrhundert galten **Körner** als das wichtigste Nahrungsmittel und waren Bestandteil **sämtlicher Mahlzeiten.** Nicht nur als **Brot,** das für einfache Bauern schon ein Luxus war, sondern meistens als **Grütze, Mus oder Suppe** (die Kartoffel brachte erst Mitte des 18. Jahrhunderts mehr Abwechslung auf den Tisch). Haferschrot und Wasser zum Beispiel wurden leicht gesalzen, erhitzt und mit etwas Milch oder Bier übergossen – dieser **»Porridge«** hat heute noch in England Tradition.

Schon in der Steinzeit haben Menschen Körner auf heißen Steinen geröstet, zermahlen und dann als **Nahrungsreserve** aufbewahrt. Zur Zeit des frühen Ackerbaus wurden gestoßene Getreidekörner zusammen mit den Ähren, wilden Hülsenfrüchten und Fleisch zu einem **Eintopf** verarbeitet.

Im antiken Rom stärkten sich die Gladiatoren vor den Kämpfen mit einer sämigen Suppe aus **Gerstenschleim** und dicken Bohnen. Die Kunst des **Brotbackens** brachten die Griechen in die Ewige Stadt.

Die Azteken und Maya machten Brei aus Mais, der von den Spaniern in Europa eingeführt wurde und heute zum Beispiel als **Polenta** zur Nationalküche der Italiener gehört. In Europa wurde Getreidebrei manchmal mit Bohnen oder anderen Hülsenfrüchten vermischt, oft gab es sauren Kohl dazu. Zur Abwechslung wurde das Korn mit heißem Wasser übergossen und über Nacht **vergoren.** Wer kein Getreide hatte, bereitete seinen Brei aus **Kastanien** oder **Eicheln.**

In Asien war Brei seltener, weil sich **Reis** auch ohne Weiterverarbeitung kochen und essen ließ. Die Armen aßen **Hirse.**

In **Afrika** hat sich die Tradition des Breis als wichtigstes Grundnahrungsmittel am längsten erhalten: Er wird dort aus Mais, Maniok oder Hirse zubereitet und mit den Fingern gegessen.

Kuchen- und Brotbacken macht mindestens so viel Spaß wie Basteln. Nur der Teig will nicht immer so, wie kleine Köche wollen.

allem als Vollkorn zu dunklem Sauerteigbrot verarbeitet. Auch beim Backen fermentiert der Teig noch eine Weile, bis das Brot im Ofen eine bestimmmte Temperatur erreicht hat.

Alle diese Prozesse bedienen sich der Gärung, bei der ein Teil der Abwehrstoffe des Korns abgebaut wird. Nur die Schnellsauerteige moderner Bäckereiketten, warnt Udo Pollmer, taugten nicht mehr dazu, das Phytin im Brot abzubauen. Die hitzestabilen Lektine blieben auf jeden Fall erhalten. Sein Fazit also: Vollkorn sei nur scheinbar gesund.

Entwarnung fürs Korn

Die Bundesforschungsanstalt für Ernährung in Karlsruhe widerspricht: Lektine gebe es auch in vielen anderen Lebensmitteln, heißt es in einer Erklärung des Ernährungsphysiologen Gerhard Rechkammer. Der durchschnittliche Anteil in Weizenkeimen (weniger als 0,01 Gramm pro Kilogramm) sei dabei nicht größer als der in Kartoffeln oder Zwiebeln. Trotz täglicher Lektinaufnahme seien beim Menschen bisher noch keine Schäden der Darmwand beobachtet worden. Der Grund liege vielleicht in dem niedrigen Anteil des Gifts und der – im Gegensatz zum Tier – sehr großen Darmwand, die zudem mit einer Schutzschicht versehen sei.

Ein konzentrierter Verzehr der hitzestabilen Weizenlektine wäre mit Sicherheit schädlich, betont Genforscher Arpád Pusztai. Aber, so schränkt er ein, der normale Verzehr von Weizen im Rahmen einer gemischten Kost sei ungiftig, im Gegenteil: Die Lektine hätten nämlich auch positive Wirkungen: Sie stärkten

Weißmehl enthält deutlich weniger Nährstoffe als Vollkorn

	Weizen-vollkorn	Weizen-mehl 405	Verlust in %
Vitamine (µg)			
Vitamin E	1400	400	71
Vitamin B1	480	60	87
Vitamin B2	140	30	79
Niacinäquivalent	5100	700	86
Pantothensäure	1180	210	82
Vitamin B6	440	180	59
Folsäure	49	10	80
Biotin	6,0	1,5	75
Mineralstoffe (mg)			
Kalium	502	108	78
Kalzium	44	15	66
Magnesium	147	20	86
Eisen	3,3	1,9	42
Zink	4,1	1,1	73

Quelle: Schrot und Korn

die Verdauung, die Bakterienflora und damit auch das Immun- und hormonelle System des Darms. In einem Tierversuch der Bundesforschungsanstalt für Ernährung erwies sich das umstrittene Weizenlektin sogar als Wirkstoff gegen eine Weizenallergie.

Die ebenfalls umstrittenen Enzym-Inhibitoren, so die Bundesforschungsanstalt weiter, fänden sich ebenso in vielen anderen Lebensmitteln und würden außerdem größtenteils durch das Erhitzen beim Backen zerstört. Auch sie haben nicht nur negative, sondern auch gesundheitsfördernde Wirkungen: Sie senken den Blutzucker und scheinen vorbeugend gegen Krebs zu wirken.

Auch die Phytinsäure kommt nicht nur in Getreide, sondern zudem in Hülsenfrüchten und Nüssen, also in allen Samen, vor. Sie kann, das ist erwiesen, unter bestimmten Bedingungen essentielle Spurenelemente und Mineralstoffe wie Eisen und Zink binden und dadurch deren Aufnahme vermindern. Eine negative Rolle spiele das jedoch, so die Bundesforschungsanstalt für Ernährung, nur in Entwicklungsländern mit einseitiger Kost. Als Bestandteil einer gemischten, vielseitigen und ausgewogenen Ernährung, wie sie in den westlichen Industrieländern üblich ist, sei die Eisen- und Zinkversorgung beim Menschen kaum beeinträchtigt.

Die Randschichten des Getreides enthalten nämlich nicht nur Phytinsäure, sondern auch Phytase. Dieses Enzym kann die chemischen Verbindungen aus Mineralien und Phytinsäure wieder »knacken«: Zink und Magnesium werden dann frei und können vom Körper aufgenommen werden. Allerdings muss die Phytase erst aktiviert werden: Dazu dient das Ansetzen eines Teiges bzw. auch das Ankeimen oder Einweichen von Getreide. Allein beim Einweichen von Getreideschrot für einen Frischkornbrei werden über Nacht etwa 20 Prozent der Phytinsäure gespalten. Sogar in Weizenvollkornbroten aus Hefeteig ist nur noch die Hälfte der Phytinsäureverbindungen intakt. Außerdem mehren sich die Hinweise, dass die Phytinsäure ähnlich positive Wirkungen haben könnte wie die Enzym-Inhibitoren.

Mehrere Untersuchungen an vielen tausend Probanden bestätigten, dass Vollkorn die Krankheitsrate deutlich senkt. So zeigte eine Analyse von rund 40 Studien, dass sich das Krebsrisiko bei Personen mit hohem Vollkornverzehr um etwa 33 Prozent verringerte. Der Prozentsatz der Herzinfarkte und Schlaganfälle sank bei Vollkornessern um 25 bis 30 Prozent. Auch die Fälle von so genannter »Altersdiabetes« (Typ II) waren geringer. Vollkorn sei, so das Fazit der Karlsruher Ernährungsphysiologen, in der Summe ein gesundes

Nahrungsmittel: Der regelmäßige Verzehr von Vollkornprodukten besitze im Rahmen einer gemischten Kost durchaus eine gesundheitsfördernde Wirkung.

Weißmehl ist ärmer

Ein direkter Vergleich zwischen Vollkorn und ausgemahlenem Mehl (Typ 405) macht die Unterschiede deutlich (➔ Tabelle links): 100 Gramm Weizenvollkorn enthalten 1 400 Mikrogramm Vitamin E, das Mehl aber nur noch 400 Mikrogramm – ein Verlust von 71 Prozent! Der Verlust an B-Vitaminen ist noch größer – B1: minus 87 Prozent, Niacin: minus 86 Prozent, Folsäure: minus 80 Prozent. Weizenmehl enthält auch deutlich weniger Kalium (minus 78 Prozent), Magnesium (minus 86 Prozent), Eisen (minus 42 Prozent) und Zink (minus 73 Prozent).

An Ballaststoffen enthält Vollkorn siebenmal so viel wie das Auszugsmehl. Auch ist die Zinkversorgung bei Menschen, die Vollwertkost essen, besser als bei Mischköstlern. Das gilt erst recht für Vegetarier: Sie nehmen dreimal so viel Zink auf.

Frischkornbrei für Kinder?

Ein Brei aus frisch geschrotetem Korn, das mit Wasser vermischt über Nacht aufgequollen ist, ist einer der Grundpfeiler der Vollwertkost. Diese Ernährungslehre wurde in den 40er Jahren des vergangenen Jahrhunderts von Werner Kollath, Professor für Hygiene an der Universität Rostock, entwickelt. Er kritisierte, dass viele wertvolle Rohstoffe durch die Weiterverarbeitung der Nahrung verloren gingen und diese durch Agrargifte und andere industrielle Substanzen noch zusätzlich entwertet

Unser Tipp:

Richtiger Umgang mit Getreide

- **Verwenden Sie mindestens die Hälfte Ihres Getreides als Vollkorn.**
- **Machen Sie Ihren Kindern morgens ein Müsli – entweder als Frischkornbrei oder aus Haferflocken mit Nüssen und frischem Obst. Etwas Zitronensaft hilft das Eisen aufzuschließen, Sauermilchprodukte erleichtern die Verdauung. Zucker sollte nicht enthalten sein, in Kombination mit Vollkorn belastet er den Darm.**
- **Probieren Sie verschiedene Getreide in Suppen oder als Beilage aus, zum Beispiel Hirse, Bulgur, Couscous oder Grünkern. Sie können auch Getreide-Bratlinge machen oder Buchweizen-Pfannkuchen.**
- **Kaufen Sie Brot entweder beim Bio-Bäcker oder bei einem Bäcker Ihres Vertrauens, der keine chemischen Backhilfen verwendet und mit traditioneller Natursauerteigführung arbeitet. Bei Roggen- und Weizenvollkorn werden so Problemstoffe abgebaut.**
- **Trauen Sie sich selbst an das Brotbacken heran – das macht auch Ihrem Kind Spaß! Es gibt einfache Rezepte für Schrotkernbrot, die keinen großen Aufwand benötigen.**

> **Birchermüesli: das Originalrezept**
>
> **Für eine Portion:**
>
> - 8 g Haferflocken (etwa 1 gestrichener Esslöffel) mit
> - 3 Esslöffeln Wasser (kalt) mischen, die Haferflocken 12 Stunden einweichen.
> - 1 Esslöffel Zitronensaft und
> - 1 Esslöffel gezuckerte Kondensmilch hinzufügen und vermischen.
> - 200 g Äpfel waschen, Stiel und Blütenansatz entfernen. Die Äpfel (mit Schale und Gehäuse) direkt in das Müesli reiben, öfter umrühren, damit sich das Apfelfleisch nicht braun verfärbt.
> - 1 Esslöffel geriebene Haselnüsse oder Mandeln darüber streuen.
>
> Quelle: Bircher-Benner Handbuch No. 6, 1986

würde. Er forderte deshalb frische und unverfälschte Produkte, die ohne Gift erzeugt würden. Konserven und andere Industrieprodukte sollten gemieden, Fleisch und Wurst nur sparsam verzehrt werden.

Zu seinen Empfehlungen gehört auch, etwa die Hälfte der Nahrung roh zu verzehren. Der Frischkornbrei, von Kollath als idealer Einstieg in den Tag propagiert, soll die wertvollen Inhaltsstoffe des Getreides bewahren und dennoch verträglich machen.

Vollwertkost ist für Kinder geeignet und besonders gesund, das haben viele Untersuchungen bestätigt. Um die Frage, ab wann Kinder Getreiderohkost bekommen sollten, streiten sich jedoch die verschiedenen Schulen der Ernährungslehre. Viele Vertreter der Vollwertkost sind der Meinung, dass man so früh wie möglich mit dieser gesunden Form der Ernährung anfangen sollte. Einer ihrer Pioniere, der Arzt Max Otto Bruker, schlägt sogar schon in den ersten Lebensmonaten einen Frischkornbrei, die »Getreidemilch«, als Muttermilch-Ersatz vor. Die meisten Ernährungswissenschaftler sind jedoch gegen einen zu frühen Einsatz von Getreide, weil der Darm des Säuglings noch unstabil ist und deshalb die im Brei enthaltene Stärke gar nicht verarbeiten kann.

Das Forschungsinstitut für Kinderernährung in Dortmund sieht die für einen Säugling notwendigen Nährstoffe nur durch ein einziges Standardrezept (nach Droese und Stolly) einer mit Fett angereicherten Halbmilch mit Reisschleim gedeckt. Die Experten empfehlen jedoch, wenn irgend möglich während der ersten sechs Monate nur zu stillen und mit Getreide wegen der Allergiegefahr vorsichtig umzugehen. Ansonsten gilt als Grundsatz der Optimierten Mischkost: Mindestens die Hälfte der verzehrten Kohlenhydrate sollten aus Vollkorn stammen.

Überfordern Sie Ihr Kind also nicht zu früh mit unverarbeitetem Getreide. Sie können es in den ersten Lebensjahren auch mit Brot, Breien und Grützen oder Flocken vollwertig und gesund ernähren und es dann später, im Alter von vier oder fünf Jahren, vorsichtig an den Frischkornbrei gewöhnen.

Das Müsli

Was heute als Loops, Smacks und Pops in vielen bunten Farben und diversen Geschmacksrichtungen als angeblich gesundes Getreide für Kinder angeboten wird (➔ Seite 73), hat keine Ähnlichkeit mehr mit dem, was sich der Schweizer Arzt Maximilian Oskar Bircher-Benner (1867–1939), neben Werner Kollath einer der »Väter der Vollwertkost«, ausdachte, um die Nährstoffversorgung bei Kindern zu verbessern. Sein »Müesli« aus gemahlenem

Korn, zerkleinerten Nüssen, einem frisch geriebenen Apfel und Milch wurde zu einem internationalen Erfolg.

Ob nun als Frischkorn oder mit Flocken – ein Müsli ist am besten, wenn Sie es selbst machen: mit Hafer, der besonders gesund und gut verträglich ist, Milch oder Joghurt und frischem Obst (Bircher verwendete einen Apfel, um durch das Vitamin C das Eisen im Getreide besser aufzuschließen). Sie sollten ein Müsli nicht zuckern oder nur ungezuckerte Mischungen kaufen, da das volle Korn in Verbindung mit Haushaltszucker zu Verdauungsbeschwerden führt.

Vegetarisch – von Anfang an?

Bircher-Benner war überzeugter Vegetarier. Für seine These, dass Getreide, Früchte und Gemüse hochwertigere Nahrungsmittel seien als Fleisch, wurde er 1900 nach wütenden Protesten seiner Kollegen aus der Schweizer Ärzteschaft ausgeschlossen.

Heute wissen wir durch viele Untersuchungen, dass der Vollwert-Pionier Recht hatte: Vegetarische Ernährung ist zumindest gesünder als eine Kost, die reich an tierischen Proteinen ist. Und wenn sie richtig durchgeführt wird, bekommen selbst Kinder, die noch im Wachstum sind, alle notwendigen Nährstoffe für eine gesunde Entwicklung.

Das bestätigen auch die Wissenschaftler des Dortmunder Forschungsinstituts für Kinderernährung, allerdings befürworten sie eine ovolaktovegetabile Ernährung mit Milchprodukten und Eiern, die vielleicht auch noch Fisch akzeptiert. Wenn diese abwechslungsreich zubereitet wird, so die Ernährungsexperten, könne der Nährstoffbedarf in allen Altersgruppen leicht gedeckt und Zivilisationskrankheiten vorgebeugt werden. Der einzige kritische Nährstoff dabei ist Eisen. Dieses Mineral ist zwar auch in Pflanzen vorhanden,

Welche Lebensmittel sind besonders zu empfehlen?

Die Vollwertkost rät zu Nahrung, die so naturbelassen wie möglich ist:

sehr gut:

unerhitzte Lebensmittel wie Frischkornbrei oder -müsli, rohes Gemüse oder Obst, Keimlinge, Nüsse, Samen, kaltgepresste unraffinierte Öle, Vorzugsmilch und natürliches Mineralwasser. Außerdem Vollkornbrot, gekochte Getreidegerichte, Gemüse, Obstsäfte, gekochte Kartoffeln und Hülsenfrüchte, ungehärtete Pflanzenmargarine mit einem hohen Anteil an Kaltpressölen, pasteurisierte Milch und Milchprodukte, Butter (in Maßen), Fisch, Eier, Fleisch (in Maßen), Kräuter- und Früchtetee sowie Getreidekaffee (in Maßen).

weniger gut:

stark verarbeitete Lebensmittel, die nicht täglich konsumiert werden sollten, wie Gebäck aus Auszugsmehl, Weißbrot, Graubrot, weißer Reis, Gemüse- und Obstkonserven, Fruchtnektare, Kartoffelprodukte, raffinierte Fette und Öle, H-Milch, Milchpulver, Fleisch- und Wurstwaren, Fleischkonserven, schwarzer Tee, Bohnenkaffee, Bier und Wein.

nicht empfehlenswert:

übertrieben verarbeitete Lebensmittel wie Zucker, Speisestärke, isolierte Proteine und Ballaststoffe, künstliche Süßstoffe, Süßigkeiten, Limonaden, Cola-(Misch-)Getränke und Instantgetränke, Spirituosen sowie Innereien.

Nach: Claus Leitzmann

kann aber nur zu zwei bis fünf Prozent ausgenutzt werden. Dagegen ist das Eisen aus dem Blutfarbstoff des Tieres zu 20 Prozent verfügbar. Beim Fisch liegt die Verwertbarkeit von Eisen bei etwa 10 Prozent. Die Eisenausbeute aus Gemüse oder Getreide wird bereits durch ein halbes Glas Orangensaft (dank Vitamin C) verdoppelt.

Von einer streng vegetarischen Ernährung ohne Milchprodukte rät das Forschungsinstitut für Kinderernährung strikt ab: Sie enthalte insgesamt zu wenig Energie und gefährde den Knochenaufbau durch Kalziummangel. Außerdem biete sie kein Vitamin B12 (das nur in tierischen Produkten vorkommt), was zu bleibenden Schäden der Nervenfunktionen und der Hirnentwicklung führen könne. Der Verzicht auf tierisches Eiweiß störe das Wachstum.

Vollwertig = nährstoffdicht

Etwa ein Drittel unserer täglichen Nahrungsenergie nehmen wir durch Getreide zu uns, rund 40 Prozent unseres Kohlenhydratverbrauchs decken wir aus Getreideprodukten. Diese liefern uns etwa 20 bis 30 Prozent an B-Vitaminen und Eisen und ein Drittel unseres Eiweißes. Der Anteil könnte noch höher sein, wenn wir mehr Getreide essen würden – und vor allem einen höheren Anteil an vollwertigem Korn.

Der Gießener Ernährungswissenschaftler Claus Leitzmann, prominentester Vertreter der Vollwertkost in Deutschland, hat die Lebensmittel in verschiedene Kategorien eingeteilt (➔ Kasten Seite 211). Dabei wird auch deutlich, dass Nährstoffe keinen isolierten Wert haben, sondern immer im Kontext mit anderen Faktoren zu sehen sind.

Kombinieren Sie eisenhaltiges Korn und Gemüse mit Vitamin C:

Lebensmittel	Eisen (mg/100 g)	Lebensmittel	Vitamin C (mg/100 g)
Hirse	6,9	Paprika, roh	121
Weizenkeime	8,5	Brokkoli, gekocht	90
Haferflocken	5,4	Rosenkohl, gekocht	84
Vollkornreis	3,2	Blumenkohl, gekocht	49
Vollkornbrot	2,0	Kohlrabi, roh	63
Spinat, gekocht	2,9	Weißkohl, roh	48
Feldsalat, roh	2,0	Spinat, gekocht	29
Linsen, gekocht	2,1	Feldsalat, roh	35
Pistazien	7,3	Tomate, roh	19
Sonnenblumenkerne	6,3	Kiwi	46
Mandeln	4,1	Erdbeeren	63
		Orangen	49
Besonders gut bioverfügbares Eisen		Johannisbeeren, schwarz	177
Rindfleisch	2,1	Apfel, Banane	12
Schweinefleisch	1,0		
Hähnchen	0,7		
Seefisch	0,6		

Nach: Souci, Fachmann, Kraut: Die Zusammensetzung der Lebensmittel, 2000

Unser Tipp: **Machen Sie das Getreide-Spiel!**

Brot ist in vielen Kulturen heilig gewesen – Brot und Salz wurden Besuchern als Zeichen der Gastfreundschaft gereicht. Viele Kinder können sich heute nicht mehr vorstellen, woraus ein Teig eigentlich besteht und welches Wunder in einem Butterbrot steckt.

- ✔ **Regen Sie die Lehrer Ihrer Kinder auf dem Elternabend dazu an, im Unterricht über die Rolle des Getreides zu sprechen.**
- ✔ **Sie könnten dann im Anschluss Getreidesamen verteilen, die die Kinder zu Hause keimen lassen und in einen Topf einsetzen sollen.**
- ✔ **Wenn das Getreide reif ist, werden die Körner geerntet, entspelzt (geschält) und gemeinsam mit den Körnern der anderen Kinder geschrotet oder gemahlen und zu einem Brot verbacken.**

Zum Beispiel sagt ein hoher Anteil an Kohlenhydraten an der Ernährung noch nicht viel darüber aus, ob sie gesund ist: Die Energie kann sofort ins Blut gehen und den Blutzuckerspiegel erhöhen (negativ) oder langsam abgebaut werden (positiv). Haushaltszucker liefert beispielsweise nur noch Energie, aber keine Vitamine, Mineralstoffe und sekundären Pflanzenstoffe mehr wie etwa Getreide. Um Übergewicht zu vermeiden und die Abwehrkräfte zu stärken, sollte, so Leitzmann, Energie jedoch immer von ausreichend Nährstoffen begleitet sein. Dieses Konzept der Nährstoffdichte bildet auch die Grundlage der Optimierten Mischkost (»Optimix«), die das Dortmunder Forschungsinstitut für Kinderernährung erarbeitet hat (➔ Seite 160 ff.). Unverarbeitete Lebensmittel sind in der Regel viel »nährstoffdichter« als verarbeitete.

Langsam umstellen

Wenn man sich die Zeit nimmt, frische Waren einzukaufen und zuzubereiten, erfordert die Vollwertkost keine komplizierten Rezepte, sondern erlaubt fließende Übergänge zwischen der Alltagskost mit ihren kleinen Schwächen und der gesunden Lehre. Auch Claus Leitzmann empfiehlt, den Körper nicht radikal auf Rohkost zu setzen, sondern ihn langsam – über Wochen oder Monate – an die reinere, naturbelassene Ernährungsweise zu gewöhnen: erst mehr frische Salate, dann weniger Fett, mehr Vollkorn und weniger Fleisch und erst zum Schluss – der Frischkornbrei.

Brainfood aus Algen?

Immer mehr Kinder leiden unter Stresssymptomen wie Migräne oder Konzentrationsstörungen. Der Bielefelder Jugendforscher Klaus Hurrelmann hat 2400 Jugendliche zwischen 12 und 18 Jahren befragt und dabei herausgefunden, dass vor allem schulische Probleme und die Sorge, die Eltern zu enttäuschen, zu psychosomatischen Beschwerden führen. Viele der befragten Jugendlichen nahmen bereits psychoaktive Arzneimittel dagegen ein.

Ihre besorgten Eltern sind die Zielgruppe von Produkten, die als Brainfood angepriesen werden. Eine Werbung für ein entsprechendes Mittel aus der AFA-Alge malt zum Beispiel folgendes Schreckensszenario: »Etwa die Hälfte der Eltern möchten, dass ihr Kind das Abitur bekommt. Schon Neunjährige entwickeln morgens Spannungskopfschmerzen aus Angst, den schulischen Leistungen nicht gerecht werden zu können. Viele Kinder reagieren mit Verhaltens- und Lernstörungen. Das Gehirn wird ständig gefordert, ohne dass ihm dazu die notwendigen Nährstoffe zur Verfügung stehen.«

Sogar im Umfeld der Ökologiebewegung wird schon für das »Naturprodukt« geworben. Ein Zitat aus »Schrot & Korn«, einer Kundenzeitschrift für den Bio-Handel: »Es geht also (...) um das Zufügen bestimmter Stoffe, ohne die das Gehirn nicht optimal arbeiten kann! Angesichts der Vitalstoffarmut unserer Lebensmittel selbst aus biologischem Land- und Gartenbau (...) ergibt sich die Notwendigkeit der Ergänzung unserer Nahrung mit natürlichen, konzentrierten Lebensmitteln wie der besonders vitalstoffreichen, weil wild gewachsenen, AFA-Alge.«

Algen werden als Futter für die Nervenzellen angepriesen, denn sie enthalten Zink und Eisen, Vitamine und Folsäure sowie verschiedene Bausteine für Botenstoffe des Nervensystems. Konkurrenzprodukte werben mit speziellen Omega-3- und Omega-6-Fettsäuren als »Hirnnahrung« oder mit Lezithinen, die wichtige Phospholipide – Phosphatidylserin (PS), Phosphatidylcholin (PC) – enthalten.

Glücklich durch Essen?

Kinder sollen also klug durch die richtigen Nährstoffe werden. Und nicht nur das: »Eltern und andere Bezugspersonen«, schwärmt die Werbung, »gaben an, dass die Kinder schon nach einwöchiger Einnahme glücklicher als vorher waren, ihre Frustrationstoleranz gestiegen war, sie besser mit Kritik umgehen konnten, flexibler und darüber hinaus humorvoller geworden waren.«

Das unabhängige »arznei-telegramm« jedoch sieht in der »Komplettnahrung für die grauen Zellen des Gehirns« eine irreführende Werbung und bezeichnet die ihr zugeschriebenen Effekte als »abstrus«. Außerdem äußern die Pharmazie-Experten Sicherheitsbedenken. Eine Vielzahl der unterschiedlichen Algenarten bilde nämlich Gifte aus. In einer amerikanischen Untersuchung wurden Algen aus dem Lebensraum der gerühmten AFA-Art getestet: 85 von 87 Proben enthielten Mikrozystine, krebserregende, lebertoxische und nervenschädigende Stoffe. Diese Belastungen waren kein Einzelfall, und es ist fraglich, ob das Gift, wie vom Hersteller der Algenmittel behauptet, tatsächlich rückstandslos ausgefiltert werden kann.

Vergiftungssymptome wie Kopfschmerzen, Übelkeit und Durchfall, so das »arznei-telegramm«, würden bisweilen irreführend als »reinigende Wirkung« umdefiniert. Das Bundesinstitut für Arzneimittel und das Bundesinstitut für gesundheitlichen Verbraucherschutz und Veterinärmedizin warnen deshalb vor der Einnahme dieser Produkte, vor allem vor einer Verabreichung an Kinder und Jugendliche.

Hyperaktive Kinder

Die Algen werden unter anderem als »natürlicher« Ersatz für Ritalin angepriesen, ein Medikament, das mehr als 100 000 deutsche Kinder einnehmen. Seine Verschreibung hat in den letzten 40 Jahren um das Vierzigfache zugenommen. Ritalin soll das »Hyperkinetische Syndrom« oder »ADHS« (»Aufmerksamkeitsdefizit/Hyperaktivitätsstörung«) lindern, ein Leiden, das vorwiegend bis zur Pubertät auftritt und im Volksmund als »Zappelphilipp«-Krankheit bekannt ist. Ursache ist vermutlich eine Stoffwechselstörung im Gehirn. Die extrem lebhaften Kinder, die davon betroffen sind, zeigen Aufmerksamkeitsschwächen, mangelnde Verhaltenskontrolle und einen intensiven Bewegungsdrang. Auch eine fehlende Frustrationstoleranz und Gewaltbereitschaft gehören zu den Kennzeichen. In der Schule treten bei ihnen oft Lernstörungen auf.

Diese seltsame Krankheit, die noch nicht lange diagnostiziert wird, scheint mehrere Ursachen zu haben. Neben genetischen Faktoren, mangelnder Bewegung und überhöhtem Medienkonsum wird auch eine falsche Ernährung dafür verantwortlich gemacht – vor allem Zusatzstoffe, Weißmehl und Zucker sowie verschiedene Bestandteile, die besonders allergen sind. Zumindest ließen sich durch eine gezielte Diät rund 70 Prozent der hyperaktiven Kinder heilen, so die Einschätzung von Josef Egger, einem gebürtigen Südtiroler, der dies schon in den 80er Jahren im Londoner Hospital for Sick Children erfolgreich ausprobierte.

Richtige Ernährung wäre besser: Medikamentenmissbrauch bei Kindern

Kinder und Jugendliche nehmen **viel zu viele Medikamente** ein – ein Trend, der in den letzten Jahren immer deutlicher zu beobachten ist. Erst bekommen sie von ihren Eltern **Vitamin-D-Tabletten und Fluoride,** dann **Multivitamin- und Mineralstoffpräparate,** später richtige Arzneimittel. Fast **ein Drittel** der Jugendlichen, so eine Erhebung des Bielefelder Jugendforschers Klaus Hurrelmann unter 2400 Jugendlichen, greift **wöchentlich** in den häuslichen Medikamentenschrank. Eingenommen werden vor allem **Erkältungs- und Grippemittel,** aber auch Substanzen gegen **Allergien und Bronchialleiden.** 40 Prozent (!) der 12-Jährigen gaben an, **regelmäßig Kopfschmerzmittel** zu schlucken. Acht Prozent der 12-Jährigen und 12 Prozent der 17-Jährigen gaben sogar an, regelmäßig **Schlaf- und Beruhigungsmittel** zu nehmen. Den regelmäßigen Gebrauch von **Anregungs- und Aufputschmitteln** gaben sechs Prozent der 12-Jährigen und elf Prozent der 17-Jährigen an.

Dieser sorglose Umgang mit Medikamenten wird anscheinend von den Eltern gefördert: **71 Prozent der Eltern** gaben an, ihren Kindern nicht nur bei Krankheiten, sondern auch bei **alltäglichen Beschwerden** Medikamente auszuhändigen. Auch die Vorbehalte gegenüber so genannten Stimulanzien schwinden. Diese drogenähnlichen **Psychopharmaka** greifen in das Belohnungssystem des Gehirns ein und manipulieren es. Kritisiert wird, dass auch viele **Mediziner** Medikamente wie **Ritalin** verschreiben, ohne gleichzeitig eine notwendige psychotherapeutische Behandlung anzuregen. Das **hyperkinetische Syndrom** lasse sich jedoch längerfristig nur in dieser Kombination therapieren. Bereits zwei Prozent der Kinder im Grundschulalter erhalten Psychopharmaka, bei Jugendlichen sind es etwa vier Prozent. Dabei nehmen Mädchen durchschnittlich – wie auch später als erwachsene Frauen – mehr Arzneimittel ein als Jungen.

Der Jugendforscher Klaus Hurrelmann sieht bei Jugendlichen einen Trend weg von den benebelnden Drogen wie Alkohol und Heroin hin zu **euphorisierenden, stimmungshebenden und leistungssteigernden** Substanzen. Mit deren Hilfe manipulierten Jugendliche wie die Erwachsenen ihre Befindlichkeit, ohne die eigentlichen Ursachen für das mangelnde Wohlbefinden zu bearbeiten.

Schon früh gewöhnen sich Kinder an Tabletten.

Diät gegen das Zappeln

»Die meisten Patienten reagieren auf Chemikalien hyperaktiv, einige aber auch auf Kuhmilch, Weizen, Ei, Zitrusfrüchte oder Schokolade«, fasst Egger zusammen. Es gebe Hinweise darauf, dass diese bei ihnen die Rezeptoren für den Nervenbotenstoff VIP (Vasoaktives Intestinales Polypeptid) im Dünndarm verringern.

Auch an der Poliklinik der Technischen Universität München werden hyperaktive Kinder behandelt: mit einer Diät, die völlig auf Fertigprodukte verzichtet und bekannte Allergene ausschließt. Bei 60 Prozent der jungen Patienten verschwinden die Symptome nach drei Wochen.

Lebensmittelallergien

Innerhalb einer Generation hat sich die Zahl der Allergien in den Industrieländern verdoppelt. Jedes vierte Kind in Europa leidet bereits unter einer Allergie, und in 20 Jahren, so die Schätzungen des renommierten Stockholmer Karolinska-Instituts, wird die Rate doppelt so hoch sein. Nach einer Studie des Deutschen Jugendinstituts in München haben bereits 18,6 Prozent der 15- bis 25-Jährigen Heuschnupfen, 9 bis 24 Prozent leiden unter Neurodermitis und zwischen 2,5 und 10 Prozent leiden an Asthma.

Bei 15 Prozent der Kinder gelten Lebensmittelinhaltsstoffe als Ursache ihrer Allergie. Im ersten und zweiten Lebensjahr ist eine Nahrungsmittelallergie relativ häufig. Neben der Vererbung spielt dabei eine wichtige Rolle, dass bei Kleinkindern das Immun- und Verdauungssystem noch nicht voll entwickelt ist. Entsprechend unseren Essgewohnheiten entwickeln sie eine Allergie meist gegen Kuhmilch und Hühnerei. Mit drei bis fünf Jahren ist diese Überempfindlichkeit oftmals verschwunden. Dieselben Kinder erkranken jedoch später häufig an Asthma oder Heuschnupfen.

Essen als Bedrohung

Kinder reagieren meist auf andere Lebensmittel allergisch als Erwachsene: Bei ihnen sind tierische Proteine wie aus der Kuhmilch oder dem Hühnerei kritisch, während ihre Eltern stärker auf pflanzliche Eiweiße reagieren, also zum Beispiel auf Äpfel, Nüsse, Sellerie und Karotten.

Dabei spielen natürlich auch die Verzehrgewohnheiten eine Rolle: In Mitteleuropa ist die Sellerieallergie häufig, in Nordamerika machen Erdnüsse und in Spanien, Italien und Skandinavien Fische Probleme. Ältere Kinder und Erwachsene haben ein voll entwickeltes

Immunsystem und reagieren deshalb seltener direkt auf Nahrungsmittel. Ihre Überempfindlichkeit kann jedoch über eine so genannte Kreuzallergie auf Nahrungsmittel gelenkt werden: Das bedeutet, dass ihr Immunsystem zwar ursprünglich auf Substanzen in der Luft reagiert (Pollen, Tierhaare, Hausstaubmilben, Latex) – da diese Allergene aber Molekülstrukturen in Lebensmitteln ähneln, wehrt es sich auch gegen diese. So kann ein Jugendlicher mit Heuschnupfen plötzlich auch auf Kernobst reagieren oder eine Latexeiweiß-Allergie führt zu Reaktionen auf Avocados, Bananen oder Esskastanien.

Mit dem Ansteigen der Pollenallergien haben auch solche Kreuzreaktionen zugenommen: Schweizer Ärzte schätzen, dass zwischen 20 bis 70 Prozent der Heuschnupfen-Patienten auf bestimmte Lebensmittel reagieren (➔ Tabelle unten). Die Symptome können sehr unterschiedlich sein: Viele Menschen mit Birkenpollenallergie reagieren auf Äpfel und andere Kernobstarten (Kirschen, Pfirsich, Kiwi) mit lokalem Juckreiz, pelzigem Gefühl im Mund oder leichten Schwellungen. Wenn die betroffenen Jugendlichen früher schon in anderem Zusammenhang schwere allergische Reaktionen wie Asthma oder einen Schock erlebt haben, sollten sie, sobald sie irgendein Kribbeln im Mund spüren, das Lebensmittel möglichst sofort ausspucken und nicht herunterschlucken!

Keine Therapie

Kernobst hat meist keine schlimmeren Folgen, andere pflanzliche Eiweiße können dagegen Nesselsucht am ganzen Körper auslösen, zum Beispiel Sellerie, Gewürze, Banane, Avocado und Esskastanie etc. Lebensgefährlich können Erdnuss, Muscheln und Fisch sein. Bei manchen Menschen verstärkt Anstrengung (Schulsport!) die Reaktion. Der Grad der Kreuzreaktivität ist individuell sehr unterschiedlich: Viele Patienten mit Sellerieallergie vertragen Karotten nicht, bei anderen machen sie keinerlei Probleme.

Hyposensibilisierung, also das schrittweise »Abtrainieren« der Körperreaktionen durch dosierte Mengen an Allergenen, hilft bei Nahrungsmittelallergien nur selten. Die Nah-

Pollenallergiker reagieren oft auch auf Lebensmittel (Kreuzallergie):

Wer hierauf empfindlich ist …	… könnte es auch darauf sein
Birken-, Erlen-, Haselnusspollen	Wal-/Haselnuss, Mandel, Apfel, Kirsche, Birne, Pfirsich, Aprikose, Kiwi, Karotte, Sellerie, Kartoffel
Beifußpollen (Artemisia)	Sellerie, Karotte, Fenchel, Pastinake, Anis, Dill, Paprika, Koriander, Kümmel, Kamille, Sonnenblumenkerne
Gräserpollen	Tomate, Melone, Erdnuss
Hausstaubmilben	Garnele, Hummer, Languste, Krebs, Schnecke
Latex	Avocado, Banane, Esskastanie (Maroni), Kiwi, Papaya, Feige, Spinat, Kartoffel, Tomate
Vogelfedern	Hühnerei (Dotter)
Pollen (v. a. Korbblütler)	Honig

Quelle: Schweizerisches Zentrum für Allergie, Haut und Asthma

Heuschnupfen kann auch von Lebensmitteln kommen.

rungsmittel müssen gemieden werden, bei manchen reicht es, sie abzukochen. Patienten, die besonders gefährdet sind, erhalten ein Notfallmedikament (Antihistaminikum plus Kortikosteroid und eventuell ein Adrenalinspray oder einen -injektor).

Falls Ihr Kind eine schwerwiegende Allergie hat, sollten Sie auf jeden Fall seine Lehrer, seine weiteren Verwandten und Freunde darüber informieren.

Industriekost als Auslöser

Eine wichtige Rolle bei der Zunahme der Allergien spielt der steigende Verzehr von Fertigwaren: In den Dutzenden von Zusatzstoffen, die das Produkt geschmacklich und farblich aufpeppen sollen oder dazu beitragen, es leichter zu verarbeiten oder länger haltbar zu machen, verstecken sich Partikel von Allergenen, die für den Verbraucher nicht zu erkennen sind, zum Beispiel Erdnuss-Teilchen in der Schokoladenmasse oder Molkefraktionen in der Wurst. Vor allem Soja, von dem allein 15 verschiedene Allergene bekannt sind, kann man inzwischen kaum mehr aus dem Weg gehen: Sein Lezithin steckt in über 20 000 Lebensmitteln.

In den USA, wo der Anteil der verarbeiteten Lebensmittel 95 Prozent beträgt, hat sich die Angst vor Nahrungsallergien bis zur Hysterie entwickelt. Krustentiere und Nüsse werden dort bereits als lebensgefährliche Nahrungsmittel eingestuft. In den vergangenen 20 Jahren haben sich bei Kindern die Fälle von Erdnussallergie beinahe verdoppelt. Die Schulleitungen stellen deshalb immer schärfere Anforderungen an die Hygiene in den Mensen, um Allergiker vor Reizen aus Nahrungsmittelresten zu schützen. Und die Pfadfinderorganisation »Girl Scouts« hat sogar ein eigenes Verdienstabzeichen für Kinder geschaffen, die Menschen nach einem allergischen Schock helfen können. Die Produkte von über 6000 Lebensmittelherstellern sollen künftig auf Allergene hin untersucht werden. In den USA sterben jährlich 150 Menschen, weil sie das Falsche gegessen haben.

Ein zusätzliches Risiko liegt in der Kombination von Inhaltsstoffen. Sie reagieren nämlich nicht nur untereinander, sondern auch mit Antibiotika, Pestiziden und Schwermetallen, deren Rückstände Lebensmittel häufig belasten. Auch solche, die einzeln im Tierversuch zu keinen organischen Schäden führten, können im Kontext anderer Substanzen zu Erbgutschäden führen.

Die Hersteller geraten deshalb unter Druck, ihre Produkte präziser zu kennzeichnen und auch Verunreinigungen während der Produktion zu verhindern. Der Schokoladenhersteller Hershey's ist in einzelnen Fabriken sogar dazu übergegangen, Fertigungsanlagen ausschließlich für Produkte mit Nüssen zu benutzen, um eine Kontamination anderer Artikel zu verhindern. Auch in der EU sollen demnächst kritische Substanzen wie Nüsse oder Soja speziell gekennzeichnet werden. Hersteller wie Kellogg's weisen auf ihren Packungen schon freiwillig darauf hin: »Kann Spuren von Erdnüssen enthalten«.

Pseudo-Allergien

Keine klassische Allergie, sondern eine Unverträglichkeit ähnlich der gegen Laktose (➔ Seite 132) ist die gegen Gluten. Diese Zöliakie genannte Überempfindlichkeit ist vermutlich genetisch bedingt und trifft nach Schätzungen jedes 600ste bis 4000ste Kind in Deutschland. Bei ihnen wird durch das Klebereiweiß bestimmter Getreidesorten (Roggen, Gerste, Hafer, Weizen, Dinkel und Grünkern) der Dünndarm angegriffen. Das führt zu Eisen- und Kalziummangel und Wachstumsstörungen. Deshalb sollte eine entsprechende Diät immer mit dem Arzt besprochen werden. Die Betroffenen müssen ein Leben lang auf Mehl und Nebenprodukte in Brot, Gebäck, Suppen und Saucen verzichten.

Übrigens ist die Zöliakie bei Kindern in den letzten Jahren um fast 30 Prozent zurückgegangen. Experten führen das darauf zurück, dass immer mehr Eltern der Empfehlung folgen, nicht zu früh mit getreidehaltiger Beikost anzufangen: frühestens im sechsten oder siebten Monat (➔ Seite 140 f.).

Solche Lebensmittelintoleranzen oder Pseudo-Allergien gibt es nicht nur gegen Laktose oder Klebereiweiß, sondern auch gegen andere natürliche Inhaltsstoffe wie Histamin (in Erdbeeren und Krustentieren), Serotonin oder Salicylate (in Äpfeln und Aprikosen).

Zusatzstoffen auf der Spur – ein kritischer Blick aufs Etikett.

Nesseln durch Zusatzstoffe

Zunehmende Bedeutung erlangen auch pseudoallergische Reaktionen auf künstliche Zusatzstoffe. Allergologen aus Freiburg und Hannover veröffentlichten 1996 eine Studie, nach der jeder dritte ihrer Patienten mit Nesselsucht auf Nahrungsmittelzusätze reagierte. Auch die Neurodermitis bei Kindern hängt oft damit zusammen.

In der Schweiz brach ein zweijähriges Mädchen mit einem Asthma-Anfall zusammen, der, wie sich herausstellte, von einem Gummibärchen ausgelöst worden war. Der Hersteller weigerte sich jedoch, recherchierte der Journalist Hans-Ulrich Grimm, dem behandelnden Arzt Proben der Rohstoffe zukommen zu lassen – unter Berufung auf das

Firmengeheimnis. In einem anderen Fall reagierte ein zweijähriges Kleinkind mit massiven Schwellungen und Atemnot auf ein rosarotes Bonbon. Dieses enthielt, wie sich herausstellte, Hyfoama, ein Pulver aus Pflanzenproteinen, das Bestandteile aus Gluten enthielt. Auf den Getreidekleber selbst hatte das Kind bis dahin noch nicht auffällig reagiert – die während der industriellen Herstellung veränderte Form vertrug es jedoch nicht.

Nach Ansicht des Düsseldorfer Immunologen Arnold Hilgers liegen die Risiken von Fertignahrung und Fast Food vor allem darin, dass ihre Zusatzstoffe den Darm und so auch einen Teil des Immunsystems schädigen. Für besonders schädlich hält er die Gelier- und Feuchthaltemittel sowie Emulgatoren: Carrageen (E 407), Guarkernmehl (E 412) und Johannisbrotkernmehl (E 410) sind als Verdicker in zahlreichen Milchprodukten enthalten, Emulgatoren dienen in vielen Light-Produkte dazu, Wasser statt Fett einzulagern. Aromastoffe werden oft auf einer Trägersubstanz aus Gummi arabicum (E 414) fixiert, auf die immer mehr allergisch reagieren.

Risiko-Kennzeichnung

Für alle Zusatzstoffe in Lebensmitteln gilt seit 1993, dass sie nur in einem einzigen Mitgliedsland der Europäischen Union ein Zulassungsverfahren durchlaufen haben müssen. Ihre Genehmigung gilt dann in allen Ländern der EU. Dadurch wurden in Deutschland auch wieder Zusatzstoffe zugelassen, die vorher wegen möglicher Gesundheitsgefahren verboten waren.

Ihre Etikettierungsrichtlinie hat die Europäische Union so geändert, dass ab dem 31. Dezember 2003 potenzielle Allergene ausgewiesen werden müssen. Danach werden auch zusammengesetzte Zutaten – die bisher nicht einzeln aufgeführt waren, wenn sie weniger als 25 Prozent des Produkts ausmachten – einzeln aufgeführt werden, um Allergiker über ein mögliches Risiko zu informieren.

Zusatzstoffe müssen (außer den Aromen) auf jeden Fall mit ihrem Namen oder ihrer E-Nummer deklariert werden (➔ Seite 222 f.). Glutenhaltige modifizierte Stärke muss die Pflanze nennen, aus der sie gewonnen wurde. Später soll ein gezielter Warnhinweis »enthält Gluten« folgen. Werden Zusatzstoffe als Süßungsmittel verwendet, muss dies gesondert angegeben werden. Nicht gekennzeichnet werden müssen technologische Hilfsstoffe, Lösungsmittel und Trägerstoffe.

Allergien durch Gentechnik

Gentechnisch erzeugte Lebensmittel haben ein besonderes Risiko: Probleme können dadurch entstehen, dass ein für Allergien bekanntes Protein auf einen artfremden Organismus übertragen wird. Bekanntes Beispiel: ein Paranuss-Gen, das einer gentechnisch veränderten Sojabohne übertragen wurde und Allergien auslöste – die Entwicklung wurde gestoppt. Es können aber auch Proteine (etwa aus Algen), die bisher nicht als Nahrung dienten, neu in ein Lebensmittel eingeführt werden.

Gentechnisch erzeugte Lebensmittel brauchen eine spezielle Zulassung (➔ Seite 280 f.) und müssen dann nach der Novel-Food-Verordnung gekennzeichnet werden, wenn sie mehr als ein Prozent der gentechnisch manipulierten Substanz enthalten. Seit April 2000 müssen auch Zusatzstoffe mit gentechnisch veränderten Bestandteilen gekennzeichnet werden, wenn sich die Veränderung im Endprodukt noch nachweisen lässt. Gentechnisch gewonnene Enzyme sind nicht kennzeichnungspflichtig, auch nicht Produkte von Tieren, die gentechnisches Futter erhalten haben.

Unser Tipp: Allergien vorbeugen

- Stillen Sie mindestens sechs Monate lang!
- Wenn irgend möglich, geben Sie Ihrem Kind keine Kuhmilch-Produkte vor Ende des ersten Lebensjahrs.
- Getreidehaltige Beikost sollte allerfrühestens ab dem sechsten Monat gefüttert werden.
- Kaufen Sie so wenig Fertigprodukte wie möglich! Vorsicht auch bei Süßigkeiten, die zum Großteil aus Chemie bestehen können! Achten Sie aufs Etikett (E-Nummern)!
- Reagieren Sie rechtzeitig, falls Ihr Kind Nesselfieber oder Schleimhautschwellungen hat: Lassen Sie es beim Arzt auf Nahrungsmittelallergien testen.
- Falls das nichts bringt, gehen Sie zu einem Spezialisten für Unverträglichkeiten. Er wird versuchen, mit Ausschluss-Diäten den Auslöser zu lokalisieren.
- Falls Ihr Kind bereits eine bekannte Allergie hat: Achten Sie auf Kreuzallergien mit anderen Substanzen.
- Vermeiden Sie vor allem darmschädliche Zusätze wie Verdickungsmittel, Emulgatoren und Schwefelverbindungen.
- Vermeiden Sie Light-Produkte: Sie enthalten besonders viele Zusätze.
- Fragen Sie Ihren Bäcker nach der Herkunft Ihres Brotes: Fertigbackmischungen enthalten besonders viel Chemie.
- Essen Sie vielseitig: Einseitigkeit verstärkt das Risiko von Überreaktionen.
- Kaufen Sie biologisch produziertes Obst und Gemüse: Es enthält weniger Chemie, die in Kombination mit anderen Substanzen giftig wirken könnte.
- Informieren Sie Verwandte, Freunde und Lehrer über ein mögliches Allergierisiko.
- Detaillierte Auskunft über sämtliche Zusatzstoffe, ihre bekannten Wirkungen, Fragen der Kennzeichnung und die Rechtslage gibt eine Website der Verbraucherinitiative: www.zusatzstoffe-online.de.

Welche Zusatzstoffe vermeiden?

Die E-Nummern

Zusatzstoffe müssen auf der Verpackung einzeln deklariert werden. Dazu wurden über 350 E-Nummern je nach Verwendungszweck in verschiedene Gruppen untergliedert:

Farbstoffe (E 100 bis E 199)

In Zuckerwaren aller Art, Marzipan, Obstkonserven, Limonaden, Puddings, Eis, Margarine, Käse und Fischerzeugnissen.

Nicht nur wegen ihrer möglichen allergenen Wirkung, sondern auch, weil sie mit Krebs in Verbindung gebracht werden, sollten Sie vermeiden: **E 102 Tartrazin gelb** (vor allem Personen, die auf Aspirin allergisch reagieren), **E 122 Azorubin rot, E 123 Amaranth rot, E 127 Erythrosin rot** (vor allem in leuchtenden Kirschen).

Konservierungsmittel (E 200 bis E 290)

In sehr vielen Lebensmitteln zur Verlängerung der Haltbarkeit, hemmen das Wachstum von Schimmel und Bakterien.

Außer der unschädlichen Sorbinsäure (E 200 bis E 203) und der Ameisensäure (E 236 bis E 238) sollten Konservierungsstoffe vermieden werden, vor allem **Benzoesäure (E 210)** in Fertigsalaten, Kartoffelprodukten und geschwefelten Trockenfrüchten. **PHB-Ester (E 214 bis E 219)** in Gemüsekonserven, Würzmitteln, marinierten Fischprodukten, Salatsaucen, Marmeladen und Fruchtsaftgetränken haben ein starkes allergenes Potenzial.

Gepökelte Fleisch- und Wurstwaren enthalten **Nitrate (E 249 bis E 252)**, die Bakterien hemmen. Nitrat verwandelt sich im Körper zu Nitrit – dieser Stoff verschlechtert die Sauerstoffaufnahme. Unter ungünstigen Bedingungen können dabei auch krebserregende Nitrosamine entstehen. Kinder sollten deshalb nicht so häufig rohen Schinken und rote Wurstsorten essen. Der Konservierungsstoff **E 232 (Natriumorthophenylphenolat)** in Schalen von Zitrusfrüchten hat im Tierversuch Blasenkrebs ausgelöst.

Antioxidantien/Säuerungsmittel (E 300 bis E 321)

Vor allem in Suppen, Brühen, Saucen (jeweils in getrockneter Form), Kartoffeltrockenerzeugnissen, Knabbermischungen, Kaugummi, Walnusskernen, Marzipan- und Nugatmasse, Eis, Margarine, Ölen und Backwaren. Antioxidantien verhindern Reaktionen von Sauerstoff mit Lebensmittelinhaltsstoffen und erhöhen dadurch die Haltbarkeit.

Häufig verwendet und harmlos ist Vitamin C oder Ascorbinsäure (E 300). Vermieden werden sollten jedoch **E 310 Propylgallat, E 311 Octylgallat und E 312 Dodecytgallat**. Sie gelten als bedenklich, können Allergien auslösen. Das Antioxidans **Propyl-**

gallat E 310 (manchmal in Kaugummis) steht im Verdacht, bei Säuglingen zur lebensbedrohlichen Blausucht zu führen. Das verwandte **E 312** darf deshalb Säuglingsnahrung nicht zugesetzt werden, ist aber in Marzipan, Nugat und Knabberartikeln erlaubt.

Emulgatoren und Stabilisatoren (E 322, E 338 bis E 341, E 470 ff.)

In Süßspeisen, Pudding, Eis, Backwaren, Wurst, Käse und vielen anderen Lebensmitteln. Sie verbinden Stoffe, die sich sonst nicht vermischen lassen, etwa Fett und Wasser. Mayonnaise und Cremespeisen bleiben so schön cremig und schaumig.

Außer den unproblematischen E 322, E 470 und E 471, die aus natürlichen Substanzen aufgebaut sind, sind Emulgatoren und Stabilisatoren generell bedenklich, weil sie biologisch hochwirksam sind, aber toxikologisch unzureichend untersucht. **Phosphate (E 338 bis E 341)** in Trockenmilcherzeugnissen, Käse, Brot, Backpulver, Fischstäbchen und Dosenwürstchen spielen eine Rolle bei etwa der Hälfte der hyperaktiven Kinder.

Verdickungsmittel (E 400 bis E 415, E 440, E 460 bis E 466) Modifizierte Stärke (E 1404 bis E 1450)

Erstgenannte in Gelees, Pudding, Konfitüren, Backwaren, Soßen, Wurst und Fleischzubereitungen, kalorienreduzierten Lebensmitteln, Eis. Meistens pflanzliche Stoffe wie Gelatine, Johannisbrotkernmehl, Agar Agar (aus Rotalgen), Stärke oder Pektin (aus Äpfeln), die Lebensmittel cremiger und gehaltvoller machen. Bei dem Zusatz Modifizierte Stärke (E 1404 bis E 1450) wurde die natürliche Substanz chemisch verändert, um sie z. B. mikrowellentauglich zu machen. Solche Stärke steckt in fast jedem Lebensmittel und muss auch nicht immer deklariert werden.

Geschmacksverstärker (E 620 ff.)

In Wurst, Brühen, Saucen, Tiefkühlmenüs und vielen anderen Fertigprodukten.

Chemische Gaumenkitzler, die mehr Geschmack vortäuschen sollen. **Glutamat (E 620 bis E 625)** kann Kopfschmerzen und Kreislaufprobleme auslösen, bekannt als »China-Restaurant-Syndrom«. Der Stoff ist außerdem appetitanregend.

Enzyme (E 234, E 1105)

Werden als technische Hilfsstoffe benutzt und müssen bis auf die beiden oben genannten nicht deklariert werden. Sie werden aus Hefen, Bakterien oder Schimmelpilzen gewonnen, können aber Allergien auslösen.

Aromastoffe (ohne Nummer)

In fast allen Fertigprodukten. Aromastoffe geben den industriell verarbeiteten Lebensmitteln Geruch und Geschmack. Der Europarat in Straßburg hält nur knapp 400 der insgesamt rund 2000 Substanzen für »erwiesenermaßen ungefährlich« und rät bei 180 Aromastoffen sogar von der Verwendung ab.

Knuspermüsli

Zutaten für 4 Portionen

40 g Cashewkerne
180 g kernige Getreideflockenmischung
40 g Weizenkeime
2 EL Sesamsamen
2 EL Sonnenblumenkerne
2 EL Ahornsirup (oder flüssiger Honig)
30 g Rosinen
100 g weiße Weintrauben
400 g fettarmer Joghurt

1 Cashewkerne, Flockenmischung, Weizenkeime, Sesamsamen und Sonnenblumenkerne in einer großen beschichteten Pfanne ohne Fett unter Rühren etwas anrösten.

2 Den Ahornsirup oder den Honig darüber träufeln und kurz weiterrösten, dabei umrühren.

3 Die Pfanne vom Herd nehmen, etwas auskühlen lassen und die Rosinen untermischen. Das Müsli auf Schalen verteilen.

4 Die Weintrauben waschen und halbieren. Den Joghurt cremig rühren und zum Müsli geben. Mit den halbierten Weintrauben servieren.

Pro Portion: **395 kcal, 15 g Eiweiß, 13 g Fett, 52 g Kohlenhydrate**

Radieschenquark

Zutaten für 4 Portionen

250 g Magerquark
4 EL fettarme Milch
Salz · Pfeffer
1 Bund Radieschen
1 Bund Schnittlauch
4 Scheiben Bauern- oder Vollkornbrot

1 Den Quark in einer Schüssel mit der Milch glatt rühren und mit Salz und Pfeffer würzen.

2 Die Radieschen putzen, waschen und bis auf 2 in möglichst feine Würfel schneiden. Die gewürfelten Radieschen unter den Quark rühren. Die restlichen 2 Radieschen in feine Scheiben schneiden.

3 Den Schnittlauch waschen, trockenschütteln und in Röllchen schneiden. Unter den Quark rühren.

4 Den Quark auf die Brotscheiben streichen und mit den Radieschenscheiben garnieren.

Tipp: Der Radieschenquark schmeckt auch zu Ofenkartoffeln oder als Dip zu Gemüsestiften.

Pro Portion: **115 kcal, 11 g Eiweiß, 1 g Fett, 14 g Kohlenhydrate**

Guten-Morgen-Drinks

Zutaten für je 2 Portionen

Für den Saftdrink:

100 ml Orangensaft · 150 ml Karottensaft
250 g Buttermilch · 1 EL Schmelzflocken

Säfte mit der Buttermilch und den Schmelzflocken im Mixer oder in einem hohen Rührbecher mit dem Stabmixer kurz aufschlagen. Den Drink auf zwei Gläser verteilen und servieren.

Pro Glas: **95 kcal, 5 g Eiweiß, 1 g Fett, 15 g Kohlenhydrate**

Für den Bananen-Shake:

4 Aprikosen · 1 kleine Banane
400 ml fettarme Milch · 1 EL Weizenkeime

1 Die Aprikosen waschen, halbieren, entkernen und in kleine Würfel schneiden. Die Banane schälen und in Scheiben schneiden.

2 Obst, Milch und Weizenkeime im Mixer oder in einem hohen Rührbecher mit dem Stabmixer kurz aufschlagen. Den Drink auf zwei Gläser verteilen und servieren.

Pro Glas: **195 kcal, 9 g Eiweiß, 4 g Fett, 30 g Kohlenhydrate**

Pausen-Sandwich

Zutaten für 2 Portionen

2 Vollkornbaguettebrötchen (oder ein halbes Mehrkornbaguette)
2 EL Kräuterfrischkäse
einige Eichblattsalat- oder Rucolablätter
1 Tomate
4 Scheiben Rindersaftschinken
2 Scheiben Butterkäse · Pfeffer

1 Die Brötchen längs halbieren (das Baguette längs und quer halbieren) und die unteren Hälften mit dem Frischkäse bestreichen.

2 Die Salatblätter waschen, trockenschütteln und etwas zerpflücken. Die Tomate waschen, trockentupfen und in Scheiben schneiden.

3 Die unteren Brothälften mit Salat und Tomatenscheiben belegen, Schinken- und Käsescheiben dekorativ darauf anrichten. Nach Belieben pfeffern. Die oberen Brötchenhälften darauf legen und etwas andrücken.

Tipp: Schmeckt auch mit Lachsschinken, geräucherter Putenbrust oder Salami.

Pro Portion: **325 kcal, 20 g Eiweiß, 15 g Fett, 28 g Kohlenhydrate**

Kohlrabi-Romana-Salat

Zutaten für 4 Portionen

3 große Kohlrabi (500 g) · Salz
2 EL Obstessig
1 TL Senf
1 EL Salatmayonnaise
1 EL Öl
2 EL saure Sahne
Pfeffer
1 hart gekochtes Ei
1 Romana-Salat (Eichblatt- oder Kopfsalat)
1 Kästchen Kresse

1 Die Kohlrabi putzen und schälen. Dabei die feinen Herzblättchen aufheben und waschen. Die Kohlrabi halbieren und das Fruchtfleisch mit einem Kugelausstecher ausstechen, alternativ Kohlrabi in Würfel schneiden.

2 Wasser aufkochen, salzen und die Kohlrabikugeln darin etwa 5 Minuten bissfest kochen. Kohlrabi abgießen, kalt abschrecken und gut abtropfen lassen.

3 Essig, Senf, Mayonnaise und Öl mit dem Schneebesen zu einer Salatsauce rühren, zum Schluss die saure Sahne unterrühren und mit Salz und Pfeffer abschmecken. Die Sauce mit den Kohlrabikugeln vermischen und 20 Minuten ziehen lassen.

4 Das Ei pellen, halbieren und Eiweiß und Eigelb trennen. Das Eiweiß fein hacken.

5 Den Salat putzen, waschen und trockenschleudern. Einige schöne Blätter auf Teller verteilen, den Rest in mundgerechte Stücke zupfen und mit dem gehackten Eiweiß unter die marinierten Kohlrabikugeln mischen.

6 Den Salat mit den abgeschnittenen, gewaschenen Kresseblättchen und den Kohlrabiherzblättchen garnieren. Das Eigelb durch ein feines Teesieb direkt über den Salat streichen.

Pro Portion: **110 kcal, 5 g Eiweiß, 7 g Fett, 5 g Kohlenhydrate**

Sprossen-Frischkost

Zutaten für 4 Portionen

2 Karotten · 1 Apfel
2 Stangen Staudensellerie
200 g Weißkohl · 25 g frische Sprossen
Saft von 1 Zitrone
Salz · Pfeffer · Zucker
2 EL Sonnenblumenöl

1 Die Karotten putzen und schälen. Den Apfel waschen, vierteln und entkernen. Den Staudensellerie putzen und waschen. Vom Weißkohl die welken Blätter und den Strunk entfernen. Die Sprossen in ein Sieb geben und mit kochendem Wasser übergießen.

2 Karotten und Apfelviertel auf der Gemüsereibe grob in eine Schüssel raspeln. Die Selleriestangen in Scheibchen schneiden und dazugeben. Den Weißkohl in feine Streifen schneiden.

3 Zitronensaft mit 2 bis 3 Esslöffel Wasser mischen, salzen, pfeffern und 1 Prise Zucker dazugeben. Das Öl darunter rühren. Die Frischkost mit der Marinade mischen und mit den Sprossen bestreut servieren.

Pro Portion: **105 kcal, 2 g Eiweiß, 5 g Fett, 11 g Kohlenhydrate**

Grüne Erbsensuppe

Zutaten für 4 Portionen

3/4 l Hühner- oder Gemüsebrühe
1 Kartoffel
300 g Erbsen (tiefgekühlt)
Salz · Pfeffer
100 g Sahne

1 Die Brühe in einem Topf zum Kochen bringen. Die Kartoffel schälen und in kleine Würfel schneiden.

2 Kartoffelwürfel und Erbsen in die kochende Brühe geben und 12 Minuten kochen.

3 Die Suppe nach Belieben mit dem Stabmixer nur teilweise oder völlig fein pürieren. Mit Salz und Pfeffer abschmecken.

4 Die Sahne mit dem Handrührgerät halb steif schlagen. Die Suppe auf Suppenteller oder -tassen verteilen und mit der Sahne garnieren.

Tipp: Man kann die Sahne auch vollständig unterrühren und die Suppe zusätzlich mit gebratenen Speckwürfelchen oder gerösteten Brotwürfeln bestreut servieren.

Pro Portion: **165 kcal, 7 g Eiweiß, 8 g Fett, 15 g Kohlenhydrate**

Bulgur-Salat

Zutaten für 4 Portionen

Salz
200 g Bulgur (grober Weizengrieß aus dem türkischen Fachgeschäft)
4 Tomaten
1 rote Paprikaschote
1 Salatgurke
2 Frühlingszwiebeln
1 Bund glatte Petersilie
1 Bund Basilikum
6 EL Zitronensaft
6 EL Olivenöl
Pfeffer

1 Den Bulgur in 400 ml kochendes Salzwasser einrühren, vom Herd nehmen und zugedeckt 20 Minuten quellen lassen.

2 Das Gemüse waschen und trockentupfen. Die Tomaten würfeln, dabei die Stielansätze entfernen. Tomatenwürfel in eine Schüssel geben. Die Paprikaschote halbieren, Stielansatz, Kerne und weiße Innenhäute entfernen. Die Schotenhälften ebenfalls würfeln. Die Gurke putzen und ungeschält in kleine Stücke schneiden. Beides zu den Tomaten geben. Die Frühlingszwiebeln putzen und in Scheiben schneiden. Die Kräuterblättchen von den Stielen zupfen und fein hacken.

3 Den Bulgur mit einer Gabel auflockern und unter das Gemüse mischen.

4 Aus Zitronensaft, Olivenöl, Salz und Pfeffer eine Marinade rühren und gut unter den Salat mischen. Den Salat 1 Stunde ziehen lassen. Vor dem Servieren eventuell noch einmal mit Salz abschmecken.

Tipp: Lässt sich auch gut mit dem noch feineren Couscous-Grieß zubereiten.

Pro Portion: 350 kcal, 7 g Eiweiß, 16 g Fett, 43 g Kohlenhydrate

Kartoffel-Gurkentopf mit Kabeljau

Zutaten für 4 Portionen

400 g Kabeljaufilet
Salz · Pfeffer
2 EL Zitronensaft
400 g Kartoffeln
1 Salatgurke
2 Frühlingszwiebeln
1 Knoblauchzehe
2 EL Butter
$^1/_2$ l Gemüsebrühe
200 g Sahne · 1 EL Speisestärke
1 Bund Dill

1 Das Fischfilet in Würfel schneiden, salzen, pfeffern und mit dem Zitronensaft beträufeln.

2 Kartoffeln schälen und in Würfel schneiden. Die Gurke putzen, waschen und der Länge nach halbieren. Die Kerne mit einem Teelöffel herausschaben und die Gurkenhälften in dicke Scheiben schneiden.

3 Die Frühlingszwiebeln waschen, putzen und in Ringe schneiden, den Knoblauch schälen und in dünne Scheiben schneiden.

4 Die Butter in einem Topf erhitzen und Gemüse und Kartoffeln kurz darin andünsten. Mit der Brühe aufgießen, zum Kochen bringen und 10 Minuten kochen lassen.

5 Die Sahne dazugeben. Die Stärke mit wenig Wasser verrühren und in die kochende Flüssigkeit einrühren. Die Fischwürfel dazugeben und in 5 Minuten gar ziehen lassen.

6 Den Dill waschen, trockenschütteln, die Blättchen von den Stielen zupfen und fein hacken. Unter den Eintopf rühren und servieren.

Pro Portion: 330 kcal, 22 g Eiweiß, 17 g Fett, 22 g Kohlenhydrate

Kalbsschnitzel mit Schinken

Zutaten für 4 Portionen

4 sehr dünne Kalbsschnitzel (500 g)
4 Scheiben dünn geschnittener roher Schinken
8 Salbeiblätter
Salz · Pfeffer
4 EL Butter
75 ml Fleischbrühe

1 Die Schnitzel quer halbieren und vorsichtig noch etwas flacher klopfen.

2 Die Schinkenscheiben vom Fettrand befreien und ebenfalls quer halbieren. Je 1 Schinkenscheibe und 1 Salbeiblatt mit einem Holzspießchen flach auf die Schnitzel stecken. Die Schnitzel nur auf der anderen Seite mit wenig Salz und Pfeffer würzen.

3 In einer großen (oder in zwei kleinen Pfannen) die Butter zerlassen. Die Schnitzel mit der Schinkenseite nach unten in die Pfanne legen und 2 Minuten braten. Wenden und auf der anderen Seite weitere 2 Minuten braten.

4 Die Schnitzel aus der Pfanne nehmen und auf eine vorgewärmte Platte geben. Den Bratenfond mit der Fleischbrühe ablöschen, einmal aufkochen lassen und über die Schnitzel geben. Mit Kartoffelpüree oder Bratkartoffeln und einem grünen Salat servieren.

Tipp: Für Zitronenschnitzel das Fleisch salzen, pfeffern und in wenig Mehl wenden. Wie oben braten und den Bratenfond mit 50 ml Brühe und 3 EL Zitronensaft ablöschen. Statt Kalbfleisch lassen sich auch sehr dünne Putenschnitzel so zubereiten.

Pro Portion: 230 kcal, 29 g Eiweiß, 13 g Fett, 0 g Kohlenhydrate

Putengyros im Fladenbrot

Zutaten für 4 Portionen

4 EL Öl · 4 EL Zitronensaft
1 EL Majoran (getrocknet)
1 EL Thymian (getrocknet)
Salz · Pfeffer
3 Knoblauchzehen
500 g Putenschnitzel
250 g Magerquark
200 g griechischer Sahnejoghurt (10 % Fett)
250 g Salatgurke · 3 Tomaten
1 Zwiebel · 1 Fladenbrot (ca. 250 g)

1 Aus dem Öl, Zitronensaft, den getrockneten Kräutern, Salz und Pfeffer eine Marinade anrühren. 1 Knoblauchzehe schälen und dazupressen. Gut unterrühren.

2 Die Putenschnitzel quer zur Faser in dünne Streifen schneiden. Die Fleischstreifen mit der Marinade vermischen und zugedeckt im Kühlschrank 2 Stunden ziehen lassen.

3 Für das Tzatziki Quark und Joghurt in einer Schüssel glatt rühren, salzen und pfeffern. Die restlichen Knoblauchzehen schälen und dazupressen. Die Gurke waschen, längs halbieren und entkernen. Auf der Gemüsereibe grob raspeln und unter den Quark mischen. Kalt stellen.

4 Die Tomaten waschen, halbieren, entkernen und das Fruchtfleisch in Würfel oder Spalten schneiden, dabei die Stielansätze entfernen. Die Zwiebel schälen und in Ringe schneiden. Das Fladenbrot vierteln. Die Viertel längs zum Rand hin einschneiden.

5 Das Fleisch in einem feinen Sieb etwas abtropfen lassen. Die Marinade auffangen. Das Fleisch portionsweise in einer beschichteten Pfanne in wenig mariniertem Öl gut 4 Minuten braten, dabei mehrmals wenden.

6 Die Fladenbrot-»Taschen« mit Fleischstreifen, Tomatenstückchen, Zwiebelringen und Tzatziki füllen. Dazu passt am besten ein Krautsalat.

Tipp: Statt Pute kann man auch magere Schweineschnitzel oder Lammfilet nehmen.

Pro Portion: 500 kcal, 46 g Eiweiß, 17 g Fett, 39 g Kohlenhydrate

Zucchini-Kartoffel-Puffer

Zutaten für 4 Portionen

300 g Zucchini
1 Karotte
300 g Kartoffeln
Salz · Pfeffer
2 Eier
3 EL Mehl
6 EL Öl

1 Die Zucchini waschen und putzen. Die Karotte putzen und schälen. Die Kartoffeln schälen.

2 Gemüse auf der Rohkostreibe grob in eine Schüssel raspeln. Die Masse salzen und pfeffern, die Eier und das Mehl gründlich unterrühren.

3 Etwas Öl in einer großen beschichteten Pfanne erhitzen. Vom Pufferteig jeweils einen Esslöffel abnehmen, in die Pfanne geben und glatt streichen. Etwa vier Puffer auf einmal braten.

4 Die Puffer auf beiden Seiten knusprig braun braten, auf Küchenpapier abtropfen lassen und sofort servieren oder die bereits gebackenen Puffer im vorgeheizten Backofen warm halten. Mit selbst gemachtem oder gekauftem Apfelmus (mit möglichst wenig Zucker!) oder Kräuterquark (Rezept Seite 186), Radieschenquark (Rezept Seite 224) und Salat servieren.

Tipp: Kalte Puffer mit etwas Kräuterquark und Tomatenscheiben in ein Vollkornbrötchen füllen – ergibt ein Super-Sandwich.

Pro Portion: 230 kcal, 8 g Eiweiß, 14 g Fett, 18 g Kohlenhydrate

Grüne Grießnocken auf Tomatensauce

Zutaten für 4 Portionen

Für die Nocken:

600 g tiefgekühlter Blattspinat (oder ca. 800 g frischer Spinat)
150 g Speisequark (20 % Fett) · 3 Eier
100 g Weizenvollkornmehl
100 g Hartweizengrieß
50 g geriebener Parmesan
Salz · Pfeffer · Muskatnuss

Für die Tomatensauce:

800 g Tomaten (oder 480 g geschälte Tomaten aus der Dose) · 1 Zwiebel · 1 Knoblauchzehe
2 EL Olivenöl · Salz · Pfeffer · Zucker
getrockneter Thymian · getrockneter Oregano

1 Den Spinat auftauen, gut ausdrücken und möglichst fein hacken. Quark, Eier, Mehl, Grieß und Parmesan dazugeben und alles gut vermischen. Mit Salz, Pfeffer und Muskatnuss würzen.

2 Für die Tomatensauce die Tomaten einritzen, mit kochendem Wasser übergießen und häuten. Die Tomaten klein schneiden, dabei die Stielansätze entfernen. Die Zwiebel und den Knoblauch schälen und fein hacken.

3 Das Olivenöl heiß werden lassen, Zwiebel und Knoblauch darin andünsten, die Tomaten und die Kräuter zugeben und die Sauce offen 30 Minuten kochen. Die Sauce mit Salz, Pfeffer und Zucker abschmecken.

4 Inzwischen in einem breiten Topf reichlich Salzwasser zum Kochen bringen und aus der Spinatmasse mit zwei Esslöffeln Nocken formen. In das siedende Salzwasser geben und etwa 10 Minuten sanft köcheln lassen. Mit einer Schaumkelle herausheben, abtropfen lassen und mit der Tomatensauce servieren. Nach Belieben mit Parmesan bestreuen.

Tipp: Die Tomatensauce in eine feuerfeste Form geben, Spinatnocken darauf setzen, mit 80 g geriebenem Käse bestreuen und kurz im Ofen überbacken.

Pro Portion: **465 kcal, 26 g Eiweiß, 21 g Fett, 40 g Kohlenhydrate**

Chili ohne Carne

Zutaten für 4 Portionen

2 Zwiebeln · 2 Knoblauchzehen
2 Karotten · 2 Stangen Staudensellerie
2 Dosen Kidneybohnen (à 270 g Abtropfgewicht)
1 Dose Kichererbsen (265 g Abtropfgewicht)
2 EL Öl
5 EL Tomatenmark
600 ml Gemüsebrühe
Salz · Pfeffer · Paprikapulver · Kreuzkümmel
Cayennepfeffer
1 Bund Petersilie (oder Koriander)
4 EL saure Sahne

1 Zwiebeln und Knoblauch schälen und fein hacken. Die Karotten putzen, schälen und in kleine Würfel schneiden. Den Sellerie waschen, putzen und ebenfalls in Würfel schneiden.

2 Die Bohnen und die Kichererbsen in ein Sieb abgießen und abtropfen lassen.

3 Das Öl in einem Topf heiß werden lassen und die Gemüsewürfel darin andünsten. Das Tomatenmark unterrühren, kurz mitbraten, dann mit der Brühe ablöschen und bei mittlerer Hitze etwa 15 Minuten kochen lassen.

4 Die Hülsenfrüchte dazugeben und 10 Minuten mitgaren. Mit Salz, Pfeffer, Paprikapulver und Kreuzkümmel abschmecken. Cayennepfeffer je nach gewünschter Schärfe dazugeben.

5 Die Petersilie oder den Koriander waschen und trockenschütteln. Die Blättchen von den Stielen zupfen und fein hacken. Kurz vor dem Servieren unter das Chili rühren.

6 Das Chili auf Teller verteilen, jede Portion mit 1 Esslöffel saurer Sahne garnieren. Dazu passen (Vollkorn-)Baguette, Reis oder Kartoffeln.

Tipp: Für ein Chili mit Fleisch 2 Dosen rote Bohnen nehmen, die Kichererbsen weglassen und durch 300 g mageres Hackfleisch ersetzen. Das Fleisch zusammen mit den Gemüsewürfeln anbraten.

Pro Portion: 295 kcal, 17 g Eiweiß, 10 g Fett, 32 g Kohlenhydrate

Mini-Pizzen

Zutaten für 8 Stück

Für den Teig:

250 g Weizenvollkornmehl
1/2 Päckchen Trockenhefe
1 Prise Zucker · 1/2 TL Salz
3 EL Olivenöl · Mehl zum Ausrollen

Für den Belag:

2 EL Tomatenmark · 1 Knoblauchzehe
1 TL getrockneter Thymian · Salz · Pfeffer
50 g Paprikaschote · 50 g Zucchini
50 g Champignons · 1/2 Zwiebel
150 g Thunfisch (im eigenen Saft)
50 g gekochter Schinken
8 schwarze Oliven · 250 g Gratinkäse

1 Mehl, Hefe, Zucker, Salz, 160 ml lauwarmes Wasser und Öl zu einem glatten Teig verkneten, bis er sich vom Schüsselrand löst. An einem warmen Ort zugedeckt etwa 1 Stunde gehen lassen.

2 Das Tomatenmark mit 2 Esslöffel Wasser verrühren. Den Knoblauch schälen und dazupressen. Mit Thymian, Salz und Pfeffer würzen.

3 Paprikaschote waschen, putzen und in Streifen schneiden. Die Zucchini waschen, putzen und in Scheiben schneiden. Die Champignons waschen und in Scheiben schneiden. Die Zwiebel schälen und in Ringe schneiden. Den Thunfisch in einem Sieb abtropfen lassen.

4 Den Backofen auf 250 °C vorheizen. Den Teig auf bemehlter Arbeitsfläche von Hand gut durchkneten und in 8 Stücke teilen. Jedes Teigstück ausrollen (Durchmesser etwa 12 cm).

5 Alle Teigböden mit der Tomatensauce bestreichen. 2 Pizzen zum Beispiel mit Paprika und Zucchini belegen, 2 Pizzen mit Schinken und Champignons, 2 Pizzen mit zerpflücktem Thunfisch und Zwiebelringen, die restlichen mit den Oliven (oder ganz nach Belieben belegen). Alle Pizzen mit Käse bestreuen. 4 Stück auf ein mit Backpapier belegtes Blech legen und 8–10 Minuten im Ofen backen. Dann die restlichen 4 Pizzen backen.

Pro Stück: **280 kcal, 20 g Eiweiß, 13 g Fett, 20 g Kohlenhydrate**

Gemüse aus dem Wok

Zutaten für 4 Portionen

100 g Austernpilze
100 g Shiitakepilze (ersatzweise braune Champignons)
1 rote Paprikaschote
1 gelbe Paprikaschote
300 g Chinakohl
4 Frühlingszwiebeln
120 g Bambussprossen (in Streifen, aus der Dose)
1 EL Obstessig · 3 EL Sojasauce
75 ml kalte Gemüsebrühe
1 TL Speisestärke
4 EL Öl

1 Die Pilze putzen, bei Bedarf waschen und in Streifen bzw. Scheiben schneiden. Die Paprikaschoten waschen, Stielansätze, Kerne und weiße Innenhäute entfernen und die Schotenhälften in Streifen schneiden.

2 Die Chinakohlblätter waschen, trockenschleudern und in Streifen schneiden. Die Frühlingszwiebeln waschen, putzen und schräg in Stücke schneiden. Die Bambussprossen in einem Sieb abtropfen lassen.

3 Für die Sauce Essig, Sojasauce und Brühe verrühren, die Speisestärke darin auflösen.

4 Das Öl im Wok oder einer großen Pfanne erhitzen und die Pilze darin unter Rühren anbraten. Das restliche Gemüse dazugeben und unter ständigem Rühren etwa 4 Minuten garen.

5 Die nochmals aufgerührte Sauce darüber gießen und einmal aufkochen lassen. Das Wok-Gemüse mit Basmatireis oder Asia-Eiernudeln (ersatzweise Spaghetti) servieren.

Tipp: Man kann auch noch 100 g gekochte und geschälte Garnelen oder Shrimps mitgaren.

Pro Portion: 130 kcal, 4 g Eiweiß, 9 g Fett, 8 g Kohlenhydrate

Ofenkartoffeln mit Gorgonzolacreme

Zutaten für 4 Portionen

8 Kartoffeln (mehlig kochend, à etwa 100 g)
4 EL Olivenöl
1 EL Zitronensaft
Salz · Pfeffer
2 Zweige Rosmarin
2 Knoblauchzehen

Für die Gorgonzolacreme:

100 g Sahnegorgonzola (Gorgonzola mit Mascarpone)
5 EL fettarme Milch

1 Den Backofen auf 200 °C vorheizen. Die Kartoffeln unter fließendem Wasser gründlich abbürsten und waschen, trockentupfen und der Länge nach halbieren. Die Kartoffeln in eine große feuerfeste Form geben.

2 Für die Marinade Olivenöl und Zitronensaft verrühren, salzen und pfeffern. Den Rosmarin waschen, trockenschütteln und die Nadeln abstreifen. Rosmarinnadeln unter die Marinade rühren. Knoblauch schälen und dazupressen.

3 Die Marinade über die Kartoffeln gießen, gut miteinander vermischen und die Kartoffeln auf der mittleren Schiene im Backofen etwa 40 Minuten backen.

4 Inzwischen für die Gorgonzolacreme den Käse und die Milch in einen hohen Rührbecher geben und mit dem Stabmixer cremig pürieren. Den Dip mit Pfeffer abschmecken.

5 Die Kartoffeln mit dem Dip und einem grünen Salat servieren.

Tipp: Zu den Ofenkartoffeln passen auch andere Dips gut: z. B. Kräuterquark oder Avocado-Dip (beide Rezepte Seite 186), Tzatziki (Seite 231) oder Dillschaum (Seite 192).

Pro Portion: 275 kcal, 8 g Eiweiß,14 g Fett, 29 g Kohlenhydrate

Paella für Einsteiger

Zutaten für 4 Portionen

1 Zwiebel
1 Knoblauchzehe
1 rote Paprikaschote
200 g Staudensellerie
200 g Hähnchenbrustfilet
100 g Cabanossi
3 EL Öl · 200 g Reis
500 ml Hühnerbrühe
1 Döschen Safranfäden (oder 1/2 TL Kurkuma)
200 g Fischfilet (z. B. Rotbarsch)
150 g Erbsen (tiefgekühlt)
Salz · Pfeffer
2 EL Zitronensaft

1 Zwiebel und Knoblauch schälen und klein schneiden. Die Paprikaschote waschen, halbieren, Stielansatz, Kerne und weiße Innenhäute entfernen. Die Schotenhälften in Stücke schneiden. Den Sellerie waschen, putzen und die Stangen in Scheiben schneiden.

2 Das Hähnchenbrustfilet in Streifen, Cabanossi in Scheiben schneiden.

3 Das Öl in einer großen beschichteten Pfanne erhitzen, das Fleisch darin anbraten und wieder aus der Pfanne nehmen. Zwiebel und Knoblauch in die Pfanne geben und glasig dünsten. Paprika und Sellerie dazugeben und kurz mitdünsten.

4 Den Reis zugeben und unter Rühren anschwitzen, bis er glasig ist. Mit der Brühe ablöschen und den Safran unterrühren. Zugedeckt 10 Minuten bei kleiner Hitze garen.

5 Den Fisch in Stücke schneiden. Fischstücke, das Fleisch, die Wurst und die angetauten Erbsen zum Gemüsereis geben und weitere 15 Minuten garen, dabei gelegentlich vorsichtig (damit der Fisch nicht zerfällt) umrühren.

6 Die Paella mit Salz, Pfeffer und Zitronensaft abschmecken.

Pro Portion: **465 kcal, 32 g Eiweiß, 16 g Fett, 48 g Kohlenhydrate**

Nudelauflauf mit Lauch und Tofu

Zutaten für 4 Portionen

250 g Tofu
4 EL Sojasauce
Salz · 250 g breite gewellte Nudeln
500 g Lauch
2 1/2 EL Butter
Pfeffer
Muskatnuss
200 g Blauschimmelkäse (z. B. Gorgonzola)
3 EL Sesamsamen
2 EL geriebener Parmesan

1 Tofu in Würfel schneiden, in eine kleine Schüssel geben und mit der Sojasauce übergießen, gut vermischen.

2 Reichlich Wasser aufkochen, salzen und die Nudeln darin nach Packungsanweisung bissfest garen. Abgießen, kalt abschrecken und gut abtropfen lassen.

3 Den Lauch putzen, der Länge nach zum Wurzelansatz hin einschneiden und waschen. Abgetropft in Scheiben schneiden.

4 1 Esslöffel Butter erhitzen und den Lauch darin unter gelegentlichem Rühren weich dünsten. Mit Salz, Pfeffer und Muskat würzen.

5 Die Tofuwürfel aus der Sojasauce nehmen, auf Küchenpapier abtropfen lassen und in 1 Esslöffel Butter knusprig braten.

6 Eine feuerfeste Form mit 1/2 Esslöffel Butter einfetten. Den Käse in kleine Würfel schneiden. Nudeln, Lauch, Tofu, Käse und Sesamsamen mischen und in die Auflaufform füllen. Mit dem Parmesan bestreuen.

7 Den Nudelauflauf im Backofen auf der zweiten Einschubleiste von unten etwa 15 Minuten backen. Mit einem Salat servieren.

Pro Portion: 520 kcal, 25 g Eiweiß, 24 g Fett, 29 g Kohlenhydrate

Knusper-Äpfel

Zutaten für 4 Portionen

4 Äpfel
50 g Sultaninen
120 g Rohrzucker
75 g Weizenvollkornmehl
60 g kernige Haferflocken
40 g Mandelblättchen
$^3/_4$ TL Zimtpulver
$^1/_2$ TL Muskatnuss
60 g weiche Butter
Vanilleeis

1 Den Backofen auf 180 °C vorheizen. Die Äpfel vierteln, entkernen, schälen und in Spalten schneiden. In eine feuerfeste Form legen und mit den Sultaninen bestreuen.

2 Zucker, Mehl, Haferflocken, Mandeln, Gewürze und Butter mischen. Über den Apfelspalten verteilen und die Knusper-Äpfel im Backofen 1 Stunde garen.

3 Das Vanilleeis auf Teller portionieren und mit den Knusper-Äpfeln servieren.

Pro Portion: 460 kcal, 7 g Eiweiß, 19 g Fett, 64 g Kohlenhydrate

Orangenschaum

Zutaten für 4 Portionen

Für den Orangenschaum:

1 große Saftorange oder Blutorange
250 g Magerquark · 150 g fettarmer Joghurt
4 EL Zucker · 50 g Sahne

Für die Fruchtspieße:

1 Baby-Ananas · 1 Banane
12 blaue Weintrauben · 1 rotschaliger Apfel

1 Für den Orangenschaum die Orange auspressen. In einer Schüssel Quark mit Joghurt, Zucker und Saft schaumig rühren. Die Sahne steif schlagen und unterziehen. Den Orangenschaum in Schälchen portionieren und kalt stellen.

2 Die Ananas vierteln, schälen und in Würfel schneiden. Die Banane schälen und in Scheiben schneiden. Die Weintrauben abzupfen und waschen. Den Apfel waschen, vierteln und das Kerngehäuse entfernen. Den Apfel in Spalten schneiden.

3 Die Obststücke auf 4 Schaschlikspieße stecken und mit dem Orangenschaum servieren.

Pro Portion: 285 kcal, 11 g Eiweiß, 5 g Fett, 46 g Kohlenhydrate

Mangosorbet

Zutaten für 4 Portionen

80 g Rohrzucker (brauner Zucker)
2 Mangos (à ca. 350 g)
2–3 Limetten

1 300 ml Wasser und den Zucker bei starker Hitze aufkochen und in etwa 5 Minuten zu dickem Sirup einkochen lassen. Vom Herd nehmen und etwas auskühlen lassen.

2 Die Mangos schälen und entkernen. Das Fruchtfleisch klein schneiden und in einen hohen Rührbecher geben. Limetten auspressen.

3 Zuckersirup und Limettensaft zu den Mangowürfeln geben und alles mit dem Stabmixer fein pürieren. Das Fruchtpüree in eine Metallschüssel füllen und abgedeckt 4 Stunden tiefkühlen. Dabei hin und wieder durchrühren.

4 Das Sorbet mit einem Esslöffel in Nockenform oder zu Kugeln geformt servieren.

Tipp: Lässt sich auch aus anderen Früchten herstellen: z. B. aus Kiwis, rosa Grapefruit, Melonen, Äpfeln und Zwetschgen.

Pro Portion: **175 kcal, 1 g Eiweiß, 1 g Fett, 39 g Kohlenhydrate**

Fruchtige Makronen

Zutaten für ca. 16 Stück

200 g Trockenfrüchte (z. B. Aprikosen, Birnen, Äpfel, Feigen)
2 Eiweiß · Salz
2 EL Puderzucker
6 EL feine Haferflocken

1 Die Trockenfrüchte mit dem Messer (oder portionsweise im Blitzhacker) sehr fein hacken.

2 Den Backofen auf 175 °C vorheizen. Eiweiß mit 1 Prise Salz mit dem Handrührgerät sehr steif schlagen, dabei den Puderzucker dazugeben.

3 Trockenfrüchte mit den Haferflocken in einer Schüssel mischen und den Eischnee vorsichtig unterheben.

4 Ein Backblech mit Backpapier auslegen. Aus der Makronenmasse mit zwei nassen Teelöffeln etwa 16 kleine Häufchen auf das Backblech setzen. Die Makronen auf der mittleren Schiene etwa 25 Minuten backen. Vom Backpapier lösen und auf einem Kuchengitter auskühlen lassen.

Pro Stück: **45 kcal, 1 g Eiweiß, 0 g Fett, 9 g Kohlenhydrate**

Nicht zu übertreffen: Der Wert des dampfenden Tellers

Nur noch jeder Fünfte kocht

Zum Kochen hat kaum jemand mehr Zeit. Nur noch jeder fünfte Erwachsene in Deutschland widmet sich den eigenen Kochkünsten – jenem geheimnisvollen Prozess der Veredelung, der universelle Rohstoffe in individuelle Genüsse verwandelt. Viele Frauen gehen arbeiten und investieren nur noch wenig Energie in diese – inzwischen fast verpönte – häusliche Tätigkeit. Und von den Männern haben, Emanzipation hin oder her, die wenigsten gelernt, mit Topf und Pfanne umzugehen. 80 Prozent der Bevölkerung, so die jüngsten Schätzungen, werden sich demnächst nur noch von Fertiggerichten ernähren, in Kantinen, in Restaurants oder zu Hause.

Die schnelle Küche ist jedoch nichts anderes als Fast Food – mit den bekannten Nachteilen: Fertiggerichte haben viele Kalorien, aber wenig Nährstoffe. Sie enthalten zu viel Fett, Zucker und Salz, außerdem Zusatzstoffe und teilweise zweifelhafte Rohstoffe. Sie erziehen zum Einheitsgeschmack und erhöhen das Allergierisiko durch versteckte Zutaten. Sie zerstören das gemeinsame soziale Miteinander bei Tisch, weil sie sofort, ständig und individuell verfügbar sind. Aber sie haben einen entscheidenden Vorteil: Sie sparen viel Arbeit und Zeit.

Die Mikrowelle: Bakterienbrüter

Besonders groß im Kommen sind Tiefkühlmenüs, die in der Mikrowelle nur noch aufgetaut und erhitzt werden müssen. Für Kinder scheinen sie besonders praktisch: Sie müssen nicht mehr mit Töpfen, Gas oder Strom hantieren. Selbst die Jüngeren lernen schnell, sich in Windeseile ein Gericht heiß zu machen. Und da die Mikrowelle das Essen »von innen heraus« erwärmt, glauben viele Mütter, sei diese Technologie immer noch besser, als selbst Gekochtes aufzuwärmen.

Das stimmt so leider nicht. Der englische Mikrobiologe Richard Lacey, auch einer der prominentesten BSE-Kritiker seines Landes, brachte einen Lebensmittelskandal ins Rollen, als er darauf hinwies, dass in der Mikrowelle gefährliche Erreger wie die gefürchteten Listerien überleben.

Lebensmittel, die direkt von der Tiefkühltruhe in den Mikrowellenherd geschoben wurden, fand Lacey heraus, enthielten »cold spots«, kalte Flecken, die nicht ausreichend erhitzt wurden, obwohl die Mahlzeit außen schon braun und knusprig war. Vor allem die Kombination von Hackfleisch, in dem sich besonders schnell Bakterien bilden, und Tiefkühlkost – also auf Pizzen oder in Lasagne – erwies sich in Versuchen der Universität Leeds als Bakterienbombe. Und gerade solche Gerichte wurden in großer Zahl an Kindertagesstätten, Schulen oder Altersheime, also an besonders empfindliche Personengruppen, geliefert.

Vor allem der hohe Salzgehalt, so Lacey, trug dazu bei, dass die Fertigkost von außen braun und fertig erschien, während sie innen

Kinder helfen gerne in der Küche und lernen dabei, wie man mit Nahrungsmitteln richtig umgeht.

noch nicht gar war. 1989 wurden zehn Millionen Briten davor gewarnt, dass ihre Mikrowellenherde nicht dazu ausreichten, Lebensmittel länger als zwei Minuten auf 70 Grad zu erhitzen – die erforderliche Temperatur, um gefährliche Bakterien abzutöten.

Obwohl die Industrie daraufhin ihre Technologie verbesserte und die Hersteller von Fertignahrung ihre Kochanweisungen überarbeiteten, rät Lacey auch heute noch zur Vorsicht: »Vor allem die Erwärmung von Tiefkühlkost in der Mikrowelle bietet einen Nährboden für so viele Bakterien, dass ich sie einfach nicht empfehlen kann. Für besonders empfindliche Personengruppen – Schwangere, Alte und Kinder – wäre es besser, eine Dose zu öffnen, wenn ihnen keine frisch gekochte Kost zur Verfügung steht.«

Die Mikrowelle nutzt Lacey selbst nur zum Erwärmen von Getränken oder für Speisen, die gerade erst ausgekühlt sind, nachdem sie vorher »normal und gründlich« gekocht worden waren. »Die Mikrowelle«, sagt er, »ist ein nützliches Werkzeug, wenn Sie wenig Zeit haben. Aber sie darf nie die Herrin über Ihren Speiseplan werden!«

Was macht die Mikrowelle anders als der Herd?

Das Garen in der Mikrowelle ist völlig anders als das traditionelle Kochen mit Feuer, Gas oder Strom. Während sonst die Wärme langsam von außen ins Innere der Nahrung dringt, bringen die Mikrowellenstrahlen die **Moleküle** des Gerichts zum **Schwingen** und setzen so im Inneren der Speise **Wärme** frei. Wasser wird am schnellsten heiß, festere Strukturen wie Eis, Fasern oder Knochen langsamer. Deshalb werden die Speisen oft **unregelmäßig** durchwärmt. Tiefkühlware ist oft außen schon heiß und innen noch kalt, bei **Flüssigkeiten** – etwa der Babymilch – ist es umgekehrt (Achtung: Verbrühungsgefahr!)

Die schnelle Welle

Mikrowellen wurden zum ersten Mal während des Zweiten Weltkriegs erprobt, vor allem bei Radar und Richtfunk. In der Lebensmittelindustrie werden Fleisch-, Frucht- oder Gemüseblöcke, die als Tiefkühlimporte in die Fabriken kommen, mithilfe der Mikrowelle aufgetaut. Die Technologie dient auch zum Sterilisieren von Milch und Bier, zum Trocknen von Nudeln, Getreideflocken oder Knäckebrot, zum Konservieren von Kräutern oder Pilzen sowie zur Herstellung von Instantpulvern für Suppen und Getränke. Ohne Mikrowelle geht in der Lebensmittelbranche gar nichts mehr.

Die meisten Mahlzeiten, die wir außer Haus essen, sind in einer Mikrowelle erwärmt worden, und auch jeder zweite Haushalt in Deutschland nutzt inzwischen dieses Gerät. Wäre die Mikrowelle eine neue Technologie, müsste sie heute nach der inzwischen erlassenen »Novel Food«-Richtlinie der EU behandelt werden und ein besonders strenges Zulassungsverfahren durchlaufen. So aber hat das Bundesgesundheitsamt mehrere hundert Studien zur biologischen Wirkung der Mikrowelle überprüft und keinen Anlass gesehen, von ihrer Nutzung abzuraten.

Die Nährstoffverluste in der schnellen Welle seien nicht größer als die beim herkömmlichen Kochen, sagt auch das Bundesinstitut für gesundheitlichen Verbraucherschutz und Veterinärmedizin (BgVV) in Berlin und bescheinigt der Mikrowelle gesundheitliche Unbedenklichkeit, genauso wie die unabhängige Verbraucher-Initiative oder die Deutsche Gesellschaft für Ernährung (DGE).

Die schnelle Mikrowelle ist praktisch für Kinder, aber nicht ohne Risiko.

Doch die Mikrowelle in der Küche bleibt ein Streitthema wie die Handy-Strahlung auch, weil ihre biologischen Folgen möglicherweise vielfältig und gar nicht so einfach festzustellen sind. Der Amerikaner William Kopp, der sich schon in den 70er Jahren mit dem Thema beschäftigte, fand heraus, dass die deutschen Truppen während des Zweiten Weltkriegs Mikrowellenöfen mit sich führten. Die Russen, denen solche Prototypen in die Hände fielen, untersuchten die neue Technik und kamen zu keinem positiven Ergebnis: Eiweiße zerfielen unter der Energie, die Vitalkraft der bestrahlten Lebensmittel nahm um 60 bis 90 Prozent ab, in Milch und Getreide entstanden neue, krebserregende Verbindungen, in anderen pflanzlichen Produkten vermehrt freie Radikale. Das alles führte bei Probanden zu Verdauungsbeschwerden, Funktionsstörungen im Lymphsystem und einer Zunahme der Krebszellen im Blutserum. Das wurde 1973 auch in Tierversuchen in den USA bestätigt.

Krebs durch Mikrowellen?

Die Schweizer Biologen Hans U. Hertel und Bernhard H. Blanc von der ETH Lausanne beobachteten Anfang der 90er Jahre in einer vergleichenden Studie Veränderungen im Blutbild. Während Blanc sich später von dem Schluss »Mikrowelle fördert Krebs« distanzierte, wurde sein Kollege Hertel vom Fachverband Elektroapparate für Haushalt und Gewerbe Schweiz (FEA) auf Unterlassung dieser Behauptung verklagt. Erst das Europäische Gericht für Menschenrechte gestand ihm 1998 zu, seine Meinung zu äußern – unabhängig von ihrem umstrittenen Wahrheitsgehalt.

Kaputte Zellen und Chemie

Die Mikrowelle unterwirft die Zellen des Lebensmittels einem Härtetest: Zwischen dreißig und hundert Milliarden Mal pro Sekunde ändert sie die Polarität ihrer Atome. Der Biophotonenforscher Fritz-Albert Popp rät deshalb auf jeden Fall davon ab, Fleisch in der Mikrowelle aufzutauen, weil das die empfindlichen Zellen zerstöre und die Qualität der Nahrung deutlich mindere. Die Veränderungen bei Gemüse sieht er »nicht so dramatisch«.

Ob Sie nun dieser Technik misstrauen oder nicht: Fest steht, dass Fertiggerichte für die Mikrowelle besonders viel chemische Hilfsmittel enthalten, um die Nahrung für die großen Temperaturunterschiede von bis zu über 100 Grad und die Bestrahlung tauglich zu machen: modifizierte Stärken und spezielle Emulgatoren, um nur einige wenige zu nennen. Weder die Technologie noch ihre Produkte sind also »vollwertig«. Und die Mikrowellenküche ist, rechnete die Schweizer Zeitschrift »Tabula« aus, im Schnitt 20 Prozent teurer als selbst Gekochtes.

Schonend tiefgefroren?

Rohstoffe aus dem Tiefkühlfach wie Gemüse und Obst haben dagegen den Ruf, dass sie ihren vollen Gehalt an Nährstoffen behalten. Das ist zum Teil richtig. Erbsen zum Beispiel, die gleich nach der Ernte eingefroren wurden, enthalten sicher mehr Vitamine als Ware, die

Unser Tipp: Richtig einfrieren!

- ✔ Reinigen und zerkleinern Sie das Gemüse oder das Obst.
- ✔ Blanchieren Sie das Gemüse, das verhindert Geschmacks- und Vitaminverluste. Bis zu 95 Prozent des Vitamin C überstehen so den Kälteschock:
  In kochendes Wasser eintauchen und ein bis vier Minuten sprudeln lassen. Anschließend schnell abkühlen (in sehr kaltem Wasser, Eiswürfel hinzugeben), abtropfen lassen, verpacken und einfrieren.
- ✔ Auberginen, Paprika, Salatgurken und Zucchini müssen nicht blanchiert werden. Zum Einfrieren nicht geeignet sind Blattsalate, Radieschen, Rettiche, Kresse, roher Knoblauch, ganze Tomaten, Birnen und Weintrauben.
- ✔ Beim Blanchieren von Obst einen Spritzer Zitrone hinzufügen. Beim Einfrieren von rohem Obst bewahrt etwas Zucker den Geschmack. Beerenobst für Kuchen auf einem Tablett einzeln vorfrieren, erst dann verpacken und fertig frieren.
- ✔ Die meisten Gemüsearten werden am besten in wenig kochendem Wasser oder mit etwas Fett und Gewürzen im Kochtopf aufgetaut. Obst sollte sich bei Zimmertemperatur erwärmen.
- ✔ Überschreiten Sie die Lagerzeit (Obst 8 bis 12 Monate, Gemüse 6 bis 12 Monate) nicht, da sonst wertvolle Inhaltsstoffe verloren gehen.
- ✔ Gefrierbeutel sollten Sie höchstens zweimal benutzen.

tagelang im Supermarkt und danach vielleicht noch im Haushalt herumliegt. Der Verlust von Vitamin C ist bei Tiefkühlkost gering. Aber ein Teil der wasserlöslichen Vitamine und Mineralstoffe geht doch verloren – beim Blanchieren vor dem Einfrieren. Sie werden mit dem Wasser weggeschüttet, beim Selberkochen würde dieses mit verwendet. Tiefkühlkost hat außerdem den Vorteil, dass sie frei von Konservierungsstoffen ist. Aber Vorsicht: Obst- oder Gemüsezubereitungen können Zusatzstoffe enthalten, die Geschmack oder Farben aufwerten sollen. Am besten ist also, wenn Sie Obst und Gemüse saisongerecht kaufen und selbst einfrieren.

Kluges Kochen

Wenn Sie wenig Zeit haben, können Sie sich das Kochen also durchaus mit ein paar Tricks erleichtern – mit vorgekochten Getreidebeilagen oder geputztem Gemüse aus dem Tiefkühlfach. Das ist immer noch besser, als wenn Ihr Kind nur Fast Food oder überhaupt keine warme Mahlzeit bekäme. Ideal für die Leistungskurve Ihres Kindes wäre diese übrigens zu Mittag – das gibt Ihrem Kind Energie für die Hausaufgaben und das Toben draußen.

Ein warmes Essen ist wichtig für die Vielfalt der Ernährung: Es bietet dem Kind Lebensmittel, die roh nicht gegessen werden können (wie Hülsenfrüchte) und dabei auch wertvolle Nährstoffe, zum Beispiel die Stärke aus der Kartoffel, oder Vitamine, die erst beim Erhitzen frei werden, etwa Betacarotin. Und schließlich wärmt es den Magen und regt die Verdauung an (Rezepte ➔ Seiten 184 ff. und 224 ff.).

Gemüse gegen Krebs

Die warme Mahlzeit erfüllt auch einen wichtigen Teil der Forderung: »Fünfmal täglich Obst und Gemüse essen«. Das soll Krankheiten wie Herzleiden, Diabetes, Gicht, Rheuma,

In Gemüse und Obst stecken wertvolle Vitamine:

in 100 g Frischware	Karotin in µg	Vitamin C in mg	Vitamin E in mg
Gemüse			
Blumenkohl	10,4	73	90
Brokkoli	871	115	621
Chicorée	3430	8,7	100
Erbse grün	441	25	2040
Feldsalat	3900	35	600
Fenchel	4700	93	-
Grünkohl	5170	105	1700
Karotten	11100	7	465
Kartoffeln	12	22	-
Mangold	3530	40	-
Paprika, rot	1620	138	2520
Petersilie	5410	166	3700
Rosenkohl	447	112	650
Schnittbohnen	367	20	423
Spinat	4690	52	1370
Tomate	506	25	930
Weißkohl	72	45	1700
Obst			
Apfel	26	12	490
Apfelsine	87	50	320
Aprikose	1610	9,4	500
Banane	69	12	270
Birne	16	5	430
Erdbeere	18	64	120
Honigmelone	4730	32	140
Kirsche, sauer	240	12	130
Kirsche, süß	35	15	130
Kiwi	47	71	-
Mango	1250	37	1000
Pflaume	410	5	940
Sanddornbeere	1500	450	3230
Schwarze Johannisbeere	81	177	1900

Quelle: Wertvoll-gesunde Ernährung, Präventionsratgeber Deutsche Krebshilfe, 1998

Fettsucht und Osteoporose vorbeugen. Dabei geht es nicht nur um die darin enthaltenen Vitamine, sondern auch um die Ballaststoffe: Diese überwiegend unverdaulichen Pflanzenfasern beschleunigen im Darm die Ausscheidung krebserregender Substanzen. Einige der Fasern werden zu Buttersäure abgebaut, die das Entstehen von krebsfördernder Gallensäure bremst und das Wachstum von Krebszellen hemmt.

Immer deutlicher wird auch die Bedeutung der sekundären Pflanzenstoffe, die zwar nur in

Sekundäre Pflanzenstoffe schützen die Gesundheit:

Quelle: Watzl, Leitzmann, Deutsche Gesellschaft für Ernährung

geringen Mengen in der Pflanze vorkommen, aber, wie sich nun herausstellt, gerade für die Krebsvorbeugung große Wirkung haben können. Dazu zählen zum Beispiel die in allen Gemüsen enthaltenen Carotinoide, die Saponine in Hülsenfrüchten und die Glucosinolate, wie sie vor allem in Kohlgemüsen vorkommen (➔ Tabelle links). Besonders wirksam sind viele davon, wenn das Gemüse als Rohkost verzehrt wird (Blattsalate, Karotten, Kresse, Rettich, Zwiebeln und Knoblauch). Bei anderen fördert die Erwärmung die biologischen Wirkungen, zum Beispiel bei den Lycopinen, dem gesunden Farbstoff der Tomate. Am effektivsten ist eine gesunde Vielfalt.

Die sekundären Pflanzenstoffe, sagt die Deutsche Krebsgesellschaft in Heidelberg, seien ein wesentlicher Beitrag zur Krebsprävention. Und diese sollte, wie Mitte der 90er Jahre auf einem Internationalen Krebskongress in London ausdrücklich betont wurde, bereits im Kindesalter anfangen. 20 bis 40 Prozent aller Krebsleiden werden durch Ernährung ausgelöst oder gefördert. Sie könnten vermieden werden.

Auf Nitrat achten

Nitrat ist ein natürlicher Baustein der Pflanzen und für sich genommen nicht gesundheitsschädlich. Als Medikament eingesetzt fördert die Verbindung aus Stickstoff und Sauerstoff sogar die Durchblutung der Herzkranzgefäße. Doch durch die intensive landwirtschaftliche Düngung wie auch über die Gülle geraten beträchtliche Mengen an Nitrat, die von den Pflanzen nicht mehr aufgenommen werden können, in die Böden, damit ins Trinkwasser und erreichen den Organismus auch auf diesem Weg.

Im Durchschnitt 130 Milligramm Nitrat nimmt jeder Deutsche täglich zu sich, eine beachtliche Menge. 10 Prozent davon stammen

Achtung: Nitrat im Gemüse!

weniger als 500 mg/kg	500 bis 1000 mg/kg	mehr als 1000 mg/kg
Auberginen	Chinakohl	Endiviensalat
Bohnen	Eisbergsalat	Feldsalat
Blumenkohl	Fenchel	Kohlrabi
Brokkoli	Friséesalat	Kopfsalat
Chicorée	Grünkohl	Kresse
Erbsen	Spinat	Mangold
Gurken	Weißkohl	Radieschen
Karotten	Wirsing	Rettich
Kartoffeln		Sellerie
Lauch		Rote Bete
Paprika		
Pilze		
Rosenkohl		
Spargel		
Tomaten		
Zwiebeln		

von gepökeltem Fleisch, 20 Prozent aus dem Trinkwasser, der überwiegende Anteil aber – 70 Prozent – kommen aus dem Gemüse.

Eine Aufnahme von größeren Mengen Nitrat ist deshalb bedenklich, weil Bakterien den Nährstoff in das giftige Nitrit umwandeln – zum Beispiel im Speichel der Mundhöhle und im Magen-Darm-Trakt. Für Säuglinge kann ein hoher Gehalt an Nitrit lebensgefährlich sein, weil es den Sauerstofftransport im Blut behindert und in den ersten drei bis sechs Monaten zu Erstickung führen kann (Blausucht). Babys und Kleinkinder haben noch mangelnde Abwehrkräfte gegenüber den nitriterzeugenden Bakterien – zum Beispiel enthält ihr Magensaft noch nicht genügend Salzsäure. Auch ist bei ihnen ein Schutzsystem, das den blockierten Blutfarbstoff wieder so umformt, dass er erneut Sauerstoff transportiert, noch nicht völlig ausgebildet. Eine hohe

Rohe Karotten lieben Kinder, weil sie süß schmecken.

Nitratbelastung behindert außerdem die Jodaufnahme und belastet so die Schilddrüse.

Nitrit kann unter bestimmten Bedingungen gemeinsam mit Aminen (das sind Stickstoffverbindungen, die auch im Körper gebildet werden) im Magen zu den krebserregenden Nitrosaminen umgewandelt werden. Da Salat und einige Gemüsesorten besonders nitrathaltig sind, gelten für sie verbindliche Grenzwerte: Kopfsalat darf im Sommer nicht mehr als 2500 Milligramm pro Kilo enthalten (November bis April 3500 mg/kg). Höchstmengen gibt es auch für Spinat (2000 mg/kg), Feldsalat (2500 mg/kg) sowie Radieschen, Rettich und Rote Bete (3000 mg/kg).

Sorte, Anbau, Erntezeit

Ein hoher Nitratgehalt sollte aber nicht dazu führen, ein bestimmtes Gemüse nicht mehr zu essen: Rote Bete oder Grünkohl zum Beispiel enthalten – neben dem Nitrat – wertvolle Inhaltsstoffe und sind sehr gesund. Sie können die Belastung des Gemüses nämlich verringern, wenn Sie einige Dinge beachten:

Die Nitratkonzentration steigt mit der Stickstoffdüngung. Ökologisch angebautes Gemüse ist deshalb grundsätzlich weniger belastet. Ausnahmen bestätigen die Regel, denn auch mit organischer Düngung können hohe Nitratwerte erzielt werden, wenn der Bauer seine Anbautechniken nicht beherrscht.

Gemüse, das der Saison entsprechend draußen im Freiland angebaut wurde, enthält weniger Nitrat. Denn die Pflanze verwendet das Nitrat, um ihre Eiweiße aufzubauen und benutzt dazu die Sonnenenergie. Am Nitratgehalt lässt sich sogar ablesen, ob morgens

Unser Tipp: **Nitrat im Essen reduzieren!**

- ✔ **Kaufen Sie Gemüse zur regulären Erntezeit. Freiland ist besser als Glashaus.**
- ✔ **Meiden Sie nitratreiche Gemüsesorten speziell im Winter.**
- ✔ **Entfernen Sie die äußeren Blätter, die Stiele und die großen Blattrispen.**
- ✔ **Gemüse aus biologischem Anbau ist nitratärmer.**
- ✔ **Lassen Sie angemachte Salate nicht lange stehen: Bakterien setzen das Nitrat in Nitrit um. Wärmen Sie Gemüse aus dem gleichen Grund nicht auf oder halten es lange warm.**

oder abends geerntet wurde: Nach einem sonnigen Tag ist der Nitratgehalt am Abend deutlich geringer. Daraus folgt natürlich, dass Gemüse aus dem Glashaus und solche Sorten, die im Herbst oder Winter geerntet werden, nitratreicher sind.

Nitrat reichert sich vor allem in den feuchtigkeitsreichen Teilen der Pflanzen an, in den Blattrispen, den äußeren Blättern und den Stielen. Wenn man diese entfernt, verschwindet ein großer Teil des Nitrats im Biomüll.

Ein Teil des Nitrats geht ins Kochwasser. Bei nitratreichen Gemüsen (zum Beispiel Spinat) sollte es deshalb abgegossen und nicht verwendet werden. Kurzes Blanchieren verringert den Nitratgehalt bis um die Hälfte. Solche Gemüse nicht aufwärmen!

Mythos Spinat

Wie hartnäckig sich bestimmte Dogmen der Ernährungslehre halten, obwohl sie längst widerlegt sind, zeigt der Mythos Spinat. Noch immer glauben viele Mütter, dass Spinat besonders gesund für Kinder sei, weil er so viel Eisen enthält. Dabei stimmt das gar nicht. Nur hatte sich irgendwann einmal in einem Labor ein Kommafehler eingeschlichen und aus dem bescheidenen Eisengehalt des Blattgemüses die zehnfache Menge gemacht.

Heute weiß man, dass Spinat wegen der Nitratbelastung und möglicher allergischer Reaktionen von Kindern eher nicht im Übermaß gegessen werden sollte. Stattdessen empfiehlt man ihn Erwachsenen wegen ganz anderer gesundheitlicher Vorzüge: Er ist ein hervorragender Folsäurelieferant und enthält zudem Vitamine (A, C und E) sowie Mineralstoffe. Außerdem ist Spinat sehr gesund für die Augen: Die enthaltenen Carotinoide können, so Studien der Universität Harvard, einem weit verbreiteten Augenleiden im Alter, der Makula-Degeneration, vorbeugen.

Zu wenig Gemüse

Leider essen Kinder jeden Alters, so die DONALD-Studie des Dortmunder Forschungsinstituts für Kinderernährung, zu wenig Gemüse. Vor allem gekochtes ist sehr unbeliebt. Kein Problem haben die meisten Kinder dagegen mit Obst, auch wenn sie

Kinder antworten: »Ich esse…«

	nicht gern	weniger gern	gern	sehr gern
Pizza				●
Pommes frites				●
Eis				●
Spaghetti				●
Äpfel				●
Hamburger				●
Weintrauben			●	
Birnen			●	
Bananen			●	
Pfirsiche			●	
Gurken			●	
Kopfsalat			●	
Apfelsinen			●	
Pflaumen			●	
Karotten			●	
Spinat		●		
Linsensuppe		●		
Endiviensalat		●		
Tomaten		●		
Blumenkohl		●		
Paprika		●		
Erbsen		●		
Sauerkraut		●		
Grapefruit		●		
Bohnen	●			
Karotten, gekocht	●			
Bohnensuppe	●			
Erbseneintopf	●			
Rosenkohl	●			
Paprika, gekocht	●			

Quelle: Justus-Liebig-Universität Gießen, 1996

Empfehlungen für die Fettzufuhr

Nur ein **Drittel** des verzehrten Fetts sollte aus **tierischen Quellen** wie Fleisch, Wurst oder Milchprodukten (gesättigte Fettsäuren) stammen, **zwei Drittel aus Pflanzen.** Die frühere Empfehlung, die pflanzlichen Fette möglichst gleich auf die Quellen einfach und mehrfach ungesättigter Fettsäuren aufzuteilen, wurde korrigiert. Inzwischen lautet die Empfehlung, **mehr einfach ungesättigte Fettsäuren** wie aus Oliven- oder Rapsöl zu verzehren, da sonst Oxidationsreaktionen im Körper zu stark befördert werden. Besonders wertvoll sind aber auch die **Omega-3-Fettsäuren** aus Seefisch und grünen Gemüsen (mehrfach ungesättigt), die ebenfalls verstärkt empfohlen werden.

In den vergangenen 15 Jahren, so das Ergebnis der DONALD-Langzeitstudie des Dortmunder Forschungsinstituts für Kinderernährung, ist der Anteil des Fetts an der Ernährung bei Kindern von 38 auf 36 Prozent **zurückgegangen**, vor allem durch die (positive) Reduktion tierischer Fette.
Kinder brauchen Fett als Zell- und Nervenschutz. Von eins bis vier sollten sie 50 bis 58 Gramm täglich zu sich nehmen, später je nach Körpergröße 60 bis 70 Gramm (vier bis sechs), 67 bis 78 Gramm (sieben bis neun), 73 bis 86 Gramm (zehn bis zwölf) und 80 bis 93 Gramm (13 bis 14). Bedenken Sie dabei, dass **drei Viertel** des Fettes in Nahrungsmitteln **versteckt** sind! Gehen Sie also sparsam mit Butter und Öl um!

darunter vor allem Äpfel, Orangen und Bananen verstehen. An der Universität Gießen wurden über 500 Elfjährige befragt, was ihr Lieblingsessen sei. Erwartungsgemäß standen Pizza, Pommes, Eis und Spaghetti auf den ersten vier Plätzen, dann folgten aber immerhin schon Äpfel (➔ siehe Tabelle Seite 251).

Ihr Kind sollte neben Obst täglich drei Portionen Gemüse essen, die Hälfte davon gekocht. Versuchen Sie es mit Gemüse in den verschiedensten Varianten: als Suppe, Auflauf oder Spaghetti-Sauce. Selbst hartnäckige Verweigerer lassen sich meist mit bunten Rohkoststückchen und leckeren Dips locken: Fingerfood macht Spaß!

Welches Fett?

Wenn Sie sich und Ihre Familie vollwertig ernähren – also auch wenig Fertigprodukte und weiterverarbeitete Lebensmittel verwenden – sparen Sie automatisch Fett. Denn drei Viertel des Fettkonsums bei Kindern stammen aus verborgenen Quellen: aus Süßigkeiten und Gebäck, Wurstwaren und Fast Food (➔ Seite 16 ff.). Meist sind das auch besonders ungesunde Fette mit tierischen gesättigten Fettsäuren oder solche aus minderwertigen Palmkern- oder Kokosfetten. Sie erhöhen den Cholesterinspiegel und fördern die Arteriosklerose.

Beim Zubereiten Ihrer eigenen Mahlzeiten können Sie sich dagegen selbst aussuchen, welches Fett Sie verwenden: Für Salate und kalte Vorspeisen eignen sich Sonnenblumen-, Maiskeim-, Distel-, Traubenkern- und Walnussöl, die reich an mehrfach ungesättigten Fettsäuren sind. Diese können vom Körper nicht selbst aufgebaut werden, sind aber besonders wichtig für seinen Stoffwechsel.

Oliven-, Raps- und Erdnussöl sind biologisch nicht ganz so wertvoll: Sie enthalten mehr einfach ungesättigte Fettsäuren, aber auch – wie etwa die Olive – viele andere wertvolle Pflanzenstoffe. Olivenöl senkt den Cholesterinspiegel, ohne die für die Arterien wertvollen Lipide zu schmälern.

Ungesättigte Fettsäuren sind sehr empfindlich. Sie werden schnell ranzig und durch Wärme zerstört. Kaufen Sie diese wertvollen Öle deshalb immer aus erster Pressung (»natives Öl extra«) und am besten aus biologischer Erzeugung, auch wenn das teuer ist. Bewahren Sie diese Fette dann gut verschlossen, dunkel und kühl auf.

Zum Kochen, Backen, Braten und Dünsten eignen sich Öle mit einem höheren Anteil einfach ungesättigter Fettsäuren, weil sie unempfindlicher gegen Licht, Sauerstoff und Wärme sind. Der Körper verarbeitet sie leicht, braucht sie aber nicht.

Besser als sein Ruf

Fett hat wegen des steigenden Übergewichts in der Bevölkerung den Ruf, ein schlechter Bestandteil unserer Nahrung zu sein. So kann man das aber nicht sagen: Fett ist Bestandteil aller Zellmembranen, es macht 70 Prozent unseres Gehirns aus, ist wichtig für den Hormonhaushalt und die Immunabwehr. Eine ausreichende Fettversorgung beugt zum Beispiel Gedächtnisverlust im Alter vor.

Mehrfach ungesättigte Fettsäuren eignen sich gut für Salate, die einfachen ungesättigten zum Dünsten und Braten

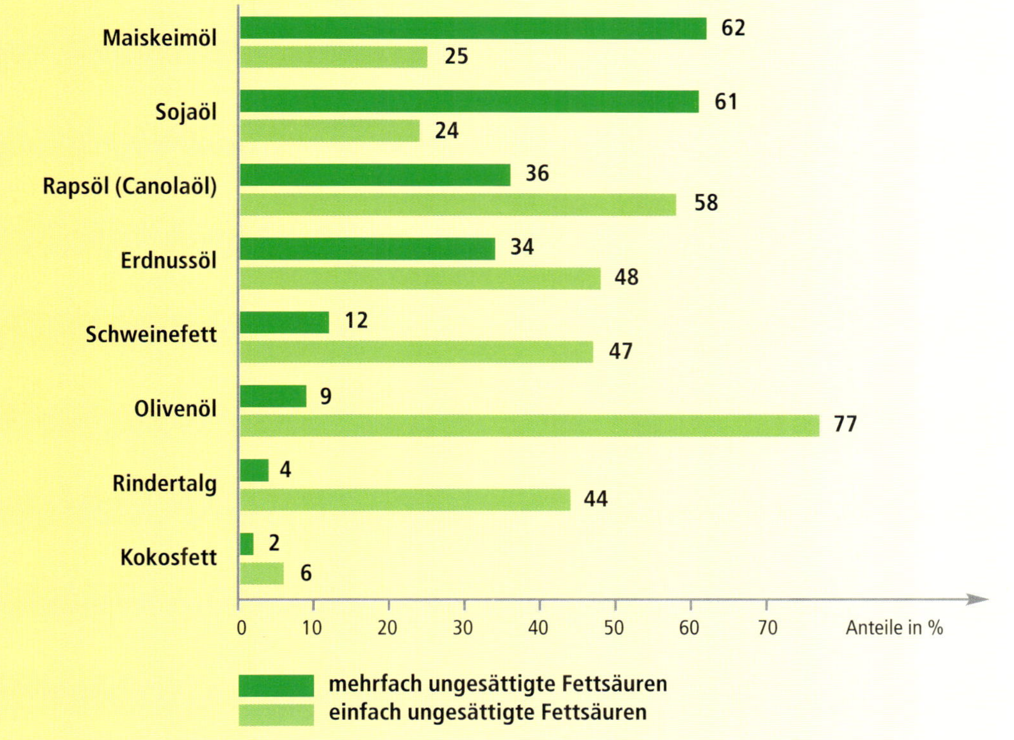

Quelle: Biesalski, Grimm: Taschenatlas der Ernährung, 2001

Dass Fett zu reduzieren nicht automatisch bedeutet, gesünder zu leben, zeigen Erfahrungen aus den USA, wo der Fettkonsum in den vergangenen 30 Jahren zwar deutlich gesunken (von 40 Prozent der Gesamtkalorien auf 34 Prozent), die Rate der Herz-Kreislauf-Leiden jedoch drastisch angestiegen ist. Auch die Zahl der Übergewichtigen ist dort durch die Fettreduktion nicht zurückgegangen, sondern nach oben geklettert.

Es kommt also nicht darauf an, überhaupt kein Fett zu essen, sondern das richtige – und das natürlich in Maßen und im Rahmen einer ausgewogenen Ernährung mit Kohlenhydraten und Eiweiß.

Welche Fettsäuren?

Was aber das richtige Fett ist, darüber streiten sich die Experten schon wieder. Fett sollte nicht mehr als 30 Prozent der täglichen Gesamtenergie ausmachen, so die Lehrmeinung. Und lange Zeit hieß es, dieses Fett sollte sich zu je einem Drittel aus mehrfach bzw. einfach ungesättigten und gesättigten Fettsäuren zusammensetzen. Die generelle Empfehlung, vor allem mehrfach ungesättigte Fettsäuren zu sich zu nehmen (von den gesättigten bekommen wir ohnehin zu viel), wurde in letzter Zeit öfter in Frage gestellt: Da zu viel ungesättigte Fettsäuren ein hohes Oxidationspotenzial haben, also Zellen schädigen können, sollten doch eher die einfach ungesättigten Fettsäuren bevorzugt werden.

Für den Laien ist diese Debatte eher verwirrend. Ein guter Rat, um nicht zu viel und die richtigen Fette zu verwenden, ist deshalb, auf Fertignahrung, Snacks und Süßigkeiten weitgehend zu verzichten und vor allem den Anteil der tierischen Fette zu reduzieren (fettarme Milch statt Vollmilch). Wechseln Sie auch mal das Pflanzenöl – dabei entdecken Sie ganz unterschiedliche Geschmacksrichtungen.

Der Margarine-Streit

Viele Eltern verwenden Margarine, weil sie sich leichter streichen lässt als Butter und außerdem von Ernährungswissenschaftlern empfohlen wird, zum Beispiel auch von den Medizinern des Forschungsinstituts für Kinderernährung in Dortmund – aber nur, wenn es sich um solche mit mehrfach ungesättigten Fettsäuren handelt.

Margarine ist jedoch ein intensiv verarbeitetes Fett: ein Gemisch aus Ölen, Wasser und Magermilch, das, damit seine Bestandteile sich überhaupt vermischen, mit Emulgatoren (meist Sojalezithin) behandelt werden muss und danach durch Säuerungsmittel, Milch- oder Zitronensäure, Joghurtkulturen oder Sauermolke ein butterähnliches Aroma erhält. Betacarotin (Provitamin A) wird oft der Farbe wegen hinzugefügt, aber auch, um gemeinsam mit den Vitaminen D und E der Margarine einen der Butter ähnlichen Nährwert zu verleihen. Halbfettmargarinen können außerdem den Konservierungsstoff Sorbinsäure enthalten.

Dass die Devise »Margarine statt Butter« vor dem Herzinfarkt nicht schützt, zeigt eine Langzeitstudie an 85 000 amerikanischen Krankenschwestern, die nach Jahren des Margarinekonsums nicht weniger oft krank wurden, sondern häufiger. Zurückgeführt wurde das auf schädliche »Transfettsäuren«, die sich bei der chemischen Härtung von Ölen bilden. Das verändert die Molekülstruktur und vermutlich auch die Wirkung der Fettsäuren im Körper.

Deutsche und österreichische Margarinen enthalten jedoch deutlich weniger Transfettsäuren als die US-Produkte: nämlich nur drei bis acht Prozent (statt bis zu 40). Vermutlich nehmen Kinder mehr Transfettsäuren durch andere Produkte als durch Margarine auf: durch gehärtete, billige Fettmischungen in

Snacks wie Riegeln, Keksen, Kartoffelchips, gerösteten Nüssen, Pommes frites und anderem Fast Food.

Fett-Skandal

Fette gehören zu den Rohstoffen der Lebensmittelindustrie und werden so billig wie möglich eingekauft. Dass das Fett dabei nicht selten aus höchst zweifelhaften Quellen kommt, weil diese Rohstoffpfade nicht genügend kontrolliert werden, zeigt einer der jüngsten Lebensmittelskandale: Die berühmte belgische Schokolade enthielt plötzlich Spuren des Supergifts Dioxin. Es stellte sich heraus, dass darin Fettreste aus Frittierstuben verarbeitet worden waren (Transfettsäuren!) und der Einfachheit halber die Transportcontainer aus Plastik gleich mit eingeschmolzen worden waren.

Wenn Sie also die ungesunden Transfettsäuren vermeiden wollen, ist – wieder einmal – der beste Rat: keine Snacks und kein Fast Food! Butter ist dagegen ein reines und wertvolles Lebensmittel. Wenn Sie es in Maßen verwenden, ist nichts dagegen einzuwenden. Ist Ihr Kind jedoch bereits übergewichtig oder hat es sogar schon zu hohe Cholesterinwerte, sollten Sie auf Margarine mit ungesättigten Fettsäuren zurückgreifen. Achten Sie auf das Etikett: Wenn das Pflanzenfett als »partiell« oder »teilweise« gehärtet ausgewiesen wird, enthält diese Margarine vermutlich auch Transfettsäuren (zum Thema Fett → auch Seite 24 ff.).

Unser Tipp: Einmal kochen täglich!

- ✔ Verwenden Sie frische Rohstoffe je nach Saison, die nicht Tausende von Kilometer weit transportiert worden sind.
- ✔ Verzichten Sie nach Möglichkeit auf Fertigprodukte.
- ✔ Beginnen Sie mit Salat oder Rohkost.
- ✔ Die Hauptmahlzeit sollte vor allem aus Gemüse, Kartoffeln oder Getreide bestehen.
- ✔ Versuchen Sie, den Fleischanteil langsam zu reduzieren. Stellen Sie zum Beispiel statt einer Erbsensuppe mit Würstchen eine Minestrone mit etwas Käse auf den Tisch.
- ✔ Ersetzen Sie Weißmehl, wo immer es geht, durch Vollkorn. Dazu gehören Getreideaufläufe, Bratlinge, Suppen und Vollwert-Pfannkuchen.
- ✔ Vermeiden Sie Paniertes sowie fette Saucen oder Mayonnaisen.
- ✔ Vergessen Sie nicht das Trinken: Wasser oder Fruchtsaft-Schorlen.
- ✔ Lassen Sie Ihr Kind nicht allein am Tisch sitzen. Das Essen soll Spaß machen!

Bei Lagerung, Vor- und Zubereitung:

Nährstoffverluste

Fehler beim Einkauf, bei Lagerung und Zubereitung können den Nährwert eines Lebensmittels beträchtlich schmälern. Vitamine sind hitze- oder lichtempfindlich, Eiweiße werden beim Kochen zerstört und wichtige Mineralstoffe werden mit dem Kochwasser einfach weggegossen.

Je länger Sie zum Beispiel Lebensmittel lagern, desto mehr Vitamin C geht verloren. Durch niedrigere Temperaturen im Keller oder Kühlschrank lässt sich der Verlust etwas bremsen. Spinat zum Beispiel hat nach zwei Tagen bei Zimmertemperatur nur noch 20 Prozent seines ursprünglichen Vitamingehalts (im Kühlschrank 67 %).

Sie können solche Verluste vermeiden, wenn Sie ein paar Dinge beachten:

Kaufen Sie Obst und Gemüse aus regionaler Produktion, damit es möglichst frisch auf den Tisch kommt. Wenn Sie es nicht gleich verwerten können, lagern Sie es nur wenige Tage im Gemüsefach des Kühlschranks oder blanchieren Sie es kurz (das inaktiviert die Enzyme und bremst den Vitaminabbau) und frieren Sie es danach sofort ein (➔ Seite 46). Selbst tiefgekühltes Gemüse kann noch bis zu fünf Prozent Vitamine im Monat verlieren.

Waschen Sie Gemüse und Früchte gründlich vor dem Verzehr, aber wässern Sie sie nicht, da sonst die Vitamine C und B1, aber auch die wasserlöslichen Mineralstoffe wie Kalium in größerem Umfang verloren gehen. Zerkleinern Sie die Nahrungsmittel erst nach dem Waschen.

Wenn Sie Obst und Gemüse zerkleinern oder pürieren, ist rascher Verzehr besonders wichtig, weil durch das Zerkleinern die Enzyme aktiviert werden und den Abbau von Vitamin C noch beschleunigen. Spinat, Kohl und Bananen haben direkt nach dem Mixen schon bis zu 10 Prozent verloren, zwei Stunden später bis zu 33 Prozent. Wenn Sie etwas Essig oder Zitronensaft hinzufügen, wird der Abbau durch die gebremste Oxidation verlangsamt. Kaufen Sie keine vorgeschnittenen Salate im Supermarkt: Sie wurden unter Umständen mit Schutzgasen behandelt, um die Oxidation zu verhindern.

Kaufen Sie möglichst viele Produkte aus biologischem Anbau, dann können Sie die Schalen, in oder unter der sich die wertvollen

Nährstoffe konzentrieren, mitessen (zum Beispiel bei Äpfeln, Birnen, neuen Kartoffeln oder Gurken).

Garen Sie Gemüse und Obst nicht länger als notwendig und achten Sie auf die richtige Zubereitungsart: Das Kochen von Gemüse zerstört 50 Prozent des Vitamin C, das Dämpfen nur 15 und das Dünsten in wenig Flüssigkeit nur 10 Prozent. Beim Kochen geht fast dreimal so viel Vitamin B2 (Riboflavin) verloren wie beim Dämpfen oder Dünsten. Das sind 35 Prozent. Die Verluste an Betacarotin sind unabhängig von der Garart und liegen ebenfalls bei etwa 35 Prozent.

Verwenden Sie die Kochflüssigkeit mit: Sie enthält Eiweiß, Kohlenhydrate und Fett, Kalium und Magnesium. Das Kochwasser von Kartoffeln sollte dagegen weggegossen werden. Es enthält unverträgliche pflanzliche Stoffe (Solanin). Garen im Dampfkochtopf spart zwar bis zu 90 Prozent Zeit und damit auch Vitamine, der Geschmack kann darunter aber etwas leiden.

Fleisch schrumpft (durch den Verlust an Wasser) nicht nur beim Kochen, es verliert auch Proteine, Fett und Mineralstoffe, die an den Kochsaft abgegeben werden. Von Natrium und Kalium geht etwa die Hälfte beim Garen verloren, Magnesium nimmt um etwa 40 Prozent ab. Beim Braten und Grillen dagegen bleiben mehr als 88 Prozent der Mineralstoffe erhalten, auch Vitamine gehen weniger verloren.

Generell gilt: Je stärker Lebensmittel bearbeitet wurden, desto weniger Nährstoffe enthalten sie. Einige Beispiele:

Rohe Äpfel

(52 kcal) verlieren als:

▼

Apfelmus (gegart ohne Zuckerzusatz)

durch Dünsten

Kohlenhydrate:	- 18 %
Ballaststoffe:	- 25 %
Kalium:	- 37 %
Magnesium:	- 17 %
Eisen:	- 40 %
Vitamin C:	- 58 %
Vitamin E:	- 20 %
Folsäure:	- 57 %
Kalorien:	- 23 % (40 kcal)

▼

Apfelsaft (Handelsware)

durch Auspressen und Pasteurisieren

Ballaststoffe:	- 100 %
Kalium:	- 13 %
Vitamin C:	- 42 %
Folsäure:	- 43 %
Kalorien:	- 6 % (49 kcal)

▼

Apfelgelee

durch Auspressen und Einkochen

Eiweiß:	- 66 %
Kohlenhydrate:	+ 609 %
Ballaststoffe:	- 65 %
Vitamin C:	- 100 %
Vitamin E:	- 80 %
Folsäure:	- 100 %
Kalium:	- 63 %
Eisen:	- 20 %
Kalorien:	+ 529 % (275 kcal)

(Zunahme durch Zuckerzusatz)

Rohe Tomaten

(17 kcal) verlieren als:

▼

Tomatensaft

durch Auspressen und Pasteurisieren

Eiweiß:	- 12 %
Kohlenhydrate:	- 33 %
Ballaststoffe:	- 89 %
Betacarotin:	- 8 %
Folsäure:	- 59 %
Vitamin C:	- 60 %
Kalorien:	- 12 % (15 kcal)

▼

Geschälte Tomaten aus der Dose

durch Schälen und Sterilisieren

Eiweiß:	- 33 %
Kohlenhydrate:	- 33 %
Ballaststoffe:	- 33 %
Betacarotin:	- 44 %
Folsäure:	- 74 %
Vitamin C:	- 68 %
Kalorien:	- 35 % (11 kcal)

▼

Ketchup

durch mehrere Verarbeitungsschritte

Folsäure:	- 97 %
Vitamin C:	- 92 %
Kalorien:	+ 647 % (110 kcal)

(Zunahme durch Zuckerzusatz)

Rohe Sauerkirschen

(58 kcal) verlieren als:

▼

Fruchtsaft (Handelsware)

durch Auspressen und Pasteurisieren

Eiweiß:	- 11 %
Ballaststoffe:	- 100 %
Vitamin C:	- 41 %
Betacarotin:	- 2 %
Kalorien:	± 0 % (58 kcal)

▼

Konserve im Glas, abgetropft

durch Konservierungsprozesse

Eiweiß:	- 22 %
Ballaststoffe:	- 10 %
Vitamin C:	- 75 %
Betacarotin:	- 75 %
Kohlenhydrate:	+ 72 %
Kalorien:	+ 51 % (88 kcal)

(Zunahme durch Zuckerzusatz)

▼

Sauerkirsch-Konfitüre

durch Einkochen

Eiweiß:	- 66 %
Ballaststoffe:	- 60 %
Vitamin C:	- 100 %
Betacarotin:	- 80 %
Kohlenhydrate:	+ 609 %
Kalorien:	+ 478 % (277 kcal)

(Zunahme durch Zuckerzusatz)

Rohe Kartoffeln
(70 kcal) verlieren als:

Pellkartoffeln
durch Kochen in der Schale
Eiweiß, Vitamine, Kohlenhydrate
und Fett: nahezu unverändert
Mineralstoffe: **- 15 %**
Kalorien: **± 0 %**

Salzkartoffeln
durch Schälen und Auskochen
Kalium: **- 17 %**
Magnesium: **- 5 %**
Vitamin C: **- 30 %**
Folsäure: **- 20 %**
Kalorien: **± 0 %**

Pommes frites
durch Schälen und Wässern
Eiweiß: **- 5 %**
Kohlenhydrate: **- 7 %**
Kalium: **- 6 %**
Magnesium: **- 5 %**
Vitamin C: **- 31 %**
Fett: **+ 6 Gramm**
Kalorien: **+ 67 %** (117 kcal)
(Zunahme durch Frittieren)

Kartoffel-Chips
durch Schälen und Wässern
Vitamin C: **- 53 %**
Fett: **+ 39 Gramm**
Kalorien: **+ 764 %** (535 kcal)
(Zunahme durch Frittieren)

Ein Blick hinter die Kulissen: Kartoffelverarbeitung im großen Stil.

Hafer (Vollkorn)
(353 kcal) verliert als:

Haferflocken
durch Schälen, Trocknen, Dämpfen und Walzen

Ballaststoffe: - 3 %
Eisen: - 21 %
Vitamin B6: - 83 %
Kalorien: + 5 % (370 kcal)

Müslimischung
durch Strecken mit anderen Zutaten

Eiweiß: - 11 %
Eisen: - 43 %
Magnesium: - 16 %
Vitamin B1: - 19 %
Vitamin B6: - 71 %
Kalorien: - 1 % (351 kcal)

Haferflockenplätzchen
durch Strecken mit anderen Zutaten und den Backvorgang

Eiweiß: - 35 %
Ballaststoffe: - 59 %
Eisen: - 64 %
Magnesium: - 60 %
Vitamin B1: - 89 %
Vitamin B6: - 93 %
Fett: + 300 %
Kalorien: + 118 % (417 kcal)
(Zunahme durch Zutaten)

Reis (Vollkorn)
(349 kcal) verliert als:

Weißer Reis (roh)
durch Schälen

Eiweiß: - 5 %
Ballaststoffe: - 36 %
Magnesium: - 59 %
Vitamin B1: - 85 %
Vitamin B6: - 77 %
Pantothensäure: - 65 %

Parboiled Reis (roh)
durch Schälen und Vorbehandeln

Eiweiß: - 10 %
Fett: - 100 %
Ballaststoffe: - 36 %
Magnesium: - 82 %
Vitamin B6: - 40 %
Pantothensäure: - 47 %

Puffreis (mit Zucker geröstet)
durch Schälen und Puffen

Eiweiß: - 6 %
Ballaststoffe: - 18 %
Magnesium: - 85 %
Vitamin B1: - 78 %
Vitamin B6: - 91 %
Pantothensäure: - 88 %
Kohlenhydrate: + 12 %
Kalorien: + 10 % (383 kcal)
(Zunahme durch Zucker)

Grüne Erbse (frisch)

(82 kcal) verliert als:

Konserve

durch Sterilisieren

Eiweiß: - 6 %
Kohlenhydrate: - 17 %
Ballaststoffe: - 2 %
Magnesium: - 18 %
Eisen: - 28 %
Zink: - 25 %
Betacarotin: - 19 %
Vitamin B1: - 60 %
Folsäure: - 78 %
Biotin: - 60 %
Kalorien: - 9 % (70 kcal)

Erbseneintopf

durch Strecken mit anderen Zutaten und Kochen

Eiweiß: - 35 %
Kohlenhydrate: - 42 %
Magnesium: - 30 %
Eisen: - 33 %
Zink: - 25 %
Vitamin B1: - 53 %
Folsäure: - 42 %
Biotin: - 60 %
Fett: + 12 Gramm
Kalorien: + 187 % (153 kcal)
(Zunahme durch Zubereitung)

Weißkohl (frisch)

(25 kcal) verliert als:

Kohlgemüse (gegart)

durch Dünsten

Eiweiß: - 7 %
Kohlenhydrate: - 25 %
Kalium: - 48 %
Magnesium: - 35 %
Eisen: - 20 %
Vitamin C: - 54 %
Folsäure: - 48 %

Sauerkraut frisch (abgetropft)

durch Konservieren

Kohlenhydrate: - 75 %
Magnesium: - 39 %
Vitamin C: - 57 %
Folsäure: - 80 %

Sauerkraut Konserve (abgetropft)

durch Konservieren und Sterilisieren

Kalium: - 22 %
Magnesium: - 52 %
Eisen: - 20 %
Vitamin C: - 89 %
Folsäure: - 96 %

Sauerkrautsaft (Handelsware)

durch das Pressen und Pasteurisieren

Eiweiß: - 7 %
Ballaststoffe: - 87 %
Magnesium: - 35 %
Vitamin C: - 83 %
Folsäure: - 91 %
Kalorien: - 40 %

Die Angaben beziehen sich auf 100 Gramm des jeweiligen Lebensmittels, Auswertung basierend auf Nährwertanalysen nach Souci, Fachmann, Kraut und dem Bundeslebensmittelschlüssel.

Zehn ideale Lebensmittel, die Ihren Kindern bestimmt schmecken

Es gibt sie doch: die gesunden Gerichte, die Sohn oder Tochter nicht nur gnädig akzeptieren, sondern richtig gerne essen: fast so gut wie Fast Food! Mit einigen der Klassiker der Kinderernährung wie Karotte oder Banane können Sie so gut wie nichts falsch machen: Sie sind vitamin- und nährstoffreich, leicht verdaulich und allergiearm und enthalten zusätzlich viele bioaktive Substanzen, die die Gesundheit Ihrer Kinder schützen.

Altes neu entdecken

Aber es gibt auch einige Lebensmittel, deren Wert Sie vielleicht noch nicht kannten: Hafer zum Beispiel ist, was seine Verträglichkeit angeht, allen anderen Getreiden überlegen, und Hirse ist ein Korn, das sich in so vielen verschiedenen Varianten zubereiten lässt, dass Ihr Kind sogar die geliebten Nudeln für ein, zwei Tage vergessen wird.

Apropos vergessen: Der Wert der Kartoffel und des unscheinbaren Apfels ist uns nicht mehr bewusst. Seit wir Nahrung aus aller Herren Länder beziehen, scheint uns das Naheliegende nicht mehr so interessant – ein Fehler, wie Sie sehen werden.

Gesundheit pur

Während etliche Nahrungsmittel schon seit Jahrhunderten auch als Medizin eingesetzt werden (zum Beispiel geriebener Apfel gegen Durchfall oder zerdrückte Kohlblätter als Umschlag gegen Entzündungen), kennt die Wissenschaft viele der dahinter stehenden Wirkstoffe erst seit einigen Jahren. Die Bedeutung der bioaktiven Pflanzenstoffe in Obst und Gemüse zum Beispiel, die wertvollen Carotinoide etwa, die, wie der Name schon sagt, als erstes in Karotten entdeckt wurden, aber auch in anderen rot-gelben Gemüsen wie Kürbis, Aprikose oder Grapefruit vorkommen.

Oder die Glucosinolate, die alle Kohlsorten so gesund machen, aber leider auch den schwefeligen Geruch verbreiten. Als Pflanzenforscher den ungeliebten Kohlgeruch mühsam weggezüchtet hatten, mussten sie feststellen, dass dabei auch die gesundheitlichen Vorzüge des Gemüses verschwunden waren. Also doch wieder das Fenster öffnen!

Auch Zwiebeln und Knoblauch sind seit Jahrhunderten genauso für ihren durchdringenden Geruch wie für ihre vorbeugende Wirkung gegen Krankheiten bekannt. Heute wissen wir, dass die Sulfide dafür verantwortlich sind, ebenfalls Schwefelverbindungen.

Dass Bohnen gesund sind, erkannten schon unsere Vorfahren, aber dass die Saponine in Hülsenfrüchten Viren, Bakterien und Pilze bekämpfen, wussten sie noch nicht. Erst die moderne Wissenschaft hat herausgefunden, dass Obst und Gemüse die Krebsgefahr bis zu 50 Prozent senken kann.

Noch ein Hinweis: Nichts ist nur gesund, wenn es im Übermaß verzehrt wird – auch nicht unsere Top-Ten. Sie sollten sich und Ihre Familie deshalb abwechslungsreich und vielfältig ernähren. Aber mit dieser Auswahl können Sie wenig falsch und viel richtig machen, wenn Sie die folgenden Lebensmittel öfter auf den Tisch bringen.

ÄPFEL

1 Apfel (150 g essbarer Anteil):
3 g Ballaststoffe, 18 – 50 mg Vitamin C,
81 kcal, 0 g Fett

Der Apfel ist ein unscheinbares Obst. Doch die Baumfrucht ist supergesund: Ihr Ballaststoff Pektin senkt den Cholesterinspiegel und beugt der Arterienverkalkung vor. Auch Giftstoffe werden im Darm gebunden. Je nach Apfelsorte enthält die Frucht viel oder sehr viel Vitamin C. Am meisten steckt in den Sorten Berlepsch und Idared, etwas weniger in Boskop, Granny Smith und Delicious. Das Vitamin C stärkt das Immunsystem und wirkt als Zellschutz gegen freie Radikale. Der Pflanzenfarbstoff Quercetin (er steckt vor allem in Jonagold) tötet Viren ab und senkt das Krebsrisiko.

Viele dieser Stoffe stecken in oder dicht unter der Schale. Kaufen Sie deshalb am besten ungespritzte Äpfel, deren Schalen Sie mitverwenden können. Äpfel kann man roh oder gerieben im Müsli, als Kompott, Mus, Trockenobst, im Apfelstrudel, als Apfelpfannkuchen, als Bratapfel aus dem Backofen oder als frisch gepressten Saft auf den Tisch bringen.

BANANEN

1 Banane (150 g essbarer Anteil):
2,7 g Ballaststoffe, 575 mg Kalium, 54 mg
Magnesium, 0,6 mg Vitamin B6, 141 kcal

Warum ist die Banane krumm? Sie biegt sich dem Licht entgegen. Und entsprechend viel Lebensenergie steckt auch in ihr. Die Banane hat deutlich mehr Kohlenhydrate als andere Obstsorten (ein Fünftel der Frucht) und eignet sich deshalb hervorragend als Zwischenmahlzeit. Diese Kohlenhydrate machen nicht nur satt, sondern regen die Insulinproduktion und damit den Zellstoffwechsel an. Im Gehirn wandeln sich Eiweiße mithilfe von Insulin in den Botenstoff Serotonin um, der Wohlbefinden und Zufriedenheit signalisiert. Eine einzige Banane deckt den Tagesbedarf an Magnesium. Der hohe Kaliumgehalt beruhigt das Herz, und Vitamin B6 (ein Drittel des Tagesbedarfs) wirkt gegen Stress.

Bananen kann man einfach so essen, aber auch als Mus, in der Bananenmilch, als getrocknete Chips im Müsli, als Teil eines exotischen Rohkost-Dips (mit Joghurt und Curry) oder als süßes warmes Dessert (gebraten). Aber: Mehr als zwei Bananen täglich stopfen.

MELONEN

1 Portion Honigmelone (150 g essbarer Anteil):
1,2 mg Vitamin A, 48 mg Vitamin C, 81 kcal

Das leuchtende Rot, Gelb oder Orange der verschiedenen Melonensorten weist schon auf ihre wertvollsten Inhaltsstoffe hin: Carotinoide, Vorläufer des A-Vitamins und besonders wichtig für Haut (als Sonnenschutz) und Augen. Sie beugen auch Krebs vor.

Ein Wasseranteil von über 90 Prozent macht Melonen zum idealen Durstlöscher. Weil sie wenig Natrium enthalten, entwässern sie und helfen gegen Nierenbeschwerden und Gicht. Der rote Pflanzenfarbstoff Lycopin schützt die Prostata. Honigmelonen enthalten sehr viel Vitamin C (zwei Drittel des täglichen Bedarfs) und sind wichtig für die Gewebsflüssigkeit. Melonen enthalten auch Stoffe, die das Blut flüssig halten.

Melonen gibt es in vielen Varianten (Wasser-, Honig-, Kantalup-, Galia- oder Charentais-Melonen) und jede schmeckt anders. Versuchen Sie sie einfach nur aufgeschnitten oder im Fruchtsalat, als Vorspeise mit Schinken, im Joghurt oder als Fruchtpüree.

HIRSE

1 Portion (100 g):
4 g Ballaststoffe, 170 mg Magnesium, 9 mg Eisen, 0,3 mg Vitamin B1, 0,5 mg Vitamin B6, 354 kcal

Den Hirsebrei kennen Kinder oft nur aus dem Märchen, dabei ernähren sich weltweit Millionen von Menschen mit diesem leicht verdaulichen Wundergetreide, das früher auch in Europa ein Hauptnahrungsmittel war.

Hirse enthält viel Eisen, ideal für Kinder, die nicht gerne Fleisch essen. Um das Mineral gut verwerten zu können, sollte sie mit Vitamin-C-haltigem Gemüse (wie Paprika oder Rosenkohl) oder Obstsaft kombiniert werden. In Hirse stecken auch Vitamin B1 und B6 sowie Magnesium. Sie kurbeln den Stoffwechsel an, der dadurch mehr Energie liefern kann. Der hohe Gehalt an Silizium (Kieselsäure) ist wichtig für Knochen, Haut, Haare und Nägel und hält das Bindegewebe elastisch. Hirse beruhigt auch Magen und Darm. Für Kinder ab drei Jahren ist Hirse eine prima Alternative zu Reis oder Kartoffeln. Sie lässt sich auch als süßer Brei kochen, zu Aufläufen und Bratlingen verarbeiten oder als Füllung verwenden.

HAFER

1 Portion Haferflocken (4 Esslöffel, 50 g):
5 g Ballaststoffe, 67 mg Magnesium,
2,3 mg Eisen, 0,3 mg Vitamin B1, 177 kcal

Hafer ist das Getreide, das der Mensch am leichtesten verwerten kann. Haferflocken enthalten viele lösliche Ballaststoffe, die sich im Darm an Schadstoffe und die Gallensäuren binden und diese abtransportieren. Das senkt den Blutfettspiegel. Die Kohlenhydrate stabilisieren gemeinsam mit den Ballaststoffen den Blutzuckerspiegel.

Haferflocken geben deshalb Energie und Kraft für die Nerven. Vitamin B1 (eine Portion deckt ein Viertel des Tagesbedarfs) stärkt die Konzentration in der Schule. Es ist für alle Umbauvorgänge im Körper nötig. Eisen und Magnesium transportieren den Sauerstoff zu den Zellen. Magnesium (eine Portion enthält ein Fünftel des Tagesbedarfs) stärkt die Muskeln und wird deshalb auch von Sportärzten empfohlen. Die schleimbildenden Stoffe des Hafers stärken das Bindegewebe. Hafer kann man als Flocken im Müsli, als Porridge (Brei) oder als Hafergrütze essen. Haferkleie oder -kekse helfen der Verdauung.

BROKKOLI

1 Portion (200 g essbarer Anteil):
6 g Ballaststoffe, 210 mg Kalzium,
0,2 mg Vitamin B1, 0,4 mg Vitamin B2,
0,6 mg Vitamin B6, 200 µg Folsäure,
230 mg Vitamin C, 3 mg Carotinoide, 52 kcal

Brokkoli gehört zu den gesunden Kohlgemüsen. Die grünen Röschen strotzen nur so vor bioaktiven Pflanzenstoffen. Sie enthalten Carotinoide als Zellschutz und Aromastoffe, die Krebs vorbeugen und die Produktion von Entgiftungs-Enzymen anregen. Eine Portion Brokkoli deckt den doppelten Vitamin-C-Bedarf eines Tages. Das stärkt die Abwehrkräfte und das Bindegewebe. Der Kohl enthält auch viele B-Vitamine, jede Menge Folsäure und besonders viel Kalzium: mehr als in einem Glas Milch stecken!

Brokkoli schmeckt als Gemüse, in Aufläufen, Suppen, Strudeln oder blanchiert als Salat. Man kann ihn auch roh essen, aber nur die äußeren Röschen. Die Blähstoffe in den harten Strünken würden gerade Kindern Probleme bereiten. Besonders gesund: Brokkolisprossen. Dazu Brokkolisamen in einem Keimgerät ziehen und blanchiert über den Salat streuen.

KAROTTEN

1 Portion (200 g essbarer Anteil): 6,8 g Ballaststoffe, 82 mg Kalzium, 4,2 mg Eisen, 3,4 mg Vitamin A, 110 µg Folsäure, 56 kcal

Unter den Gemüsen enthalten Karotten das meiste Betacarotin, das nicht nur wichtig für die Augen ist, sondern auch vor Krebs, Arteriosklerose und Rheuma schützt. Betacarotin beschleunigt die Bräunung und heilt durch UV-Strahlen verursachte Zellschäden. Im Gegensatz zu isoliertem Betacarotin ist die Substanz im Gemüse kaum überzudosieren. Karotten steigern die Zahl der Abwehrzellen und beugen Herzkrankheiten vor.

Kinder lieben Karotten vor allem als Rohkost, weil sie so süß schmecken. Dann fehlt ihnen jedoch meist Fett, das notwendig ist, um das Betacarotin überhaupt verwerten zu können. Versehen Sie deshalb frischen Karottensaft oder auch den geriebenen Rohkostsalat mit ein, zwei Tropfen Öl. Gedünstete Karotten (nicht zerkochen) kann der Körper leichter aufschließen. Karotten eignen sich als Beilage, für Suppen und Gemüseaufläufe, aber auch geraspelt für Puffer, Bratlinge oder Kuchen.

KARTOFFELN

1 Portion (250 g essbarer Anteil): 5,3 g Ballaststoffe, 1030 mg Kalium, 0,9 mg Zink, 0,8 mg Vitamin B6, 43 mg Vitamin C, 175 kcal

Kartoffeln enthalten alles, was unser Körper braucht. Ihre Ballaststoffe wirken Cholesterin entgegen. Die Knolle hat Zink und viel Vitamin C. Besonders wertvoll ist auch das B6, das den Eiweißstoffwechsel im Körper steuert. Für nervöse Kinder sind Kartoffeln Nervennahrung! Weil Kartoffeln so viel Kalium enthalten, entwässern sie den Körper. Ihr Kind sollte also reichlich trinken, das spült seine Nieren und Blase durch.

Da keine allergenen Stoffe in der Knolle stecken, eignet sie sich schon für die Kleinsten. Sie macht – entgegen veralteter Meinungen – nicht dick (Pellkartoffeln, Backkartoffeln mit Joghurtsauce, Kartoffelsuppe oder Brei), solange sie nicht mit Fett kombiniert wird. Da viele der wertvollen Mineralstoffe direkt unter der Schale liegen, sollten die Kartoffeln erst nach dem Garen geschält werden. Grüne Stellen (enthalten den Giftstoff Solanin) unbedingt wegschneiden!

LINSEN

1 Portion (50 g getrocknete Rohware):
5,3 g Ballaststoffe, 405 g Kalium, 38 mg Magnesium, 37 mg Kalzium, 3,5 mg Eisen, 1,7 mg Zink, 0,13 mg B2, 0,3 mg B6, 84 µg Folsäure, 155 kcal

Hülsenfrüchte sind unglaublich gesund: Sie enthalten viel Kalium, das entwässert und den Blutdruck senkt, sowie Folsäure. Magnesium wirkt gegen Stress in der Schule und gibt Kraft beim Sport. Eisen versorgt alle Zellen mit aktivierendem Sauerstoff. Leichter verdaulich als zum Beispiel Bohnen oder Erbsen sind die roten Linsen. Sie müssen nicht einmal eingeweicht werden, sondern sind schnell zuzubereiten und bekömmlich. Sogar Kleinkinder dürfen sie schon essen.

Für die Älteren ab drei gilt: Je häufiger sie Hülsenfrüchte bekommen, desto mehr gewöhnt sich ihr Darm daran und reagiert seltener empfindlich. Linsen gibt es in vielen Varianten und Geschmäckern: als Suppe oder Eintopf, gekocht als Salat oder Puffer und als Gemüsebeilage. Sie können auch Linsenpaste mit Joghurt und etwas Öl zu einem würzigen Brotaufstrich verarbeiten.

HÄHNCHEN

1 Portion (150 g) Hähnchenkeule:
2,7 mg Eisen, 0,36 mg Vitamin B2, 8,4 mg Niacin, 0,37 mg Vitamin B6, 1,3 mg Pantothensäure, 261 kcal

Geflügel ist eine beliebte Alternative zum skandalträchtigen Schweine- und Rindfleisch. Bedenken Sie aber, dass Billig-Geflügel aus dem Supermarkt oft aus nicht artgerechter Massentierhaltung kommt. Das Fleisch ist leicht verdaulich, enthält wertvolles Eiweiß und ist sehr gesund: In China gilt Hühnerbrühe als Medizin. Vielleicht liegt das an dem hohen Niacin-Gehalt: Dieses wasserlösliche Vitamin wird bei einer Krankheit schnell abgebaut. Das fettarme Fleisch belastet den Körper nicht und die B-Vitamine füllen die durch die Schwächung leer geräumten Speicher des Organismus wieder auf.

Hähnchenfleisch lässt sich in vielen Varianten und Geschmacksrichtungen servieren: im Ganzen gebraten, in Suppen, als Frikassee oder Ragout, vom Grill, geschnetzelt, als indisches Curry oder als Geflügelwurst. Greifen Sie ruhig auch häufiger zur fettarmen Hähnchenbrust.

Risiken vermeiden: Tipps zum richtigen Einkauf

Auf den Fotos blickt das kleine Mädchen ziemlich unglücklich. 1990, auf dem Höhepunkt der BSE-Krise, hatte sein Vater, der damalige englische Landwirtschaftsminister John Gummer, es aufgefordert, vor laufenden Kameras in einen Beef-Burger zu beißen. Aber die Vierjährige war nicht so naiv. Nach einem zaghaften Bissen drückte sie den Burger ihrem Vater wieder in die Hand und lief weg: »zu heiß«!

Heiß war das Thema BSE in der Tat. Denn schon damals gab es erste Anzeichen, dass der tödliche Rinderwahnsinn auf Menschen übertragen werden könne. Mitte der 90er Jahre wurde dies von offiziellen Stellen bestätigt. Inzwischen gibt es über hundert Todesopfer, der größte Teil aus Großbritannien und fast alles Jugendliche, die erst ihre Persönlichkeit verloren und schließlich qualvoll sterben mussten.

Weil Jugendliche mehr Fast Food essen als Erwachsene, wurden vor allem sie von dieser schrecklichen Krankheit befallen – viele (jedoch nicht alle) der Betroffenen gaben an, sehr gerne Hackfleisch und Burger gegessen zu haben. Aber es gibt möglicherweise auch noch andere Faktoren, die gerade junge Menschen zu Opfern gemacht haben, und diese könnten mit deren Immunsystem und vielleicht auch mit ihrer Ernährungsweise zu tun haben. Denn irgendwie müssen die zerstörerischen Prionen vom Darm ins Blut und damit ins Gehirn gelangt sein. Die Forschung dazu ist noch längst nicht abgeschlossen.

Für dumm verkauft

Die BSE-Krise hat mehr als alle anderen Lebensmittelskandale deutlich gemacht, dass die hoch industrialisierte Produktionsweise unseres Essens enorme Risiken in sich birgt – und dass eine mächtige Lobby aus Politik, Landwirtschaft und Lebensmittelindustrie kein gesteigertes Interesse daran hat, den Konsumenten in diesem Spiel in ihre Karten sehen zu lassen.

Etwa 100 Millionen Europäer sind nach Schätzungen des Schweizer Neuropathologen Adriano Guzzi mit den ansteckenden Rinderprionen in Kontakt gekommen – auch wenn sich vermutlich nur ein kleiner Teil davon angesteckt hat. Und das war nur möglich, weil die überwachenden Behörden die Bedrohung lange erfolgreich heruntergespielt und die Verbraucher für dumm verkauft haben: »Nicht mehr über BSE sprechen«, hieß es 1990 in einem inzwischen berühmt gewordenen Aktenvermerk eines Brüsseler EU-Beamten. »Dieser Punkt darf nicht auf der Tagesordnung stehen.«

Irgendwann ließ sich der Skandal jedoch nicht mehr verheimlichen, und schließlich führte die BSE-Krise auch zu Ministerrücktritten, EU-Reformen und einer Stärkung des Verbraucherschutzes. Die Grundprobleme der Lebensmittelsicherheit aber – vor allem der wenig transparente Fluss von Rohstoffen wie auch dem Tierfutter – haben nach wie vor nichts an Aktualität verloren.

Gesunde, artgerecht gehaltene Schweine sind eine seltene Ausnahme. Das meiste Fleisch kommt aus Intensivhaltung.

Risiko für den Menschen

In Deutschland und Österreich sind bisher keine Jugendlichen an der »neuen Variante« der Creutzfeldt-Jakob-Krankheit erkrankt, auch nicht in der Schweiz, wo die Zahl der infizierten Rinder weit höher liegt. Trotzdem gibt es inzwischen auch hier an die 200 bestätigte Fälle von Rinderwahnsinn bei Tieren, denen keine Verbindung zu England nachgewiesen werden konnte. Vermutlich hatten sie Futter gefressen, das ungenügend erhitzt war und deshalb infektiöse Prionen enthielt.

Diese Eiweißverbindungen sind außerordentlich langlebig. Um sie abzutöten, muss eine Substanz mindestens 20 Minuten lang unter Hochdruck auf 133 Grad Celsius erhitzt werden: ein aufwendiges Verfahren, das manchen Futtermittelherstellern – trotz der gesetzlichen Vorschriften – wohl zu teuer erschien. Außerdem erwies sich die Lebensmittelkontrolle als zu wenig streng, vor allem in Bundesländern mit engen Beziehungen zwischen staatlichen Aufsichtsbehörden und Bauernverbänden, wie etwa in Bayern.

Das größte Risiko, sich über den Verzehr von Rindfleisch mit BSE zu infizieren, bestand vermutlich in den 90er Jahren. Damals stritt die Bundesregierung noch jedes Risiko für Deutschland ab, obwohl den Experten klar sein musste, dass auch hier Tiermehl nicht ausreichend erhitzt worden war. Außerdem kann sich ein offener Binnenmarkt wie die EU trotz der Exportverbote für Großbritannien nicht zu einzelnen Regionen hin abschotten.

Tests und Etiketten

Seit dem ersten offiziellen hausgemachten BSE-Fall in Deutschland im Winter 2000 wurden die bisherigen EU-Vorschriften durch eine Reihe deutscher Regelungen ergänzt, die den Verbraucher vor einer Ansteckung schützen sollen.

Zum Beispiel werden seit dem 1. Dezember 2000 alle Schlachtrinder, die älter als 30 Monate sind, auf BSE getestet, bevor ihr Fleisch in den Handel kommt. Besonders risikoreiches Gewebe wie Nerven (➔ Grafik Seite 271) darf nicht verwendet werden, auch das billige Separatorenfleisch, das früher maschinell vom Rückgrat abgetrennt und vor allem zu Hackfleisch verarbeitet wurde, wird inzwischen als Sondermüll verbrannt. Ein großer Teil des Schlachtviehs ist jedoch jünger als zweieinhalb Jahre und wird deshalb nicht untersucht. Die vorliegenden Tests sind in diesem Stadium noch nicht wirksam, weil die Prionenkonzentration im Fleisch zu gering ist. Weniger Prionen verringern das Ansteckungsrisiko, können es aber nicht ganz ausschließen.

Auch das Fleisch von getesteten und unbedenklich befundenen Tieren kann noch Prionen enthalten. Der deutsche Chemiker und Nobelpreisträger Manfred Eigen, ein Spezialist für langsam verlaufende Infektionen, glaubt, dass die vorliegenden Tests 1000-mal empfindlicher sein müssten, um jedes krankhafte Prion nachzuweisen. Welche kritische Menge aber notwendig ist, um eine Infektion auszulösen, ist nicht bekannt. Möglicherweise spielen dabei auch noch genetische Faktoren eine Rolle.

Die gläserne Kuh

Neben den Tests am Rind wurden Nachweisverfahren eingeführt, die den Weg eines Tie-

Was ist ... der Rinderwahnsinn?

Die **»bovine spongiforme Enzephalopathie«**, kurz BSE, ist eine neuartige Krankheit unter Rindern, die **1984** zum ersten Mal in England auftrat. Ursache ist vermutlich die Verfütterung von **Tiermehl** (Kannibalismus) an **Wiederkäuer,** die eigentlich nur Pflanzen fressen. Bei der Verarbeitung von Schafskadavern könnte sich aus dem Erreger der **Schafskrankheit Scrapie** eine besonders resistente Form herausgebildet haben, die auch Rinder und andere Tiere befallen kann, ebenso wie Menschen. Die genaue Ursache und auch die Frage, welche Faktoren für eine Ansteckung notwendig sind, sind in der Forschung immer noch umstritten.

Die Weiterverbreitung der Krankheit, die das Hirn verklumpen lässt und schließlich das gesamte **Nervensystem** lahm legt, erfolgt über **Prionen.** Das sind kleine Knäuel aus langkettigen Eiweiß-Molekülen, wie sie in jedem Organismus vorkommen. Bei BSE jedoch **falten** sich die Prionen **falsch.** Indem sie ihren eigenen Fehler auch Nachbar-Prionen aufzwingen – so wie ein fallender Dominostein alle weiteren mitreißt –, wirken sie ansteckend wie ein **Erreger**, obwohl sie weder ein Bakterium noch ein Virus sind.

In Deutschland gab es bislang rund 200 registrierte BSE-Fälle bei Rindern. Bisher kann die Krankheit nur am **Gehirn** toter Tiere nachgewiesen werden. An hochempfindlichen Tests für lebendes Vieh, an einem **Impfstoff** sowie an Medikamenten gegen die Krankheit wird weiterhin geforscht.

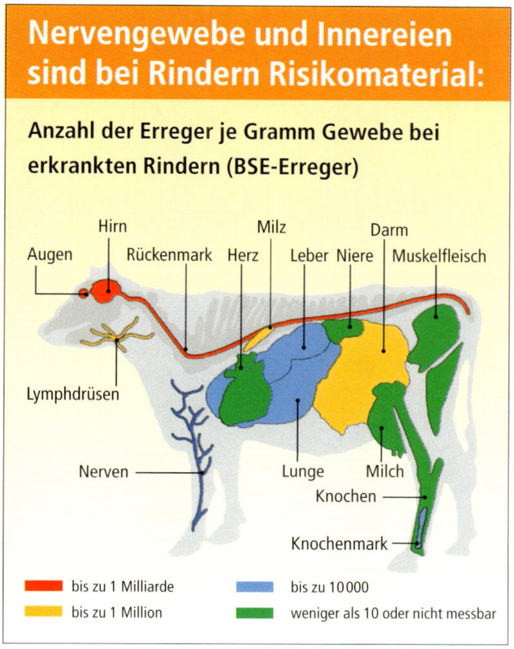

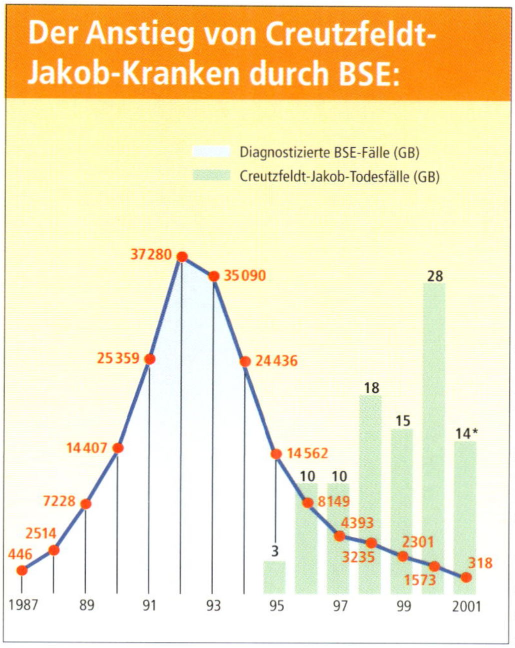

Quelle: Geowissen Nr. 28 Ernährung & Gesundheit, 2001

res von der Geburt bis zur Schlachtung lückenlos dokumentieren sollen (»gläserne Kuh«). Diese Regelung dient weniger dem unmittelbaren Verbraucherschutz, sondern der Eindämmung von Risiken, falls Krankheitsfälle auftreten.

Trotzdem wollen so genannte Qualitätssiegel, die solche lückenlosen Produktionskontrollen dokumentieren sollen, das erschütterte Käufervertrauen mit eigenen, weitergehenden Standards wiederherstellen. Bis vor kurzem noch waren viele dieser Etiketten jedoch kein Garant für sorgfältigen Umgang mit der Natur: Die Zeitschrift »Öko-Test« untersuchte im Jahr 2001 88 Gütesiegel und Markenprogramme und fand nur ein Drittel davon »empfehlenswert« oder »eingeschränkt empfehlenswert«. Sechs Siegel, darunter das bekannte Logo »Deutsches Qualitätsfleisch aus kontrollierter Aufzucht« von der CMA, der Centralen Marketing-Gesellschaft der deutschen Agrarwirtschaft, hatten bis kurz vor dem Test noch immer Tiermehl an Schweine und Geflügel verfüttert – legal zwar, aber unappetitlich. Bei 29 Gütezeichen war Gentechnik im Futter nicht ausdrücklich ausgeschlossen, und elf Anbieter verweigerten jede Auskunft.

Eines der ausführlichsten und am besten dokumentierten Zertifikate für Rindfleisch (aber auch für einige andere Lebensmittel) erstellt seit einiger Zeit auch der Technische Überwachungsverein Süddeutschland. Die TÜV-Plakette erhalten zum Beispiel Handelsketten, die ihr Fleisch von der Geburt bis zur Theke lückenlos verfolgen können. Dazu dienen modernste biologische Nachweisverfahren wie der »genetische Fingerabdruck«. Außerdem setzt die Vergabe des Siegels auch andere strenge Qualitätsmaßstäbe voraus, wie Hygiene oder das Fehlen von Pestizid-Rückständen, Antibiotika oder Wachstumsförderern. Die strengen Maßstäbe beim Essen scheinen dem Verbraucher aber nicht so viel wert zu sein wie die Sicherheit beim Autofahren: Die TÜV-Plakette für Rindfleisch hat sich bislang kaum durchgesetzt.

Bio ist sicherer

Fleisch aus der biologischen Landwirtschaft ist zwar nicht prinzipiell frei von Erregern des Rinderwahnsinns, aber seine Erzeugung schließt viele Risikofaktoren aus, die im Zusammenhang mit BSE diskutiert werden: Der Boden wird nicht mit Phosphat gedüngt, Pestizide sind ebenso wie die Verfütterung von Tiermehl verboten. Futter aus unsicheren Quellen wird nicht zugekauft. Maximal zehn Prozent pflanzlicher Nahrung aus konventionellem Anbau sind gestattet, der große Rest muss aus eigener – und daher kontrollierter – organischer Produktion stammen.

Die Jungtiere für die Mast müssen aus eigener Produktion oder von anderen Biohöfen kommen. Nur für die Zucht dürfen noch konventionelle Rinder zugekauft werden, da es noch nicht genügend Öko-Zuchttiere gibt. Und nicht zuletzt: Die Tiere, die ihr Fleisch für unseren Genuss liefern, hatten ein schönes Leben und wurden artgerecht gehalten.

Wie erkenne ich, woher das Rind kommt?

Verpacktes Fleisch muss folgende Angaben auf dem Etikett tragen: eine Nummer zur **Identifizierung,** wo das Tier **geboren** und wo es **gemästet** wurde (wenn beides in Deutschland erfolgte, reicht der Vermerk »Herkunft Deutschland«), wo es **geschlachtet** (Zulassungsnummer des Schlachtbetriebs) und wo es **zerlegt** wurde (Zulassungsnummer des Zerlegebetriebs).

Etikettierungssystem genehmigt durch die Bundesanstalt für Landwirtschaft und Ernährung Nr.: DE-09-1999-BLES000-0	Firma Schnittfest Allee 00–00 00000 Musterstadt
Fleischart **Rind**	geboren in: **Deutschland**
Kategorie **Jungbulle**	gemästet in: **Deutschland**
Artikel **Oberschale**	geschlachtet in: **Deutschland**
Chargennummer **003456-7**	zerlegt in: **Deutschland**
geschlachtet am: 00.00.00 zerlegt am: 00.00.00 ausgereift am: 00.00.00	**Herkunft Deutschland**
Für Ihren Genuss – direkt beim Erzeuger Mustermann – hier in Musterstadt gekauft	
BARCODE: 121 (1) 2 33 123 223 11 23867543 87866	

Quelle: www.rindfleischkennzeichnung.de

Mit Brief und Siegel

Im Herbst 2001 stellte die Bundesregierung ein neues »Biosiegel« vor, das alle Lebensmittel beantragen können, die nach den Richtlinien der Europäischen Öko-Verordnung produziert wurden. Auch vorher schon mussten EU-Produkte, die sich mit den Vorsilben »Öko«- oder »Bio«- schmücken wollten, diese Kriterien erfüllen. Das neue Siegel hat keine neuen Maßstäbe gesetzt, sondern erleichtert dem Verbraucher lediglich die Orientierung (➔ Seite 274 ff.).

Die Europäische Richtlinie und damit auch das deutsche Biosiegel stellen jedoch weniger strenge Anforderungen an ihre Produkte als die älteren Siegel der ökologischen Anbauverbände wie Bioland, Demeter oder Naturland. Für Rindfleisch bedeutet das zum Beispiel, dass unter dem Biosiegel auch Tiere vermarktet werden dürfen, die aus konventioneller Zucht gekauft und dann 24 Monate lang »auf Bio umgestellt« wurden.

Bei den ökologischen Anbauverbänden muss das Tier dagegen im eigenen Betrieb geboren und aufgewachsen sein.

BSE-Gefahr für Kinder?

Aus Angst vor BSE verzichten viele Eltern und auch die Küchen von Kindergärten und Schulen auf Rindfleisch. Wenn Sie jedes Risiko ausschließen wollen, ist dagegen nichts zu sagen. Bedenken Sie aber, dass Rindfleisch ein wertvolles Lebensmittel und nicht leicht zu ersetzen ist. Wenn Sie Ihrem Kind statt eines Stücks Öko-Rindfleisch eine antibiotikagefütterte Pute aus Massentierhaltung vorsetzen, ist fraglich, welches Risiko für das Kind größer ist.

Die Deutsche Akademie für Kinderheilkunde und Jugendmedizin warnt vor Panik und weist darauf hin, dass es sehr unwahrscheinlich ist, dass in Deutschland ein Kind zum Beispiel durch Rind in der Babynahrung infiziert wurde. Bisher spricht nichts für einen solchen Fall. Rinder- und Kalbfleisch für Babynahrung, so versichern die Hersteller, wird seit 1994 nach dem sichersten Stand der Technik hergestellt, um BSE auszuschließen. Das Fleisch selbst stammt auch bei konventionellen Herstellern aus ökologischem Landbau. Tiermehl wurde nicht verfüttert. Von allen Tieren, die nach der Schlachtung getestet wurden, kam ausschließlich das reine Muskelfleisch zum Einsatz.

Für Gummibärchen wird seit Jahren nur noch Gelatine verwendet, die aus Schweinematerial hergestellt wird und zudem mit starken Laugen und Säuren so intensiv behandelt wurde, dass eine Ansteckungsgefahr unwahrscheinlich ist. Auch die Fast-Food-Ketten haben längst umgestellt: auf argentinisches Rindfleisch oder andere Fleischsorten.

Anderes Fleisch?

Mütter sollten also nicht in Panik verfallen und ihren Kindern auf gar keinen Fall Angst vor dem Essen machen. Das verwendete Fleisch sollte immer hochwertig produziert

Unser Tipp: **BSE-Risiko verringern!**

- **Kaufen Sie Fleisch – auch das von Schweinen oder Geflügel – grundsätzlich nur bei einem Metzger Ihres Vertrauens, am besten aus biologischer Produktion, zum Beispiel ab Hof.**
- **Das Gleiche gilt für Wurst. In Billigprodukten aus dem Supermarkt stecken Rohstoffe aus vielen dubiosen Quellen.**
- **Vermeiden Sie Fertigprodukte mit Fleischanteil (zum Beispiel Fertig-Lasagne, Spaghetti-Saucen, Tiefkühlpizza mit Belag), der meistens keine hohe Qualität hat.**
- **Geben Sie Ihren Kindern keine Innereien.**
- **Bei Schaf- (und Ziegen)fleisch ist nach Ansicht einiger Experten eine Übertragung von BSE möglich, aber bisher nicht nachgewiesen.**
- **Achten Sie beim Einkauf auf Qualitätssiegel, aber informieren Sie sich vorher über deren Hintergrund. Einige sind Makulatur!**

Sehr zu empfehlen: Ökologischer Landbau

Der ökologische Landbau ist eine besondere Art der Agrarerzeugung, die sich das Wirtschaften im Einklang mit der Natur zum Ziel gesetzt hat. Natürliche Lebensprozesse sollen gefördert werden. Es dürfen nicht mehr Tiere gehalten werden, als Pflanzen da sind, um sie zu ernähren, und Boden, um ihre Gülle aufzunehmen.

Eine EG-Öko-Verordnung schreibt vor, wie die landwirtschaftlichen Produkte im Einzelnen hergestellt werden müssen. Sie gilt für alle Produkte, die mit Begriffen wie »Bio«, »Öko«, »naturnah« oder »biologisch erzeugt« sowie »aus organischem Anbau« gekennzeichnet werden.

Solche Produkte können in Deutschland mit einem »Biosiegel« gekennzeichnet werden, das im Herbst 2001 eingeführt wurde. Dazu muss ein Produkt zu 95 Prozent aus Rohstoffen des ökologischen Landbaus bestehen. Wenn ein Lebensmittel zu 70 Prozent aus Bio-Zutaten besteht, darf dies in der Zutatenliste so ausgewiesen werden. Seit dem Jahr 2000 gilt das auch für tierische Produkte. Gentechnisch veränderte Organismen sind eindeutig verboten.

Düngung und Pflanzenschutz sind stark eingeschränkt, die Fütterung der Tiere unterliegt strengen Auflagen. Betriebe, die auf ökologische Bewirtschaftung umstellen, dürfen ihre Produkte zwei Jahre lang noch nicht als Biowaren deklarieren.

Die Öko-Landwirte haben sich in verschiedenen Anbauverbänden zusammengeschlossen und überwachen die Einhaltung ihrer Richtlinien, die meist höhere Anforderungen an die Bauern stellen als die EU-Richtlinie. Diese Überwachung ist auch deutlich strenger als im konventionellen Landbau, aber nicht fehlerfrei: Als im Sommer 2002 Biolandwirte mit dem Gift Nitrofen verunreinigtes Futter bekamen, wurden die Rückstände im Getreide – auch von den kontrollierenden Bioverbänden – nicht gleich an die Behörden gemeldet.

Geprüfte Qualität: Bio-Siegel

ANOG, Arbeitsgemeinschaft für naturnahen Obst-, Gemüse- und Feldfruchtanbau
Pützchens Chaussee 60, 53227 Bonn
Tel. 0228/461262, Fax 0228/461558
www.bonnet.de/anog/index.html
(1962 gegründet, ökologischer Land- und Gartenbau, 93 Betriebe mit fast 3500 ha)

BCS Öko-Garantie GmbH
Cimbernstraße 21, 90402 Nürnberg
Tel. 0911/424390, Fax 0911/492239
www.bcs-oeko.de

Bioland Bundesverband
Kaiserstraße 18, 55116 Mainz
Tel. 06131/23979-0, Fax 06131/23979-27
www.bioland.de
(organisch-biologischer Landbau, in den 30er Jahren entwickelt, 1971 gegründet, über 3000 Betriebe und 100 000 ha)

Biopark
Karl-Liebknecht-Straße 26, 19395 Karow
Tel. 038738/70309, Fax 038738/70024
www.biopark.de
(1991 in Mecklenburg-Vorpommern gegründet, rund 470 Betriebe mit über 100000 ha)

Biosiegel
Rochusstr. 1, 53123 Bonn
Tel. 0228/5290, Fax 0228/5294262
www.bio-siegel.de
(Gütesiegel, im Herbst 2001 vom Bundesministerium für Verbraucherschutz, Ernährung und Landwirtschaft eingeführt)

Demeter
Brandschneise 2, 64295 Darmstadt
Tel. 06155/84690, Fax 06155/846911
www.demeter.de
(1927 gegründet, basiert auf der »biologisch-dynamischen« Landwirtschaft des Anthroposophen Rudolf Steiner, älteste ökologische Wirtschaftsweise, 3500 Betriebe mit 670000 ha)

Gäa Ökologischer Landbau
Am Beutlerpark 2, 01217 Dresden
Tel. 0351/4012389, Fax 0351/4015519
www.gaea.de
(wurzelt in der kirchlichen Umweltbewegung der ehemaligen DDR, 1989 gegründet, Schwerpunkt in den neuen Bundesländern, rund 270 Betriebe über 30000 ha)

Naturland
Kleinhaderner Weg 1, 82166 Gräfelfing
Tel. 089/8980820, Fax 089/89808290
www.naturland.de
(Verband für naturgemäßen Landbau, 1982 von Wissenschaftlern, Landwirten und Verbrauchern gegründet, ideologiefrei, keine spezielle Anbauweise, über 1000 Betriebe mit rund 47 000 ha)

Ökosiegel
Barnser Ring 1, 29581 Gerdau/Barnsen
Tel. 05808/1834, Fax 05808/1834
(1988 von biologisch-dynamischen und organisch-biologischen Landwirten gegründet, Schwerpunkt in Norddeutschland, rund 20 Betriebe mit über 1000 ha)

Ein staatliches Biosiegel zeichnet seit 2001 diejenigen Waren aus, die auf der Grundlage der EG-Öko-Verordnung von 1991 produziert wurden. Diese Verordnung ist im Verhältnis zu den Richtlinien einiger deutscher Anbauverbände wie Demeter und Bioland weniger strikt. Die Regierung wollte damit jedoch vielen Bauern den Schritt vom konventionellen zum ökologischen Landbau erleichtern. Die Kriterien für das neue Biosiegel sind:

- Produktion weitestgehend ohne chemisch-synthetische Pflanzenschutzmittel,
- Verzicht auf mineralischen Stickstoffdünger,
- artgerechte Tierhaltung und Erhalt der Artenvielfalt,
- Schutz von Boden, Wasser und Luft,
- Schaffung und Erhaltung eines vielfältigen Lebens im Boden,
- Reduzierung des Energieverbrauchs und Schonung der Rohstoffreserven,
- Ausrichtung auf eine Kreislaufwirtschaft mit möglichst geschlossenen Nährstoffzyklen,
- Verzicht auf Gentechnik,
- Transparenz bei der Erzeugung und Herstellung von Lebensmitteln.

Allerdings dürfen:

- bis zu 30 Prozent eines Produkts aus konventioneller Landwirtschaft stammen,
- auch Betriebe das Label nutzen, die nur teilweise ökologisch wirtschaften,
- Futtermittel unbegrenzt zugekauft werden.

Ökologische Bezugsquellen listet die Zeitschrift »Öko-Test« im Internet nach Regionen gegliedert unter www.carechannel.de auf.

sein, also aus ökologischer Produktion oder von einem Bauern oder Metzger Ihres Vertrauens stammen. Denn einfach nur die Fleischsorte zu wechseln, reicht nicht: Bei Schweinen oder Geflügel sind zwar bisher keine BSE-Erkrankungen bekannt. Es kann aber auch sein, dass diese Tiere nur nicht lange genug leben, um das Leiden sichtbar zu machen. Ein BSE-Risiko kann auch hier nicht mit letzter Sicherheit ausgeschlossen werden.

Seit Jahren kontrovers diskutiert wird die Frage, ob Schafe BSE übertragen können. Die Schafskrankheit Scrapie ist nach bisherigem Wissensstand für den Menschen nicht ansteckend. Deshalb gelangte immer wieder auch Fleisch von infizierten Tieren in den Handel. Unklar ist aber, ob nicht hinter einigen der Scrapie-Symptome längst eine Schaf-Variante von BSE steckt. Leider gibt es noch keinen Test, um das nachzuweisen. Hinzu kommt die Tatsache, dass die Prionen beim Schaf anscheinend nicht nur überwiegend im Nervengewebe konzentriert sind wie beim Rind, sondern durchaus auch in den Muskeln vorkommen, also jenen Teilen, die bevorzugt gegessen werden.

Was macht die Gentechnik mit der Pflanze?

Ein **Gen** ist die kleinste **Einheit** des Erbguts, die für die Ausprägung einer **Eigenschaft** wie Farbe oder Geruch verantwortlich ist. In jeder Zelle, in jedem Organismus befinden sich Gene. Gemeinsam bilden sie die **DNS** (Desoxyribonukleinsäure), einen spiralförmig gewundenen Doppelstrang, der als **Erbgut** in den Chromosomen der Zellkerne liegt.

Wenn sich an einem Gen die Bausteine ändern, ändert das auch seine Eigenschaft. Solche **Mutationen** können **spontan** auftreten oder durch **Strahlung** oder **chemische Bäder** ausgelöst werden – wie bei der klassischen Pflanzenzucht. Bei der **Gentechnik** wird das Innere der Zelle mit einer winzigen Kanone **beschossen,** um Fragmente eines **fremden Erbguts** einzubringen. Ob die Manipulation gelingt, ist im Moment noch Glückssache. Die Mutation kann dann immer weiter vererbt werden oder auch wieder verschwinden.

Gefahren durch Gentechnik

Ein anderes Thema, das heiß diskutiert wird und auch schon viele Kinder interessiert, ist die Gentechnik. Die Vorstellung, dass in eine Pflanze ein Gen aus einem ihr völlig fremden Organismus eingebaut wird, um ihre Eigenschaften zu verändern, bereitet ihnen wie den meisten Menschen Unbehagen. Und in der Tat sind mit der Gentechnik viele Probleme verbunden.

Noch deutlicher als die direkten Auswirkungen auf die menschliche Gesundheit sind zunächst die ökologischen Folgen. Die erste Generation von gentechnisch veränderten Nutzpflanzen ist vor allem deshalb geschaffen worden, um die Produktion zu steigern: Den Pflanzen wurden Gene aus Bodenbakterien eingesetzt, die Gifte produzieren, um Fressfeinde umzubringen. Das Versprechen ist, dass dadurch weniger Pflanzenschutzmittel notwendig würden. Das Risiko: dass man auch für die Landwirtschaft positive Insekten schädigt.

Außerdem sind die bisherigen gentechnischen Methoden noch so grob, dass die Veränderung am Erbgut nach sehr vielen Fehlversuchen durch Zufall erfolgt: Um jedoch herauszufinden, bei welcher Pflanze die Manipulation geglückt ist, wird diese mit einem Gen gekoppelt, das sie widerstandsfähig gegen Antibiotika macht. Die Pflanzen, bei denen

Das Gros der Bevölkerung lehnt gentechnisch veränderte Lebensmittel ab, deshalb ruhen die Anträge zur Zulassung in der EU.

das fremde Erbgut angekommen ist, reagieren nicht mehr auf Antibiotika, sondern wachsen weiter. Die Angst: Solche Antibiotika-Resistenzen könnten als genetische Information auf andere Lebewesen und letztlich auch auf den Menschen übertragen werden, so dass Medikamente im Krankheitsfall nicht mehr wirksam sind.

Antibiotika-Marker werden bei den neueren Gentech-Pflanzen nicht mehr eingesetzt, aber ein ähnliches Problem stellt sich bei der in Soja oder Mais eingebauten Pestizidresistenz: Sie soll die Pflanze widerstandsfähig gegen Gifte machen, damit beim Spritzen nur das Unkraut eingeht. Die Befürchtung: Die Erbinformation wird frei und schafft superstarke Unkräuter, gegen die kein Gift mehr hilft.

Die Anti-Matsch-Tomate

Das legendäre erste Lebensmittel, das gentechnisch verändert auf den Markt kam, war »Flavr Savr«, eine Tomate, die nicht mehr grün geerntet werden sollte, um schnittfest und nachgereift beim Konsumenten anzukommen. Stattdessen sollte sie am Pflanzenstock ausreifen und trotzdem noch so hart sein, dass sie ohne größere Verluste auch über weitere Entfernungen transportiert werden konnte. Dazu wurde mithilfe eines Gens ein Enzym unterdrückt, das für den Abbau der Zellwände der Tomate verantwortlich ist. Seit 1994 ist die Anti-Matsch-Tomate in den USA zugelassen. In der EU gibt es sie nur in England, wo sie – entsprechend gekennzeichnet – aber nur als Tomatenmark erhältlich ist. Im

Übrigen hat sich herausgestellt, dass das ursprüngliche Ziel, die lange Festigkeit, nicht erreicht wurde, die Tomaten sollen aber besser schmecken.

Gen-Soja in 30000 Lebensmitteln

Viel weiter verbreitet sind Extrakte gentechnisch veränderter (herbizidresistenter) Sojabohnen, die seit 1996 in Europa auf dem Markt sind und inzwischen in über 30000 Lebensmitteln stecken. Soja ist eine der weltweit wichtigsten Quellen für Grundstoffe der Lebensmittel- und Futterindustrie: Die Bohnen liefern Eiweiß (für Fertiggerichte und Diätgetränke), Öl (für Saucen, Dressings und Chips) und Lezithin (für Schokoladen, Backwaren und Kakaogetränke). Sojaschrot, Mais und Raps, alle herbizidresistent durch Gentechnik, sind auch wesentliche Bestandteile des Tierfutters. Maisstärke wird jedoch auch in Lebensmitteln verwendet, zum Binden oder als Süßstoff.

Alles Käse

Käse wird mit einem Enzym hergestellt, das aus den Mägen säugender Kälber stammt und dafür sorgt, dass die Milch eindickt. Seine Gewinnung ist aufwendig und teuer. Deshalb wurden Gene in Mikroorganismen übertragen, die nun das Enzym – Chymosin – auch ohne Kalb produzieren können: im Bioreaktor. Das spart Energie und Abfall. In den USA und in Großbritannien wird bereits der größte Teil des Hartkäses mit Gen-Chymosin erzeugt. Seit 1997 darf es auch in Deutschland angewendet werden.

Und dann gibt es noch transgene Tiere: Schweine mit menschlichen Genen, die Spenderorgane für den Menschen liefern sollen, oder Schafe, die in ihrer Milch Medikamente herstellen. Als Lebensmittel sind ihre Produkte noch nicht auf dem Markt. Erwartet werden in den USA als erstes gentechnisch veränderte Lachse und Forellen, die schneller wachsen.

Was will die grüne Gentechnik?

Die grüne Gentechnik hat sich zum Ziel gesetzt, Pflanzen so zu manipulieren, dass zu ihrer Produktion **Rohstoffe, Energie und Wasser** gespart werden. Lebensmittel sollen **haltbarer und besser lagerfähig** werden.
Die Ziele klingen zunächst gut: Mithilfe der Gentechnik kann man **Inhaltsstoffe manipulieren** und Reis mit mehr Vitamin B oder Kartoffeln mit wertvollen Aminosäuren herstellen. In Japan zum Beispiel gibt es bereits speziellen Gen-Reis für **Allergiker.** Langfristig arbeiten Unternehmen daran, **Arzneien** in Lebensmittel »einzubauen«, zum Beispiel in Bananen, die eine Impfung ersetzen. Mithilfe von gentechnisch veränderten Tieren und Mikroorganismen werden bereits einzelne Arzneistoffe wie etwa Humaninsulin hergestellt.
Neben den **unkalkulierbaren Risiken für die Umwelt** und den Menschen verbirgt sich hinter der grünen Gentechnik aber auch der Versuch, die Lebensmittelproduktion vom Saatgut über die Spritzmittel bis zum fertigen Produkt zu **konzentrieren.** Zu diesem Ziel haben sich führende Unternehmen der Chemie- und Pharmabranche zu internationalen Life-Science-Konzernen zusammengeschlossen. Sie bedrohen vor allem auch die unabhängigen Bauern in der Dritten Welt. Diese sollen bald **Lizenzgebühren** an die Unternehmen zahlen.

Lebensmittel-Roulette

Der Verzehr solcher Lebensmittel birgt unbekannte Risiken. Zum einen können durch die verpflanzten Gene artfremde Eiweiße auf Pflanzen oder Tiere übertragen werden, mit denen zum Beispiel ein Allergiker nicht rechnet: Wenn etwa in der Paranuss ein Erdnuss-Gen steckt, kann das unsichtbare Erbgut für ihn zur tödlichen Bedrohung werden. Zum zweiten wird durch die Gen-Manipulation der Stoffwechsel in einer Pflanze verändert und möglicherweise nicht nur an der gewünschten Stelle, sondern an ganz anderen Orten. Das könnte dazu führen, dass mehr von den Giftstoffen produziert wird, die die Pflanze ohnehin herstellt – das Solanin in der Kartoffel zum Beispiel.

Auch die Folgen, die ein gentechnisch produziertes Eiweiß auf unseren Organismus hat, sind noch nicht klar: Was passiert, wenn wir im Mais einen Stoff zu uns nehmen, der normalerweise in einem Bodenbakterium produziert wird, das bisher nicht auf unserem Speiseplan stand?

Gen-Bürokratie

Die »Freisetzung«, also der Anbau manipulierter Pflanzen zu Forschungszwecken, muss wegen der vielen unbekannten Risiken genauso streng geprüft werden wie eine Zulassung als Nahrungsmittel.

Als »neuartige« Lebensmittel wurden Gen-Produkte bisher im Rahmen der EU-weiten »Novel Food«-Verordnung zugelassen. In Deutschland prüfen das Robert-Koch-Institut in Berlin und das Bundesinstitut für gesundheitlichen Verbraucherschutz und Veterinärmedizin (BgVV) die Anträge und stellen toxikologische und ernährungsmedizinische Untersuchungen an. Die Überwachung und Kontrolle der vermarkteten Produkte liegt dann bei den Lebensmittelüberwachungsbehörden der einzelnen Länder. Doch konnten bisher nur bekannte gentechnische Veränderungen nachgewiesen werden – man fand nur das, wonach man gezielt suchte, und war auf die Zusammenarbeit mit den Herstellern angewiesen.

Kennzeichnung ab einem Prozent

In Zukunft soll die Gentechnik aus der »Novel Food«-Richtlinie herausgenommen und in einer eigenen EU-Verordnung geregelt werden. Diese bezieht auch Futtermittel ein.

Welche Lebensmittel demnächst als »gentechnisch verändert« gekennzeichnet werden müssen, soll dann nicht mehr davon abhängen, ob die genetische Manipulation im Endprodukt noch nachweisbar ist. Entscheidend ist der Produktionsprozess. Dazu muss ein lückenloses Dokumentationssystem erarbeitet werden. Das soll auch ermöglichen, dass sich gentechnische Produkte bis zu ihrem Ausgangspunkt zurückverfolgen lassen, falls Risiken deutlich werden.

Gekennzeichnet werden müssen Lebensmittel, die selbst noch ein GVO, ein »gentechnisch veränderter Organismus«, sind – wie die Anti-Matsch-Tomate. Oder sie enthalten GVOs, zum Beispiel gentechnisch veränderte Milchsäurebakterien in einem Joghurt. Auch Zusatzstoffe und Aromen aus GVO, zum Beispiel Lezithin aus Gensoja, müssen ausgewiesen werden.

Cornflakes aus transgenem Mais oder eine Tiefkühlpizza mit Gen-Sojaeiweiß sollen in Zukunft gekennzeichnet werden, wenn mehr als ein Prozent des Lebensmittels gentechnisch verändert wurden. Diese Grenze ist eingeführt worden, weil gerade bei Soja, Mais und Raps Verunreinigungen mit Gentechnik kaum mehr auszuschließen sind, wenn sie nicht völlig getrennt angebaut, geerntet, transportiert, gelagert und vermahlen werden. Die

Grenze ist dennoch umstritten: Das Europäische Parlament schlägt vor, sie auf 0,5 Prozent zu senken. Der Streit wird sich vermutlich noch einige Jahre hinziehen.

Keine Kennzeichnungspflicht besteht für Lebensmittel oder deren Zutaten, die unter Einsatz von gentechnisch produzierten Enzymen hergestellt wurden, zum Beispiel beim Käse. Ebenfalls nicht gesondert ausgewiesen werden tierische Produkte, zu deren Gewinnung Futtermittel mit Anteilen an transgenen Pflanzen eingesetzt werden.

Nur Spuren

Wegen des anhaltenden Widerstands der Bevölkerung haben gentechnische Lebensmittel bisher in Europa kaum einen Markt erobern können. Die Großen der Branche warten auf eine Änderung des Meinungsklimas. Viele mittelständische Hersteller haben komplizierte Produktionsketten aufgebaut, um zu garantieren, dass keine GVOs mehr in ihrem Endprodukt sind. Die Stiftung Warentest, die im Sommer 2002 Lebensmittel untersuchte, fand in jedem dritten von 82 Produkten Spuren aus Gen-Mais oder -Soja. Die Anteile lagen aber (bis auf drei) alle unter 0,1 Prozent.

Enttäuschtes Vertrauen

Dioxin in der Schokolade, Antibiotika in Chicken Nuggets, das Pflanzengift Nitrofen im Biogetreide und Wachstumshormone in der Cola – immer wieder neue Lebensmittelskandale erschüttern das Vertrauen der Verbraucher in das, was sie essen und trinken.

Es gibt zwar eine Unmenge von Vorschriften, die Produktion und Verkauf von Lebensmitteln europaweit regeln. Aber da die meisten Lebensmittel industriell erzeugt sind, bestehen sie aus einer Vielzahl von Einzelzutaten, die an völlig verschiedenen Orten erzeugt wurden, über Tausende von Kilometern transportiert und irgendwo zu dem zusammengesetzt wurden, was dann in einer bunten Verpackung im Regal steht.

Selbst die Tiere, Schweine zum Beispiel, werden »arbeitsteilig erzeugt«. Bei dem einen Landwirt werden sie zur Welt gebracht, der andere zieht die Ferkel auf, der dritte mästet sie, sie werden zwischengehandelt, weitervermehrt und geschlachtet – immer dort, wo es gerade am billigsten ist. Die langen Transportwege fallen kaum ins Gewicht: In unserem Agrarsystem ist es billiger, Weizen in riesigen Schiffsladungen aus Kanada zu importieren, als das Futtergetreide von einem Landwirt im Umkreis von 100 Kilometern zu kaufen!

Keine Transparenz

Unter solchen Umständen wird der Anspruch, die Sicherheit der Lebensmittel zu kontrollieren, immer schwieriger und der Aufwand im-

Unser Tipp: Öko-Kiste

- **Eine Idee setzt sich durch: ökologisch erzeugte und gentechnikfreie Lebensmittel »frei Haus«. 1996 schlossen sich zehn ambitionierte Öko-Landwirte in Bayern zusammen und stellten gemeinsam einen Bio-Gemüse-Lieferservice an private Haushalte auf die Beine – die Öko-Kiste. Das Projekt macht bundesweit und auch in Österreich Schule.**
- **Ob es in Ihrer Nähe einen entsprechenden Lieferservice gibt, können Sie auf der Verbandsseite abfragen: www.oekokiste.de.**

mer größer. Die führenden Lebensmittelhersteller versuchen, die Qualität ihrer Markenprodukte über Vertragsanbau und ähnliche feste Bindungen an Lieferanten zu sichern. Aber der Markt ist so groß wie die Welt, Grauzonen gibt es überall.

Für die Qualität eines Produkts haftbar gemacht werden Erzeuger, Hersteller und Importeure. Überwacht wird die Einhaltung der Vorschriften von der amtlichen Lebensmittelüberwachung. Es wird kontrolliert, ob Rückstände von Pestiziden oder Verunreinigungen durch Schimmel oder Schädlinge vorliegen, der Inhalt der Deklaration auf der Verpackung entspricht und richtig gekennzeichnet wurde. Aber es können immer nur Stichproben genommen werden. Und wenn etwas bei den Kontrollen durchrutscht, dann – so zeigte sich zum Beispiel beim Skandal um das mit dem Pflanzenschutzgift Nitrofen verunreinigte Ökogetreide – sind immer gleich Tausende von Menschen betroffen.

Mehr Durchblick

Deutschland hat das spezielle Problem, dass die Lebensmittelüberwachung von Bundesland zu Bundesland anders gegliedert ist – obwohl viele der Rohstoffe auf dem Weg zum Endprodukt ständig zwischen diesen hin- und hertransportiert werden. Zwei neue Behörden, das Bundesamt für Verbraucherschutz und für Lebensmittelsicherheit (BVL) und das Bundesinstitut für Risikobewertung (BfR), sollen sich um mögliche gesundheitliche Gefahren durch Nahrungsmittel kümmern. Außerdem sollen unabhängige Kontrolleure und Herstel-

Was bewirkt die Bestrahlung von Lebensmitteln?

In rund 40 Ländern der Welt werden Lebensmittel durch den Beschuss mit radioaktiven Isotopen wie Kobalt 60 und Cäsium 127 **haltbar** gemacht. Die Lebensmittel selbst werden aber **nicht radioaktiv.**

Mit der Bestrahlung werden in Lebensmitteln unvermeidbar vorkommende **Mikroorganismen** (wie Salmonellen, Campylobacter, Shigellen oder Listerien), die zum Beispiel in Gewürzen, Garnelen oder Geflügelfleisch stecken können, **abgetötet**, um das Risiko von Lebensmittelvergiftungen praktisch auszuschalten. Die Strahlen können auch das **Auskeimen** von Kartoffeln und Zwiebeln oder Knoblauch **verhindern** oder die **Saftausbeute** bei Obst **erhöhen**. Was die Strahlen nicht können, ist bei einem leicht verdorbenen Lebensmittel die nicht mehr vorhandene Frische wiederherzustellen.

Ob der Verzehr bestrahlter Lebensmittel **gesundheitliche Risiken** birgt, ist – trotz zahlreicher Studien – umstritten. Außerdem gehen Nährstoffe und Vitamine verloren, insbesondere die Vitamine A, C, B1, B6 und B12. Bei Kartoffeln etwa werden – je nach Dosis – über 40 Prozent des Vitamin C zerstört, bei Weintrauben sollen es sogar 60 Prozent sein.

In Deutschland erlaubt der Gesetzgeber ausschließlich die Bestrahlung von Gewürzen. Innerhalb der EU ist diese keimtötende Methode in Frankreich, Belgien und den Niederlanden erlaubt und wird auch kommerziell genutzt, Großbritannien, Spanien, Italien und Dänemark könnten laut Gesetz bestrahlen. Alle in der EU vermarkteten, bestrahlten Lebensmittel müssen entsprechend **gekennzeichnet** sein. Ein **Export** dieser Produkte nach Deutschland ist **nicht zulässig**.

ler in Zukunft verpflichtet sein, verdächtige Erkenntnisse sofort anzuzeigen und nicht, wie in der Vergangenheit, Artikel im Geheimen zurückzurufen.

Codex des Essens

Die wichtigsten Entscheidungen über das Essen werden aber gar nicht mehr von der eigenen Regierung, auch nicht von der EU-Kommission getroffen, sondern irgendwo hinter verschlossenen Türen.

Seit dem Abschluss eines umfassenden Welthandelsabkommens 1995 ist die World Trade Organization WTO nämlich auch die oberste Schiedsinstanz über den Lebensmittelmarkt. Sie kann darüber entscheiden, welche Rückstände, Zusätze und Veränderungen in Lebensmitteln im Rahmen des freien Welthandels von den Mitgliedsländern toleriert werden müssen. Verstöße wie Importverbote werden mit hohen Geldbußen geahndet. So hat die WTO die Europäische Union dazu verurteilt, mit Hormonen behandeltes Fleisch auf ihre Märkte zu lassen – obwohl dieses nach der europäischen Gesetzgebung verboten ist. Vorläufig weigert sich die EU jedoch, und die Amerikaner haben die Strafe noch nicht eingefordert. Solche Handelskonflikte werden auf anderen Wegen in Geheimdiplomatie geregelt.

Grundlage für die Schiedssprüche der WTO sind die Entscheidungen der Codex-Alimentarius-Kommission. Seit 1994 legt dieser internationale Ausschuss, in den Behör-

Trinkwasser ist eines der bestkontrolliertesten Lebensmittel überhaupt.

den, aber auch Industriefirmen ihre Vertreter entsenden, alle entscheidenden Standards fest, die den Welthandel normieren sollen: Vorschriften über Kennzeichnung, Hygiene und Verpackung. Wie viel Kakao muss in der Schokolade sein? Wie soll Fisch verpackt werden? Mit solchen Fragen befassen sich die 165 Mitgliedsstaaten in mehr als 30 Ausschüssen.

Viele Staaten haben aber gar nicht das Geld, zu den Vollversammlungen nach Rom oder Genf zu kommen, oder sie müssen das von den zahlreichen Lobby-Organisationen finanzieren lassen. Entscheidungen treffen deshalb nur ein gutes Dutzend Staaten, denen es überwiegend um die Durchsetzung ihrer Handelsinteressen geht. So wollen die USA seit langem europäische Rohmilchprodukte verbieten lassen, weil diese gesundheitsgefährlich seien. Vor allem aber wollen sie ihr billiges Milchpulver als Rohstoff für die Käseherstellung auch in der EU absetzen.

Häufig gibt es Streit um Importverbote, die sich auf gesundheitliche Bedenken, Umwelt- oder Tierschutz berufen. Solche Einwände gelten der WTO als »verstecktes Handelshemmnis«. Sie werden nur dann anerkannt, wenn das betreffende Land wissenschaftlich nachweisen kann, dass seine Bürger durch ein bestimmtes Produkt bedroht sind – was nur selten in dieser Klarheit möglich ist. Denn die Grenzwerte für Agrargifte, Zusatzstoffe und radioaktive Strahlung sind international so unterschiedlich, dass sie für eine einheitliche Risikobeurteilung nicht taugen. Obwohl zum Beispiel weltweit rund 1300 Pestizide eingesetzt werden, regeln die Codex-Bestimmungen nur die Rückstände von etwa 200.

Die Codex-Alimentarius-Kommission hat zwar nicht mehr den Ruf einer Geheimgesellschaft, seit alle wichtigen Sitzungen inzwischen öffentlich verhandelt werden. Aber die wesentlichen Entscheidungen werden im Vorfeld getroffen: Die Zahl der multinationalen Konzerne ist oft größer als die der staatlichen Vertreter.

Die Beschlüsse werden zwar mehrheitlich gefällt, aber demokratisch kann man die Arbeit dieses Experten- und Lobby-Gremiums nicht gerade nennen: Bei der Frage, ob hormonbehandeltes Fleisch schlecht für die Gesundheit ist oder nicht, kam es zu einem sehr knappen Mehrheitsvotum. 33 von 29 Ländern entschieden sich dafür, dass die Welt in Zukunft Hormonfleisch auf ihren Märkten zulassen muss.

Unser Tipp: Kaufen Sie regional und ökologisch!

- ✔ **Um den vielfachen Lebensmittelrisiken aus dem Weg zu gehen, gibt es nur ein Rezept: Kaufen Sie Ihre Lebensmittel frisch und regional von einem Bäcker, Metzger oder Landwirt Ihres Vertrauens.**
- ✔ **Bevorzugen Sie Produkte aus ökologischem Landbau und verzichten Sie weitgehend auf Fertigprodukte!**

Fast schon erwachsen:
Die schwierigen Jahre der Pubertät

Wer kennt sie nicht, die schwierigen Zeiten, wenn das eben noch süße Kind plötzlich mit den Türen knallt, alle Erwachsenen bescheuert findet und stundenlang vor dem Spiegel steht – um sich anschließend heulend im Bett zu vergraben. Die Pubertät ist eine mühsame Phase, nicht nur für die betroffenen Eltern. Die Hormone machen aus einem in den Tag hinein lebenden, verspielten Kind einen Teenager, der keine Zukunft sieht und Mühe hat, zu akzeptieren, dass doch alles anders wird: der Körper, die Stimme, die Stimmungen.

Die Teenager sind seltener zu Hause, sie kapseln sich ab, lassen in der Schule nach und hören mehr auf ihre Freunde als auf ihre Familie. Viele Eltern bekommen jetzt Panik, dass ihr Kind außer Kontrolle gerät, und in der Tat ist die Zeit der Pubertät ein einziges Kräftemessen: mit den Eltern, der Gesellschaft, dem unsicher gewordenen Ich.

Vor allem Frauen sind gefährdet

In dieser Phase der gespaltenen Wahrnehmung zwischen Kind- und Erwachsensein können gefährliche Essstörungen auftreten, die keinesfalls ignoriert werden sollten. Denn sie verlaufen im schlimmsten Fall tödlich.

In den vergangenen Jahren haben Esssucht, Magersucht und Bulimie (Ess-Brech-Sucht) beunruhigend rasch zugenommen. Jede vierte deutsche Frau ist nach Informationen des Frankfurter Zentrums für Essstudien essgestört: 13 Prozent davon haben einen krankhaften Drang, sich vollzustopfen, sieben Prozent entleeren sich nach einer Mahlzeit mit selbst ausgelöstem Erbrechen und/oder Abführmitteln und fünf Prozent sind magersüchtig. Die meisten dieser Essstörungen haben in der Pubertät begonnen. Knapp die Hälfte der 13- bis 14-jährigen Mädchen haben bereits eine Diät hinter sich.

Sucht nach nichts

Besonders gefährlich ist die Magersucht. Jede hundertste junge Frau im Alter von 14 bis 22 Jahren ist davon betroffen. Diese Frauen haben eine völlig gestörte Körperwahrnehmung: Sie halten sich immer noch für zu dick, auch wenn ihr Skelett bereits unter der Haut sichtbar wird. Und sie haben nur ein Ziel: ihren Hunger zu unterdrücken und noch weiter abzunehmen.

Magersüchtige Mädchen haben oft auch andere Probleme: Schon bevor die Krankheit auftritt, leiden viele von ihnen unter Depressionen oder Trennungsängsten. Selbst wenn sie scheinbar geheilt sind, wechseln sie oft nur das psychische Leiden und klagen über andere Symptome wie Angstzustände. Leider werden längst nicht alle Magersüchtigen kuriert: 10 bis 15 Prozent sterben, so Beate Herpertz-Dahlmann von der Klinik für Kinder- und Jugendpsychiatrie in Aachen.

Und auch bei den jungen Männern zwischen 10 und 25 Jahren haben die Störungen massiv zugenommen. Rund zehn Prozent der

Eben noch unbeschwerte Kinder, im nächsten Moment komplizierte junge Frauen: In der Pubertät wechseln die Rollen ständig.

deutschen Männer, behauptet der Ernährungspsychologe Volker Pudel, haben Probleme mit dem Essen.

Diäten im Alter von zehn

Viele Betroffene glauben, sie könnten sich von ihrer Krankheit allein wieder befreien, und lehnen deshalb lange Zeit jede Hilfe ab. Auch Eltern versuchen meist zu lange, die Krankheit ihrer Tochter oder ihres Sohnes in der Familie zu bewältigen.

Die wenigsten Menschen mit Essstörungen begeben sich rechtzeitig in Behandlung. Beim Arzt landen nach Schätzungen nur 40 Prozent. Die Dunkelziffer ist hoch. Dabei wäre es wichtig, rechtzeitig Hilfe zu suchen: Je früher das Krankheitsbild behandelt wird, umso größer sind die Heilungschancen. Mit Verhaltenstherapien in der Gruppe lernen die Betroffenen, ihre Körperfixiertheit aufzugeben und wieder gemeinsam mit anderen zu essen. Aber die Prognosen sind schlecht: Zwei Drittel der Patientinnen schwanken ihr ganzes Leben lang zwischen Kleidergröße 36 und 46, zwischen Hunger und Essattacken.

Deshalb ist es wichtig, Essstörungen nicht als pubertären Schlankheitstick zu verharmlosen, warnt Monika Gerlinghoff, Psychotherapeutin am Münchner Therapie-Zentrum für Essstörungen. Die meisten ihrer Patientinnen sind angepasste Musterkinder, die Schlanksein mit Leistung und Erfolg

Wie erkenne ich eine Essstörung?

Magersucht:

- Ihre Tochter will unbedingt schlanker werden.
- Sie hat panische Angst zuzunehmen.
- Sie isst so wenig Kalorien wie möglich oder beschränkt sich auf bestimmte Lebensmittel (nur Salat oder Gemüse).
- Sie isst sehr langsam oder hält vielleicht auch bestimmte Rituale beim Essen ein (nie nach 18 Uhr, Frühstück erst nach dem Sport usw.).
- Sie erbricht absichtlich oder nimmt Abführmittel, um abzunehmen.
- Sie wiegt sich mehrmals täglich.
- Sie treibt übertrieben viel Sport.
- Sie will partout nicht wahrhaben, dass sie viel zu dünn ist.
- Sie hat seit mehr als drei Monaten keine Regelblutung mehr.
- Sie sieht keine Notwendigkeit, etwas an ihrem Verhalten zu ändern oder zum Arzt zu gehen.

Bulimie:

- Ihre Tochter hat wiederholt Heißhungerattacken, bei denen sie große Mengen isst.
- Nach solchen Anfällen erbricht sie, um die Nahrung wieder loszuwerden.
- Ihre Tochter nimmt regelmäßig Abführmittel oder Appetitzügler.
- Zwischendurch versucht sie immer wieder, ganz wenig zu essen.
- Sie hat Menstruationsstörungen.
- Sie sieht ihren Körper anders, als er ist.
- Sie fällt eventuell auch auf durch Ladendiebstahl (oft von Lebensmitteln), Alkohol- oder Tablettenkonsum, unkontrolliertes Geldausgeben oder Verletzungen, die sie sich selbst zugefügt hat.

Gestörte Wahrnehmung: Magersüchtige finden sich viel zu dick, auch wenn sie kurz vor dem Verhungern sind.

gleichsetzen. Essen wirkt bei ihnen wie eine Droge, mit der man negative Gefühle verdrängen kann. Das Erschreckende daran: Die Patientinnen werden immer jünger.

Von 700 befragten Viertklässlern haben schon 30 Prozent Diäten gemacht oder Abführmittel geschluckt, um nicht zuzunehmen. Die Prävention, sagt Gerlinghoff, müsse eigentlich schon im Kindergarten beginnen.

Bis zum Erbrechen

Essstörungen, glauben viele Experten, sind keine Modekrankheit, sondern sie werden die Gesellschaft auch in Zukunft vor große Probleme stellen. Jeder dritte Amerikaner, der wegen seines Übergewichts einen Therapeuten aufsucht, ist bereits ein »binge eater« – er kann mit dem Essen nicht mehr aufhören und stopft Nahrung in sich hinein bis zum Erbrechen. Bei den extrem Übergewichtigen zähle jeder Zweite zu dieser speziellen Gruppe der Bulimiker, bestätigen auch die Sozialmediziner des Zürcher Universitätsspitals.

Die Dunkelziffer ist hoch: Jeder vierte Schweizer, glaubt die Ärztin Bettina Isenschmid vom Inselspital Bern, leidet unter Fressanfällen. Die meisten lebten sie heimlich aus: allein vor dem Fernseher oder im Auto – aber immer mit Scham und Schuldgefühlen.

Jeder Bürger eines reichen Industrielandes, haben Soziologen errechnet, wird täglich an die zwanzig Mal mit dem verführerischen Anblick opulenter Speisen konfrontiert. Da feste Essenszeiten nicht mehr üblich und Lebensmittel überall zu haben sind, sind viele Menschen dieser ständigen Verführung nicht mehr gewachsen. Das setzt einen gefährlichen Kreislauf in Gang: Zucker und leicht verdauliche Kohlenhydrate sorgen für eine kurzfristige Hochstimmung, die bald darauf durch Scham und Depressionen abgelöst wird – bis wieder der Heißhunger kommt.

Im Pet-Scan, einem bildgebenden Verfahren, mit dem man die Hirnaktivität messen kann, lässt sich dieses Wechselspiel genau verfolgen. Dort sieht man auch, dass durch Essen zum Teil dieselben Regionen aktiviert werden wie durch Kokain oder Heroin. Trotzdem zögern viele Experten, Essstörungen als Sucht zu verstehen. Zwar sind die Betroffenen besessen von dem Gedanken an Essen, aber ihre Entzugserscheinungen sind nicht vergleichbar mit denen einer Droge.

Essen statt Liebe

Das krankhafte Verlangen nach Nahrung – »food craving« im internationalen Sprachgebrauch – ist hormonell und damit auch emotionell gesteuert. So beeinflusst das Hormon Oxytocin (das unter anderem nach der Geburt die Brustdrüsen zur Milchproduktion anregt) auch über die Mutter-Kind-Beziehung hinaus die Fähigkeit zu emotionalen Bindungen. Menschen mit einem hohen Oxytocin-Spiegel, vermuten schwedische Forscher, reagieren auf Einsamkeit mit Hunger. Essen als Selbstbefriedigung wird auch anerzogen – etwa wenn ein Kind regelmäßig mit Süßigkeiten getröstet wird.

Coolness aus der Dose

Die Stimmung wechselt oft in der Pubertät. Nicht zuletzt deshalb sind unter Jugendlichen auch Getränke »in«, die versprechen, gute Laune zu machen und damit schon fast so etwas sind wie Wein, Bier oder Sekt bei den Erwachsenen.

Neuartige Erfrischungsgetränke erobern seit einigen Jahren die Kühltheken von Tankstellen, Modeshops und Fitness-Centern, auch in Apotheken oder in Szenekneipen und Discos sind sie erhältlich. Sie versprechen, »Flügel zu verleihen«, »Geist und Körper« zu beleben oder schlicht »Energie für die Sinne« zu

Unser Tipp: Essstörungen vorbeugen

- ✔ **Stillen Sie Ihr Kind – es hat später weniger Probleme mit seinem Stoffwechsel und dem Gewicht.**
- ✔ **Belohnen Sie Ihr Kind nicht mit Essen oder Süßigkeiten und bestrafen Sie es auch nicht durch Entzug oder den Zwang aufzuessen.**
- ✔ **Gewöhnen Sie Ihr Kind an regelmäßige Essenszeiten.**
- ✔ **Streiten Sie nicht bei Tisch: Die Mahlzeiten sollten in entspannter und positiver Atmosphäre ablaufen.**
- ✔ **Achten Sie auf Warnsignale wie das Verstecken von Lebensmitteln oder ständiges Wiegen.**
- ✔ **Geben Sie Ihrem Kind kein schlechtes Vorbild durch Diäten, sondern essen auch Sie vollwertig und gesund.**

liefern. Sie sollen wach für die Schule machen oder fit für durchtanzte Nächte, tragen exotische Namen und bunte Farben und werden peppig beworben. »Coole« Produkte für eine Klientel, die sich erwachsen fühlt, aber doch ganz anders als die ältere Generation sein will. Allein vom Kult-Getränk »Red Bull« verkauften sich europaweit 300 Millionen Dosen im Jahr.

Hinter solchen Designergetränken stecken Mischungen aus kohlensäurehaltigem Wasser und mehr oder weniger willkürlich zusammengesetzten Baustoffen aus völlig unterschiedlichen pflanzlichen oder tierischen Rohstoffen: Extrakte aus Guarana zum Beispiel, einer südamerikanischen koffeinhaltigen Schlingpflanze, oder Taurin, ein Eiweißstoff, der angeblich die Leistung steigert. Hinzu kommen Zucker oder Süßstoff, Farbe und Aromen – und ein passendes Image, damit sich das Ganze als Energy- oder Wellnessdrink teuer verkaufen lässt.

Isotonische Getränke, die denselben osmotischen Druck wie das Blut haben und deshalb schnell aufgenommen werden, werden bei körperlicher Belastung empfohlen. Die so genannten Fun-Getränke versprechen einen Schuss Erwachsensein mit einer Dosis Bier, Spirituosen oder Wein in diversen Mixgetränken, die immerhin zwischen 2,5 und 6 Prozent Alkohol enthalten können.

Energydrinks können bei hohem Konsum zu Kreislaufproblemen führen.

Warnung vor Nebenwirkungen

Die Wirkung der aufputschenden Substanzen wie Koffein, Guarana oder Taurin zeigt in der Praxis, dass die Getränke gerade nicht bei größeren körperlichen Belastungen getrunken werden sollten. Das Bundesinstitut für gesundheitlichen Verbraucherschutz und Veterinärmedizin (BgVV) in Berlin ist beunruhigt über Berichte aus verschiedenen europäischen Ländern, in denen es nach dem Genuss von Energydrinks in Verbindung mit Alkohol und Bewegung zu Problemen mit dem Kreislauf kam. Sogar Todesfälle werden in diesem Zusammenhang diskutiert. Für eine direkte Wirkung gibt es jedoch keine Beweise. Im Sommer 2002 forderte das BgVV deshalb die Hersteller von Energydrinks dazu auf, mögliche Erkenntnisse über solche »unerwünschte Nebenwirkungen« öffentlich zu machen.

Zwar hat der Wissenschaftliche Lenkungsausschuss der EU die coolen Drinks als unbedenklich eingestuft, doch das BgVV hegt da Zweifel. So sei nicht die Möglichkeit bedacht worden, dass Kinder nicht nur auch, sondern ausschließlich Energydrinks trinken. Dies würde ihre Koffeinaufnahme deutlich erhöhen und könne zu Verhaltensveränderungen führen. Die EU-Experten seien generell von einem täglichen Konsum von einem halben Liter ausgegangen und hätten dabei nicht das »vergleichsweise extreme Verzehrsverhalten in den meist jugendlichen Verbrauchergruppen« berücksichtigt.

Damit hat das BgVV Erfahrung: Eine Mutter hatte sich dort gemeldet, deren Sohn nach dem Konsum von Bier, 2 Wodkas und 20 (!) Dosen eines Energydrinks einen Kreislaufkollaps erlitt und danach längere Zeit erkrankt war. Untersuchungen über die Wechselwirkungen zwischen den Bestandteilen der Getränke fehlten, kritisiert das BgVV weiter, und äußert aus toxikologischer Sicht »starke Vorbehalte« gegen Energydrinks, auch wenn sich diese zur Zeit noch nicht wissenschaftlich begründen ließen.

Überdosis

Taurin ist zwar ein natürliches Eiweiß, das zum Beispiel auch in Fleisch oder Meeresfrüchten vorkommt und dort nicht negativ aufgefallen ist; als Lebensmittelzusatzstoff war es jedoch früher in Deutschland verboten. Nach den Regeln der EU kann ein Lebensmittel jedoch auch hierzulande verkauft werden, wenn es in einem anderen Mitgliedsstaat zugelassen ist. Dieses Schlupfloch machten sich einige Hersteller von Energydrinks zu Nutze.

Manche Drinks, warnt das BgVV, enthielten mehr Taurin, als normalerweise über die Nahrung aufgenommen wird. Da es aber eine Schlüsselsubstanz für den Stoffwechsel ist und als Neurotransmitter im Gehirn aktiv wird, könne es möglicherweise schnell überdosiert werden – vor allem auch, weil die Verbindung aus den Getränken schneller ins Blut gelangt, als sie aus der Nahrung absorbiert wird. Auch der Wissenschaftliche Lenkungsausschuss der EU hatte darauf hingewiesen, dass es zur Zeit keinen gesicherten Grenzwert für Taurin gebe.

Aus ähnlichen Gründen rät das BgVV bei der Substanz Gluconolacton ebenfalls zur Vorsicht: Dieser natürliche Stoff kommt auch in Tieren und Pflanzen vor, aber nur selten in Lebensmitteln. Aus diesem Grund ist die Datenlage eher schmal.

Keine gesundheitliche Sicherheit

Die Experten kommen daher zu dem Schluss, dass die gesundheitliche Sicherheit von Energydrinks »unter den Voraussetzungen und Umständen, unter denen sie möglicherweise von manchen – vornehmlich jugendlichen – Konsumenten getrunken werden«, grundsätzlich in Frage zu stellen sei.

Sie fordern einen verbindlichen Warnhinweis, der über den jetzigen (»nur in begrenzten Mengen verzehren«) hinausgeht. Er soll auch vor möglichen Nebenwirkungen in Verbindung mit körperlichen Aktivitäten oder Sport warnen.

Die Höchstmengen der Inhaltsstoffe zu senken, würde nach Ansicht des BgVV nicht viel bringen, weil die Jugendlichen dann vermutlich einfach mehr konsumierten, um auf die gleiche Wirkung zu kommen (ähnlich wie die Raucher von Light-Zigaretten). Deshalb

Achtung Alkohol: für Kinder eine Gefahr!

- Das **kindliche Nervensystem** reagiert empfindlicher als das eines Erwachsenen – bereits ab 0,5 Promille Alkohol im Blut kann ein Kind bewusstlos werden. Bei Alkoholvergiftung muss sofort ein Arzt aufgesucht werden.
- Je geringer das Gewicht des Kindes ist, umso mehr bewirkt die aufgenommene Alkoholmenge einen **höheren Blutalkoholgehalt** im Körper – bereits kleine Mengen Alkohol können tödlich sein!
- Beim Schulkind liegt die **Gefahrenzone** bei etwa drei Gramm Alkohol je Kilogramm Körpergewicht, während beim Erwachsenen erst doppelt so viel zum Tode führt.
- Beim kleineren Kind fehlt das sonst so typische rauschhafte Anfangsstadium – das Kind kann schlagartig vom wachen Zustand in **tiefe Betäubung** fallen!
- Alkohol beeinträchtigt die seelisch-geistige und körperliche **Entwicklung** der Kinder maßgeblich.

Mixgetränke mit Fruchtsaft und Alkohol sind bei Jugendlichen sehr beliebt.

solle geprüft werden, ob man nicht die Zulassung der Energydrinks ganz aussetzen könne, bis es nähere Erkenntnisse über deren Wirkung gäbe.

Kinder und Alkohol

»Gut drauf« sein wollen auch diejenigen Jugendlichen, die es ihren Eltern nachmachen und Bier, Wein oder Schnaps konsumieren. Nach dem deutschen Suchtbericht trinken 200 000 Jugendliche bereits täglich Alkohol. Auch viele Zwölfjährige, so die Bundeszentrale für gesundheitliche Aufklärung in Köln, sind schon regelmäßig dabei.

In Mode gekommen ist gerade bei den jüngeren Teenagern das »binge drinking« – sich gezielt volllaufen zu lassen. Andererseits trinkt ein wachsender Anteil der Jugendlichen mäßig oder ist völlig abstinent: 34 Prozent von ihnen greifen nur selten oder nie zu Alkohol.

Die meisten Eltern sind zwar gegen Exzesse, aber tolerieren, dass ihre Kinder schon früh mit Alkohol in Kontakt kommen. Jeder zweite Erwachsene, so eine österreichische Umfrage aus dem Jahr 1996, findet es in Ordnung, dass Jugendliche ab 16 Jahren zu Hause oder auf Partys Alkohol zu sich nehmen, in Maßen versteht sich.

Fast jeder 16-Jährige, so zeigen die verschiedensten Studien, hat bereits Alkohol konsumiert. Etwa 60 Prozent der Jungen und 40 Prozent der Mädchen waren auch schon einmal betrunken. Ab diesem Alter wird mehr und öfters getrunken als vorher.

Keine Mitte: Während ein Teil der Jugendlichen sehr früh Alkohol trinkt, lehnt ein wachsener Anteil Alkohol ganz ab.

Bittere Droge

Zunächst haben Kinder eine natürliche Abneigung gegen den bitteren Geschmack des Alkohols. Aber sie überwinden sie. Wer Alkohol trinkt, wird zum Teil der Erwachsenenwelt und lernt von ihr: die Entspannung nach einem stressigen Arbeitstag, die gute Laune bei einem Fest, das Vertreiben der Langeweile. Die Eltern liefern die gesamte Palette der problematischen, schädlichen, aber auch der akzeptablen Konsummuster.

Dass Heranwachsende psychoaktive Substanzen ausprobieren, ist ein Teil ihrer Neugierde und der Lust am Tabubruch: Sie testen ihre Grenzen aus. Die eigene Erfahrung lehrt sie auch, Gefahren einzuschätzen. Ein kleiner Teil wird jedoch mit diesen Eindrücken nicht fertig, sondern benutzt den Alkohol als vermeintlichen Ausweg aus den verschiedensten Situationen, mit denen die Jugendlichen konfrontiert werden. Deshalb stellt sich immer wieder die Frage: Sollen Kinder und Jugendliche gemeinsam mit Erwachsenen Alkohol probieren dürfen oder nicht?

Auf diese Frage gibt es keine eindeutige Antwort, denn die Neigung zur Sucht ist durch viele Faktoren bestimmt, durch genetische wie durch das soziale Umfeld. Tabus helfen wenig, wenn es um Drogen geht, ein striktes Verbot macht Alkohol für Jugendliche erst interessant. Zu viel Großzügigkeit im Umgang mit dem Trinken kann aber die Hemmschwelle bereits in einem Alter senken, in der die Persönlichkeit ohnehin durch die pubertäre Identitätskrise geschwächt ist. Den größten Einfluss auf den späteren Alkoholkonsum hat auf jeden Fall das mehr oder weniger maßvolle Trink- und Konsumverhalten der Eltern. Da nutzt es nicht viel, wenn diese bei ihrem Kind altersbedingt andere Maßstäbe anlegen wollen als für sich selbst.

Nicht zu früh

Eltern sollten mit ihrem Kind über die Gefahren des Alkohols reden und auch darüber, wie sie selbst damit umgehen. Sie sollten sich und ihrem Nachwuchs klarmachen, dass Alkohol nichts für Kinder und Jugendliche ist, wegen der möglichen Nervenschäden und auch – ein besonders wichtiges Thema für diese Zielgruppe – wegen der Gefahren im Straßenverkehr. Die meisten Verkehrstoten sind jugendliche Autofahrer, die unter Alkoholeinfluss gefahren sind.

Rund zehn Prozent der Alkoholabhängigen sind Jugendliche, und ihr Durchschnittsalter sinkt. Dass selbst Teenager schon abhängig werden, liegt unter anderem auch daran, dass sie sich frühzeitig an den Geschmack des Alkohols gewöhnen. Denn er steckt in vielen Lebensmitteln, bei denen man gar nicht damit rechnet: in Suppen, Saucen, Marzipan und Konfitüre. Solchen Produkten werden geringe Mengen Alkohol zur Aromatisierung beigefügt, manchmal auch (etwa bei weichen Kuchen) zur Konservierung. Meist ist der Gehalt weniger als ein Prozent und ohne besondere Wirkung im Körper, aber der Geschmack ist deutlich spürbar. Besonders wenn er mit Süßigkeiten oder Leckereien verbunden ist, wird er rasch als positiv akzeptiert. Dazu trägt die Schwarzwälder Kirschtorte mit ihrem Schnaps genauso bei wie das harmlose Rumaroma im Napfkuchen.

Alkohol in Lebensmitteln

Wird Alkohol in Lebensmitteln verwendet, muss das auf der Verpackung angegeben werden. Doch es gibt Ausnahmen: Schokoladenprodukte, kleine Verpackungen wie Ostereier, lose verkaufte Lebensmittel und Gerichte, die in der Gemeinschaftsverpflegung zum Einsatz kommen, sind von dieser Kennzeichnungspflicht ausgenommen.

Unser Tipp: **Der Umgang mit Alkohol**

- **Sprechen Sie mit Ihrem Kind über die Gefahren von Alkohol und wie Sie selbst damit umgehen.**
- **Machen Sie Ihrem Kind klar, dass Alkohol kein Genussmittel für Jugendliche unter 18 Jahren ist.**
- **Tabus bringen nichts: Lassen Sie Ihr Kind Alkohol probieren, aber animieren Sie es nicht zum Trinken.**
- **Vermeiden Sie vor allem bei kleinen Kindern die frühe Gewöhnung an den Geschmack von Alkohol durch verschiedenste Lebensmittel (Zutatenliste prüfen!) und kochen Sie nach Möglichkeit ohne Alkohol.**
- **Achten sie auch bei Medikamenten (Hustensaft etc.) auf Alkohol.**

Motivation für Eltern und Kinder:

Sich gesund zu ernähren bedeutet nicht Verzicht, sondern im Gegenteil Gewinn! Gemeinsam kochen und genießen sind echte Alternativen zur Langeweile des Fast Food und des Fernsehens. Der gedeckte Tisch sollte wieder zum Mittelpunkt der Familie werden.

Motivation für die Eltern: Keine Angst vor Fehlern!

»Ich esse meine Suppe nicht. Nein – meine Suppe ess' ich nicht!« Nicht ohne Grund ist Essen das Thema einer der international bekanntesten Kindergeschichten – auch wenn der »Suppenkaspar« vor allem den Interessen der Eltern dient, ihre Kinder an Topf und Teller zu bekommen. Wegen seiner konservativen Pädagogik wird der Autor, Heinrich Hoffmann, auch immer wieder heftig kritisiert.

Aber wenn die Sprösslinge schlechte Esser sind, kann das die Eltern wirklich an den Rand der Verzweiflung bringen. Vieles mischt sich da: Ungeduld, Gereiztsein, Sorge um die Gesundheit und auch die Angst, völlig zu versagen. Wenn das Kind zum dritten Mal in Tränen ausgebrochen ist, weil es das Gemüse nicht essen mag, wenn es sein Pausenbrot heimlich wegwirft oder sich im Supermarkt aus Protest auf den Boden wirft, weil es nicht den supersüßen Joghurt mit den Liebesperlen bekommt, dann ist guter Rat teuer.

Böse Rabeneltern

Konsequent bleiben – das klingt gut, ist aber gar nicht so einfach, denn Eltern sind ja keine professionellen Psychologen oder Pädagogen, sondern sie lieben ihre Kinder. Ihr Herz wird schwer, wenn die erste Träne kullert oder sie spüren, dass ihre Kinder sie für absolute Rabeneltern halten, weil sie zu Hause keine Cola erlauben. Wo doch alle anderen ...

Gegen den Druck der eigenen Eltern entwickeln Kinder recht gute Abwehrstrategien, dem Druck der Werbung sind sie dagegen ziemlich hilflos ausgeliefert: die Kleinen, weil sie den Unterschied zwischen Phantasie und Realität noch nicht begreifen, die Größeren, weil ihre Clique sie dazu zwingt, bestimmte Markenrituale zu pflegen.

Eltern sind also nicht nur Opfer ihrer Liebe, sondern auch der Werbestrategien einer Konsumgesellschaft, zu der sie selbst gehören. Ist ihr Kind nicht das einzige, das keine Cornflakes mit dem Tiger drauf bekommt? Soll die Großmutter wirklich keine Überraschungseier mehr mitbringen dürfen? Was tun, wenn der Nachwuchs sich zwar nicht zu Hause, dafür aber bei den Nachbarkindern mit Süßigkeiten voll stopft?

Gelassenheit ist alles

Das Leben ist bunt und vielfältig – strenge Verhaltensregeln helfen da nicht weiter. Wer alles richtig machen will, kann nur scheitern. Also sollten Sie versuchen, gelassen zu bleiben. Essen lässt sich – als Teil der Liebe und Zuneigung der Eltern – von Ihren Kindern natürlich auch umfunktionieren: als Liebesentzug, als Kräftemessen, als Teil der natürlichen Emanzipation.

Die Nahrung sollte jedoch – da sind sich die Erziehungs- und Ernährungsexperten einig – nie einen hohen Symbolgehalt in der Auseinandersetzung zwischen Familienangehörigen bekommen: Spätere Suchtmuster und Essstörungen werden vorprogrammiert, wenn bestimmte Situationen wie Streit, Einsamkeit oder Trost mit Essen gekoppelt werden.

Was Natur ist, erfahren Kinder nicht in der Schule, sondern im Familienalltag. Das prägt auch ihre Einstellung zur Nahrung.

Das heißt aber natürlich nicht, dass die Mahlzeiten nur der optimalen Aufnahme von Nährstoffen dienen sollen: Essen ist Spaß, Vergnügen und Kult, Phantasie, Tradition und immer wieder Gemeinsamkeit. Das ist auch der entscheidende Unterschied zur Glitzerwelt des Fast Food: Sie verspricht schnelles Glück, das aber genauso schnell vergänglich ist und vor allem einsam macht: Ersatzbefriedigung vor dem Fernseher.

Gemeinsamkeit ist eines der Schlüsselwörter dieses Buches. Von der Intimität zwischen stillender Mutter und ihrem Baby über das familiäre Sonntagsfrühstück bis hin zum Kindergeburtstag mit Freunden – wenn Essen gemeinsam mit anderen stattfindet, ist das bereits ein großer Pluspunkt! Und das, bevor wir uns überhaupt mit dem Wert und den Inhaltsstoffen der Lebensmittel auseinander gesetzt haben.

Gegen die Konsumhaltung

Denn Sie werden feststellen, dass sich alles um das Essen herum ändert, wenn es Ihnen gelingt, die Konsumhaltung Ihrer Familie (und vielleicht auch Ihre eigene) aufzubrechen. Das Essen kann wieder zu einem aktiven Erlebnis in der Familie werden: mit einem gemeinsamen Bummel über den Wochenmarkt, dem Sonntagsbraten, bei dem alle mithelfen, oder den ersten Erfahrungen mit den Schattenseiten der Demokratie: wenn nämlich die Mehrheit der Familie gegen die Fischstäbchen gestimmt hat!

Das eine ist, Kindern von klein auf das Schmecken beizubringen: Um sie für die feinen Nuancen der Natur zu sensibilisieren, dürfen sie nicht zu früh in die Aromafallen der Industriekost geraten. Zucker und Salz bringen sie sonst schon im Babyalter auf den genormten Kurs der Fertignahrung.

Das andere ist, Kindern ihre eigenen Erfahrungen mit dem Essen zuzugestehen und sie auch als Konsumenten ernst zu nehmen. Ihre Kinder sind schließlich die am meisten umworbene Zielgruppe der Werbung, und davor können Sie sie nur begrenzt bewahren in Zeiten, wo sogar Schulen schon nach Sponsoren suchen müssen, um die Finanzierung des Unterrichts zu sichern.

Umgang mit der Warenwelt

Ihr Nachwuchs muss also lernen, wie Waren produziert werden und Märkte funktionieren – und der Umgang mit dem Essen ist gar kein so schlechter Einstieg dafür. Dabei geht es längst nicht nur um das Geld, das wir für ein Lebensmittel bezahlen müssen, sondern auch darum, welchen Preis die Kuh zahlt, die uns Milch und Fleisch liefert, oder der Landwirt, der Nahrung produziert, oder die Umwelt, auf deren Kosten wir leben.

Nehmen Sie Ihre Kinder mit zum Einkauf. Auch wenn das eine gewisse Nervenstärke erfordert, so lernen schon die Kleinen viel über die Qual der Wahl, die Begrenztheit des Geldbeutels und die Notwendigkeit, Kompromisse zu schließen oder zu improvisieren. Gestehen Sie Ihren Kindern auch zu, mit ihrem Taschengeld das zu kaufen, was sie möchten (wenn sie sich damit nicht unmittelbar gefährden). Ein mit Süßigkeiten kurzfristig verdorbener Magen kann langfristig sehr heilsam sein. Und Tabus reizen nur dazu, sie zu brechen – denn auch das gehört zum Kräftespiel zwischen Eltern und Kindern.

Für das gemeinsame Zuhause können Sie als Eltern die Spielregeln definieren: Wer bestimmt, was heute gekocht wird? Wie oft dürfen Süßigkeiten sein? Was passiert, wenn das Essen nicht schmeckt? Aber Sie werden feststellen, dass diese Regeln besser funktionieren, wenn Sie sie gemeinsam mit Ihren Kindern festgelegt haben – und vor allem auch nur dann, wenn Sie sich selbst daran halten. Kinder sind sehr aufmerksame Beobachter und registrieren jede Ungerechtigkeit, zum Beispiel, wenn Sie heimlich naschen, es den Kindern aber verbieten wollen.

Aufklärung über unsere Nahrung hilft, wie wir von uns selbst wissen, nur bedingt: Denn wir essen nicht rational, um unsere Nährwertdepots aufzufüllen oder um die Knochen zu stabilisieren, sondern emotional, um Liebe, Glück und Zufriedenheit zu finden. Deshalb können auch die Nährwerttabellen und die wissenschaftlichen Hintergrundinformationen in diesem Buch Sie nur unterstützen. Ihre Motivation muss eine andere sein:

Wenn Ihr Kind zu Hause das Essen als etwas kennen lernt, mit dem es sich wohl fühlt und mit anderen verbunden, dann wird es zwar trotzdem immer noch Hamburger, Pommes und Cola lieben, aber diese kultischen Kinder-Snacks werden nie wirkliche Macht über Ihren Nachwuchs bekommen.

Damit haben Sie einen riesigen Schritt für die körperliche, aber auch seelische und soziale Gesundheit Ihres Kindes getan – einen Schritt, der weit in die Zukunft reicht.

Unser Tipp: 7 goldene Regeln für gesundes Essen:

- Stillen Sie Ihr Baby: Muttermilch ist die beste und natürlichste Nahrung für Ihr Kind. Sie enthält essentielle Nährstoffe und schützt das Kind vor vielen Krankheiten wie Allergien, Karies und Übergewicht – auch für die Zukunft!

- Verzichten Sie auf Fertignahrung: Sie ist teuer, enthält viele Zusatzstoffe, zweifelhafte Zutaten, oft Gentechnik. Sie birgt Allergierisiken, verleitet zur schnellen Ersatzbefriedigung und fördert den Einheitsgeschmack. Kaufen Sie vor allem keine speziellen Kinderlebensmittel – sie sind nicht gesundheitsfördernd. Vermeiden Sie mit Vitaminen oder Nährstoffen angereicherte Produkte, um Überdosierungen zu verhindern.

- Kochen Sie wieder: Selbst zubereitete Kost ist immer frisch. Sie ist billiger, enthält keine Konservierungsmittel und sonstigen Zusätze, dafür aber mehr Vitamine und Mineralstoffe. Kochen kostet zwar Zeit, aber es macht Spaß und schmeckt besser!

- Pflegen Sie das Ritual: Ob das gemeinsame Abendessen, das Sonntagsfrühstück mit der ganzen Familie oder der selbst gebackene Geburtstagskuchen – Essen braucht seine Zeit und seinen Platz, es bringt Ruhe in den Tag und Rhythmen, es soll bunt, vergnüglich und festlich sein.

- Entscheiden Sie nicht über den Kopf Ihrer Kinder hinweg, sondern beteiligen Sie den Nachwuchs: bei der Menüplanung, beim Einkaufen, beim Tischdecken, beim Kochen. Sprechen Sie mit Ihren Kindern darüber, wie Nahrung entsteht und gehandelt wird und wie das Obst in die Dose oder die Pizza in die Tiefkühltruhe kommt. Erklären Sie ihnen, warum der Bauch wehtut oder wie Zucker Löcher in die Zähne frisst.

- Frönen Sie dem Genuss: Ihr Kind soll die leckeren Seiten des Essens kennen lernen und keine Angst davor haben – vor BSE, Gentechnik oder Cholesterin. In der richtigen Dosis ist vieles erlaubt, was schmeckt und Laune macht. Nur wer lernt, sich etwas zu gönnen, kann auch verzichten – das ist wichtig für den Umgang mit Heißhunger. Maßlosigkeit ist genauso falsch wie die Selbstkasteiung, die Kinder zum Beispiel erleben, wenn ihre Eltern Diäten machen.

- Fördern Sie alles, was Ihr Kind aktiv sein lässt: Freunde, Spiel, Sport und Bewegung bringen mehr Zufriedenheit als der Schokoriegel vor dem Fernseher. Begrenzen Sie den Bildschirmkonsum (TV, Videospiele, Computer) Ihres Kindes, kaufen Sie ihm keinen eigenen Fernseher. Unternehmen Sie etwas – mit der ganzen Familie!

Glossar

Adipositas → Fettsucht

Allergie
ist eine Überempfindlichkeit des Immunsystems, die sich in Hautausschlägen, Neurodermitis, Verdauungsbeschwerden oder auch Asthma äußert. Die Auslöser (Allergene) sind zum Beispiel Substanzen, die körperfremdes Eiweiß enthalten (Ei, Kuhmilch, Soja, Fisch oder Nüsse).

Aminosäuren → Eiweiße

Anämie
ist Blutarmut, eine Erkrankung, bei der die Menge an rotem Blutfarbstoff (Hämoglobin) und der roten Blutkörperchen zu gering ist. Dadurch wird der Körper nicht ausreichend mit Sauerstoff versorgt. Symptome sind chronische Müdigkeit, Schwäche, Blässe. Häufige Ursache ist ein Eisenmangel in der Ernährung, aber auch ein Mangel an Vitamin B12 oder Folsäure. Gefährdet sind insbesondere Säuglinge und Kleinkinder.

Antibiotika
sind bakterientötende Medikamente. Sie zerstören aber auch die Darmflora. Nach der Behandlung sollte die Darmflora durch gezielte Ernährung (Naturjoghurt) wieder aufgebaut werden.

Aromastoffe
stecken in fast allen industriell gefertigten Lebensmitteln, deren Geschmack sie verbessern sollen. Es gibt künstliche, naturidentische (chemisch identische) oder natürliche Aromastoffe. Aromastoffe müssen in der Zutatenliste eines Lebensmittels aufgeführt werden, in Aromen enthaltene Zusatzstoffe hingegen nicht.

Arteriosklerose
ist eine Verengung und Verhärtung der Arterien durch Fettablagerungen an den Gefäßinnenwänden. Dadurch kommt es zu einer mangelhaften Durchblutung der Körperregionen, die von den betroffenen Arterien versorgt werden sollen. Faktoren wie Übergewicht, Bluthochdruck, Diabetes, Veranlagung oder Bewegungsmangel begünstigen die Entstehung von Arteriosklerose.

Ballaststoffe
sind pflanzliche Nahrungsbestandteile, die im menschlichen Darm nicht abgebaut werden. Sie quellen im Magen auf, sorgen für ein lang anhaltendes Sättigungsgefühl, regen die Darmfunktion an und beugen Verstopfung vor. Sie verbessern die Darmflora und senken den Cholesterinspiegel. Ballaststoffe sind nur in pflanzlichen und relativ fettarmen Lebensmitteln enthalten, zum Beispiel in Vollkornbrot, Kartoffeln und Hülsenfrüchten.

Biokost/Bioprodukte
sind Lebensmittel, die aus kontrolliert-biologischem Landbau stammen. Das bedeutet, dass Tiere artgerecht gehalten werden und auf die Anwendung von Dünge- und Pflanzenschutzmitteln weitgehend verzichtet wird. Bioprodukte besitzen mehr Vitamine, Mineralstoffe und Eiweiß. Seit 2002 gibt es neben den Warenzeichen der Bio-Anbauverbände ein bundesweit einheitliches Siegel für Bioprodukte nach der EU-Norm, die weniger hohe Anforderungen stellt als die Anbauverbände.

Biologische Wertigkeit
ist das Maß für die Eignung des in unserer Nahrung enthaltenen Eiweißes, Körpereiweiß zu ersetzen. Je höher die biologische Wertigkeit, desto geringere Mengen müssen dem Körper zugeführt werden, um seinen Eiweißbedarf zu decken. Tierisches Eiweiß hat eine höhere biologische Wertigkeit als pflanzliches. Die höchste biologische Wertigkeit hat die Kombination tierischer und pflanzlicher Eiweiße.

Bioverfügbarkeit
ist der Anteil der Nahrung, der von den Körperzellen genutzt werden kann. Das Eisen aus Pflanzen

zum Beispiel kann vom Organismus leichter aufgeschlossen werden, wenn es zusammen mit Vitamin C genossen wird.

Blei
ist ein giftiges Schwermetall. Blei kann bei Überdosierung zu Anämie, Nerven- und Nierenschäden, bei Kindern auch zu Hirnschäden führen. Stark bleibelastet sind vor allem Innereien, Blatt- und Wurzelgemüse, Pilze und Beeren. Durch gründliches Waschen lässt sich Blei aus Obst und Gemüse fast ganz entfernen. Bei Salat und Kohl sollten die äußersten Blätter abgetrennt werden.

Body Mass Index (BMI)
ist ein Maß für die Körperfülle. Das Normalgewicht ist der Gewichtsbereich, der bei einer bestimmten Körpergröße das geringste Risiko für Krankheiten bildet. Der BMI wird folgendermaßen errechnet: BMI=Körpergewicht (in kg) : Körpergröße (in m)^2. Bei Kindern, die in Schüben wachsen, wird der BMI genauso wie bei Erwachsenen berechnet, aber anhand eigener Tabellen bewertet.

Brennwert ➔ Energie

Bulimie
ist eine Essstörung, auch als Ess-Brech-Sucht bekannt. Sie tritt häufig bei jungen Frauen auf. Nach Heißhungerattacken, bei denen sie große Mengen kalorienhaltiger Lebensmittel in sich hineinstopfen, sollen absichtlich ausgelöstes Erbrechen oder die Einnahme von Abführmitteln eine Gewichtszunahme verhindern.

Cerealien
sind Getreideprodukte wie Müsli, Cornflakes und diverse andere Frühstücksflocken.

Cholesterin
ist ein Fett, das in tierischen und menschlichen Geweben vorkommt. Es ist Bestandteil der Zellwände, der Gallensäuren und Grundstoff für verschiedene Hormone. Cholesterin wird in der Leber gebildet, ein geringerer Teil wird über die Nahrung aufgenommen. Ein zu hoher Cholesterinspiegel (mehr als 150–200 mg Cholesterin pro Deziliter Blut) erhöht das Arteriosklerose-Risiko. Wichtig ist dabei, um welche Art von Cholesterin es sich handelt: das gefäßschützende HDL (high density lipoprotein) oder das gefährliche LDL (low density lipoprotein), das sich in den Blutgefäßen ablagert. Tierische Fette sollten nur in Maßen aufgenommen werden.

Convenience-Produkte
sind Fertigprodukte, die vorgekocht und nur noch erwärmt werden müssen.

Darmflora
besteht aus verschiedenen Organismen wie Darmbakterien und Darmpilzen. Sie wehren Krankheitserreger ab, zersetzen unverdauliche Ballaststoffe und bilden bestimmte Vitamine. Eine Ernährung, die reich an Ballaststoffen und Milchprodukten ist, unterstützt eine gesunde Darmflora.

Diabetes mellitus
ist eine chronische Stoffwechselerkrankung, bei der der Blutzuckerspiegel erhöht ist (Zuckerkrankheit). Diabetiker produzieren nicht genug Insulin, um den Blutzuckerspiegel zu regulieren. Beim Typ-I-Diabetes, der meist im Kindes- oder Jugendalter auftritt, wurden die Insulin produzierenden Zellen durch eine entzündliche Reaktion geschädigt. Beim Typ-II-Diabetes (Altersdiabetes) sind meist Fehlernährung und Übergewicht die auslösenden Faktoren. Durch ein Überangebot an rasch abbaubaren Kohlenhydraten (Zucker, Weißmehl) nehmen die Körperzellen kein Insulin mehr auf. Diese Fehlsteuerung führt schließlich zur Erschöpfung der Bauchspeicheldrüse. Diabetiker müssen bei ihrer Ernährung streng auf die richtige Zufuhr von Kohlenhydraten achten, um die vielfältigen Spätschäden der Krankheit (Arteriosklerose, Augenleiden) zu vermeiden.

Eisen
ist ein lebenswichtiger Mineralstoff und Bestandteil des roten Blutfarbstoffs. Eisen ermöglicht den Sauerstofftransport im Körper. Es ist in pflanzlichen und tierischen Lebensmitteln enthalten, vor allem in grünem Blattgemüse, Getreide, Nüssen und Fleisch. Der Körper kann Eisen aus tierischen Lebensmitteln besser aufnehmen, verbessert wird die Aufnahme durch Kombination mit Vitamin-C-haltiger Kost.

Eiweiße (Proteine)
sind neben Kohlenhydraten und Fett der dritte Grundnährstoff. Sie bestehen aus Aminosäuren, von denen einige für den Menschen unentbehrlich (essentiell) sind. Kinder haben im Wachstum einen höheren Eiweißbedarf als Erwachsene. Tierische Eiweiße werden vom Körper etwas besser aufgenommen als pflanzliche.

Energie
wird vom menschlichen Körper zum Erhalt seiner Körperfunktionen und -wärme »verbrannt«. Sie wird in Kilokalorien oder Kilojoule gemessen. Energielieferanten sind Eiweiß (4 kcal/g), Kohlenhydrate (4 kcal/g) und Fett (9 kcal/g). Überschüssige Energie speichert der Körper als Fett. Der Grundumsatz eines Menschen liegt durchschnittlich etwa bei 1 kcal pro Kilogramm Körpergewicht und Stunde. Bei körperlicher Aktivität erhöht sich der Energiebedarf.

E-Nummern
kennzeichnen die in der EU zugelassenen Lebensmittelzusatzstoffe. Diese Verbindungen sind unter anderem Antioxidationsmittel, Backtriebmittel, Emulgatoren, Farbstoffe, Feuchthaltemittel, Gelier- und Verdickungsmittel.

F

Farbstoffe
sind Zusatzstoffe, die ein Lebensmittel appetitlicher oder dekorativer erscheinen lassen sollen. Es gibt natürliche Farbstoffe wie Kurkumin (aus der Gelbwurz), Riboflavin (aus Milch oder Molke) oder Cochenille (aus der Scharlach-Schildlaus), meist überwiegt aber die naturidentische, chemisch-synthetische Herstellung. Problematisch sind vor allem die Azofarbstoffe. Sie stehen im Verdacht, Allergien, Neurodermitis und Asthma auszulösen, bei Kindern hyperaktives Verhalten zu förden oder sogar krebserregend zu sein. Farbstoffe werden in der Zutatenliste eines Lebensmittels aufgeführt.

Fast Food
sind meist einfache kleine Gerichte wie Hamburger oder Pommes frites, die unterwegs schnell gegessen werden können. Fast Food ist meist zu kalorienhaltig, zu fett, zu süß und zu salzig. Es enthält zu wenig Vitamine, Mineral- und Ballaststoffe. Fast Food besteht oft aus minderwertigen Zutaten (Weißmehl, Zucker, Fertigsaucen und Fleischprodukte mit vielen Lebensmittelzusätzen).

Fette
sind mit 9 kcal/g der kalorienreichste der Grundbausteine der Ernährung. Sie dienen dem Körper u.a. als Hauptenergielieferant und schützen als Körperfett vor Kälte. Ohne Fett können lebenswichtige fettlösliche Vitamine nicht vom Körper aufgenommen werden. Fett besteht aus Fettsäuren, die unterschiedliche gesundheitliche Wirkung haben: gesättigte Fettsäuren (in Fleisch, Butter), einfach ungesättigte Fettsäuren (in pflanzlichen Speiseölen oder in Avocados) und mehrfach ungesättigte Fettsäuren (in Sonnenblumenöl, Sojaöl, Nüssen oder Fisch). Einfach ungesättigte Fettsäuren sind wichtig für die Funktion und Elastizität der Zellwände. Sie erhöhen den HDL-Cholesterinspiegel und beugen so Arteriosklerose vor. Mehrfach ungesättigte Fettsäuren sind für die Entwicklung des Gehirns und der Nervenzellen wichtig. Sie schützen vor Herz-Kreislauf-Erkrankungen und senken den LDL- und den Gesamtcholesterinspiegel.

Fettsucht (Adipositas)
ist massives, krankhaftes Übergewicht, das unbedingt behandelt werden muss, da es das Risiko für die Entstehung von Herz-Kreislauf-Erkrankungen und Stoffwechselerkrankungen (z.B. Diabetes) erhöht, aber auch von Gelenkerkrankungen und bestimmten Krebsarten. Für Kinder, die an Fettsucht leiden, gilt: je älter die Kinder und je höher das Übergewicht, desto größer die Gefahr, auch als Erwachsener noch übergewichtig zu sein.

Fisch
enthält wenig Fett und viel Eiweiß. Seefisch ist wegen seines hohen Gehalts an Fluor, Jod und Omega-3-Fettsäuren für die Ernährung wertvoll.

Fleisch
ist in der Kinderernährung wichtig: 50 g mageres Fleisch pro Tag decken den Eisenbedarf. Schweinefleisch hat außerdem einen hohen Vitamin-B1-Gehalt. Wer ein BSE-Risiko minimieren will und

etwas für Umweltschutz und artgerechte Tierhaltung tun möchte, sollte Rindfleisch grundsätzlich aus ökologischer Landwirtschaft kaufen.

Fluor
sorgt für die Stabilität der Knochen und härtet den Zahnschmelz. Fluoride finden sich vor allem im Trinkwasser. Da die darin enthaltenen Mengen zur Kariesprophylaxe aber nicht ausreichen, raten viele Ärzte schon bei Kleinkindern zu Fluortabletten. Deren Wirkung ist jedoch umstritten. In Kombination mit fluoridisierter Zahnpasta kann es zu Überdosierung kommen. Dann zeigen die Zähne weiße Flecken, in schweren Fällen verfärben sie sich braun und der Zahnschmelz ist weich. Bei jahrelanger starker Überdosierung wirkt Fluor toxisch: Es kommt zu Schädigungen des Skeletts.

Functional Food
sind Lebensmittel, die durch zugesetzte Nährstoffe einen zusätzlichen gesundheitlichen Nutzen haben sollen, etwa probiotische Joghurts (mit bestimmten Milchsäurebakterien), mit Vitaminen und Mineralstoffen angereicherte Säfte oder Brote und Joghurts mit Ballaststoffen. Kinder-Lebensmittel werben oft mit solchen Anreicherungen. Sie sind jedoch problematisch, da es zu wenige wissenschaftliche Daten über das Essverhalten von Kindern und die Wirkungen der Zusätze auf ihren Körper gibt.

Geschmacksstoffe ➔ Aromastoffe

Glykogen
ist in Leber und Muskeln abgespeicherter Zucker als Energiereserve. Über Nacht entleeren sich diese Speicher. Deshalb ist das Frühstück auch für Kinder so wichtig. Die Energie aus den Glykogenspeichern steht den Muskeln sofort zur Verfügung, während die Energiegewinnung aus Fett mehr Zeit benötigt.

Grundumsatz ➔ Energie

Hunger
ist für ein gesundes Ernährungsverhalten ebenso wichtig wie das Sättigungsgefühl. Beide werden ausgelöst durch Geschmacks- und Geruchsreize, Hormone im Magen-Darm-Trakt und durch den Blutzuckerspiegel. Wer ständig zwischendurch isst, kennt kein Hungergefühl, wer ständig Diäten macht, verlernt, auf das Hungergefühl zu reagieren.

Hyperaktivität
ist eine Verhaltensstörung bei Kindern, auch »Zappelphilipp-Syndrom« genannt. Die Kinder wirken überdreht, können nicht stillsitzen, leiden unter Schlaf- und Konzentrationsstörungen. Zu den Auslösern gehören vermutlich Nahrungsmittelallergien und allergische Reaktionen auf Phosphate (in Wurst, Käse, Cola-Getränken), Zucker, Farb- und Konservierungsstoffe und bestimmte Eiweißstoffe.

Immunsystem
ist das Abwehrsystem, das in den Körper eingedrungene schädliche Substanzen sowie Bakterien und Viren oder kranke Körperzellen ausschalten soll. Es lässt sich durch gezielte Ernährung und ausreichend Bewegung günstig beeinflussen. Positiv wirken Betacarotin, die Vitamine C und E sowie Selen und Zink. Geschwächt wird das Immunsystem durch Nährstoffmangel, Überernährung und Stress.

Jod
ist ein Mineralstoff und Bestandteil der Schilddrüsenhormone, die wichtige Funktionen für den Kohlenhydrat-, Eiweiß- und Fettstoffwechsel haben. Sie regulieren den Wasserhaushalt, die Körpertemperatur und die Funktion des Zentralen Nervensystems, steuern das Wachstum und die körperliche Entwicklung. Jod kommt im Trinkwasser, in Seefischen und in Gebieten mit jodhaltigen Böden auch in Pflanzen vor. Deutschland gilt als Jodmangelgebiet: Die Böden sind ebenso wie das Trinkwasser jodarm, Seefisch wird zu selten gegessen. Zur Vorbeugung von Jodmangelerscheinungen (Verzögerung der geistigen und körperlichen Entwicklung bei Kindern, Störungen im Stoffwechsel, Kropfbildung) sollte zweimal pro Woche Seefisch gegessen und zum Kochen Jodsalz verwendet werden.

Kadmium
ist ein giftiges Schwermetall, das durch Industrieabgase (z. B. aus Müllverbrennungsanlagen) in die Umwelt gelangt und von Pflanzen und Tieren gespeichert wird. Auch Klärschlamm, Phosphatdün-

ger und Zigarettenrauch sind kadmiumhaltig. Kadmium reichert sich im Organismus an und hemmt die Aufnahme lebenswichtiger Mineralstoffe.

Kalium
ist ein Mineralstoff, der eine wichtige Rolle für den Elektrolythaushalt spielt. Es wird für die Nervenimpulse, zum Transport von Insulin zu den Zellen und für das Zellwachstum benötigt. Kaliumreich sind Gemüse, Obst, Nüsse und Trockenobst.

Kalzium
ist ein Mineralstoff, der für die Härtung von Knochen und Zähnen gebraucht wird. Es ist an vielen Stoffwechselvorgängen beteiligt. Kalzium ist in Milchprodukten, grünem Blattgemüse und Kohl enthalten. Kinder bekommen heute meist zu wenig Kalzium. Das ist deshalb besorgniserregend, weil der Aufbau des Skeletts mit etwa 18 Jahren abgeschlossen ist. Enthalten die Knochen zu diesem Zeitpunkt bereits zu wenig Kalzium, drohen Knochenbrüche und später Osteoporose. Milchzucker, Milchsäure und eine ausreichende Versorgung mit Vitamin D fördern die Kalziumaufnahme, zu viel Oxalsäure (in Spinat, Rhabarber, Schwarztee) und zu viel Phosphor (z. B. in Coca) hemmen sie.

Kinderlebensmittel
sind industriell hergestellte Lebensmittel, die extra für Kinder vermarktet werden: Snacks, Milchprodukte, Frühstücksflocken oder Getränke. Meist sind sie ansprechend in Form und Farbe, manchmal enthalten sie Spielzeug. Kinderprodukte unterliegen im Gegensatz zu Säuglings- und Kleinkindnahrung nicht der Diätverordnung (vorgeschriebene Höchstwerte für Rückstände und Schadstoffe). Die meisten dieser Produkte sind nach Ansicht von Ernährungsexperten teurer und ungesünder als vergleichbare Produkte für Erwachsene.

Kohlenhydrate
sind einer der drei Grundbausteine der Ernährung (neben Eiweiß und Fett). Kohlenhydrate liefern schnelle Energie. Die Hälfte der täglichen Energie sollte in Form von Kohlenhydraten aus stärke- und ballaststoffhaltigen Lebensmitteln aufgenommen werden. Doch auch Zucker gehört zu den Kohlenhydraten. Deshalb wird mit Süßigkeiten und Softdrinks sehr viel Energie zugeführt.

Konservierungsstoffe
sind Zusatzstoffe, die verhindern, dass ein Lebensmittel rasch verdirbt. Sorbinsäure ist in gesundheitlicher Hinsicht relativ unbedenklich und wird deshalb häufig eingesetzt. Benzoesäure und PHB-Ester haben ein starkes allergenes Potenzial. Natamycin wirkt bakterientötend wie ein Antibiotikum und wird zur Oberflächenbehandlung von Käse eingesetzt. Da die Substanz auch in der Medizin verwendet wird, besteht die Gefahr der Resistenzentwicklung. Phosphorsäure und andere Phosphate werden für nichtalkoholische, aromatisierte Getränke, Eis, Frischkäse und Desserts verwendet. Phosphate hemmen die Kalziumaufnahme im Körper.

Kuhmilch-Allergie
ist eine allergische Reaktion gegen das Eiweiß in der Kuhmilch. Sie kommt am häufigsten bei Säuglingen oder Kleinkindern vor und verliert sich meist im Lauf des Lebens völlig. Die betroffenen Kinder reagieren mit Ekzemen (Neurodermitis), Durchfall oder Erbrechen.

Laktoseintoleranz
ist eine Unverträglichkeit gegenüber Milchzucker, weil den Betroffenen das den Milchzucker abbauende Enzym Laktase fehlt. Symptome sind Blähungen, krampfartige Bauchschmerzen und Durchfälle. Eine milchzuckerarme Ernährung reicht häufig zur Behandlung von Laktoseintoleranz aus. Sauermilchprodukte (Joghurt, Quark und Kefir) werden meist gut vertragen, weil die darin enthaltenen Milchsäurebakterien den Milchzucker abbauen. Milchzucker steckt aber in vielen verschiedenen Lebensmitteln. Er wird beispielsweise als Zusatzstoff in Wurstsorten oder Tabletten verwendet.

Listeriose
ist eine bakterielle Infektion, die für Kleinkinder und alte Menschen lebensbedrohlich sein kann. Im letzten Schwangerschaftsdrittel kann der Fötus schwer geschädigt werden. Listerien finden sich besonders häufig in rohem Fleisch, Rohmilchkäse, Weichkäse mit Oberflächenschmiere, rohen Eiern und Roh-

milch. Auch ungekochtes Gemüse von mit Gülle gedüngten Feldern kann verseucht sein.

Magersucht
ist eine psychisch bedingte Essstörung. Meist sind Mädchen und junge Frauen betroffen, aber zunehmend auch Jungen. Die Betroffenen hungern, finden sich selbst bei Untergewicht noch zu dick und treiben intensiv Sport, um noch schlanker zu werden. Der Verlauf der Magersucht ist oft lebensbedrohlich und erfordert ärztliche oder stationäre Behandlung.

Magnesium
ist ein Mineralstoff, der am Aufbau von Knochen und Zähnen beteiligt ist und wichtig für die Informationsübertragung von den Nerven auf die Muskulatur. Magnesium kommt in Vollkornprodukten, Gemüse, Sojabohnen und Nüssen vor. Während des Wachstums haben Kinder einen erhöhten Magnesiumbedarf.

Nährstoffdichte
ist die Menge eines in einem Lebensmittel enthaltenen Nährstoffs im Verhältnis zu seinem Energiegehalt. Die höchste Nährstoffdichte, also einen hohen Nährstoffgehalt, haben Obst und Gemüse.

Nahrungsergänzungsmittel
sind isolierte Nährstoffe wie Vitamine und Mineralstoffe in Form von Kapseln, Pulver, Brausetabletten oder Sirup. Ob hohe Dosierungen in Präparaten einen positiven Effekt haben, wird kontrovers diskutiert. Bei einer ausgewogenen Mischkost haben Kinder keinen Nährstoffmangel. Die Einnahme von Präparaten dagegen kann zu Überdosierungen führen und Fehlernährung fördern.

Nitrat
wird im Körper in das giftige Nitrit umgewandelt, das die Sauerstoffbindung im Blut behindert oder weiter in die krebserregenden Nitrosamine verwandelt werden kann. Durch die Verwendung nitrathaltiger Düngemittel in der Landwirtschaft stieg der Nitratgehalt von Gemüse und Trinkwasser an. Von Natur aus nitratreich sind Blattgemüse wie Spinat, Blattsalate, Chinakohl, Rote Bete und Fenchel. Nitrathaltiges Gemüse (insbesondere Spinat, Grünkohl, Wirsing) muss sofort nach der Zubereitung gegessen und darf nicht aufgewärmt werden, da sich sonst der Nitratgehalt erhöht.

Nitrosamine
sind schwer leberschädigende Substanzen, die durch Reaktion von Eiweißen mit Nitrit entstehen. Sie sind in Gepökeltem (Leberkäse, Kasseler Wiener Würstchen) enthalten und entstehen zusätzlich beim Grillen oder Braten von Gepökeltem.

Neurodermitis
ist eine entzündliche Hauterkrankung, die meist chronisch ist. Als Ursachen gelten neben einer erblichen Veranlagung Nahrungsmittelallergien, Lebensmittelzusatzstoffe oder psychische Faktoren. Häufig bessert eine Ernährung ohne Milch- und Hühnereiweiß, Zucker und Weißmehl die Beschwerden. Auch Fisch und Nüsse gehören oft zu den unverträglichen Lebensmitteln.

Obst
zählt zu den wertvollsten Lebensmitteln: Es enthält ja nach Sorte viele Vitamine (z.B. Vitamin C und Betacarotin), Mineralstoffe (Kalium), Spurenelemente, sekundäre Pflanzenstoffe und Ballaststoffe. Obst versorgt den Körper rasch mit Energie, da es leicht verwertbare Kohlenhydrate enthält.

Pestizide
sind chmische Mittel, die in der konventionellen Landwirtschaft zur Bekämpfung von schädlichen Insekten oder Unkraut eingesetzt werden. Sie gelangen als Rückstäde in unsere Nahrung oder über belastete Böden ins Grund- und Trinkwasser.

Phosphor
ist ein Mineralstoff, der zusammen mit Kalzium Hauptbestandteil der Knochen ist. Phosphor sollte im Verhältnis 1:1 mit Kalzium aufgenommen werden, da ein Zuviel an Phosphor die Kalziumaufnahme behindert. Phosphor ist in vielen Lebensmitteln enthalten: Wurst, Fleisch, Käse, Obst und Gemüse. Phosphorsäure und Phosphate werden auch als Lebensmittelzusatzstoffe eingesetzt (z.B. in Cola-Getränken, Schmelzkäse und Fertiggerichten).

Probiotika
sind Lebensmittel, denen Milchsäurebakterien zugesetzt wurden. Sie sollen sich im Darm ansiedeln und die Darmflora stärken. Die Hersteller gehen davon aus, dass die Bakterien krank machende Keime aus dem Darm verdrängen. Voraussetzung dafür ist eine ausreichend hohe Anzahl an probiotischen Keimen sowie der tägliche Verzehr von Probiotika, da die Keime nur kurz im Darm bleiben. Die Wirkung von Probiotika ist umstritten, einige Mediziner raten bei Kranken und Kindern sogar davon ab.

Rachitis
ist eine Knochenerweichung im Kindesalter. Ursache ist ein Mangel an Vitamin D durch fehlendes Sonnenlicht (UV-Strahlen bilden Vitamin D in der Haut), das zur Einlagerung von Kalzium in die Knochen notwendig ist. Im ersten Lebensjahr erhalten Säuglinge deshalb ein Vitamin-D-Präparat.

Sekundäre Pflanzenstoffe
sind Substanzen, die von Pflanzen als Farbstoffe, Aroma- und Duftstoffe sowie als Abwehrstoffe gegen Schädlinge und Krankheiten gebildet werden. Sie beugen beim Menschen der Entstehung von Krebs und Herz-Kreislauf-Erkrankungen vor. Viele sekundäre Pflanzenstoffe sitzen in der Schale von Gemüse, Obst und Kartoffeln. Deshalb sollte man diese ungeschält essen, erst kurz vor der Zubereitung zerkleinern und möglichst kurz garen.

Softdrinks
sind alkoholfreie, meist süße Erfrischungsgetränke wie Limonaden und Cola-Getränke. Sie enthalten außer Wasser meist kaum natürliche Substanzen, dafür künstliche Aromen, Farbstoffe und vor allem Zucker. Sie löschen weder den Durst optimal noch haben sie einen Nährwert: Sie machen dick, ohne den Hunger zu stillen. Cola-Getränke stören den Kalziumhaushalt, weil sie Phosphor enthalten.

Sojaeiweiß
wird aus der Sojabohne gewonnen. Es ist fast so hochwertig wie Fleischeiweiß. Sojabohnen haben einen hohen Gehalt an Vitaminen und Mineralstoffen. Sojaeiweiß ist die Grundlage von Sojamilch, Tofu oder Fleischersatzprodukten. Soja wird von etwa zwei Dritteln der Kuhmilchallergiker gut vertragen, der Rest reagiert auch darauf allergisch. Sojalezithin ist in Tausenden von Fertigprodukten enthalten.

Spurenelemente
sind Mineralstoffe, die im Körper nur in allerkleinsten Mengen vorhanden sind. Dazu zählen Eisen, Jod oder Fluor.

Stabilisatoren
sind Zusatzstoffe, die die Konsistenz und Zusammensetzung eines Lebensmittels erhalten sollen. Sie finden sich in fast allen industriell gefertigten Lebensmitteln.

Süßstoffe
sind Acesulfam K, Aspartam, Cyclamat, Saccharin und Thaumatin. Diese Lebensmittelzusatzstoffe, die keine Kalorien enthalten, werden anstelle von Zucker eingesetzt und stecken in Light-Produkten und Süßigkeiten. Bei Kindern lassen sich die gesundheitlichen Folgen aufgrund ihres geringen Körpergewichts und der höheren Stoffwechselaktivität jedoch nicht sicher abschätzen.

Tiefkühlkost
eignet sich zur Vorratshaltung. Tiefgekühltes Gemüse enthält sogar häufig mehr Vitamine als frisches, das schon tagelang im Supermarkt oder im Kühlschrank liegt. Allerdings gehen andere wichtige Inhaltsstoffe (wasserlösliche Vitamine, Mineralstoffe) beim Frosten verloren. Für Tiefkühlkost werden außerdem keine chemischen Konservierungsstoffe verwendet. Auf Fertiggerichte aus der Tiefkühltruhe sollte man aber besser verzichten, sie sind teuer und für Kinder viel zu stark gesalzen.

Transfettsäuren
sind in gehärtetem Pflanzenfett enthalten, das z.B. für Margarine, Brat- und Backfette, Nuss-Nugat-Cremes und frittierte Lebensmittel verwendet wird. Sie erhöhen den Cholesterinspiegel und begünstigen Arteriosklerose und Herz-Kreislauf-Erkrankungen. Der Anteil von Transfettsäuren an der Nahrungsenergie sollte weniger als 1 % sein, er liegt jedoch bei ca. 4 Prozent.

Übergewicht
wird mehr und mehr zum Problem bei Kindern un- Jugendlichen: Fast jedes dritte Kind leidet an Gewichtsproblemen, 42 % der 9- bis 12-Jährigen sind übergewichtig. Nach dem zehnten Lebensjahr sinkt die Chance, das Übergewicht durch einen Wachstumsschub zu verlieren. Von den übergewichtigen 18-Jährigen bleiben 8 bis 10 % für immer dick.

Untergewicht

kann die kindliche Entwicklung verzögern. Liegt das Gewicht eines Kindes längere Zeit unter dem Normalgewicht, sollte der Arzt um Rat gefragt werden. Untergewicht wird häufig nicht erkannt, weil es unserem überzogenen Schlankheitsideal entspricht. Leichtes Untergewicht in den Wachstumsphasen ist hingegen völlig normal.

Verdickungsmittel
sind Zusatzstoffe, die Lebensmitteln eine festere Konsistenz verleihen. Sie werden häufig in Light-Produkten eingesetzt, da sie Wasser aufnehmen und so den Nährwert reduzieren. Alginsäure (E 400) wird z. B. für Diätprodukte, Suppen und Speiseeis verwendet, es behindert jedoch die Aufnahme wichtiger Mineralstoffe. Carrageen (E 407) wird aus Rotalgen hergestellt und findet z. B. Verwendung in Babynahrung, Eiscreme und Desserts. Es kann allergieauslösend wirken und behindert die Aufnahme von Nährstoffen im Darm. Johannisbrotkernmehl (E 410) findet sich z. B. in Joghurt, Speiseeis und Suppen. Es wird von den Verdauungsenzymen nicht abgebaut und hat abführende Wirkung. Guarkernmehl (E 412) z. B. in Fertigsalaten, Backwaren und Eiscreme kann Allergien auslösen und behindert in großen Mengen die Eiweißverdauung.

Vitamine
sind an allen Stoffwechselvorgängen beteiligt. Die meisten Vitamine müssen über die Nahrung zugeführt werden, nur wenige kann der Körper selbst herstellen (z. B. Vitamin D). Der Vitaminbedarf ist bei Kindern und Jugendlichen im Wachstum höher als bei Erwachsenen. Man unterscheidet zwischen wasserlöslichen Vitaminen (z. B. Vitamin C) und fettlöslichen Vitaminen (z. B. Vitamin E).

Vollwertkost
ist eine Ernährung, die gering verarbeitete Lebensmittel bevorzugt: Vollkornerzeugnisse, Gemüse und Obst, Kartoffeln, Hülsenfrüchte sowie Milch und Milchprodukte. Etwa die Hälfte der Nahrung sollte aus unerhitzter Frischkost bestehen. Auf Zucker und Fertigprodukte wird verzichtet. Vollwertkost ist reich an Ballaststoffen und Vitaminen.

Zöliakie
ist eine chronische Erkrankung des Dünndarms, die auf einer Unverträglichkeit gegen das Klebereiweiß (Gluten) vieler Getreidesorten beruht. Die Darmschleimhaut wird nach dem Kontakt mit Gluten beschädigt, so dass Nährstoffe nicht mehr ausreichend aufgenommen werden können. Kinder sollten vor dem vierten Monat und als erste Beikost glutenfreies Getreide (Reis, Hirse, Buchweizen, Mais) bekommen.

Zucker
wird von Kindern und Jugendlichen in großen Mengen konsumiert (ca. 50 Kilo pro Jahr). Nur 10 % des täglichen Kalorienbedarfs sollten aber aus Zucker gedeckt werden, meist stammen bereits 25 % der täglich aufgenommenen Energie aus Zucker, der in Softdrinks, Nuss-Nugat-Cremes, Süßigkeiten und Milchprodukten steckt. Zucker liefert zwar viele Kalorien (399 kcal pro 100 g), liefert aber anders als z. B. Fruchtzucker keine Vitalstoffe.

Zutatenliste
enthält bei verpackten Lebensmitteln die Zutaten in der Reihenfolge ihres Gewichtsanteils. Sind die Zutaten in kleineren Mengen enthalten, werden Sammelbezeichnungen angegeben. Zusatzstoffe müssen ebenfalls aufgeführt werden. Nicht deklariert werden brauchen Zusatzstoffe, wenn sie über einzelne Zutaten in das Lebensmittel kommen, etwa Konservierungsstoffe in der Fruchtzubereitung eines Fruchtquarks.

Adressen

1. Kinderernährung allgemein/ Übergewicht

Deutsche Adipositas
Gesellschaft e.V.
Prof. Dr. Joachim Westenhöfer
Fachhochschule Hamburg
Fachbereich Ökotrophologie
Lohbrügger Kirchstraße 65
21033 Hamburg
Tel.: 040/428913420
Fax: 040/428913704
adipositas@westenhoefer.de

Deutsche Gesellschaft
für Ernährung e.V.
Godesberger Allee 18
53175 Bonn
Tel.: 0228/3776600
www.dge.de

Ernährungspsychologische
Forschungsstelle der Universität
Göttingen
Prof. Dr. Volker Pudel
Von-Siebold-Straße 5
37073 Göttingen
Tel.: 0551/396741
Fax: 0551/399621
volker@pudel.de

Forschungsinstitut für
Kinderernährung
PD Dr. Mathilde Kersting
Heinstück 11
44225 Dortmund
Tel.: 0231/79221018
Fax: 0231/711581
kersting@fke.do.de

Institut für Humanernährung
Christian-Albrechts-Universität Kiel
Dr. Kristina Langnäse
Düsternbrooker Weg 17
24105 Kiel
Tel.: 0431/880-5685
klangnaese@nutrfoodsc.uni-kiel.de

Kinderklinik und Kinderpoliklinik
im Dr. v. Haunerschen Kinderspital
Prof. Dr. Berthold Koletzko
Lindwurmstraße 4
80337 München
Tel.: 089/5160-2832 o. -2833
http://hauner.klinikum.uni-muenchen.de/wards/in2deu.htm

Klinik und Poliklinik für Kinder
und Jugendliche der Universität
Leipzig
Prof. Dr. Wieland Kiess
Oststraße 21–25
04317 Leipzig
Tel.: 0341/9726000
kiw@medizin.uni-leipzig.de
www.uni-leipzig.de/~kikli/dgkj

Stiftung Kindergesundheit
Vorbeugung und Behandlung
kindlicher Krankheiten
Wertherstr. 231
46395 Bocholt
Tel.: 02871/487975
www.kindergesundheit.de

Wiener Fettstoffwechselambulanz
Prof. Dr. Kurt Widhalm
Meynertgasse 7/23
A-1090 Wien
Tel.: (01) 4040023 37 o. 4026472
Fax: (01) 4040023 38 o. 4029222
kurt.widhalm@akh-wien.ac.at

2. Abspeckprogramme für dicke Kinder

Club Minu – Migros-Kulturprozent
life & work
Postfach
CH-8031 Zürich
Tel.: (01) 2772178
Fax: (01) 2773257
life&work@mgb.ch
www.minuweb.ch

FITOC (Freiburger Intervention Trial for Obese Children) – Umstellung der Ernährung, Sport, Verhaltenstherapie, Elternarbeit
Hugstetter Straße 55
79106 Freiburg
Tel.: 0761/2707473

»Moby Dick« – umfassendes Programm mit Bewegung, Ernährung, Verhaltenstherapie, Elternarbeit
Präventionszentrum
Dr. Christiane Petersen
Lilienstraße 36
20095 Hamburg
Tel.: 040/32525238
christiane.petersen@mobydickhamburg.de
www.mobydickhamburg.de

Multidisziplinäres Betreuungskonzept für adipöse Kinder und Jugendliche
Sozialpädiatrisches Zentrum am
Berliner Universitätsklinikum
Charité
Augustenburger Platz 1
13353 Berlin
Tel.: 030/450666 15

»PowerKids« – spielerisches Bewegungs- und Ernährungstraining für zu Hause – AOK-Verlag
Lilienthalstraße 1–3
53424 Remagen
Tel.: 02642/93 11 14
Fax: 02642/93 11 30
www.powerkids.de

3. Informationen im Internet

www.aid.de
aid infodienst – Verbraucherschutz Ernährung Landwirtschaft e.V., Bonn
Wissenschaftliche Informationen für Verbraucher, Landwirte und Multiplikatoren (Lehrer, Berater und Journalisten) zu Ernährung, Verbraucherschutz, Landwirtschaft und Umwelt

www.bzga.de
Bundeszentrale für gesundheitliche Aufklärung (BZgA), Köln

www.dge.de/fitkid
Gesund-essen-Aktion für Kitas von DGE und dem Bundesministerium für Verbraucherschutz, Ernährung und Landwirtschaft

www.genfood.at
Informationen zur Gentechnik im Essen

www.nutrichild.de
Service der Informations- und Dokumentationsstelle der Universität Gießen, u. a. E-Nummer-Datenbank, Beikost-Produkteführer online, Optimix-Informationen

www.nutriinfo.de
Informationen zu Warenkunde, Kennzeichnung von Lebensmitteln, Lebensmittel-Verarbeitung oder -Kontrolle, als auch zur Zubereitung oder Lagerung von Lebensmitteln. Gemeinschaftsaktion des aid-Infodienstes und der Zentralstelle für Agrardokumentation und -information (ZADI), mit Unterstützung des Bundesministeriums für Verbraucherschutz, Ernährung und Landwirtschaft

www.talkingfood.de
Initiative zur Ernährungsaufklärung Jugendlicher von Lebensmittelwirtschaft als Vertreter von Industrie, Handwerk, Handel und Landwirtschaft

www.transgen.de
Informationsdienst der Verbraucherinitiative e.V. zu allen Fragen der Gentechnik

www.was-wir-essen.de
Informationsdienst des Bundesministeriums für Verbraucherschutz, Ernährung und Landwirtschaft über Erzeugung, Verarbeitung, Einkauf, Zubereitung und gesundes Essen

4. Verbraucherinformation

AK Wien
Abteilung Konsumentenpolitik
Prinz-Eugen-Straße 20–22
A-1041 Wien
Tel.: (01) 501 65 27 21
Fax: (01) 501 65 26 93
www.akwien.at

Greenpeace e.V. – »EinkaufsNetz«
Große Elbstraße 39
22767 Hamburg
Tel.: 040/306 18-0
Fax: 040/306 18-100
EinkaufsNetz@greenpeace.de
www.greenpeace.de
Fisch-Einkaufsführer von Greenpeace als PDF unter
www.greenpeace-magazin.de/archiv/hefte02/2_02/content.html
oder zu bestellen unter
Tel.: 040/306 18-213

ÖKO-TEST Verlag GmbH
Postfach 90 07 66
60447 Frankfurt am Main
Tel.: 069/977 77-0
Fax: 069/977 77-139
oet.verlag@oekotest.de
www.oekotest.de

Stiftung Warentest
Lützowplatz 11–13
10785 Berlin
Tel.: 030/26 31-0
Fax: 030/26 31-27 27
email@stiftung-warentest.de
www.stiftung-warentest.de

Verbraucherzentrale Bundesverband e.V.
Markgrafenstraße 66
Kochstraße 22
10969 Berlin
Tel.: 030/25 89 99
www.vzbv.de

5. Sonstiges

EUROTOQUES Deutschland-Österreich-Schweiz
Ernst-Ulrich Schassberger (Präsident)
c/o Schassbergers Kur- und Sporthotel
Winnenderstraße 10
73667 Ebnisee/
Schwäbischer Wald
Tel.: 07184/292-102
Fax: 07184/910-53 oder -54
Office@Eurotoques.de
www.eurotoques.de

Sachregister

A

B

C

D

E

F

G

N

O

P

Rezeptregister

Bildnachweis

Umschlagfotos: Alexander Haselhoff (Vorderseite), Dr. Kai-Uwe Nielsen (Buchrücken), Alexander Haselhoff (Rückseite links), SuperStock (Rückseite Mitte), Image Bank (Rückseite rechts). **Walter Cimbal:** 80–83; **Getty Images**/Bruce Ayres: 47, /Donna Day: 21, /Sean Murphy: 11; **Alexander Haselhoff:** 4, 5 oben und Mitte, 8–9, 29, 31, 36, 52, 61, 63, 77, 118–119, 137, 159, 162, 207, 245, 256; **IFA-Bilderteam:** 39, 111, 279, 299, /G. Hartmann: 274, /Rölle: 277, /Steinberger: 269, /Perrodin: 180; **Image Bank**/Sean Justice: 23, 45 unten, /Steve Niedorf: 289, /Ross Whitaker: 243; **Jo Kirchherr:** 99, 103–105, 107–109, 184–201, 224–241; **LOOK**/Jan Greune: 13, /Florian Werner: 284; **Mauritius:** 293, /Anderson: 287, /Kerscher: 203, /P. Koll: 294, /Pöhlmann: 172; **Ulrich Niehoff:** 42, 43, 44, 57, 85, 148 links, 151 182; **StockFood:** 253, /Klaus Arras: 250 rechts, /Gaby Bohle: 101, /Michael Brauner: 156 links, 252 rechts, /Albert Cassio: 252 links, /Walter Cimbal: 267 links, /Pete A. Eising: 250 links, Susie Eising: 155 links, /S. & P. Eising: 102 unten, 152 links, 153 rechts, 154 links, 157 rechts, 164 rechts, 166 rechts, 263 links, 264 links, 265 rechts, 266 links und rechts, 267 rechts, /Ulrike Köb: 102 oben, 263 rechts, /Karl Newedel: 152 rechts, /Richter: 106, /Sabine E. Rieck: 153 links, /Scherer: 264 rechts, /Bodo A. Schieren: 100, 165, /Peter Rees: 156 rechts, /Maximilian Stock: 154 rechts, 164 links, 166 links, 167, 251, 265 links, /Studio R. Schmitz: 157 links, /Martina Urban: 155 rechts, /ZS: 248; **SuperStock:** 5 unten, 296–297, /Lisette Le Bon: 121; **Heidi Velten:** 45 links, 91, 117, 131, 147, 148 rechts, 169, 216, 218, 219; **ZS-Verlag:** restliche Fotos

Literatur

Alexy, Ute/Kersting, Mathilde: Was Kinder essen – und was sie essen sollten, München 1999

Barlösius, Eva: Soziologie des Essens. Eine sozial- und kulturwissenschaftliche Einführung in die Ernährungsforschung, Weinheim und München 1999

Biesalski, Hans-Konrad/Grimm, Peter: Taschenatlas der Ernährung, 2. akt. Auflage, Stuttgart, New York 2001

Binder, Franz/Wahler, Josef: Das neue Handbuch der gesunden Ernährung, 3. überarb. Auflage, München 2002

Bruker, Max Otto/Jung, Mathias: Der Murks mit der Milch. Gesundheitsgefährdung durch Milch, Genmanipulation und Turbokuh. Vom Lebensmittel zum Industrieprodukt, 3. überarb. Auflage, Lahnstein 2001

Daas, Beate: Was mein Kind essen soll, Reinbek b. Hamburg 1999

Dammler, Axel: Kinder können kaufen lernen. Ein Elternbuch, München 2002

Deutsche Gesellschaft für Ernährung e.V. (DGE) (Hg.): Geschmacksempfindungen und -entwicklung im Kindesalter, Frankfurt 1997

Deutsche Gesellschaft für Ernährung e.V. (DGE) (Hg.): Ernährungsbericht 2000, Frankfurt 2002

Fernández-Armesto, Felipe: Food. A History, London 2001

Grimm, Hans-Ulrich/Sabersky, Annette: Mund auf, Augen auf. Der Ernährungsberater für Eltern und Kinder, München 2002

Kersting, Mathilde/Schöch, Gerhard: Ernährungsberatung für Kinder und Familien, Stuttgart 1996

Leitzmann, Claus/Groeneveld, Maike: Gesundheit kann man essen. Bioaktive Stoffe in Lebensmitteln, München 1997

Ministerium Ernährung und Ländlicher Raum Baden-Württemberg (Hg.): Kinderernährung heute, Hohengehren 1996

Nagel, Annette: ErnährungsHits für Kids, München 2001

Pollmer, Udo u. a.: Prost Mahlzeit! Krank durch gesunde Ernährung, Köln 2001

Pollmer, Udo/Hoicke, Cornelia/ Grimm, Hans-Ulrich: Vorsicht Geschmack. Was ist drin in Lebensmitteln? 2. Aufl., Reinbek b. Hamburg 2001

Reinecke, Ingrid/Thorbrietz, Petra: Lügen, Lobbies, Lebensmittel. Wer bestimmt, was Sie essen müssen. Reinbek b. Hamburg 1997

Schlosser, Eric: Fast Food Gesellschaft. Die dunklen Seiten von McFood und Co., München 2002

Stiftung Warentest (Hg.): Ernährung, München 2001

Tappeser, Beatrix u. a.: Die blaue Paprika. Globale Nahrungsmittelproduktion auf dem Prüfstand, Basel, Boston, Berlin 1999

Verbraucher-Zentrale Hamburg (Hg.): Gesunde Ernährung von Anfang an, Milchnahrung, Brei, Gläschen – was Eltern darüber wissen wollen, plus Tipps für den Speiseplan; 12. Aufl., Hamburg 2001

Verbraucher-Zentrale NRW: Ernährung auf dem Prüfstand, Düsseldorf 2001

Verbraucher-Zentrale NRW (Hg.): Bärenstarke Kinderkost, Essen und Trinken für Kinder ab dem zweiten Lebensjahr. Mit Rezepten, 7. Auflage, Düsseldorf 2002

Verbraucher-Zentrale Schleswig-Holstein (Hg.): Kleines Lexikon der Lebensmittelzutaten. Was ist drin? Was ist dran? 3. überarb. Auflage, Kiel 2001